De rol van neuropsychologie bij psychotherapie

Onder redactie van
J.A.M. Vandermeulen
M.M.A. Derix
A. van Dijke

De rol van neuropsychologie bij psychotherapie

Praktische toepassingen voor de klinische praktijk

Houten 2019

ISBN 978-90-368-2262-6   ISBN 978-90-368-2263-3   (eBook)
https://doi.org/10.1007/978-90-368-2263-3

© Bohn Stafleu van Loghum is een imprint van Springer Media B.V., onderdeel van Springer Nature 2019
Alle rechten voorbehouden. Niets uit deze uitgave mag worden verveelvoudigd, opgeslagen in een geautomatiseerd gegevensbestand, of openbaar gemaakt, in enige vorm of op enige wijze, hetzij elektronisch, mechanisch, door fotokopieën of opnamen, hetzij op enige andere manier, zonder voorafgaande schriftelijke toestemming van de uitgever.

Voor zover het maken van kopieën uit deze uitgave is toegestaan op grond van artikel 16b Auteurswet j° het Besluit van 20 juni 1974, Stb. 351, zoals gewijzigd bij het Besluit van 23 augustus 1985, Stb. 471 en artikel 17 Auteurswet, dient men de daarvoor wettelijk verschuldigde vergoedingen te voldoen aan de Stichting Reprorecht (Postbus 3060, 2130 KB Hoofddorp). Voor het overnemen van (een) gedeelte(n) uit deze uitgave in bloemlezingen, readers en andere compilatiewerken (artikel 16 Auteurswet) dient men zich tot de uitgever te wenden.

Samensteller(s) en uitgever zijn zich volledig bewust van hun taak een betrouwbare uitgave te verzorgen. Niettemin kunnen zij geen aansprakelijkheid aanvaarden voor drukfouten en andere onjuistheden die eventueel in deze uitgave voorkomen. De uitgever blijft onpartijdig met betrekking tot juridische aanspraken op geografische aanwijzingen en gebiedsbeschrijvingen in de gepubliceerde landkaarten en institutionele adressen.

NUR 777
Basisontwerp omslag: Studio Bassa, Culemborg
Automatische opmaak: Scientific Publishing Services (P) Ltd., Chennai, India

Bohn Stafleu van Loghum
Walmolen 1
Postbus 246
3990 GA Houten

www.bsl.nl

Wetenschap is georganiseerde kennis, wijsheid is georganiseerd leven.
(Immanuel Kant: 1724–1804)

Voorwoord

Bij de behandeling van mensen met psychopathologie en/of gedragsproblemen werkt de klinisch neuropsycholoog vanuit het hersenen-gedrag-model en bedient zich daarbij – conditio sine qua non! – van methoden en technieken die juist op deze hersenen-gedrag-relatie aangrijpen. Dat echter de psychotherapeut, de gezondheidszorgpsycholoog en de klinisch psycholoog bij de indicatie en behandeling terdege rekening houden met de informatieverwerkingskwaliteiten van de individuele patiënt en met diens sociaal-emotionele informatieverwerking in het bijzonder, is verre van vanzelfsprekend en nog sterk eenzijdig afhankelijk van de toevallige werk- en opleidingscontext van de betreffende professional.

Zoiets klemt vooral binnen een (geestelijke) gezondheidszorg waarin de echo van de stepped-care-benadering nog lang naklinkt en waar al snel éérst een generieke, op een stoornisklasse gerichte, behandeling wordt ingezet in plaats van een behandeling te kiezen na nauwkeurige diagnostiek en taxatie van de individuele patiënt. Wat is hier wijsheid?

Scheiden of scheppen?

Zo'n tien jaar geleden ontstond er internationale commotie vanwege een onalledaags wetenschappelijk standpunt ten aanzien van de overbekende eerste zin van de Bijbel: *In het begin schiep God hemel en aarde*. Prof. Ellen van Wolde stipuleerde toen in haar oratie dat de Hebreeuwse wortels van het woord *scheppen* er niet zozeer op duidden dat hemel en aarde gecreëerd werden uit het niets, maar dat ze veeleer verwezen naar het *onderscheiden* van een reeds bestaande hemel en aarde (1). Niet scheppen maar scheiden dus. Een parallel dringt zich op, waarbij de gezondheidszorg lijkt te vragen om het omgekeerde. Terwijl de neuropsychologie nu nog tamelijk afgescheiden is van de psychotherapie, zou het van belang zijn dat clinici, in plaats van verder te scheiden, een nieuwe wereld scheppen waarin bredere kennis, toepassing en interdisciplinaire uitwisseling van neurowetenschappelijke inzichten de norm vormt.

De voorliggende teksten, die Vandermeulen, Derix en Van Dijke hebben gebundeld tot een boek met vele praktische aanwijzingen voor de clinicus, illustreren dat er in de psychotherapie en onder psychotherapeuten, veel nadrukkelijker dan thans het geval is, oog dient te zijn voor de sterke en complexe verwevenheid van genen, hersenen, cognitie en gedrag. Contextuele variabelen, breed op te vatten als de 'werking van de omgeving' op elk van deze niveaus (van bijvoorbeeld cytoplasma tot een omgeving met verbale instructie), kunnen daarbij een belangrijk aangrijpingspunt zijn van waaruit het mogelijk wordt om het adaptatievermogen van de individuele patiënt te beïnvloeden.

Moeten we nu opnieuw die hersenfuncties uitsluitend benaderen vanuit leren en context? In het geheel niet! Hersenonderzoek leert ons over de structuur en de werking van de hersenen en heeft, naast het ontwikkelen van gerichte trainingsmodellen, belangrijke aanzetten gegeven tot de behandeling van hersendisfuncties met behulp van onder andere elektromagnetische stimulatie, medicatie en precisie-operaties. Waar we echter naar streven is een zo volledig mogelijk begrip van de relatie hersenen-en-gedrag-in-de-tijd waarbij zowel structuur en mechanisme als context en functie kunnen worden onderscheiden.

Anders gezegd: de invloed van de context op het functioneren wordt steeds begrensd door de eigenschappen van het zenuwstelsel en de genen. Andersom geldt echter dat de structuur en het mechanisme van de hersenen stuiten op de grenzen van de wetmatigheden van leren en gedrag. Het menselijk functioneren wordt dus zowel voor honderd procent door het lichaam veroorzaakt, maar evengoed voor honderd procent door de omgeving!

Uit onderzoek is bekend dat leerprocessen veelal parallel lopen aan patronen van neurale activatie (denk bijvoorbeeld aan 'Hebbiaans' leren: 'What fires together, wires together'). Beide strategieën, mechanisch en contextueel, kunnen daarmee beschouwd worden als onderling aanvullend (2). Hier niet scheiden maar scheppen dus!

Moge dit boek een verdere aanzet geven tot de verspreiding van bovenstaand besef en inspiratie bieden aan clinici uit alle relevante disciplines en natuurlijk aan praktijkopleiders, werkbegeleiders en supervisors die als geen ander dagelijks richting kunnen geven aan deskundige, op samenwerking gestoelde patiëntenzorg en de ontwikkeling van een nieuw professioneel elan!

Prof. dr. Jos Egger
klinisch psycholoog & klinisch neuropsycholoog
Hoogleraar Contextuele neuropsychologie
Radboud Universiteit Nijmegen

Literatuur

1. Wolde, E. van (2009). *Reframing biblical studies: when language and text meet culture, cognition, and context.* Nijmegen: Radboud Universiteit.
2. Egger, J. I. M. (2011). Contextuele neuropsychologie in de geestelijke gezondheidszorg. *De Psycholoog, 12,* 8–17.

Inhoud

Deel I Inzicht: breinfeiten

1 Neurowetenschappen en psychotherapie 3
J.A.M. Vandermeulen
1.1 Lichaam-geestprobleem 4
1.2 Het nut van neurowetenschappen 5
1.3 Neuroplasticiteit 7
1.4 Conclusie: wat nu? 9
Aanbevolen literatuur 10

2 Hersenen vanuit ontwikkelingsneuropsychologisch perspectief: wat moet de hulpverlener weten? 13
J.A.M. Vandermeulen
2.1 Inleiding 14
2.2 Hersenfuncties en verstoring van de ontwikkelingsneuropsychologische ontwikkeling 14
2.3 Psychotherapeutische behandeling: wat zou je vooraf moeten weten? 19
2.4 Tot slot 22
Aanbevolen literatuur 28

3 Kwetsbaarheid en veerkracht 31
J.A.M. Vandermeulen
3.1 Inleiding 32
3.2 Domeinen van neuropsychologie 33
3.3 Conclusie 45
Literatuur 47

Deel II Overzicht: de praktijk I

4 Neuropsychologische afwijkingen bij het chronischevermoeidheidssyndroom en gevolgen voor diagnostiek en behandeling 51
M.G. Vollema
4.1 Inleiding 52
4.2 Onderzoek naar neuropsychologische afwijkingen bij mensen met CVS ... 53
4.3 Factoren van invloed op het neuropsychologisch functioneren van CVS-patiënten 55
4.4 Implicaties voor diagnostiek 58
4.5 Implicaties voor therapie 59
4.6 Tot besluit 60
Literatuur 61

5   Neuropsychologische stoornissen bij depressie en de consequenties voor psychotherapie bij depressie 65
A. van Dijke, J.A.M. Vandermeulen en M.M.A. Derix

- 5.1 Inleiding 66
- 5.2 De hersenen en depressie 67
- 5.3 Neuropsychologische kenmerken bij depressie 68
- 5.4 Neuropsychologische restverschijnselen en remissie 71
- 5.5 Impact van neuropsychologische problemen bij depressie op het psychotherapeutisch proces 72
- 5.6 Conclusie 74
- Literatuur 74

6   ADHD in de volwassenheid: neuropsychologische verklaringstheorieën als hefboom voor de niet-medicamenteuze behandeling 77
D. Baeyens

- 6.1 Gedragsmodel van ADHD in de volwassenheid 78
- 6.2 Prevalentie en comorbiditeit van ADHD 78
- 6.3 Oorzaken en onderliggende mechanismen als richtsnoer voor behandeling 79
- 6.4 Diagnostiek van ADHD 82
- 6.5 Behandeling van ADHD 84
- 6.6 Conclusie 87
- Aanbevolen literatuur 88

7   Impact van neuropsychologische klachten op de behandeling van de posttraumatische stressstoornis 91
R. de Haart, M.J. Nijdam en E. Vermetten

- 7.1 Inleiding 92
- 7.2 Neuropsychologisch beeld van PTSS 94
- 7.3 Betrokken neurobiologische systemen 97
- 7.4 Impact van neuropsychologische problemen van PTSS op psychotherapie 99
- 7.5 Conclusie 101
- Literatuur 102

8   De somatisch-symptoomstoornis en verwante stoornissen: relevante neuropsychologische bevindingen voor de klinische praktijk 107
A. van Dijke, J.A.M. Vandermeulen en M.M.A. Derix

- 8.1 Inleiding 108
- 8.2 De klinische presentatie van de somatisch-symptoomstoornis en verwante stoornissen: enkele aandachtspunten 108
- 8.3 Neuropsychologische kenmerken en invloeden van stress bij de somatisch-symptoomstoornis en verwante stoornissen 110
- 8.4 Bijdrage van de neuropsychologie en neurowetenschappen aan de psychotherapeutische behandeling van SomS en verwante stoornissen 112
- 8.5 Conclusie 113
- Literatuur 114

9	**E-health: zinvol toegepast in de praktijk**	117
	J.E.W.C. van Gemert-Pijnen en H. Kip	
9.1	De zinvolle inzet van e-health	118
9.2	Methoden om mogelijkheden van e-health voor de praktijk in kaart te brengen	121
9.3	Aanbevelingen voor het gebruik van e-health in de praktijk	124
9.4	Conclusie	124
	Literatuur	125

Deel III Overzicht: de praktijk II: niet-aangeboren hersenletsel

10	**Gesprekstherapie na hersenschade: enkele basisprincipes voor de psychotherapie**	129
	N.H. Farenhorst	
10.1	Therapie is leren	130
10.2	Gevolgen van hersenschade en implicaties voor de therapie	131
10.3	Gedrag	138
10.4	Emotionele gevolgen	140
10.5	Conclusie	141
	Literatuur	141

11	**Identiteit: over een veranderd zelf na hersenletsel**	145
	N.H. Fahrenhorst	
11.1	Proloog	146
11.2	Inleiding	146
11.3	Het veranderd zelf na hersenletsel	147
11.4	Het verhaal van het 'zelf'	151
11.5	Indicaties voor psychotherapeutische interventie	154
11.6	Interventies	155
11.7	Tot besluit	161
	Literatuur	161

12	**Leven met emoties na CVA: veerkracht en kwetsbaarheid in het spanningsveld van de psychotherapeut**	163
	P.G.T. Smits	
12.1	Inleiding	164
12.2	Taxatie van kwetsbaarheid en veerkracht	164
12.3	Cognitieve gevolgen van een CVA die van invloed zijn op emoties binnen de therapie	166
12.4	Hoe krijg je grip op emoties na een CVA; waar richt je je op in psychotherapie?	170
12.5	Bevorderen van veerkracht	171
12.6	Leven tussen hoop en vrees	172
12.7	Angst voor een recidief	175
12.8	Tot besluit	177
	Literatuur	177

13	**Psycho-educatie voor patiënten met een hersenaandoening en hun mantelzorgers**	181
	C. Lafosse	
13.1	Inleiding	182
13.2	Uitgangspunten van psycho-educatie	182
13.3	Psycho-educatie tijdens het revalidatietraject	184
13.4	Hoe de methodiek van psycho-educatie kan zorgen voor een psychologisch onderbouwde educatieve en begeleidingsgerichte ondersteuning	185
13.5	Conclusie	189
	Literatuur	189
14	**Een neurocognitieve stoornis: bijdrage van de neuropsychologie bij psychotherapeutische behandeling**	191
	P.F.M. de Wit en M.C. Wolterink	
14.1	Inleiding	192
14.2	Cognitieve probleemsignalering	193
14.3	Observatie: wat valt op en doet de behandeling stagneren?	194
14.4	Observatiepunten bespreken: wanneer en hoe?	196
14.5	Diagnostiek	199
14.6	Bij twijfel: second opinion	201
14.7	Behandelmogelijkheden	204
14.8	Conclusie	206
	Literatuur	208
15	**E-health in de behandeling van mensen met niet-aangeboren hersenletsel**	211
	M. Blankestijn en M.E. Ford	
15.1	E-health geïntegreerd in de neuropsychologische behandeling en neuropsychotherapie	212
15.2	Informatie en psycho-educatie over ziekte en aandoening	213
15.3	Diagnostiek	215
15.4	Behandeling	217
15.5	Terugvalpreventie	221
15.6	E-health, eigen regie en zelfmanagement	223
15.7	E-health en kwaliteit van zorg: aandachtspunten bij hersenletsel	224
15.8	Conclusie	224
	Literatuur	225
	Nawoord	227
	Register	229

Redactie en Auteurs

Redactie

dr. J.A.M. Vandermeulen
Klinisch psycholoog/klinisch neuropsycholoog, kwaliteitsregister psychotherapeuten, supervisor NVP, supervisor BAPD, Koninklijke Visio, Sittard

dr. M.M.A. Derix
Klinisch neuropsycholoog en klinisch psycholoog, niet praktiserend; gepensioneerd, Nordhorn, Duitsland

dr. A. van Dijke
Manager zorg PsyQ Zaandam, EDIT Noord-Holland en Digitale Poli Noord-Holland NiceDay; klinisch psycholoog/klinisch neuropsycholoog/psychotherapeut NVP, psychotraumatherapeut NtVP, cognitief gedragstherapeut, supervisor, PDO GGZ Amsterdam – VU klinische psychologie; PsyQ, Amsterdam

Auteurs

dr. D. Baeyens
Hoofddocent Onderzoekseenheid Gezins- en Orthopedagogiek, KU Leuven, België

drs. M. Blankestijn
Gz-psycholoog, NAH-poli, Heliomare Revalidatie, Wijk aan Zee

drs. N.H. Farenhorst
Klinisch psycholoog en psychotherapeut, Medische psychologie, Saxenburg Groep, Hardenberg

drs. M.E. Ford
Gz-psycholoog in opleiding tot klinisch neuropsycholoog (GIOS)/cognitief gedragstherapeut, NAH-poli, Heliomare Revalidatie, Wijk aan Zee

prof. dr. J.E.W.C. van Gemert-Pijnen
Hoofd Centre for eHealth & Wellbeing Research, Faculty Behavioural Management and Social Sciences, University of Twente, Enschede

R. de Haart MSc.
Psycholoog i.o. GZ-psycholoog, GGZ Drenthe, Assen

H. Kip MSc.
Promovenda en docent, Centre for eHealth & Wellbeing Research, University of Twente en Stichting Transfore, Enschede

prof. dr. C. Lafosse PhD
Klinisch neuropsycholoog en paramedisch en wetenschappelijk directeur, Revalidatieziekenhuis RevArte, Edegem; gastprofessor KU Leuven, Vrije Universiteit Brussel en Thomas More Antwerpen, België

dr. M.J. Nijdam
Gz-psycholoog en universitair docent, Arq Psychotrauma Expert Groep, Diemen; Afdeling Psychiatrie, Amsterdam UMC, locatie AMC, Amsterdam

drs. P.G.T. Smits
Klinisch psycholoog, Unit Neurorevalidatie, Sint Maartenskliniek, Ubbergen (bij Nijmegen)

prof. dr. E. Vermetten
Hoogleraar, kolonel, psychiater, Afdeling Psychiatrie, Defensie, LUMC, Arq, Leiden

dr. M.G. Vollema
Klinisch neuropsycholoog, De Binnenkijk, praktijk voor psychotherapie, diagnostiek en supervisie, Ermelo

drs. P.F.M. de Wit
Klinisch neuropsycholoog, Afdeling Medische psychologie, Isala Zwolle; hoofddocent van de module Klinische neuropsychologie ten behoeve van de GZ-opleiding, Nijmegen

M.C. Wolterink MSc.
GZ-psycholoog in opleiding tot specialist (GIOS), Afdeling Medische Psychologie, Isala Zwolle, Zwolle

Inleiding

Waarom dit boek: wat willen we eigenlijk?

Als we anno 2018 de website Google (september 2018) raadplegen over de relatie psychotherapie en neuropsychologie in het Nederlandstalige gebied, dan valt op dat er in eerste instantie wel veel informatie over deze relatie te vinden lijkt, maar dat je ook ziet welke professionals zich op deze beide gebieden, ongeacht de wijze waarop men het beschrijft, begeven. Als je de zoekvraag gaat verkleinen én koppelt aan het dagelijks handelen in de praktijk, dan vinden we al 16.800 hits in Nederland; gelieerd met niet-aangeboren hersenletsel (NAH) levert het 52.000 hits op. Ga je bij een verdere verkleining van de zoekvragen inhoudelijk kijken, dan lijkt er weinig aandacht te bestaan voor deze relatie. Op de site van de Nederlandse Vereniging voor Psychotherapie is hier niets over te vinden. Dat is eigenlijk vreemd, omdat veel psychotherapeuten en andere hulpverleners op hun websites stellen dat ze bij de behandeling van de cliënt rekening houden met deze relatie.

Op het gebied van NAH is over deze relatie al meer bekend, niet alleen in Nederland, maar ook mondiaal. Alhoewel het nog steeds weinig is; veel behandelingen zijn individueel protocollair, en het onderzoek naar de verschillende therapieën is toch wel zeer beperkt en meestal gericht op 'single-case-studies' (Liu et al. 2017).

In *Neuropsychotherapie* (Smits et al. 2016) is een goede start gemaakt om psychotherapie en neuropsychologie nader tot elkaar te brengen op basis van 'best clinical practices', voornamelijk individuele programma's.

Het is wel opmerkelijk dat in de dagelijkse praktijk veel hulpverleners in de ggz (generalistische basis-ggz (bggz) en de specialistische zorg (sggz), basispsychologen, gz-psychologen, verpleegkundigen, psychotherapeuten, breincoaches, psychiaters en klinisch psychologen) niet altijd stilstaan bij de relatie tussen psychotherapeutische behandeling en neuropsychologische kennis. In behandelingen kan dat leiden tot stagnatie, verkeerde keuzes en voortijdig stoppen.

De redactie wil door dit boek meer aandacht vragen voor deze relatie, om problemen in het dagelijks handelen bij zowel niet-traumatisch als traumatisch letsel te voorkomen. Het doel is die hulpverleners te bereiken die nog onvoldoende bekend zijn met de neuropsychologie in relatie tot de psychotherapeutische behandeling en de vakkennis voor anderen te vergroten. Dat kan dus gaan om hulpverleners die in de ggz werkzaam zijn, zowel in instellingen (instellingen voor geestelijke gezondheidszorg, forensische zorg alsmede revalidatie-instellingen) als in vrijgevestigde praktijken en de revalidatiesector. In die zin vormt deze publicatie een zeer waardevolle bijdrage om behandelingen effectief, inzichtelijk en doelgerichter te laten verlopen. Nu kun je natuurlijk stellen dat iedereen dat wil, maar in de praktijk blijkt vaak dat deze kennis, om gestelde doelen te realiseren, ontbreekt.

In dit boek spreken we zowel van patiënt als cliënt, omdat behandelingen in klinieken (patiënt) en instellingen (cliënt) plaatsvinden.

Wat is het probleem?

Een psychotherapeutische behandeling vergt vaak veel tijd. Dat geldt met name voor ernstige stoornissen, zoals persisterende depressies en persoonlijkheidsstoornissen (Gottlib en Hammen 2014; Livesley en Larston 2018). In de dagelijkse praktijk duren behandelingen dan ook lang; dat is vaak terecht, gezien de problematiek waar de hulpverlener mee te maken krijgt. Veel hulpverleners beschikken echter niet over de juiste vakkennis, terwijl juist kennis van de (ontwikkelings) neuropsychologie kan ondersteunen.

Dagelijks worden duizenden diagnoses gesteld, maar gezien de werkdruk van hulpverleners wordt er ook vaak geen of geen adequate diagnostiek toegepast. Dat kan dan in de behandeling problemen opleveren ondanks de creativiteit van handelen, kennis van de therapie en ervaring die je als hulpverlener hebt. Het kan dan gebeuren dat de behandeling stagneert en je niet meer weet hoe je verder moet. Je bent onzeker, de cliënt voelt dat het niet meer loopt en het risico van afbreken van de behandeling of zelfs klachten over de therapeut ligt op de loer. De cliënt had immers samen met de therapeut een doel geformuleerd en vastgelegd in een behandelplan en dat komt nu onder druk te staan. Dus wat doe je dan als het niet lukt en je rekening moet houden met de strenge eisen van de zorgverzekeraars (zij streven, daar waar het kan, naar een zo kort mogelijke behandeling die liefst een gemeten resultaat oplevert)?

Doorverwijzen is vaak een oplossing. Het is dan gemakkelijk om in het team over hulpverleners te beschikken die kunnen adviseren of onderzoek verrichten vanuit de relatie neuropsychologie-psychotherapie. Het voordeel van neuropsychologische kennis is dat die inzicht geeft in de relatie tussen hersenen en gedrag (waarneming, gewaarwording en bewustwording). Dat heeft diverse pluspunten: het zorgt voor handvatten in het cliëntgericht werken, helpt verkeerde diagnose te voorkomen en geeft inzicht in ontwikkelingsneuropsychologische aspecten. Het probleem kan dan dus adequater worden aangepakt, wat de behandeling ten goede komt.

Voor wie is het boek geschreven: hoe ziet de inhoud eruit?

Bij psychotherapeutische behandelingen worden de hulpverleners in de geestelijke gezondheidszorg, de forensische zorg en in de revalidatie de laatste jaren steeds vaker geconfronteerd met steeds complexere cliënten. De tijd dat iemand bijvoorbeeld alleen maar behandeld werd voor een fobie lijkt voorbij. Steeds vaker krijgen hulpverleners te maken met cliënten waarbij de behandeling stagneert of lijkt te gaan stagneren. Hieraan kan een neuropsychologische problematiek ten grondslag liggen. Het is daarom belangrijk hier alert op te zijn en er kennis van te nemen om zo te komen tot een goede (voortzetting van de) behandeling. Kennis van de neuropsychologie kan tevens helpen bij het doorverwijzen naar specialistische hulpverleners.

Het boek heeft drie delen. Het *algemene gedeelte* handelt over de relatie psychotherapie en neurowetenschappen, kwetsbaarheid en veerkracht, en ontwikkelingsneuropsychologische aspecten. Het verschaft inzicht in noodzakelijke handelingsondersteunende feiten uit de neuropsychologie voor de alledaagse psychotherapeutische praktijk.

Het eerste *praktijkgerichte domein* behandelt psychische en psychiatrische problematiek die we in de dagelijkse praktijk veel zien, zoals depressie, chronische vermoeidheid, de posttraumatisch stressstoornis, ADHD bij volwassenen, somatische symptoomstoornissen, en over de inzet van e-health bij de behandeling van psychische problemen. Het *tweede praktijkgerichte domein* richt zich op de gevolgen van niet-aangeboren hersenletsel (NAH), zoals de identiteit na een NAH, op beperkte cognitieve stoornissen, emotionele problemen en gesprekstherapie na hersenletsel, en op psycho-educatie en de mogelijke inzet van e-health bij behandeling van NAH. Beide domeinen zijn gebaseerd op de praktijk en bieden veel praktische inzichten. Zij zijn geschreven door ervaren collega's die dagelijks in de praktijk werkzaam zijn en die neuropsychologie en psychotherapie trachten te integreren.

Een boek met deze inhoud is nieuw in het Nederlandse taalgebied. Het boek is gericht op problemen die hulpverleners dagelijks in de praktijk kunnen tegenkomen in diverse settings, zoals vrijgevestigde praktijken, ziekenhuizen, revalidatie-instellingen, forensische zorg en de ggz. Het is een unieke verzameling thema's die van toepassing zijn in een breed werkveld. Het boek kan uitkomsten van psychotherapeutische behandelingen vergroten, de communicatie tussen cliënt en hulpverlener verbeteren en efficiënt handelen bevorderen. Voor opleidingen kan het zeer waardevol zijn, want in veel academische vervolgopleidingen gericht op psychotherapie komt de relatie met neuropsychologie nog onvoldoende ter sprake.

Het boek is geschreven voor allen die van doen hebben met het beoefenen van psychotherapeutische hulpverlening in welke vorm dan ook. Het boek stimuleert de lezer om na te denken over de stagnatie die in de behandeling kan ontstaan en dan het beloop ervan en de therapeutische relatie beïnvloedt. In deze context is het zelfs waardevol voor supervisors, waar de expertise in het beoordelen, evalueren en feedback geven een belangrijke rol speelt.

Wat levert het boek op?

Dit boek kan psychotherapeuten op verschillende wijzen ondersteunen. *Ten eerste* kan het gezien worden als een naslagwerk. Je vindt in dit boek allerlei informatie over de achtergronden van de neuropsychologie in relatie tot de psychotherapie van de verschillende domeinen. Die kan een domein verdiepen en aanzetten tot verder zoeken naar aanvullende praktische informatie.

Ten tweede kan het boek ertoe bijdragen dat problematieken intensiever worden onderzocht en dat bijvoorbeeld een team op zoek gaat naar procedures die meer inzicht verschaffen in de problematiek. Dat werkt inspirerend voor preventief handelen (hoe voorkom ik problemen?) en komt de behandeling zelf ten goede.

Ten derde verschaft het boek verrassende inzichten in de relatie neuropsychologie en psychotherapie, wat het gebruik ervan in de praktijk kan bevorderen. Je leert anders tegen de problemen aan te kijken, waardoor je klinische blik zich meer ontwikkelt, je zelfkritisch wordt en je beter in staat bent om betrouwbaar onderzoek te doen.

Ten vierde kan het ertoe aanzetten gedrag en hersenen als geheel te beschouwen en gerichter te kijken naar oorzaken en gevolgen. Zo heeft een persoonlijkheidsstoornis een andere oorzaak dan een persoonlijkheidsprobleem veroorzaakt door een NAH.

Ten slotte kan het iemand ertoe brengen een opleiding gericht op neuropsychologie te gaan volgen. Diverse postacademische opleidingen in Nederland bieden de mogelijkheid tot nascholing. Je krijgt meer zicht op oorzaak-gevolgrelaties, wat stimuleert tot het in kaart brengen van comorbiditeit, waardoor een behandeling efficiënter wordt. Daar is het werkveld mee gebaat. Het kan zelfs de aanleiding vormen om de verschillende vakgebieden, zoals klinische psychologie, klinische neuropsychologie en psychotherapie, te bundelen. Eigenlijk hebben we dat in dit boek trachten te doen.

Het schrijven van een boek is geen eenvoudige zaak en gaat vaak gepaard met ups-en-downs. Dat geldt zeker voor dit project. De auteurs hebben getracht aan de hand van de recente stand van zaken hun visie te geven. De redactie hoopt hiermee een belangrijke bijdrage te leveren aan de verdere noodzakelijke versterking van de relatie tussen neuropsychologie en psychotherapie. Ze heeft ernaar gestreefd de belangrijkste facetten vanuit theorie en praktijk weer te geven. In die zin tracht het een aanzet te zijn tot verdere groei, ontwikkeling en samenwerking van alle betrokken disciplines.

Wij willen ten slotte nog onze dank uitspreken aan Yulma Perk van Bohn Stafleu van Loghum (Springer Media). Fijn dat je het geduld hebt kunnen opbrengen om dit project met ons te realiseren. Dat was niet altijd even gemakkelijk voor jou en voor ons: bedankt voor je inzet.

Jo Vandermeulen
Mayke Derix
Annemieke van Dijke
Oktober 2018

Literatuur

Gottlib, I. H., & Hammen, C. L. (Eds.). (2014). *Handbook of depression* (3rd ed.). New York: Guilford Press.
Liu, Z. Q., Zeng, X., & Duan, C. Y. (2018). Neuropsychological rehabilitation and psychotherapy of adult traumatic brain injury patients with depression: a systematic review and meta-analysis. *Journal of Neurosurgical Sciences, 62*(2), 24–35.
Livelesley, W. J., & Larstone, R. (2018). *Handbook of personality disorders (theory, research and treatment)*. New York: Guilford Press.
Smits, P., Ponds, R., Farenhorst, N., Klaver, M., & Verbeek (2016). *Handboek neuropsychotherapie*. Amsterdam: Boom.

Deel I Inzicht: breinfeiten

Hoofdstuk 1 Neurowetenschappen en psychotherapie – 3
J.A.M. Vandermeulen

Hoofdstuk 2 Hersenen vanuit ontwikkelingsneuropsychologisch perspectief: wat moet de hulpverlener weten? – 13
J.A.M. Vandermeulen

Hoofdstuk 3 Kwetsbaarheid en veerkracht – 31
J.A.M. Vandermeulen

Neurowetenschappen en psychotherapie

J.A.M. Vandermeulen

1.1 Lichaam-geestprobleem – 4

1.2 Het nut van neurowetenschappen – 5

1.3 Neuroplasticiteit – 7

1.4 Conclusie: wat nu? – 9

Aanbevolen literatuur – 10

© Bohn Stafleu van Loghum is een imprint van Springer Media B.V., onderdeel van Springer Nature 2019
J. A. M. Vandermeulen, M. M. A. Derix en A. van Dijke (Red.), *De rol van neuropsychologie bij psychotherapie*,
https://doi.org/10.1007/978-90-368-2263-3_1

1.1 Lichaam-geestprobleem

De afgelopen jaren is de aandacht voor de relatie tussen de neurowetenschappen en psychotherapie flink toegenomen. Een raadpleging op internet levert al snel een grote hoeveelheid 'hits' op (internet: zoekvraag 'neurobiologie, neuropsychologie en psychotherapie' levert 25500 'hits' op (januari 2018)).

Dat is nogal opmerkelijk gezien het feit dat in de psychotherapieopleidingen tot nu toe nog maar beperkt aandacht besteed wordt aan deze relatie. In de psychiatrie heeft de neurowetenschap al veel langer zijn intrede gedaan, getuige bijvoorbeeld het toepassen van psychofarmaca en onderzoek naar de uitwerking daarvan op de hersenen.

Was er aanvankelijk alleen vanuit de (medisch) psychiatrische sector belangstelling voor de relatie neurowetenschap en psychische en psychiatrische problematiek, en dreigde die zich in de afgelopen jaren ook te beperken tot deze sector (reductionistisch-fysicalistisch), dan zien we nu een ontwikkeling dat er steeds meer wordt getracht een relatie te leggen tussen neurowetenschappen en psychotherapie (Schore 2004; Böker en Seifritz 2012).

Dat roept direct vragen op over het lichaam-geestprobleem. Moeten we dan voor het verklaren van de relatie hersenen versus gedrag vertrekken vanuit die gedachtegang? Dat is wel vreemd, want wat gebeurt er dan als ik op straat een persoon een klap op zijn hoofd geef? Beslissen dan de hersenen van die andere persoon dat hij mij ook een klap moet geven?

Er is een drietal mogelijke manieren om naar de relatie lichaam-geest te kijken. In de eerste plaats is dat de dualistische gedachte (Descartes (1596–1650)) of het interactionisme, dat er van uitgaat dat er twee afzonderlijke entiteiten bestaan, te weten geest en lichaam. Het grote bezwaar tegen deze gedachte is dat deze moeilijk houdbaar is. Hoe kan men bijvoorbeeld binnen een dergelijk model de sociale, emotionele en cognitieve gevolgen van niet-aangeboren hersenletsel (NAH) verklaren? Dat er een relatie bestaat tussen deze drie en NAH kan men toch niet ontkennen!

In de tweede plaats kan men stellen dat mentale processen en hersenprocessen los van elkaar functioneren; deze opvatting wordt psychofysisch parallellisme genoemd (Zelazo et al. 2007). Deze stelling is echter ook niet echt houdbaar, want hoe verklaar je dan dat het met pijn gepaard gaat als ik mij snijd met een mes. Blijkbaar is er toch een verband, terwijl ze in deze visie los van elkaar zouden moeten staan!

Een derde opvatting stelt dat mentale processen gewoon hersenprocessen zijn. Dit staat bekend als het materialisme (Zelazo et al. 2007; Damasio 2010). Men noemt deze opvatting ook wel monistisch, omdat er slechts één verklaring zou bestaan voor een probleem als een psychiatrische of psychische aandoening. De lokalisationistische visie (ieder hersengebied zorgt voor afzonderlijke handelingen) sluit hier bij aan. Deze laatste visie heeft zich de laatste jaren sterker doen gelden en dan vooral op het gebied van de mentale processen, naast meer recente opvattingen die ervan uitgaan dat hersenen als geheel functioneren (Zelazo et al. 2007; Damasio 2010; Hark 2017).

Er zijn natuurlijk veel meer benaderingen oftewel mogelijke verklaringen, maar uit dit beperkte overzicht blijkt dat het lichaam-geestprobleem nog niet echt is opgelost. Er komen steeds nieuwe gedachten en visies op die hier een oplossing voor trachten te geven. Uit het overzicht moet echter ook niet worden geconcludeerd dat er voor verbanden tussen hersenen en geest alleen een neurobiologische verklaring te geven is. De neurobiologie en neuropsychologie kunnen wel een bijdrage leveren, al was het alleen maar omdat gedrag voortvloeit uit onze hersenen, maar dat wil niet zeggen dat alle processen vanuit neurobiologische mechanismen aangestuurd worden. In plaats daarvan gaat het veeleer om een samensmelting van psychische en neurofysiologische toestanden. Dit betekent dat we naast de neurowetenschappen ook de menswetenschappen nodig hebben om psychische problemen te verklaren en te verduidelijken en dat deze niet steeds automatisch te herleiden zijn tot fysische processen. We gaan ervan uit dat psychische en fysische processen ook los van elkaar kunnen bestaan en elkaar aanvullen. Dit kan onderzocht worden via experiëntiële technieken of onderzoeksmethoden en -modellen.

In het huidige tijdperk van moderne technische hulpmiddelen (bijv. computertomografie (CT) of functionele magnetic resonance imaging (fMRI)) is het voor een psychotherapeut niet eenvoudig een weg te vinden in de onderzoeksbevindingen, temeer omdat de opleiding tot nu toe niet voorziet in kennis over de (belangrijkste) neurowetenschappelijke fundamenten (neurobiologie, neuropsychologie).

Het is de afgelopen jaren steeds duidelijker geworden dat neurowetenschappen een bijdrage kunnen leveren in het constructieve debat met de psychotherapie over de verklaring van het ontstaan van mentale processen veroorzaakt door psychiatrische aandoeningen (Korteweg 2018). Gezien de snelle ontwikkelingen van de afgelopen tien jaar en de toename van publicaties op dit gebied is het belangrijk om stil te staan bij het nut van de neurowetenschappen voor de psychotherapie als communicatieve beïnvloedingstechniek.

1.2 Het nut van neurowetenschappen

Hoewel neurowetenschappen belangrijk zijn voor de psychotherapie, moeten we er wel voor waken de psychotherapie te reduceren tot de neurobiologie. Dus: het mag nooit zo zijn dat men de psychotherapie uitsluitend wil ophangen aan de neurowetenschappen. Hier gaan wij ervan uit dat psychotherapie een afzonderlijk beschrijvingsniveau voor het handelen van mensen is en blijft.

Psychotherapie leidt echter wel tot veranderingsprocessen in onze hersenen: er ontstaan nieuwe leerprocessen die tot nieuwe leerervaringen leiden. Die leerervaringen vloeien voort uit een nauw samenwerkingsverband tussen neurale netwerken die – onder invloed van de omgeving – wederom nieuwe gedachten en handelingen mogelijk maken (Kolk 2014; Heijden 2018). In die zin kan kennis uit de neurowetenschappen de psychotherapie ondersteunen, zeker als we het effect van de behandeling, met betrekking tot functioneren van de hersenen, ook meetbaar kunnen weergeven.

In recente studies heeft men gevonden dat, voordat men kan spreken van de effecten van de behandeling, het zogenaamde *default mode network* ((DMN) vertaling: terugvalnetwerk) de basis vormt voor het dagelijks handelen: het vormt dus het uitgangspunt voor de behandeling, een basis van waaruit je vertrekt (Papanicolaou 2017). Het DMN lijkt een geïntegreerd systeem voor autobiografische, zelfcontrolerende en sociaal-cognitieve functies, hoewel er niet direct een aparte of unieke functie aan kan worden toegekend. Het is een basissysteem in de hersenen dat vooral actief schijnt te zijn in een rusttoestand, waarin men niet op externe gebeurtenissen in de omgeving of actuele situaties is gericht. Het systeem is dan bij de start van de behandeling een uitgangspunt voor het actief leren handelen en zet mogelijk ook andere systemen in de hersenen aan tot activiteit (NB Dit is een voorwaarde voor het slagen van een behandeling). Op deze wijze ontstaan in de hersenen nieuwe corticale verbindingen en dit zijn zowel korte- als langeafstandsverbindingen, die daarmee de onderlinge relatie tussen de korte- en langeafstandsverbindingen activeren en in stand houden. Een goed functionerend DMN kan de interactie tussen andere neuronale systemen versterken waardoor de effecten van een behandeling blijvend kunnen zijn als het systeem actief is (Böker en Seifritz 2012).

Leigh-Valles (2009) stelt dat de effecten van (psychotherapeutische) behandelingen moeilijk zichtbaar te maken zijn met metingen met *magnetic resonance imaging* (MRI)-technieken en dat het nut van de neurowetenschappen op dit vlak beperkt is. De effecten van de therapeutische relatie zijn eveneens moeilijk te meten en hetzelfde geldt voor het effect van het totale psychotherapeutische proces op het functioneren van de hersenen. Mayberg (2007) en Cozolino (2016) voegen daaraan toe dat psychotherapeutische interventies vooral effect hebben op hersensystemen die betrokken zijn bij processen van cognitieve verwerking (aandacht, geheugen, waarneming, etc.). Bij deze cognitieve verwerking zijn met name de hippocampus, de amygdala, de dorsolaterale prefrontale cortex (DLPFC) en de posterieure cingulate cortex (PCC) actief, en het is volgens deze auteurs mogelijk dat dit circuit tijdens en ten gevolge van een psychotherapeutische behandeling in zijn functioneren (lees: neuronale interactie) veranderd kan zijn.

Luyten en Fonagy (2015) stellen dat posterieure hersensystemen eveneens actief zijn bij cognitieve verwerking, en daarnaast is de posterieure dorsomediale prefrontale cortex (PDMPFC) betrokken bij cognitieve denkprocessen. Dat zou voor de psychotherapie dus kunnen betekenen dat er door de behandelprocessen veranderingen in deze systemen plaatsvinden, maar het is tot nu toe nog niet duidelijk welk neuronaal proces tijdens welke behandeling en op welke momenten plaatsvindt. Het impliceert hooguit dat in die hersensystemen een dynamische neuronale interactie gaande is die leidt tot cognitieve leer- en ervaringsprocessen (leren van nieuwe gedragingen en omgaan met emoties). Eigenlijk stellen de bovengenoemde auteurs net als Jon en Kim (2016) dat tijdens psychotherapie (bijvoorbeeld voor een depressie) disfunctionele neuronale netwerken actief zijn en dat die – tijdens en ten gevolge van behandeling – functioneel gaan acteren (herstelfase of na het herstel van de depressie).

Zijn er dan helemaal geen studies die aangeven dat er tijdens en ten gevolge van psychotherapeutische behandeling (nieuwe) neuronale netwerken ontstaan of interacties plaatsvinden? Een recent overzichtsartikel van Weingarten en Strauman (2015) biedt meer duidelijkheid. De auteurs beoordeelden 90 studies over de relatie tussen psychotherapie en MRI, waarbij men zocht naar gebieden in de hersenen die voor én na de behandeling actief waren en keek of sprake was van neurocognitieve veranderingen (d.w.z. veranderingen in denkprocessen). Indien dat het geval was, vroeg men zich af of dit zou leiden tot een synapstoename of veranderingen in de hersenstructuur. De 90 studies richtten zich op de meest voorkomende diagnosen: depressie, obsessieve-compulsieve stoornis, angststoornissen en schizofrenie. Men deed een aantal belangrijke bevindingen. Er bleken functionele verschillen te zijn in de resultaten van de metingen vooraf en na de behandeling in die gebieden die bij de verschillende genoemde stoornissen betrokken zijn en er bleken activere neuronale reacties in bepaalde hersenstructuren aanwezig te zijn. Zo ontdekte men bij depressie veranderingen in de activiteit van DLPFC. Een andere belangrijke conclusie was dat er door psychotherapie veranderingen ontstonden in het functioneren van hersennetwerken die bestonden uit samenwerking met andere hersennetwerken. Verandering bleef dan niet beperkt tot gebruikmaken van één netwerk. Dat betekent dat een van de belangrijkste conclusies van dit onderzoek was dat de neurobiologische effecten groter waren dan gedacht én dat de psychotherapeutische behandeling een bijdrage leverde aan het moduleren en opnieuw reguleren van neuronale netwerken die een interactie creëerden met andere neurocognitieve systemen ofwel andere neuronale netwerken. Blijkbaar kunnen de hersenen bij het verrichten van denkprocessen en andere cognitieve activiteiten (nieuwe) neuronale cognitieve netwerken vormen. Er werd geen synapsverandering gevonden. Een tweede belangrijke conclusie was dat *neuroimaging* bij psychotherapie belangrijke veranderingen van de hersenen zichtbaar kan maken. Cozolino (2014, 2016) en Schore (2004) hebben hier overigens ook op gewezen.

Wat betekent dat nu allemaal? De neurowetenschappen verkeren nog in een stadium van voorzichtige communicatie. Er is immers nog weinig bekend over de neurocognitieve processen en de rol van de synapsen (in de hersenen) bij psychotherapie. Er is nog wel een ander belangrijk aspect: behandeling vindt plaats in interactie tussen cliënt en therapeut, en in de meeste gevallen is de therapeutische relatie belangrijk om overdracht te bewerkstelligen. Het is een vorm van sociale interactie. Welke neurocognitieve ruimte (het leren van nieuwe gedragingen: wat kan iemand mentaal wel en niet verwerken) bestaat er tussen bewuste en onbewuste verwerking? Dus wat heeft de cliënt op zodanige wijze cognitief verwerkt zodat hij daar in het dagelijkse leven gerichter en efficiënter kan handelen en wat tevens meetbaar is (bijvoorbeeld via: MRI, neurocognitief testmateriaal)? Eigenlijk : hoe beïnvloedt deze de vooruitgang van de behandeling (bijvoorbeeld de communicatie tussen therapeut en cliënt)? Het aantal onderzoeken op dit gebied neemt toe en het kan empirisch relevant zijn dat neurowetenschappen een bijdrage kunnen leveren aan de psychotherapie, waardoor mee kennis ontstaat over de functionele neuronale netwerken die in de psychotherapie een rol spelen. Met behulp van de (onderzoeks-)technieken van de neurowetenschappen kan in de toekomst mogelijk een betere prognose gegeven worden voor de behandeling, zodat er in de psychotherapie vooruitgang kan worden geboekt. Op deze wijze kunnen de ontwikkeling van de hersenen en de veronderstelde plasticiteit zich nadrukkelijker manifesteren.

1.3 Neuroplasticiteit

De ontwikkeling van de hersenen bij de mens begint ten tijde van de zwangerschap en vormt een rijpingsproces dat vervolgens iedere dag opnieuw doorgaat én niet stilstaat tijdens de normale en ook niet tijdens een abnormale ontwikkeling (bijv. bij een ontwikkelingsstoornis). Het is dus een proces dat niet ophoudt en tot op hoge leeftijd voortduurt. Zelfs op het moment dat je deze regels leest, maak je nieuwe neuronale netwerken aan in je hersenen!

De hersenen vormen een systeem dat wordt gekenmerkt door een continu ontwikkelingsproces, waardoor je je niet alleen vaardigheden eigen maakt om allerlei dagelijkse problemen op te lossen, maar ook een sociaal-emotionele en psychische ontwikkeling doorloopt.

Ons centrale zenuwstelsel is in zijn ontwikkeling en rijping nogal kwetsbaar voor invloeden van buitenaf (zie ▶H. 3 Kwetsbaarheid en veerkracht). Dat is mede zichtbaar in de neurogenese[1], een aangeboren veranderingsproces dat zich in de verschillende hersengebieden voordoet, zoals het cerebellum, de amygdala en de hippocampus, maar ook in andere corticale en subcorticale gebieden. De ontwikkeling en rijping van deze gebieden zijn dus gevoelig voor invloeden van zowel binnenuit als buitenaf.

Schore (2004) en Reich et al. (2010) stellen dat de rechterhersenhelft belangrijk is voor de sociaal-emotionele ontwikkeling, maar ook een rol speelt bij de hechting. Polan en Hofer (2008) geven aan dat verschillende factoren de hersenontwikkeling (en de hechting) beïnvloeden. Zij stellen dat er mogelijk een relatie bestaat tussen de neuronale en endocriene ontwikkeling, onder invloed van situationele, persoonsgebonden en omgevingsfactoren. Cassidy en Shaver (2018) komen in hun handboek over hechting tot soortgelijke conclusies.

Als dit het geval is, dan zou dat gevolgen kunnen hebben voor de ontwikkeling van de hersenen na trauma's die op jonge leeftijd kunnen ontstaan door stressvolle gebeurtenissen. Zo heeft Perry (2002) met behulp van MRI aangetoond dat kinderen die op jonge leeftijd ernstig verwaarloosd zijn, daarvan gevolgen ondervinden voor de totale hersenomvang en de neuronale netwerken. De neuronale netwerken waren kleiner en in mindere mate aanwezig, en ook de hersenomvang was kleiner.

Recente benaderingen (Böker en Seifritz 2012) stellen dat kinderen die op jonge leeftijd trauma's meemaakten, leden aan stoornissen in hun psychosociale en emotionele ontwikkeling. Het kan zelfs zover gaan dat die leiden tot een epigenetische verandering (onder invloed van stress, trauma's, ongunstige leef- en woonomstandigheden kan dan ander gedrag ontstaan dan het verwachte; zie ook H. 3 Kwetsbaarheid en veerkracht). Die verandering kan dan de basis vormen voor het ontwikkelen van bijvoorbeeld depressies, angststoornissen en ADHD.

Je kunt je dan voorstellen dat de epigenetische verandering extra belastend kan zijn voor mensen die in de volwassenheid een NAH oplopen, omdat hier zich twee fenomenen voordoen: de (mogelijk gestoorde) hersenontwikkeling in het verleden en een actueel hersentrauma. Mogelijk is dan een dubbele diagnose op zijn plaats: de invloed van de veranderingen en het NAH!

Wat betekent dit alles nu voor de neuroplasticiteit[2] in relatie tot psychotherapie? Uitgangspunt blijft dat interne en externe factoren een grote rol spelen in de ontwikkeling van neuronale netwerken, ongeacht het feit of je nu spreekt van de behandeling van (bijvoorbeeld) een depressie met of zonder NAH (zie Doidge (2015) en Costandi (2016) voor verdere analyse en beschouwingen). Het is waarschijnlijk dat er verschillende neuronale en/of hormonale systemen in de behandeling betrokken zijn die dan in mindere of meerdere mate actief zijn. Uit wetenschappelijk onderzoek blijkt namelijk dat het gedrag en neurocognitieve netwerken beïnvloed worden door hormonale systemen. Die hormonale systemen

---

1 Neurogenese: het ontstaan van nieuwe zenuwcellen in levende organismen, dat zowel voor als na de geboorte plaatsvindt en zich kenmerkt door continue ontwikkeling van netwerken.
2 Neuroplasticiteit duidt op veranderingen in de organisatie van de hersenen van individuen als gevolg van ontwikkeling, leren of ervaring.

kunnen door de werking van stress effect hebben op zowel de neuronale groei en samenwerking met de endocriene systemen alsmede de continue ontwikkeling van de hersenen beïnvloeden.

Dunlop en Mayberg (2017) houden zich al langer bezig met de vraag welke therapieën wel of niet werkzaam zijn en in hoeverre dat nu wel of niet neuronaal aantoonbaar is; daarbij kijken ze vooral naar het herstel van neuronaal weefsel als gevolg van psychotherapie. Zij stellen dat je met moderne onderzoekstechnieken zoals *diffusion tensor imaging* (DTI), positronemissietomografie (PET) en fMRI inzicht kunt krijgen in de vraag of een behandeling wel of niet tot neuronale veranderingen kan leiden. Zo kan het zijn dat een behandeling met antidepressiva dezelfde behandelresultaten oplevert als de inzet van cognitieve gedragstherapie, en dat die gedragstherapie er tevens toe leidt dat na afloop van de behandeling hersengebieden die voorheen niet actief waren nu wel actief zijn. Dat is nu nog voornamelijk een hypothese, waar momenteel nog veel onderzoek naar wordt verricht. Indien door verder onderzoek op dit gebied de relatie tussen psychotherapie en neuroplasticiteit wetenschappelijk onderbouwd en zichtbaar gemaakt kan worden, dan zou dat een flinke vooruitgang betekenen en bewijs leveren dat psychotherapie zorgt voor mogelijk langdurige veranderingen in het cerebrale zenuwstelsel.

1.4 Conclusie: wat nu?

Zijn de neurowetenschappen nu wel of niet waardevol voor de psychotherapie? Je kunt daar twijfels over hebben, maar feit is wel dat gedrag en de persoon gestuurd worden door het centrale (en autonome) zenuwstelsel. Aan dat feit kan niet getwijfeld worden. Men kan zeggen dat neuronen niet depressief worden, maar mensen wel (Leigh-Valles 2009); feit is dat een bundeling van zenuwcellen ('cortical hubs') ervoor zorgen dat je daarmee corresponderend gedrag vertoont. Onze hersenen zijn afhankelijk van de interactie met de omgeving, en de omgeving, de situatie, en genetische en epigenetische factoren spelen een rol bij het verkrijgen van behandelresultaten.

Het is belangrijk om te benadrukken dat we nog te weinig weten over wat er gebeurt tijdens een psychotherapeutische behandeling. Om hier meer over te weten te komen, zouden we neuronale veranderingen zichtbaar moeten kunnen maken die optreden als gevolg van denkpatronen en veranderend gedrag. Indien dat mogelijk is, dan zou dit kunnen betekenen dat we zien dat corticale netwerken kunnen veranderen met gevolgen voor synapsontwikkeling. De mogelijkheden om deze relatie zichtbaar te maken, zijn echter nog onvoldoende uitgekristalliseerd.

fMRI, PET-scan en DTI zijn geweldig veelbelovende ontwikkelingen om de veranderingen in het functioneren van de hersenen na (psycho-/NAH-) trauma's zichtbaar te maken (Korteweg 2018). Deze technieken kunnen op termijn helpen om inzicht te verschaffen in het functioneren van de hersenen met betrekking tot denken en uitvoeren van handelingen voor en na een behandeling. Men kan momenteel wel neurobiologische veranderingen in de hersenen waarnemen, maar de neuronale (neurocognitieve) veranderingen ten gevolge van (psychotherapeutische) behandeling zijn nog onvoldoende onderzocht ongeacht de resultaten van huidige beschikbare studies (Mears en Pollard 2016; Dunlop en Mayberg 2017). Het grote voordeel van dit soort onderzoek is wel dat het een helder beeld geeft van wat er in onze hersenen wel en niet gebeurt, en dat kan inzicht verschaffen bijvoorbeeld in de neurobiologische ontwikkeling van het kind en in herstelprocessen na (psycho-/NAH-)trauma's en stress bij kinderen en volwassenen (Perry 2009). De resultaten zijn meestal gebaseerd op neurobiologische studies, die vervolgens neuropsychologisch verklaard worden, en de bewijzen voor de interactie tussen neurobiologische en mentale processen zijn in dat opzicht nog schaars (Dunlop en Mayberg 2017).

De gekozen (beeldvormende) technieken kennen wel een nadeel: de apparatuur voor het maken van dit soort scans is niet gemakkelijk verrijdbaar, en het is de vraag op welke wijze je dit soort onderzoek toe kunt passen in de behandelkamer (Korteweg 2018). Hoe meet je bijvoorbeeld de positie van overdracht en tegenoverdracht? Dat zijn vragen waarop we nog geen antwoord hebben. Misschien dat fMRI's en EEG uitkomst bieden.

Het kan wel waardevol zijn voor de therapeut om te weten welke functies in de hersenen (voor, tijdens en na afloop van de behandeling) actief zijn en wat de waarde is van de concepten kwetsbaarheid en veerkracht in de behandeling (zie ▸H. 3). Als we daar meer van weten, kan dit meer inzicht geven in, overzicht geven over en uitzicht geven op het proces van de behandeling (bijvoorbeeld: wanneer gaat het mis en waarom gaat het dan mis?). We weten dan ook beter hoe je neuropsychologie op verschillende momenten kunt gebruiken (denk bijvoorbeeld aan het belang van aandacht-, geheugen- waarnemings- en executieve functies).

We weten tegenwoordig veel meer over herstel en de voorwaarden voor herstel na psychotrauma en/of na een NAH. Dit komt doordat we nu ook kennis hebben over hoe neurocognitieve functies werken. Behandelingseffecten meten we echter op dit moment in de dagelijkse praktijk nog erg vaak met vragenlijsten en testen en niet met behulp van neurobiologische registratiemodellen en technieken. Het is dan moeilijk om te bepalen of er (nieuwe) neuronale netwerken zijn ontstaan. Met deze technieken is niet te bewijzen in hoeverre er vooruitgang van de cliënt heeft plaatsgevonden en of die meetbaar is.

Terugkomend op de vraag of neurowetenschappen waardevol zijn voor de psychotherapie, kunnen we die toch bevestigend beantwoorden (Schwartz et al. 2016; Prigatano 2018). Dit geldt echter alleen als men ervan uitgaat dat de mens niet gereduceerd kan worden tot een neurologisch wezen, maar dat voor het begrijpen van zijn denken en handelen ook moet worden meegenomen wat de omgeving met hem doet. Een liefde kan dan mogelijk uitgroeien tot een huwelijk, een proces dat de psychotherapie en het klinische handelen alleen maar sterker maakt (Cozolino 2014). Ten slotte: het zal nog wel enige tijd duren voordat we over de mogelijkheid beschikken om (bijvoorbeeld) een fMRI-scan in de praktijkkamer te gebruiken, los van de logistieke problemen die dit met zich meebrengen kan.

Aanbevolen literatuur

Hulshoff, H. E., & Aleman, A. (2015). *Beeldvorming van het brein*. Utrecht: De Tijdstroom.
Kolb, B., & Whishaw, I. Q. (2015). *Fundamentals of human neuropsychology*. New York: Worth Publishers.

Literatuur

Böker, H., & Seifritz, E. (2012). *Psychotherapie und neurowissenschaften*. Bern: Hans Huber.
Cassidy, J., & Shaver, P. R. (2018). *Handbook of attachement* (3rd ed.). New York: Guilford Press.
Costandi, M. (2016). *Neuroplasticity*. Cambridge: MIT Press.
Cozolino, L. (2014). *The neuroscience of human relationships* (2nd ed.). New York: W.W. Norton & Company.
Cozolino, L. (2016). *Why therapy works*. London: Norton Company.
Damasio, A. (2010). *Het zelf wordt zich bewust*. Amsterdam: Wereldbibliotheek.
Doidge, N. (2015). *The brain's way of healing*. New York: Viking.
Dunlop, B. W., & Mayberg, H. S. (2017). Neuroimaging advances for depression. *Cerebrum, 12,* 1–15.
Hark, M. R. M. ter (2017). 20 jaar neuropraxis: Is het lichaam geest probleem al opgelost? *Neuropraxis, 21*(3), 66–71.
Heijden, M. van der (2018). Wetenschap moet in relaties denken. *NRC, Wetenschap,* 4–5.
Jon, S. W., & Kim, Y.-K. (2016). Neurobiological correlates on psychotherapy in depression. *Acta Psychologica, 2,* 2–12.
Kolk, B. van der (2014). *The body keeps the score*. New York: Viking.
Korteweg, N. (2018). Ons brein is een open boek. *NRC, Wetenschap,* 6–7.
Leigh-Valles, G. (2009). Over de rol van de neurobiologie in de psychotherapie. *Tijdschrift voor Psychotherapie, 35,* 25–34.
Luyten, P., & Fonagy, P. (2015). The neurobiology of mentalizing. *Personality Disorders: Theory, Research, and Treatment, 6,* 366–379.
Mayberg, H. S. (2007). Defining the neuronal circuitry of depression: toward a new nosology with therapeutic implications. *Biological Psychiatry, 61,* 729–730.
Mears, D., & Pollard, H. B. (2016). Network science and the human brain: Using graph theory to understand the brain and one of its hubs, the amygdala, in health and disease. *Journal of Neuroscience Research, 94,* 590–605.
Papanicolaou, A. C. (2017). *The Oxford handbook of functional brain imaging in neuropsychology and cognitieve neurosciences*. Oxford: Oxford University Press.
Perry, B. D. (2002). Childhood experience and the expression of genetic potential: What childhood neglect tells us about the nature and nurture. *Brain and Mind, 3,* 79–100.
Perry, B. (2009). Examing child maltreatment through a neurodevelopmental lens: Clinical apllication of the neurosequentional model of therapies. *Journal of Loss and Trauma, 4*(4), 240–255.
Polan, H. J., & Hofer, M. A. (2008). Psychobiological origins of infant attachment and its role in development. In J. Cassidy & P. R. Shaver (Eds.). *Handbook of attachment* (theory, research and clinical application, Vol. 7, 2nd ed., pp. 158–173). New York: Guilford Press.
Prigatano, G. P. (2018). Psychotherapy and the practice of clinical neuropsychology. In J. E. Morgan & J. H. Ricker (Eds.), *Textbook of clinical neuropsychology* (Vol. 46, 2nd ed., pp. 1045–1054). London: Routledge.
Reich, J. W., Zautra, J. S. H., & Hall, J. S. (2010). *Handbook of adult resilience*. New York: Guilford Press.
Schore, A. (2004). *Affektregulation und die reorganisation des selbst*. Stuttgart: Klett-Cotta Verlag.
Schwarz, S. J., Lilienfeld, S. O., Meca, A., & Sauvigné, K. C. (2016). The role of neuroscience within psychology: A call for inclusiveness over exclusiveness. *American Psychologist, 71*(1), 52–70.
Weingarten, C. P., & Strauman, T. J. (2015). Neuroimaging for psychotherapy research: Current trends. *Psychotherapeutic Research, 25*(2), 185–213.
Zelazo, P. D., Moscovitch, M., & Thompson, E. (2007). *The Cambridge handbook of consciousness*. New York: Cambridge University Press.

Hersenen vanuit ontwikkelingsneuropsychologisch perspectief: wat moet de hulpverlener weten?

J.A.M. Vandermeulen

2.1 Inleiding – 14

2.2 Hersenfuncties en verstoring van de ontwikkelingsneuropsychologische ontwikkeling – 14

2.3 Psychotherapeutische behandeling: wat zou je vooraf moeten weten? – 19

2.4 Tot slot – 22

Aanbevolen literatuur – 28

© Bohn Stafleu van Loghum is een imprint van Springer Media B.V., onderdeel van Springer Nature 2019
J. A. M. Vandermeulen, M. M. A. Derix en A. van Dijke (Red.), *De rol van neuropsychologie bij psychotherapie*,
https://doi.org/10.1007/978-90-368-2263-3_2

2.1 Inleiding

De laatste jaren is er meer aandacht voor de relatie psychotherapie en neuropsychologie. In de opleiding voor psychotherapie in Nederland is deze aandacht vooral diagnostisch van aard. Dat is niet vreemd, want veel psychische aandoeningen hebben neuropsychologische consequenties die diep kunnen ingrijpen in het dagelijks leven van cliënten/patiënten. Als men uitgaat van de International Classification of Functioning, Disability and Health (ICF 2007), dan moet men neuropsychologische aandoeningen verklaren vanuit een breed scala van handelingen, dat wil zeggen: men dient het functioneren van de hersenen te benaderen vanuit een ontwikkelingsperspectief. Dit betekent dat men ervan uit moet gaan dat er een complexe interactie bestaat tussen de neurogenetische aspecten en de ontwikkeling van de hersenen, waarvan de effecten op de korte of langere termijn tot en met de volwassenheid herkenbaar kan zijn (Anderson et al. 2018). In het ontwikkelingsneuropsychologisch perspectief staat dus de relatie tussen hersenen en gedrag centraal.

Op ieder moment in het leven kan er een aandoening ontstaan, zowel tijdens de zwangerschap als tijdens of na de geboorte. De lichamelijke, neurologische of psychische gevolgen daarvan kunnen zich manifesteren in de verdere ontwikkeling van een persoon. Deze kunnen een stevige impact hebben op diens leven. Het kan dan uiterst zinvol zijn om een holistisch beeld te schetsen in het contact met een cliënt/patiënt. Zeker als men ervan uitgaat dat bij de ontwikkeling van de hersenen diverse componenten een rol spelen, zoals de aanleg van neuronale circuits, maar ook het verloop van de hechting en de complicaties die daar mogelijk bij zijn opgetreden. Ook dient er aandacht te zijn voor het mogelijk bestaan van posttraumatische stoornissen gekoppeld aan het premorbide functioneren (bijvoorbeeld ten gevolge van hersenletsel dat op jeugdige of op oudere leeftijd is opgelopen). Dat geldt natuurlijk ook voor de ontwikkeling of het bestaan van andere psychiatrische stoornissen, al dan niet in combinatie met hersenletsel. Al deze factoren kunnen de ontwikkeling van de hersenen wezenlijk (negatief) beïnvloeden, en daar gaat in deze bijdrage de aandacht naar uit. Ten slotte zullen nog enkele aspecten worden genoemd die de psychotherapeutische behandeling kunnen beïnvloeden.

2.2 Hersenfuncties en verstoring van de ontwikkelingsneuropsychologische ontwikkeling

Hersenaandoeningen kunnen niet alleen ontstaan ten gevolge van een invasief trauma (traumatisch hersenletsel dat tijdens een ongeluk is opgelopen). Non-invasief trauma van de hersenen kan ook optreden als gevolg van hersentumoren, intoxicaties, infectieziekten, auto-immuunaandoeningen, epilepsie en dergelijke (Swaab et al. 2016).

Hierbij gaat het dan om aandoeningen van de hersenfuncties waar duidelijk sprake is van structurele en/of neurologische afwijkingen. Er zijn echter ook aandoeningen van hersenfuncties waar (nog) niet duidelijk sprake is van structurele en/of duidelijk aantoonbare neurologische afwijkingen. Dit betreft aandoeningen die tijdens diagnostisch onderzoek van het functioneren van de hersenen naar voren komen en die zich manifesteren in ontwikkelingsstoornissen. Deze

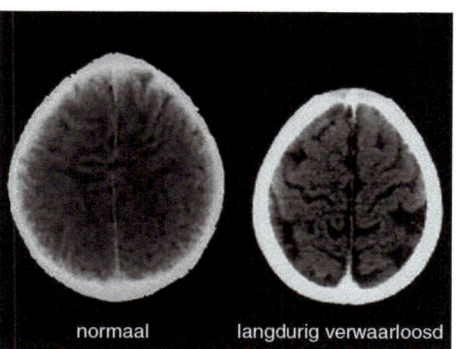

Figuur 2.1 CT-scan van een normaal en van een langdurig verwaarloosd kind. Links is de CT-scan te zien van een kind dat zich tot dan toe normaal heeft ontwikkeld. Rechts is de CT-scan te zien van een kind dat vanaf de geboorte extreem verwaarloosd is. De hersenomvang is kleiner, er is sprake van atrofie, en het ventrikelsysteem is vergroot. Bron: Perry (2002)

stoornissen kunnen immers ook behoren tot het domein van de klinische neuropsychologie (Fein 2011; Stefanatos en Fein 2018). In die zin kan het dus belangrijk zijn om naast de ontwikkelingsanamnese en de autoanamnese ook een heteroanamnese af te nemen om vat te krijgen op deze mogelijke problemen en eventueel door te verwijzen voor verder onderzoek; dat geldt zeker wanneer een psychologische of psychotherapeutische behandeling vast dreigt te lopen (zie bijlage 1 bij dit hoofdstuk met daarin een vragenlijst die kan dienen als ondersteunende handleiding). Op deze wijze kan men zicht krijgen op de relatie veerkracht en kwetsbaarheid (zie ook ▶H. 3).

De laatste jaren is veel onderzoek verricht naar de gevolgen van hechtingsstoornissen in relatie tot de hersenontwikkeling. Zo is uit recent onderzoek gebleken dat een onvoldoende ontwikkelde veilige gehechtheid bij jonge kinderen, als gevolg van interpersoonlijke of intrapersoonlijke stress, negatieve gevolgen kan hebben voor de postnatale en de neuronale ontwikkeling van netwerken in de hersenen (Perry 2009; Wallin 2010; Mikulincer en Shaver 2016). Deze negatieve gevolgen kunnen dan bestaan uit structurele neurologische afwijkingen (bijv. een verkleinde hippocampus en onderontwikkelde neuronale netwerken). Bij klinische presentatie lijkt het beeld op een aangeboren neurologische aandoening of ontwikkelingsstoornis, terwijl dat niet het geval hoeft te zijn. Een goed voorbeeld zijn de gevolgen van extreme lichamelijke en emotionele verwaarlozing voor de hersenanatomie. Wanneer dergelijke deprivatie plaatsvindt tijdens 'de gevoelige periodes' van de hersenontwikkeling kan die extreme gevolgen hebben en leiden tot structurele hersenafwijkingen. De foto in ◘fig. 2.1 is een klassiek voorbeeld geworden dat we in veel publicaties tegenkomen (Perry 2002; Hovens et al. 2008; Bierman en Staal 2016).

In de vroege ontwikkeling spelen spiegelneuronen een belangrijke rol in het omzetten van sensorische, motorische en gedragswaarnemingen in het contact met de omgeving. Het kunnen spiegelen van gedrag dat we van anderen waarnemen kan gezien worden als een eerste vorm van contact en wederkerigheid (Iacoboni 2009; Cozolino 2014). Het denken in termen van spiegelneuronen, de ontwikkelingen binnen de neurologie en voortschrijdende ontwikkelingen in de neurobiologie, en het gebruik van *magnetic resonance imaging* (MRI) en *diffuse tensor imaging*

(DTI) kunnen helpen om zicht te krijgen op de neuronale processen die zich voordoen in de vroege (verstoorde) ontwikkeling van het kind en op het ontstaan en het bestaan van ontwikkelingsneurospsychologische stoornissen.

Vanaf de vroegkinderlijke ontwikkeling kunnen de hersenfuncties en het gedrag van patiënten beïnvloed worden door vroegkinderlijke traumatische stress-gerelateerde stoornissen, zoals een posttraumatische stressstoornis (PTSS), en die kunnen ook een negatief effect hebben op de affectieve relatie tussen kinderen en hun ouders. In die zin kunnen zij een (negatieve) uitwerking hebben op de continue ontwikkeling tot en met de volwassenheid en de basis vormen voor een persoonlijkheidsproblematiek (Hill 2015; Zeanah 2018).

De ontwikkeling van de hersenen begint kort na de conceptie en kan doorgaan tot ver in de volwassenheid. Dit biedt kansen voor ontwikkeling, maar brengt tegelijk ook een kwetsbaarheid voor invloeden van buitenaf (verstoorde hechting, traumatische belevingen e.d.) met zich mee.

Daar waar prenataal voornamelijk processen op celniveau plaatsvinden, die de basisstructuren van de hersenen aanleggen, vindt in de hersenen na de geboorte tot ongeveer het vierde levensjaar een explosieve groei van verbindingen tussen neuronen onderling plaats. In het eerste levensjaar worden al een miljoen nieuwe neuronale connecties gevormd. En deze neuronale connecties vormen in de jaren daarna weer nieuwe netwerken; dit proces wordt beïnvloed door persoonlijke ontwikkeling, groei en omgevingsinvloeden. Vanaf het vijfde jaar vindt een meer gestage ontwikkeling plaats, die in eerste instantie op de leeftijd van ongeveer 21 jaar zijn maximale beloop bereikt (Stuss en Knight 2014; Swaab 2016, LeDoux 2015). Dat wil niet zeggen dat dit proces dan stopt. Integendeel, in tweede instantie kan het ontwikkelingsproces van de hersenen zich voortzetten tot ver in de late volwassenheid, maar de ontwikkeling is in die jaren meer gericht op consolidatie, continuïteit en verfijning van reeds bestaande hersencircuits.

Er is wel een belangrijke kanttekening te maken. Hoewel duidelijk is dat de hersenontwikkeling en de ontwikkeling van de neurocognitieve functies gelijk of wisselend kunnen opgaan, is de relatie tussen de ontwikkeling van de hersenen en specifieke neurocognitieve functies niet eenvoudig. Zo is inmiddels bekend dat de laatste delen van de hersenen die zich voortdurend verder ontwikkelen en reorganiseren – de linker en rechter prefrontale cortex – actief betrokken zijn bij executieve functies; dit zijn de functies waarop in het psychotherapeutisch proces het vaakst een beroep wordt gedaan (Böker en Seifritz 2012).

Vanaf het eerste moment in de ontwikkeling van de hersenen is er sprake van kwetsbaarheid voor negatieve invloeden uit een suboptimale omgeving en kan het verwachte ontwikkelingsproces verstoord raken: cellen kunnen zich vermenigvuldigen, migreren en differentiëren, maar de neuronen kunnen ook afsterven (apoptose) doordat ze niet betrokken worden in het ontwikkelingsproces (Anderson et al. 2008).

Als het proces goed verloopt, komen de neuronen door migratie op de juiste plaats terecht. Als neuronen de juiste verbindingen aangaan met hun omgeving ontstaan adequate neurale netwerken. Het aangaan van verbindingen tijdens de differentiatiefase maakt dat verbindingen specialistische neurale netwerken gaan vormen, die later tijdens de informatieverwerking een eigen functie kunnen hebben. Al deze systemen hebben een positieve of negatieve invloed op bijvoorbeeld de ontwikkeling van functies als aandacht, geheugen, visuele waarneming en motoriek. Dit is een proces dat tot op hoge leeftijd kan doorgaan.

De ontwikkeling van neuronale netwerken kan door allerlei factoren verstoord raken. Wetenschappers raken er steeds meer van overtuigd dat de eerste levensjaren cruciaal zijn voor een goede (verdere) groei en continuïteit (Zeanah 2018).[1]

De hersenontwikkeling kan worden verstoord door schadelijke factoren in de omgeving, maar ook door genetische fouten. Een genetische fout in een ontwikkelingsproces levert afhankelijk van de ontwikkelingsfase een specifieke stoornis op zoals spina bifida (open ruggetje) of het syndroom van Down. Een knik of breuk in de hersenontwikkeling door slechte of minder optimale omgevingsfactoren kan ook toegeschreven worden aan te hoge of te lage waarden van vitamines of mineralen als gevolg van deficiënties, vergiftigingen of verstoorde hormoonspiegels. Een voorbeeld is het polycysteus-ovariumsyndroom (PCOS), dat gepaard kan gaan met stemmingsklachten, concentratie- en geheugenstoornissen, en angsten en depressie.

Schadelijke stoffen als gevolg van infectieziekten of toxische beïnvloeding door bijvoorbeeld alcohol, nicotine, maar ook medicatie, kunnen verstoringen van de hersenontwikkeling veroorzaken die leiden tot opvallend gedrag dat mogelijk kan uitgroeien tot aandachtsstoornissen, hyperactiviteit en gedragsproblemen (Baron 2018). Het is dan ook zaak hier bij dergelijke gevallen in het intakegesprek en bij de anamnese hier aandacht aan te besteden, vooral omdat dat zeer waardevolle informatie kan opleveren voor verder onderzoek en/of behandeling.

De invloed van storende omgevingsfactoren gedurende de periodes van de hersenontwikkeling kunnen leiden tot functionele beperkingen tot in de volwassenheid. De timing van de hersenontwikkeling is niet voor alle hersenstructuren gelijk. Zo zijn de hiërarchisch hoger gelegen structuren in de hersenen afhankelijk van (de ontwikkeling en het functioneren van) de lagere structuren, en het kan het zelfs zijn dat sommige hersengebieden helemaal niet gevoelig zijn voor situatie en omgeving. Het is waarschijnlijk dat het ontstaan van 'gevoelige periodes' ook niet aan een vast tijdstip gekoppeld is. Zo zien we dat de ontwikkeling van de hersenen niet altijd vastligt en gefixeerd is in een levensfase: pas als een neuronaal systeem goed vastligt, kan het volgende systeem zich (verder) ontwikkelen als een gestaag proces (Anderson et al. 2018).

Uit de literatuur over trauma-gerelateerde stoornissen blijkt dat hersenen die onderhevig zijn aan vroegkinderlijke stress, aantoonbare schade kunnen oplopen (Reich et al. 2010; Feder et al. 2010; Lemery-Chalfant 2010; Kolk 2014; Zeanah 2018; Gogate 2018). Stress kan zich al voordoen gedurende de zwangerschap, maar uiteraard ook na de geboorte en in de eerste levensjaren. De vroegkinderlijke stress na de geboorte kan voortkomen uit verschillende sociale omstandigheden (o.a. financiële problemen, woon- en leefomgevingsproblemen, gezinsproblemen, extreme verwaarlozing in emotioneel en fysiek opzicht, geldnood en seksueel misbruik). Zie ook het voorbeeld van Eline in het kader.

---

1   Een goed voorbeeld is de ontwikkeling van het *0 to 3 system*; de laatste benaderingen spreken zelfs van een *0–5 system*. Omdat de DSM-5 niet geëigend was om stoornissen bij baby's en peuters te classificeren, is er in 1994 voor deze doelgroep een apart classificatiesysteem ontwikkeld: de 'Diagnostic Classification of Mental Health and Developmental Disorders of Infancy and Early Childhood' (Zero To Three 2005), ook wel 'DC: 0–3' genoemd. Deze aanvulling op de DSM-5 is ook vertaald in het Nederlands. In 2005 is het systeem herzien. De nieuwe uitgave is nog niet beschikbaar (Egger en Emde 2011).

> **Eline, 33 jaar**
>
> De pijn van het slaan vond ik nog niet het allerergste toen ik klein was, maar dat je dan de dag daarop gewoon weer naar school gebracht werd, alsof niets aan de hand was, leidde er op den duur toe dat ik me niet kon concentreren, minder goed kon onthouden, onrustig was en veel straf kreeg.

Op neuronaal niveau (de interactie tussen zenuwcellen die communiceren via de synaps) kunnen er door vroegkinderlijke stress bijvoorbeeld veranderingen optreden in de hippocampus, de hoeveelheid witte stof[2], het aantal interacties tussen verschillende neuronen en *hubs* (knooppunten) in de hersenen (Damasio 2010; Baron 2018). Overweldigende stress, zeker als deze zich structureel voordoet en zich in de (vervangende) gezinssituatie afspeelt, verstoort de vroegste ontwikkelingstaken van de hersenen. Zo bestaan er synapsen die gevoelig zijn voor tijdgebonden ervaringen in de 'gevoelige periodes' en die van invloed zijn op sensorische waarneming: je kunt sensorisch overprikkeld raken. We noemen deze synapsen '*experience-expectant*' van aard. Daarnaast zijn er synapsen die gevoelig zijn voor het opdoen van unieke ervaringen en die van invloed zijn op het neurocognitieve systeem (bijvoorbeeld tijdens het leren van vaardigheden). Deze laatste synapsen werken niet tijdgebonden en hun gevoeligheid kan zich in elke leeftijdsfase voordoen. Deze synapsen noemen we '*experience-dependent*' (Zeanah 2018).

Als stress vanaf jonge leeftijd langere tijd aanhoudt en chronisch wordt, kan het steeds moeilijker worden om een leven lang te leren, zich te ontwikkelen en zich aan te passen aan een veranderende omgeving. Er ontstaat dan een situatie van 'hersenoverleving' met als primaire doelstelling: aanpassen ten einde te overleven en zorgen voor verdere ontwikkeling van de vroege taken van de lager gelegen hersengebieden. Reeds ontstane neuronale banen en circuits geassocieerd met exploratie en leren worden dan overschreven door hersencircuits geassocieerd met verdediging en overleving of worden gereduceerd als gevolg van verminderde activatie (Baron 2018). De reacties van vechten (*fight*), vluchten (*flight*) en verstijven (*freeze*) zijn hier duidelijk herkenbare voorbeelden van (Ruppert 2014; Kolk 2014; Levine 2011; Ogden en Fisher 2017).

Behalve allerlei 'interne' en 'externe' omgevingsinvloeden kan ook een invasief trauma de hersenontwikkeling negatief beïnvloeden. Hersenen zijn zoals gezegd gevoelig voor ontwikkelingen gedurende de eerste levensjaren en uiteraard ook voor niet-aangeboren hersenletsel (NAH) dat tijdens de jonge leeftijd en jeugd kan ontstaan door allerlei oorzaken, zoals een verkeersongeluk en (operatie/bestraling/chemotherapie in verband met) een hersentumor. Inmiddels is daar veel literatuur over verschenen (Donders 2011; Baron 2018; Morgan en Ricker 2018; Anderson et al. 2018).

---

2   De witte stof bestaat uit de uitlopers van deze zenuwcellen. De witte kleur wordt veroorzaakt door *myeline*, een vetachtig stofje dat om de uitlopers zit. De uitlopers verbinden de verschillende delen van de hersenen onderling en met het ruggenmerg. De witte stof is onder meer belangrijk voor het leren van nieuwe vaardigheden.

Het gaat bij kinderen, jeugdigen en jongvolwassenen steeds om een knik of breuk in de normale ontwikkeling. De beschikbare wetenschappelijke literatuur heeft daar uitgebreid aandacht aan besteed. Het is echter wel essentieel om te beseffen dat een NAH op jeugdige leeftijd ook gevolgen kan hebben voor de verdere ontwikkeling, ondanks het feit dat de hersenen op die leeftijd een grote graad van plasticiteit bezitten (zie ook ▶ H. 3). Het is belangrijk om hier in de ontwikkelings- en overige auto- en heteroanamnese aandacht aan te besteden, juist omdat de gevolgen van dergelijk letsel tot ver in de volwassenheid kunnen doorwerken en dan tot verkeerde diagnoses of tot frustraties of zelfs stagnaties in de behandeling kunnen leiden (Morgan et al. 2011). Zie ook het voorbeeld van Kees in het kader.

> **Kees 26 jaar**
>
> Kees is altijd vreemd geweest in zijn doen en laten. Hij werd aangemeld door de huisarts voor een onderzoek naar autisme. Hij heeft altijd veel problemen gehad met zijn werkgevers en is regelmatig van baan gewisseld omdat hij zich niet aan afspraken hield. Hij ging steeds zijn eigen weg, was star en rigide, en kon moeilijk met wisselende activiteiten en mensen omgaan.
> Op veertienjarige leeftijd heeft hij een fors NAH opgelopen door een verkeersongeluk en is daarna drie weken comateus geweest. Na die periode veranderde zijn gedrag. Hij werd onrustig, rigide en star. Hij was moeilijk aanspreekbaar, want hij wilde altijd zijn eigen routes bewandelen. Met een wisseling van thema kon hij wel omgaan, en je kon best een goed gesprek met hem voeren, mits je maar op zijn gedachtegang bleef aansluiten. De ontwikkelings- en heteroanamnese brachten deze gegevens aan het licht. Hierdoor kreeg het onderzoek, dat in eerste instantie gericht was op autisme, een andere wending en werd veel duidelijk voor Kees over zijn omgang met de omgeving.

Zoals gezegd kunnen hersenfuncties door allerlei externe factoren beïnvloed worden en in hun ontwikkeling verstoord raken. De laatste decennia is meer duidelijkheid ontstaan over deze invloeden. Het gaat dan niet alleen om NAH bij kinderen, maar ook om andere reeds eerder vermelde factoren die een rol spelen in het ontstaan van persoonlijkheidsproblemen of andere psychiatrische stoornissen (Livesley en Larstone 2018). Dergelijke problemen of stoornissen zijn van grote invloed op de veerkracht en kwetsbaarheid van de hersenen en de daaruit voortvloeiende persoonlijkheid.

2.3 Psychotherapeutische behandeling: wat zou je vooraf moeten weten?

Dagelijks voeren vele hulpverleners psychotherapeutische behandelingen uit. In de praktijk begint een behandeling vaak na een intake(procedure). Soms gaat hier nog een screening aan vooraf om te bepalen of de cliënt wel behandeld kan worden in de betreffende setting of afdeling. Voor de therapeut is het zeer waardevol (ook) zicht te hebben op de ontwikkelingsneuropsychologische facetten die een rol zouden kunnen gaan spelen in het slagen, stagneren of falen van een behandeling

Zo kan stagnatie optreden door negatieve effecten van een nog niet bekend persoonlijkheids- of psychiatrisch probleem (met al dan niet bijbehorende neuropsychologische beperkingen). Dat is vervelend voor de cliënt, maar ook voor de therapeut. Heel vaak stelt men dan aanvullend onderzoek in om alsnog te proberen te achterhalen wat hiervan een mogelijke oorzaak kan zijn. In een duurder wordende gezondheidszorg met steeds kortere behandeltrajecten, al dan niet op grond van een diagnose-behandelcombinatie (DBC), is dat een kostbare zaak, en met het oog op *evidence based practice* (EBP) is dat eveneens geen goed uitgangspunt. Vanuit ethisch perspectief lijkt het ook niet goed om een dergelijke weg te bewandelen: de geestelijke gezondheidszorg is een schaars een kostbaar goed dat op grond van wetenschappelijke kennis zo efficiënt mogelijk moet worden ingezet.

Voor de therapeut is het van wezenlijk belang om zo vroeg mogelijk op de hoogte te zijn van mogelijk complicerende en interfererende factoren om stagnatie of falen van de therapeutische interventie te voorkomen. Wat zou je daarvoor nodig hebben? Wat moet je weten, naast de reeds bekende informatie?

1. Probeer je te verdiepen in de ontwikkelingsneuropsychologische aspecten.
   Het is essentieel dat je snel zich hebt op de mogelijk daarmee samenhangende problemen. Er is inmiddels behoorlijk goede vakliteratuur beschikbaar, zoals het boek van Anderson en collega's (2018), de publicatie van Morgan en Ricker (2018), maar ook het *Handboek persoonlijkheidspathologie* van Eurelings-Bontekoe en collega's (2017), dat veel waardevolle informatie verschaft over deze aspecten en de invloed op persoonlijkheidsproblematiek en behandeling. Ook is er het boek *Klinische kinderneuropsychologie* van Swaab en collega's (2016).
2. De stagnatie van een behandeling kan ook zijn oorzaak vinden in de therapeutische relatie. Als je niet goed weet of je behandeling het gewenste effect heeft of als je ondanks alles merkt dat jouw specifieke interventie niet werkt, dan is het zinvol om je werkalliantie te onderzoeken, naast de andere externe factoren die je wellicht onvoldoende in kaart hebt gebracht (Hafkenscheid 2014). ◘Figuur 2.2 laat zien hoe therapeutische vooruitgang er in schema uitziet.
   ◘Figuur 2.2 geeft aan dat in de behandeling een voortdurende interactie bestaat tussen de therapeutische vooruitgang en de coping van de cliënt in zijn dagelijks leven. De figuur laat ook zien voor welke uitdagingen de therapeut komt te staan. Coping kan niet goed plaatsvinden indien de therapeut onduidelijk is en niet is afgestemd op de cliënt en zijn handelen, of wanneer de cliënt in verwarring raakt door wat er gebeurt tijdens de behandeling en zijn gedachten en gevoelens niet meer kan sturen of controleren. Dat gebeurt ook onder invloed van dagelijkse beslommeringen. Het lukt niet om met de dagelijks terugkerende activiteiten om te gaan en hier structuur in aan te brengen, waardoor men steeds tegen dezelfde problemen blijft aanlopen. Dat kan leiden tot gevoelens van onmacht bij de cliënt. De hulpverlener wil dat gedrag en die onmacht wel monitoren, maar dit lukt niet meer. Vaak leidt die onmacht tot een innerlijk conflict, wat in de therapiesessies niet altijd aan de orde of naar voren komt. Hierdoor heeft de hulpverlener geen zicht op de kwetsbaarheid van de cliënt en is die laatste niet in staat om dingen te leren (Hofer et al. 2010). Dat kan weer stressverhogend werken en tot vermijdend of zelfs explosief gedrag leiden omdat nu de controle weg dreigt te vallen. Daardoor komen hulpverlener en

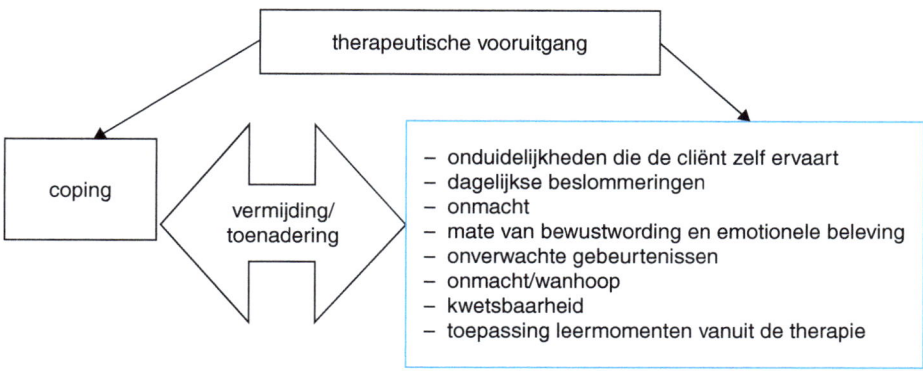

Figuur 2.2 De therapeutische vooruitgang

cliënt niet nader tot elkaar en kan de cliënt volledig afhankelijk worden van de psychotherapeut. Vervolgens neemt de spanning tussen cliënt en hulpverlener toe. De cliënt kan zich dan onmachtig voelen om het probleem aan te pakken en dan kunnen zich gevoelens van wanhoop kenbaar maken. In dat geval wordt de cliënt kwetsbaarder en komt bij hem/haar de gedachte op: 'Ik heb het gevoel dat nu dan niets meer lukt.'

3. Een belangrijk gegeven is dat aandoeningen door een *invasief trauma*, die het functioneren van de hersenen negatief beïnvloeden, een andere diagnose krijgen. We spreken dan niet van persoonlijkheidsstoornissen, zoals vermeld in de Diagnostic Statistical Manual (DSM-5) (APA 2013), maar van persoonlijkheidsveranderingen: persoonlijkheidsverandering door een somatische aandoening. Je dient dan wel het type te specificeren, zoals dat omschreven staat in DSM-5. In het beknopte overzicht vind je dat terug op bladzijde 462–463 (DSM-5; beknopt overzicht 2013).

4. Het kan verder helpen om in de behandeling niet alleen aandacht te hebben voor de psychotherapeutische behandelingsmodellen, maar ook voor de ontwikkelingsneuropsychologische modellen. Deze laatste kunnen een goed overzicht geven van de verschillend stadia van neurocognitieve informatieverwerking en welke hersenstructuren daarbij betrokken zijn. Het handboek van Anderson et al. (2018) geeft daartoe een stevige handreiking.

5. Feedback vanuit neuropsychologisch oogpunt kan zeer belangrijk zijn. Niet alleen in de relatie tussen cliënt en therapeut, maar ook in supervisie van een klinisch neuropsycholoog. Zo kan de therapeutische relatie (tussen cliënt en hulpverlener) via bijvoorbeeld een werkalliantielijst in beeld worden gebracht om zodoende de therapiegesprekken op elkaar af te stemmen en problemen te ontdekken. Meer informatie over dergelijke ondersteuning is te vinden in Hafkenscheid (2014), Muran en Barber (2010) en Postal en Amstrong (2013). Dat geldt natuurlijk ook voor supervisie. Bij/tijdens supervisie kun je informatie ontvangen over de interactiestijlen, maar ook vanuit de neuropsychologie vat krijgen op diverse neurocognitieve modellen (theoretische modellen),

interventievaardigheden, het op- en samenstellen van adequate behandelplannen en oplossingen voor eventuele stagnaties in de behandeling (bijvoorbeeld door een rollenspel met aandacht voor de grenzen van ethisch handelen). Vragen of kwesties die hierbij aan de orde kunnen komen zijn: Wat is nu wel en niet relevant voor een behandeling, en wat gebeurt er als de cliënt het volstrekt niet eens is met de gestelde diagnose? Is er wel voldoende informatie verstrekt over de mogelijkheden, de inhoud, de duur en het beëindigen van de psychotherapie (bijvoorbeeld: het constateren van een chronische aandoening impliceert niet automatisch een langdurige behandeling) (Gates en Sendiack 2017).

2.4 Tot slot

In dit hoofdstuk ging de aandacht uit naar de ontwikkelingsneuropsychologische aspecten van de problematiek van cliënten, en waarom het belangrijk is om hiervan – als psychotherapeut – op de hoogte te zijn. De huidige opleidingen voor psychotherapeutische hulpverlening zijn nog niet voldoende toegerust om te voorzien in de ontwikkelingen binnen dit vakgebied. Weliswaar is in het opleidingstraject de aandacht voor de diagnostiek, psychopathologie en indicatiestelling toegenomen, maar dat geldt nog niet voor de klinische ontwikkelingsneuropsychologie. Dit is een gemis, omdat dergelijke kennis essentieel kan zijn voor de kansen op het slagen of mislukken van een behandeling.

Ontwikkelingsneuropsychologische kennis verdient meer aandacht. Met dit doel voor ogen volgt hieronder een korte beschrijving van een aantal adviezen die een richtlijn kunnen vormen in de behandeling.

1. Hersenen staan nooit stil. Ze ontwikkelen zich gedurende het hele leven. De ontwikkeling eindigt niet, zoals men vroeger dacht, bij de volwassenheid. Vroege negatieve levenservaringen in welke vorm dan ook beïnvloeden die ontwikkeling (opbouw en architectuur). De hersenen leggen voortdurend nieuwe neuronale netwerken aan, eerst voor basale functies (bijv. ademhaling, visuele functies en gehoor) en later voor hogere functies (bijv. aandacht, geheugen, executief functioneren) (Swaab et al. 2016).
2. Genetische en ervaringsgerelateerde factoren beïnvloeden elkaar en vormen mede de ontwikkeling van de hersenen. De relatie tussen kinderen en ouders speelt in dit proces een belangrijke rol, waarvan hechting een wezenlijk deel uitmaakt (South et al. 2012).
3. De hersenen zijn, in het algemeen gesteld, het meest plastisch en flexibel op jeugdige leeftijd. Naarmate de ontwikkeling vordert 'rijpen' de hersenen en gaan van eenvoudige neuronale interacties naar complexere. De invloeden van de omgeving, de persoonlijke ontwikkeling en de situationele omstandigheden zorgen voor verdere differentiatie (Zeanah 2018).
4. Neurocognitieve, sociale en emotionele vaardigheden zijn van groot belang in de levensloop van de mens. Sociaal-emotioneel welbevinden heeft een positieve invloed op de neurocognitieve ontwikkeling. Wanneer deze ontwikkeling zich op jeugdige leeftijd positief ontplooit, kan dit de basis vormen voor veerkrachtig functioneren van de hersenen (Masten 2015).

5. Vroegkinderlijke chronische stress vormt een negatieve factor en kan een voedingsbodem zijn voor verminderde neuronale circuitontwikkeling in de hersenen. De relatie tussen denken, voelen en beleven raakt dan verstoord, en dit kan tot gedragsveranderingen leiden (Damasio 2010).

Heteroanamnese Vragenlijst en Ontwikkelingsgegevens

Geachte heer, mevrouw,

Op de volgende bladzijden vindt u een aantal vragen over de zwangerschap, geboorte en ontwikkeling van uw kind. Wij verzoeken u deze vragen zo specifiek en gedetailleerd mogelijk te beantwoorden (omschrijven), zodat wij een goed beeld krijgen van de omstandigheden en ontwikkeling van uw kind. De vragenlijst betreft uitsluitend het hieronder genoemde kind. Mocht u andere kinderen hebben en over hen iets willen zeggen, vermeld dan duidelijk bij de vraag dat het niet gaat om het hier genoemde kind.

Naam: ....
Geboortedatum: ....
Naam ouder(s): ....

1. *Zwangerschap*
    Waren er complicaties tijdens de zwangerschapsperiode?
    Is er sprake geweest van bloedverlies tijdens de zwangerschapsperiode?
    Bent u tijdens de zwangerschap van uw kind ziek geweest?
    Hebt u tijdens de zwangerschap van uw kind medicatie gebruikt?
    Hebt u tijdens de zwangerschap van uw kind alcohol of drugs gebruikt?
    Hebt u tijdens de zwangerschap van uw kind gerookt?
    Hoe was de gezinssituatie tijdens de zwangerschap (hier is bedoeld: alleenstaand, samenwonend, getrouwd; waren er reeds andere kinderen in het gezin, bijvoorbeeld samengesteld gezin)?
    Hoe was uw relatie met de vader ten tijde van deze zwangerschap?
    Was er sprake van stress in de zwangerschapsperiode?:
    – werkdruk
    – financiële problemen
    – familieproblemen
    – overlijden van dierbaren
    – woonproblemen
    – ernstige gebeurtenissen
    – verhuizing/verbouwing
    – ziekte van belangrijke anderen (bijv. familie)
    Was deze zwangerschap gewenst? Hoe hebt u de zwangerschap beleefd?
    Bent u eerder zwanger geweest? Zijn er complicaties ontstaan tijdens deze zwangerschappen?
    Indien u eerder kinderen hebt gekregen, was er ten tijde van deze zwangerschap hulp en steun voor de overige kinderen aanwezig?

- Indien er andere kinderen in het gezin aanwezig waren tijdens uw zwangerschap, op welke wijze hebben zij op de zwangerschap gereageerd?
- Hoe oud was uzelf tijdens uw zwangerschap?
- Heeft er een nekplooimeting plaatsgevonden (tussen de 11^e en 14^e week van de zwangerschap is een dun vochtblaasje onder de huid in de nek te zien, de zogenaamde nekplooi). Wat was de uitslag?
- Heeft er een punctie plaatsgevonden en wat was de uitslag?
- Waren er afwijkingen te zien op de echo's?
- Was er sprake van een ziektegeschiedenis waardoor u tijdens uw zwangerschap extra onder controle stond bij een arts?
- Hoe mobiel was u tijdens uw zwangerschap?

2. *Geboorte*
   - Is uw kind op tijd, te vroeg of te laat geboren?
   - Heeft uw kind langer dan 6 weken in een couveuse gelegen?
   - Waren er complicaties tijdens de bevalling/geboorte (bijvoorbeeld blauwzien, lang uitdrijvingstijdperk)?
   - Was uw kind een sterrenkijker (een sterrenkijker ligt met zijn hoofd omlaag, maar kijkt omhoog), stuitligging, kruinligging, voorhoofds- of aangezichtsligging?
   - Bent u thuis bevallen of in het ziekenhuis?
   - Hoelang heeft de bevalling geduurd?
   - Was er sprake van een natuurlijke bevalling of is er ingegrepen (bijv. keizersnede, tang, etc.)?
   - Was uw partner bij de bevalling aanwezig? Hoe hebt u dit ervaren?
   - Hoe was de apgarscore?
   - Waren er visuele of auditieve problemen aanwezig?
   - Waren er problemen met de grove motoriek (grijpen – iets met beide handen vastpakken)?
   - Wat waren het lichaamsgewicht en de lengte van uw kind?
   - Waren er complicaties na de bevalling: pijn, bloedverlies, ziekte, herstel?
   - Hebt u direct na de bevalling ondersteuning gekregen van een kraamhulp of hulp van familieleden?
   - Hoe heeft de vader van het kind de bevalling ervaren?
   - Hoe hebt u de bevalling ervaren? Prettig of stresserend?
   - Wat voor weeën hebt u gehad? (buikweeën, beenweeën, weeënstorm (de weeën komen heel snel achter elkaar, zonder dat je die kunt opvangen))

3. *Eerste levensjaar*
   - Zou u het kind als een gemakkelijke of een moeilijke baby omschrijven? Licht dit toe
   - Hoeveel huilde uw kind per dag en om welke reden?
   - Was uw kind prikkelbaar of rusteloos? En zo ja, om welke reden?
   - Was uw kind gemakkelijk in de omgang met andere personen of eerder eenkennig?
   - Hoe reageerde uw kind op lichamelijk contact (bijv. met afwijzing)?
   - Keek het kind u aan als u contact zocht?
   - Waar en hoe sliep uw kind? (eigen bedje, eigen kamer, samen met andere kinderen, bed ouders, doorslapen, wakker worden)? Graag uitgebreid beschrijven.

- Hoe was het eet- en drinkpatroon van uw kind? (reflux, allergieën, voeding weigeren)
- Is uw kind gedurende het eerste levensjaar ziek geweest of heeft het kind klachten gehad?
- Speelden er problemen in het gezin tussen de ouders, familieleden, overige kinderen?
- Was er sprake van stress? (werk, financiën, wonen, sociaal, verhuizen, etc.)
- Wanneer is uw kind begonnen met glimlachen en hoe verliep dit?
- Wanneer is uw kind begonnen met kruipen?
- Wanneer kon uw kind zitten?
- Wanneer is uw kind begonnen met lopen?
- Wanneer is uw kind begonnen met brabbelen?
- Wanneer is uw kind begonnen met praten (eerste woordjes)?
- Hoe was het contact naar moeder? Vader? Overige kinderen? Familieleden?
- Was uw kind te troosten?

4. *Peutertijd (1–3 jaar)*
   - Wanneer sprak uw kind in zinnen (eenwoordzinnen, meerwoordzinnen)?
   - Zijn er problemen geweest in de spraaktaalontwikkeling?
   - Hoe was het gedrag van uw kind? Was uw kind rustig of druk?
   - Probeerde uw kind dingen uit (m.b.t. spelen, de wereld verkennen, andere mensen)?
   - Waarmee speelde uw kind? Speelde het kind met materialen of gooide het deze voortdurend weg?
   - Speelde het kind altijd alleen, of zocht het contact met anderen om te spelen?
   - Hoe reageerde uw kind als u of uw partner wegging?
   - Naar wie ging het kind toe bij pijn/verdriet?
   - Hoe was de interactie met andere kinderen?
   - Hoe was de interactie met volwassenen?
   - Hoe reageerde het kind op visuele en auditieve prikkels (geluiden en aanbieden van spelmateriaal, of op nieuwe situaties)?
   - Waren er bijzonderheden in het slaappatroon?
   - Waren er bijzonderheden bij het eten?
   - Hoe verliep de ontwikkeling van de grove motoriek (lopen, vastpakken)?
   - Wanneer was uw kind zindelijk? Overdag? In de nacht?
   - Hoe is het proces tot zindelijkheid verlopen?
   - Ging uw kind naar de peuterspeelzaal?
   - Hoe reageerde uw kind op het gaan naar de peuterspeelzaal?
   - Wat zei de leiding van de peuterspeelzaal over uw kind?
   - Is er sprake geweest van stress (werk, financiën, wonen, sociaal, verhuizen, overlijden dierbaren, etc.)?
   - Hoe is de binding en het contact met belangrijke personen verlopen met uw kind.
   - Hoe verliep het proces van aan- en uitkleden?
   - Hoe verliep het proces van wassen, douchen en in bad gaan?
   - Maakte uw kind vaak ruzie?

5. *Kindertijd (4–6 jaar)*
   - Hoe verliep de overgang van peuterschool naar basisschool?
   - Hoe was het gedrag van uw kleuter?
   - Hoe ging hij/zij om met broertjes en/of zusjes?
   - Hoe ging hij/zij om met leeftijdsgenootjes?
   - Waarmee speelde uw kind (materiaal, andere kinderen, steeds hetzelfde materiaal)?
   - Kon uw kind goed alleen spelen of moest u hem/haar bezighouden en voortdurend stimuleren?
   - Hoe ging uw kind om met volwassenen, bekende en onbekenden?
   - Hoe verliep de fijne motoriek (waren er problemen)?
   - Kon uw kind iets van u leren en maakte hij/zij zich dat snel eigen?
   - Begreep het kind snel wat u bedoelde als u iets vroeg?
   - Waren er bijzonderheden in deze periode (visueel, auditief, onrustig, snel afgeleid, temperament)?
   - Wie ving uw kind op na schooltijd?
   - Wat deed uw kind na schooltijd?
   - Hoe verliep de spraak- en taalontwikkeling en waren er bijzonderheden op dit gebied (bijvoorbeeld slissen)? Is er logopedie geweest, waren er moeilijkheden met taal (begrijpen van de taal en het spreken in meerwoordzinnen)?
   - Hoe was de thuissituatie?
   - Hoe beleefde uw kind spelletjes (alleen spelen, met een of meerdere kinderen)?
   - Had uw kind fantasie en speelde hij/zij fantasiespellen?
   - Maakte uw kind regelmatig ruzie thuis?
6. *Basisschoolleeftijd (7–12 jaar)*
   - Hoe heeft uw kind de basisschool ervaren (contacten, sociaal, emotioneel)?
   - Wat weet u over de vriendschappen van uw kind op de basisschool?
   - Wat gaven leerkrachten aan over uw kind bij oudergesprekken (sociaal, emotioneel, cognitief, motorisch)?
   - Werden er bijzonderheden vermeld op het rapport van uw kind?
   - Hoe zou u het gedrag van uw kind omschrijven (sociaal, emotioneel en prestatief, motorisch)?
   - Speelde het kind met leeftijdsgebonden spelmateriaal?
   - Kon het kind zich inleven in de wereld van andere kinderen?
   - Gaf het kind vaak aan u aan dat het iets niet kon?
   - Hoe ging uw kind met andere kinderen om (normaal, goed contact, veel lachen en spelen met elkaar)?
   - Is uw kind gepest of heeft hij/zij andere kinderen gepest?
   - Hoe waren de schoolresultaten?
   - Welke schoolvakken gingen soepel?
   - Welke schoolvakken waren moeilijk voor uw kind?
   - Kreeg uw kind begeleiding voor school (ouders, bijles, extra lessen)?
   - Hoe omschrijft u de aandacht, de concentratie en het onthouden van uw kind in deze periode?
   - Kon het kind opdrachten gemakkelijk zelf uitvoeren, of stelde het voortdurend vragen over hoe iets moest worden uitgevoerd?
   - Had uw kind bijzondere patronen of rituelen?

- Wat deed uw kind na schooltijd (spel, hobby, vrije tijd, spelen met vriendjes)?
- Wat voor soort opvoeding hebt u toegepast bij uw kind (vrije, strenge)?
- Is uw kind ernstig ziek geweest?
- Heeft er een schoolwisseling plaatsgevonden?
- Heeft uw kind een of meerdere klassen gedoubleerd (blijven zitten)?
- Is er in deze periode sprake geweest van stress of ernstige gebeurtenissen?
- Waren er problemen met horen en/of luisteren (auditief, of luisterde het kind niet naar u)?
- Maakte uw kind ruzie met anderen?

7. *Puberteit (12–16 jaar)*
   - Welke middelbare school heeft uw kind bezocht?
   - Welk niveau heeft uw kind doorlopen? (vmbo, mavo, havo, vwo, gymnasium)
   - Hoe heeft uw kind de middelbareschooltijd ervaren (rustig, stressvol, gepest, belastend, vervelend)?
   - Wat deed uw kind na schooltijd (bijv. gamen, internetten, op de eigen kamer gaan zitten, voetballen, etc.)?
   - Waren er problemen op de middelbare school met medeleerlingen of leraren (conflicten, ruzie, schoolprestaties)?
   - Gebruikte uw kind drugs of andere verdovende middelen (of had hij/zij contact met de politie)?
   - Was uw kind een eenling op school?
   - Hoe maakte uw kind huiswerk (niet of vergat het steeds te maken, of chaotisch in aanpak)? Moest u haar/hem er vaak aan herinneren?
   - Hoe ging uw kind naar school?
   - Hoe was het eetgedrag (vitaminen, chips en dergelijke)?
   - Hoe ging het met slapen?
   - Hoe heeft uw kind zijn seksuele ontwikkeling ervaren (werd hier over gesproken thuis op school, menstruatie, haargroei, seksuele interesses, voorlichting, etc.)?
   - Kon het kind zich inleven in de gedachten en gevoelens van medeleerlingen?
   - Hoe zijn de vriendschappen van uw kind verlopen?
   - Hoe was uw kind in contact met anderen (bijvoorbeeld: gesloten, open vriendelijk, explosief, macho, etc.)?
   - Kon uw kind zichzelf vermaken?
   - Was uw kind zich steeds bewust van wat hij/zij op school of thuis deed als iets van hem/haar verlangd werd?
   - Neemt uw kind deel aan groepsactiviteiten of is hij/zij liever alleen?
   - Hoe geïnteresseerd was uw kind in sport en muziek?
   - Had uw kind bepaalde rituelen, patronen, gewoontes?
   - Met wie sprak uw kind over problemen (ouder, docent, vriend, niemand)?
   - Nam uw kind deel aan huishoudelijke taken (leidde dat tot stress thuis)?
   - Kon uw kind plannen?
   - Lukte het uw kind om verantwoordelijkheid te nemen (bijv. voor schoolse zaken, deelnemen aan de gezinsactiviteiten)?
   - Had u het idee dat het kind ook een heel eigen weg bewandelde (identiteit)?

8. *Adolescentie (16–24)*
   - Hoe is het zelfbeeld van uw kind in deze periode geweest (naar binnen gekeerd, omgaan met regels, respect voor anderen, alleen met zichzelf bezig, verschil tussen mijn en dijn, snel in conflicten)?
   - Is er sprake van alcohol- of drugsgebruik geweest?
   - Hoe is de seksualiteit verlopen (contacten met anderen, etc.)?
   - Is er sprake geweest van ernstige gebeurtenissen?
   - Heeft uw kind een relatie (liefdes) gehad en hoe is die verlopen (gelukkig, stressvol, extreem pijnlijk)?
   - Is uw kind thuis blijven wonen of uit huis gegaan (mogelijk weggelopen) en hoe is dit verlopen?
   - Heeft uw kind een vervolgstudie gedaan, en zo ja welke? Hoe is die verlopen?
   - Hoe verliepen de sociale activiteiten van uw kind (uitgaan, deelname aan verenigingen en lidmaatschappen van clubs)?
   - Hoe was de omgang met de familie (gespannen, stressvol, confrontaties, normaal)?
   - Was er sprake van gedragsproblemen (explosief, rusteloos, geen sturing kunnen geven aan eigen gedrag, voortdurend in conflicten thuis en met anderen, contact met de politie)?
   - Had uw kind studieproblemen (studie niet afgerond)?
   - Hoe was het eetpatroon van uw kind?
   - Hoe ging het met slapen (gemakkelijk inslapen, rusteloos, veel wakker)?
   - Was uw kind actief (zocht altijd zaken op, zat niet stil, was altijd bezig, onderhouden van vriendschappen)?
   - Had uw kind taken in het gezin, en deed het mee aan activiteiten in het gezin?
   - Hoe verliep het met de financiën?

© J. Vandermeulen & G. Fuss 2018

Aanbevolen literatuur

Lambert, M. J. (2013). *Bergin and Garfield's handbook for psychotherapy and behavior change* (6th ed.). Hoboken: John Wiley and Sons.
Tjeltviet, A. C., & Gottlieb, M. C. (2012). Avoiding ethical missteps. *Monitor on Psychology, 4*, 68–74.

Literatuur

Anderson, V., Jacobs, R., & Anderson, P. J. (2008). *Executive functions and the frontal lobes (a lifespan perspective)*. London: Taylor Francis.
Anderson, V., Northman, E., & Wrennall, J. (2018). *Developmental neuropsychology (a clinical approach)*. London: Routledge.
Baron, I. S. (2018). *Neuropsychological evaluation of the child (domains, methods and case studies)*. Oxford: Oxford university Press.
Bierman, M. & Staal, W. (2016). Klinische neuropsychologie – Een brug tussen hersenfuncties en het dagelijks leven. In W. Staal, J. Vorstamn & R.-J. van der Gaag (Red.), *Leerboek ontwikkelingsstoornissen in de levensloop*. Utrecht: de Tijdstroom.
Böker, H. & Seifritz, E. (Hrsg.). (2012). *Psychotherapie und Neurowissenschaften (Integration – Kritik – Zukunftaussichten)*. Bern: Hans Huber Verlag.

Cozolino, L. (2014). *The neuroscience of human relationships* (2nd ed.). New York: W.W. Norton & Company.
Damasio, A. (2010). *Het zelf wordt zich bewust (hersenen, bewustzijn, ik)*. Amsterdam: Wereldbibliotheek.
Diagnostical Statistical Manual (DSM-5) (2013). *Beknopt overzicht van de criteria DSM-5* (5e druk). Amsterdam: Boom.
Donders, J (2011). Pediatric traumatic brain injury: Effects of questionable effort. In J. E. Morgan, I. S. Baron & J. H. Ricker (Eds.), *Casebook of clinical neuropsychology* (pp. 183-191). Oxford: Oxford University Press.
Egger, H. L., & Emde, R. (2011). Developmentally-sensitive-diagnostic criteria for mental health disorders in early childhood: DSM-IV, RDC-PA and the revised DC- 0-3. *American Psychologist, 66*(2), 95-106.
Eurelings-Bontekoe, E. H. M., Verheul, R., & Snellen, W. M. (2017). *Handboek persoonlijkheidspathologie (voor opleiding, onderzoek en klinische praktijk)*. Houten: Bohn Stafleu van Loghum.
Feder, A., Nestler, E. J., Westphal, M., & Charney, D. S. (2010). Psychobiological mechanism of resilience to stress. In J. W. Reich, J. S. H. Zautra & J. S. Hall (Eds.), *Handbook of adult resilience* (pp. 35-55). New York: Guilford Press.
Fein, D. (2011). *The neuropsychology of autism*. Oxford: Oxford University Press.
Gates, N. J., & Sendiack, C. I. (2017). Neuropsychology supervision: Incorporating reflective practice. *Australian Psychologist, 6,* 163-247.
Gogate, L. (2018). *Multisensoric perception and communication (brain, behavior, environmental interaction and development in the early years)*. London: Routledge.
Hafkenscheid, A. (2014). *De therapeutische relatie*. Utrecht: de Tijdstroom.
Hill, D. (2015). *Affect regulation theory*. London- New York: W.W.Norton & Company.
Hofer, H., Grosse Holforth, M., Frischknecht, E., & Znoj, H. J. (2010). Fostering adjustment to acquired brain injury by psychotherapeutic interventions: A preliminary study. *Applied Neuropsychology, 17,* 18-26.
Hovens, H. J. E., Loonen, A. J. M., & Timmerman, L. (Red.). (2008). *Handboek functionele psychiatrie*. Utrecht: de Tijdstroom.
Iacoboni, M. (2009). *Mirroring people: The science of empathy and how we connect with others*. London: Picador.
ICF (2007). *Nederlandse vertaling van de 'International Classification of Functioning, Disability and Health'*. Bilthoven: Nederlands WHO-FIC Collaborating Centre, RIVM.
Kolk, B. van der (2014). *The body keeps the score*. New York: Viking.
LeDoux, J. (2015). *Anxious (the modern mind in the age of anxiety)*. London: Oneworld.
Lemery-Chalfant, K. (2010). Genes and environment: how they work together to promote resilience. In J. W. Reich, J. S. H. Zautra & J. S. Hall (Eds.), *Handbook of adult resilience* (pp. 55-81). New York: Guilford Press.
Levine, P. A. (2011). *De tijger ontwaakt (traumabehandeling met lichaamsgerichte therapie)*. Haarlem: Altamira.
Livesley, W. J., & Larstone, R. (2018). *Handbook of personality disorders*. New York: Guilford Press.
Masten, A. V. (2015). *Ordinary magic (resilience in development)*. New York: Guilford Press.
Mikulincer, M., & Shaver, P. (2016). *Attachment in adulthood (structure, dynamics and change)* (2nd ed.). New York: Guilford Press.
Morgan, J. E., Baron, I. S., & Ricker, J. H. (Eds.). (2011). *Casebook of clinical neuropsychology*. Oxford: Oxford University Press.
Morgan, J. E., & Ricker, J. H. (Eds.). (2018). *Textbook of clinical neuropsychology*. London/New York: Routledge.
Muran, J. C., & Barber, J. P. (2010). *The therapeutic alliance*. New York: Guilford Press.
Ogden, P., & Fisher, J. (2017). *Sensomotor psychotherapy*. Eeserveen: Mens!.
Perry, B. D. (2002). Childhood experience and the expression of genetic potential: What childhood neglect tells us about nature and nurture. *Brain and Mind, 3,* 79-100.
Perry, B. (2009). Examining child maltreatment through a neurodevelopmental lens: Clinical apllication of the neurosequentional model of therapies. *Journal of Loss and Trauma, 4*(4), 240-255.
Postal, K., & Armstrong, K. (2013). *Feedback that sticks*. New York: Guilford Press.

Reich, J. W., Zautra, J. S. H., & Hall, J. S. (2010). *Handbook of adult resilience*. New York: Guildford Press.

Ruppert, F. (2014). *Vroegkinderlijk trauma*. Eeserveen: Mens!

South, S. C., Reichborn-Kjennerud, T., Eaton, N. R., & Krueger, R. F. (2012). Behavior and moleculare genetics of personality disorders. In Th. A. Widiger (Ed.), *The Oxford handbook of personality disorders* (pp. 143–166). Oxford: Oxford University Press.

Stefanatos, G. A., & Fein, D. (2018). *Autism spectrum disorder*. In J. E. Morgan & J. H. Ricker (Eds), *Textbook of clinical neuropsychology* (pp. 184–281). London/New York: Routledge.

Stuss, D. T., & Knight, R. T. (2014). *Principles of frontal lobe function* (2nd ed.). Oxford: Oxford University Press.

Swaab, D. (2016). *Ons creatieve brein*. Amsterdam: Contact.

Swaab, H., Bouma, A., Hendriksen, J., & König, C. (2016). *Klinische kinderneuropsychologie*. Amsterdam: Boom.

Vandermeulen, J.A.M., & Fuss, G. (2018). *Heteroanamnese Vragenlijst en ontwikkelingsgegevens*. Interne publicatie Virenze: Hoensbroek.

Wallin, D. (2010). *Gehechtheid in psychotherapie*. Amsterdam: Nieuwezijds.

Zeanah, C. H. (2018). *Handbook of infant mental health*. New York: Guilford Press.

Zero to Three (2005). *Diagnostical classification of mental health and developmental disorders of infancy and early childhood, revised (DC: 0–3R)*. Washington, DC: Zero to Three Press.

Kwetsbaarheid en veerkracht

J.A.M. Vandermeulen

3.1 Inleiding – 32

3.2 Domeinen van neuropsychologie – 33
3.2.1 Bewustzijn – 34
3.2.2 Emoties – 37
3.2.3 Zelfregulatie – 41
3.2.4 Mentale flexibiliteit – 43
3.2.5 Stress en trauma – 44

3.3 Conclusie – 45

Literatuur – 47

© Bohn Stafleu van Loghum is een imprint van Springer Media B.V., onderdeel van Springer Nature 2019
J. A. M. Vandermeulen, M. M. A. Derix en A. van Dijke (Red.), *De rol van neuropsychologie bij psychotherapie*,
https://doi.org/10.1007/978-90-368-2263-3_3

3.1 Inleiding

Na een behandelingssessie merkt een hulpverlener in het multidisciplinaire overleg of in intervisie op dat er toch meer aan de hand moet zijn dan de actuele problemen waarmee de cliënt aangeeft of heeft aangegeven te worstelen. Voorbeelden die dan worden gegeven:

- 'Het lijkt steeds alsof de cliënt er niet bij is.'
- 'De cliënt begrijpt mij gewoon niet.'
- 'Zij vergeet altijd de opdrachten uit te voeren, terwijl ik al zo vaak tegen haar heb gezegd dat ze dat moet doen.'
- 'Misschien begrijp ik haar als persoon niet goed genoeg.'
- 'Het lukt cliënt maar niet vat te krijgen op zijn eigen gedrag; het lijkt gewoon of hij zijn gedrag niet kan reguleren.'
- 'Ik merk de hele tijd dat cliënt worstelt met zelfreflectie; we hebben het op allerlei manieren geoefend, maar ze komt niet tot stand. Ik loop eigenlijk vast met de therapie.'
- 'Cognitieve gedragstherapie (CGT) en eye movement desensitization and reprocessing (EMDR) slaan niet aan; ik weet eigenlijk niet zo goed wat ik nu nog zou kunnen betekenen voor de cliënt.'

Dit is slechts een greep uit de vele gedachten die geuit worden als psychologische of psychotherapeutische hulpverlening dreigt te stagneren. Uitgaande van de neuropsychologie wil ik in dit hoofdstuk een aantal factoren beschrijven die mogelijk aanleiding geven tot dergelijke vragen.

Kwetsbaarheid en veerkracht vormen hierbij het uitgangspunt. Kwetsbaarheid kan men omschrijven als: zwakke plekken die bij iemand zijn ontstaan waardoor deze niet meer kan omgaan met tegenspoed. Deze zwakke plekken kunnen biologische, individuele en interpersoonlijke (familie-) oorzaken hebben en kunnen door omgevingsinvloeden ontstaan. Veerkracht is het tegenovergestelde van kwetsbaarheid en leidt tot een succesvolle aanpassing bij tegenspoed en dat op grond van dezelfde oorzaken als kwetsbaarheid (Zeanah 2018; Reich et al. 2010; Masten 2015; Kolk 2014).

Enerzijds kunnen gebeurtenissen in het dagelijks leven een forse negatieve invloed uitoefenen en daarmee de kwetsbaarheid zodanig vergroten dat de veerkracht niet meer volstaat, en anderzijds kan dat ook door psychische problemen gebeuren en kunnen stoornissen in het neuronaal systeem worden veroorzaakt.

Genetische en epigenetische factoren, maar bijvoorbeeld ook levensgebeurtenissen, stress, ontwikkelingsfactoren en de kwaliteit van de hechting kunnen een negatieve invloed hebben op deze beide systemen en tot problemen leiden in het dagelijks leven en negatieve gevolgen hebben voor het neuropsychologisch functioneren. Het therapeutisch handelen komt dan onder druk te staan, hetgeen tot stagnatie kan leiden. Kennis van de belangrijkste neuropsychologische domeinen en hun invloed op kwetsbaarheid en veerkracht kan dan zeer waardevol zijn voor de hulpverlener.

3.2 Domeinen van neuropsychologie

Verschillende neuropsychologische domeinen spelen een rol in het dagelijks psychotherapeutisch handelen. Niet elke psycholoog en psychotherapeut is zich daar altijd van bewust. Je staat niet altijd stil bij het feit dat het verloop van de behandeling en de mate van kwetsbaarheid en veerkracht van de cliënt kunnen samenhangen met het functioneren van de hersenen. Het mag vreemd klinken, maar het succes van psychotherapie hangt af van de relatie tussen hersenen en geest ('*mind*') en een actieve interactie tussen beide (Damasio 2010; Ogden en Fisher 2017).

Een drietal overwegingen kan hierover meer duidelijkheid verschaffen.

- *Ten eerste* vormen de hersenen een adaptief systeem dat zich voortdurend ontwikkelt en onderhevig is aan verandering door de permanente interacties met andere mensen en de omgeving. Psychotherapie probeert de cliënt te leren dat ongeacht het trauma of de gebeurtenissen die hem zijn overkomen, aanpassing in het dagelijks leven mogelijk is. De interactie tussen zenuwcellen in de hersenen maken die mogelijk, en op deze wijze zijn veranderingen in het handelen realiseerbaar door psychotherapeutische en/of psychologische behandeling.
- *Ten tweede* zijn veranderingen in gedrag afhankelijk van de interactie tussen zenuwcellen. Het doel van psychotherapie is het tot stand brengen van veranderingen in denken en handelen. Hiervoor is het nodig dat de hersenen zich aanpassen aan nieuwe omstandigheden en/of oude en nieuwe neuronale systemen in de hersenen samensmelten. Neuronale acties zorgen er dan voor dat de interactie tussen bepaalde (groepen) zenuwcellen verbetert en/of dat interactie tussen andere, niet-functionele zenuwcellen afgeremd wordt (d.w.z. inhibitie). Dat alles kan tot meer en/of tot betere connecties met andere (groepen) zenuwcellen leiden en mogelijk zelfs tot blijvende interne veranderingen in de hersenen. Het geheel draagt bij tot een goed of in elk geval beter associatief netwerk van zenuwcellen dat een steun vormt voor kwetsbaarheid en veerkracht. Er doen zich immers alternatieve processen voor in het zenuwstelsel – die de neuroplasticiteit[1] van de hersenen stimuleren (Böker en Seifritz 2012) – en die de cliënt keuzes bieden voor zijn dagelijks handelen.
- *Ten derde* sturen en ontvangen zenuwcellen boodschappen. Dit gebeurt via de synaps. De synaps is de communicatieruimte die nodig is voor informatieoverdracht. Deze informatieoverdracht in de hersenen vormt de basis voor het bewuste en onbewuste handelen. De synapsen in de hersenen realiseren uiteindelijk de verbindingslijn naar geheugen, creativiteit, reflectief handelen, drijfveren van ons handelen en mentaliseren (Staun 2017). Via deze synapsen vormen we relaties tussen (groepen) zenuwcellen in de hersenen en daarmee tussen bepaalde gebieden in de hersenen om onze ervaringen (steeds) opnieuw te ordenen, als dat nodig is ondersteund door psychotherapie .

De corticale centra in de hersenen spelen in deze processen een zeer belangrijke rol en maken het mogelijk om te kunnen omgaan met problemen zoals vermijding en toenadering; problemen die juist in het psychotherapeutisch proces belangrijk zijn.

---

1 Het vermogen van de hersenen om de eigen structuur en de organisatie van de cellen aan te passen aan veranderende omstandigheden (Schore 2004; Vandermeulen et al. 2008; Goldberg 2010; Böker en Seifritz 2012).

Als een of meer corticale netwerken niet meer met elkaar communiceren, dan is optimaal functioneren niet mogelijk, De cliënt kan dan zijn gedrag niet altijd meer (goed) sturen en handelt vaak te snel, en ervaringen worden niet geïntegreerd in andere systemen. Dan merkt de cliënt dat hij hulp nodig heeft: hij redt het niet meer alleen. De therapeut heeft dan de taak om dit proces weer op gang proberen te brengen. Soms lukt dat met *trial-and-error*, maar meestal door systematisch te handelen om daardoor te trachten de verbindingen tussen de verschillende systemen (netwerken) in de hersenen te reorganiseren. De therapeut probeert dan tot een fijne afstemming te komen tussen het actuele en het gewenste gedrag om de betreffende netwerken op de korte termijn – en waar haalbaar op de lange termijn – te veranderen, ook om zo weer nieuwe netwerken te kunnen opbouwen. Ook kunnen op deze wijze disfunctionele netwerken verdwijnen (Damasio 2010; Hark 2017). De cliënt kan hierdoor beter omgaan met zijn kwetsbaarheid en maximaal profiteren van zijn veerkracht. Om meer zicht te krijgen op deze processen is het zinvol de belangrijkste neuropsychologische aspecten toe te lichten die van invloed zijn op kwetsbaarheid en veerkracht. Dit niet alleen om er achter te komen waarom psychotherapie werkt, maar ook om proactief te kunnen handelen wanneer de therapie niet of onvoldoende lukt. Hiervoor is het van belang om de aandacht te richten op bewustzijn, emoties, zelfregulatie, mentale flexibiliteit en ten slotte stress en trauma.

3.2.1 Bewustzijn

Een vreemde, maar niet onbelangrijke vraag is of het bewustzijn te definiëren valt of dat het gewoon beschreven dient te worden. De afgelopen jaren zijn hierover tal van publicaties verschenen, en het is nagenoeg ondoenlijk gebleken een definitie van bewustzijn te geven. Chalmers (1995), Zelazo et al. (2007) en Vandermeulen et al. (2011) pleiten er dan ook voor om het bewustzijn te zien als een activiteit die je niet zomaar kunt reduceren tot onbewuste processen die je niet kunt sturen. Damasio (2010, pag. 183) beschrijft bewustzijn als volgt: '… een toestand van de geest waarin kennis van het eigen bestaan en van de omgeving aanwezig is.' In zijn benadering is het een toestand van het organisme die op de een of andere manier een 'geest' bevat, waarbij neurologisch gezien onder invloed van de persoonlijke ontwikkeling, meegemaakte gebeurtenissen, levenservaringen en culturele processen een neuronaal netwerk wordt ontwikkeld en vergroot. Met deze omschrijving kun je al verder komen, en het is relevant dat Damasio (2010) aandacht schenkt aan de interactie met de omgeving. Twee belangrijke stromingen geven vanuit respectievelijk de filosofie en neurologie aan hoe het bewustzijn opgebouwd kan zijn. In de onderstaande figuren zijn deze samengevat. Deze informatie is van belang met betrekking tot de rol van de neuropsychologie ten aanzien van kwetsbaarheid en veerkracht in de psychotherapeutische en psychologische behandeling (◘ tab. 3.1 en 3.2).

Beide tabellen laten zien dat de ontwikkeling van het bewustzijn een opbouw kent. Ze benadrukken het feit dat deze opbouw in fasen verloopt en dat er tijdens de ontwikkeling sprake is van een voortdurende wisselwerking tussen verschillende centra in de hersenen. Dit is ook gekoppeld aan de omgeving en situatie waarin het individu zich bevindt. Dergelijke wisselwerkingen maken deze ontwikkeling mogelijk en zijn hiervoor zelfs noodzakelijk. Handelingen komen zonder die interactie niet of zeer moeilijk tot stand. Het geeft aan dat het bewustzijn pas zaken

Tabel 3.1 Ontwikkeling van bewustzijn vanuit filosofisch gezichtspunt (vrij naar Zelazo et al. 2007)

bewustzijn	omschrijving
minimaal bewustzijn (leeftijd: 0-1 jaar)	Een primaire vorm van bewustzijn; de betrokkenheid op de externe wereld vanuit jezelf als handelend mens. Het ontstaat reeds in de prenatale ontwikkeling (prenatale hechting), waarbij het fundament van thalamo-corticale connecties zich continu ontwikkelt, die een eerste aanzet geeft tot zelfverzekerd handelen. Zo ontwikkelt zich een bewustzijn dat langzaam betekenis krijgt voor het dagelijks handelen.
bewustzijnsontwikkeling (leeftijd 12-24 maanden)	Symbolen, interacties en relatie worden belangrijk en gekoppeld aan het functioneren in situatie en omgeving (bijv. het leren van de eerste elementen van het spraakvermogen). Eerste vormen van het werkgeheugen, fixatie en executieve functie ontstaan. De prefrontale cortex ontwikkelt zich nu verder, wat een minimale controle biedt om te kunnen leren.
zelfbewustzijn (leeftijd 18-24 maanden)	Je kunt jezelf nu leren herkennen (bijvoorbeeld via de spiegel). Alles wat je in het hier en nu beleeft, neem je mee in je handelen in relatie tot de omgeving en in situaties die je ontmoet.
reflectief bewustzijn (leeftijd tot 3 jaar)	Je leert je gedachten plaatsen vanuit je opgedane ervaringen en kennis en kunt die plaatsen in het nu. Door waarneming en reflectie leer je nieuwe ervaringen in de buitenwereld te integreren met eerdere ervaringen die je hebt opgedaan. Op vijfjarige leeftijd ontstaat de Theory of Mind; gedachten en gevoelens worden dan vergeleken met je waarnemingen. Hier ontstaan ook de executieve functies. Je leert je persoonlijke gedachten te plaatsen in hun eigen geschiedenis. De neuronale ontwikkelingsfase (neuronale populatie) bereikt zijn hoogtepunt op de leeftijd van 8-12 jaar. Zelfontwikkeling is nu een continu proces met voortdurende reflectie.

kan beoordelen als het systeem daar aan toe is, maar dat het bewustzijn ook afhankelijk is van 'input' (bijv. stimulatie). Als het bewustzijn een ontwikkeling doorloopt, kan dat kwetsbaar zijn voor allerlei negatieve invloeden van buitenaf.

Het bewustzijn maakt een ontwikkeling door en ondergaat veranderingen. Tijdens dit proces kunnen veranderingen ook negatieve gevolgen hebben voor het bewustzijn en tot disfunctioneren van de hersenen leiden. Zo kan zuurstoftekort

◻ **Tabel 3.2** Ontwikkeling van bewustzijn (zelf) vanuit neurologisch gezichtspunt (Damasio 2010)

bewustzijn	omschrijving
eerste fase: protozelf	Dit zijn de spontane gevoelens die men bezit. Het protozelf is een verzameling van neuronen die afwisselend van moment tot moment het organisme in kaart brengen. Dat gebeurt al in de prenatale ontwikkeling. Het is een situatie waarbij gestreefd wordt naar evenwicht. Het zijn interoceptieve signalen (d.w.z. signalen van binnen uit het lichaam, bijv. vanuit de hypothalamus) die in de hersenstam en hersenschors gecoördineerd worden. Deze systemen zijn gevoelig voor externe input (invloeden van buitenaf) en kunnen tot fysieke reacties leiden. Het protozelf is eigenlijk een verzameling 'kaarten' van activiteiten in de hersenen die de basis vormen voor het handelen. Het is een stabiel platform en is een bron van continue ontwikkeling om veranderingen te registreren die een gevolg zijn van de interactie tussen organisme en omgeving. Een verstoring leidt tot fysiologische veranderingen. We bevinden ons op hersenstamniveau.
tweede fase: kernzelf	Dit is de fase van bewustwording van de omgeving en situatie. Op het moment dat je ziet wat er gebeurt in de situatie waarin je nu verkeert (ervaren van objecten, bijv. beelden en geluiden), ben je je van de omgeving bewust. Je bent in staat tot handelen te komen. Het kernzelf voorziet in de de mogelijkheid om de interne en externe wereld met elkaar te verbinden. Er vindt een samenwerking plaats tussen thalamus en corticale gebieden. Bewerkte visuele informatie wordt vanuit de ogen doorgestuurd naar diverse visuele centra. We bevinden ons op het niveau van de middenhersenen.
derde fase: autobiografisch zelf	Het autobiografische geheugen bouwt voort op de gegevens van het protozelf en het kernzelf. Hier worden ook hogere coördinerende corticale functies ingeschakeld. De informatie van de voorafgaande systemen wordt nu gecoördineerd en geïntegreerd. De voorstellingen (gedachten, beelden e.d.) die je hebt, worden nu geïntegreerd tot een geheel. De hersenstam, middenhersenen en de hogere corticale functies werken nu samen en vormen een neuronaal netwerk onder aanvoering van de thalamus. We bevinden ons op het niveau van de hogere corticale functies.

tijdens de geboorte of vlak na de geboorte negatieve gevolgen hebben voor de verdere ontwikkeling van de hersenen (denk bijvoorbeeld aan de relatie met ADHD). Ook het gebruik van medicijnen (denk bijvoorbeeld aan het langdurig gebruik van insuline) en het gebruik van drugs of een regelmatig/langdurig laag bloedsuikergehalte bij onbehandelde diabetes kunnen vervelende gevolgen hebben voor de ontwikkeling en werking van de hersenen (bijvoorbeeld: geheugenklachten) en daarmee het bewustzijn (Holtrop 2015). Deze zaken maken onze hersenen erg kwetsbaar, en ze kunnen op den duur tot structurele problemen leiden die, als men dat niet weet en ze niet behandelt, tot beschadigingen of veranderingen van het bewustzijn kunnen leiden en daarmee tot vergroting van de kwetsbaarheid en vermindering van de veerkracht. Dat kan gelden voor gebeurtenissen die voor of rondom de geboorte plaatsvinden en die een negatieve invloed op de verdere ontwikkeling van het bewustzijn kunnen hebben. Deze raakt dan verstoord, en die invloed is vaak merkbaar tot en met de volwassenheid. Dan hebben we nog niet gesproken over het ontstaan van hersenletsel door invloed van buitenaf (d.w.z. niet-aangeboren hersenletsel, bijv. een hersentrauma door een verkeersongeluk), andere niet-aangeboren hersenaandoeningen en het ontbreken van een goede opvoedingsrelatie en hechting waardoor de veerkracht van het zich ontwikkelende bewustzijn weinig kans krijgt (Eurlings-Bontekoe et al. 2017).

Dit alles heeft een uitwerking op de totale persoonlijkheid-in-ontwikkeling tot en met de volwassenheid. Men heeft dan vaak – bij forse kwetsbaarheid – onvoldoende veerkracht om met problemen om te gaan. Een van de redenen daarvoor is ook dat sommige systemen, zoals aandacht, geheugen, waarneming, uitvoerende en controlerende functies, dan hun werk onvoldoende kunnen doen (Papanicolaou 2017).

3.2.2 Emoties

Emoties vormen spelen een belangrijke rol in het dagelijks handelen. Ze kunnen een forse (negatieve) uitwerking hebben op ons denken en handelen. Ze maken zich al vroeg kenbaar in de ontwikkeling en dit loopt door tot op hoge leeftijd.

Een definitie is van emoties is niet eenvoudig te geven vanwege de vele invalshoeken die er bestaan. Wel is het zo dat de mens onaangename emoties zo veel als mogelijk tracht te vermijden en veel eerder streeft naar aangename toestanden met de daarbij behorende positieve emoties. In deze paragraaf wordt emotie opgevat als een affectieve mentale toestand of een zekere mate van actiebereidheid, die meestal samengaat met een lichamelijk reactie die onbewust of bewust kan plaatsvinden (Frijda 1988; Leahy 2015). In ieder geval gaat het om een toestand waarin je verkeert, of die nu positief, negatief of neutraal beleefd wordt. Bij emoties kan een onderscheid gemaakt worden tussen *beleving* en *gevoel*. Emoties kunnen primair van aard zijn, zoals huilen, angst en blijheid, maar ook secundair, zoals boosheid, woede, hopeloosheid (deze ontstaan uit cognitieve processen). Ook zijn er nog de zogenoemde instrumentele emoties zoals 'huilen met krokodillentranen', dominante boosheid en schijnbare teleurstelling (voor verdere beschouwing, zie Greenberg en Paivio 2003).

Vanuit neuropsychologische oogpunt kunnen disfunctionele emotionele reacties het gevolg zijn van niet-aangeboren hersenletsel (NAH; bijv. een hersentrauma ten gevolge van een ongeluk, een cerebrovasculair accident (CVA), een hersenziekte (bijv. multiple sclerose, ziekte van Parkinson), een hersentumor, gevolgen van chemotherapie) of een whiplash, maar ze kunnen ook ontstaan door bijvoorbeeld een vroegkinderlijk trauma, chronische stress, hechtingsproblemen, seksueel misbruik, opvoedingsproblemen en complexe psychotrauma's. Hieronder wordt nader ingegaan op wat er bekend is over de neuronale basis van emoties.

Een van de bekendste modellen draait om het limbisch systeem[2]. Het limbisch systeem speelt een belangrijke rol bij primaire en secundaire neuropsychologische processen en de uitkomsten daarvan. Dit betreft de invloed van emoties op aandacht, geheugen, waarneming en uitvoerende en controlerende functies, motivatie en interesse, en tempo, en de invloed van deze functies op het emotioneel functioneren. Het spreekt vanzelf dat stoornissen van de primaire en secundaire neuropsychologische processen tot problemen kunnen leiden in het emotioneel functioneren en bij de andere functies (zie: Lezak et al. 2012; Ogden en Fisher 2017).

Een *tweede model* stamt uit de affectregulatietheorie (en hierbij dan gekoppeld aan emoties) en die gaat ervan uit dat de basale ontwikkeling primair plaatsvindt in de rechterhemisfeer. Deze vormt dan volgens Schore (2004), Hill (2015) en Cozolino (2016) de basis voor het ontwikkelen van nieuwe vaardigheden en tegelijkertijd is het een startpunt voor de sociaal-emotionele ontwikkeling. De rechterhemisfeer verwerkt op een snelle, effectieve wijze impliciete emotionele informatie en doet dat stapsgewijs. In de rechterhemisfeer wordt zowel eenvoudige als complexere informatie geanalyseerd en gesynthetiseerd. Deze hersenhelft beoordeelt nieuwe informatie (non-verbaal) – onder invloed van stressvolle situaties – en probeert een oplossing te zoeken voor als zich daardoor problemen voordoen (Schore 2004; Cozolino 2016). De rechterhemisfeer staat in contact met de linkerhemisfeer. De linkerhersenhelft is vooral logisch-analytisch en sequentieel ingesteld. Ze is daarnaast verbaal en kan rationeel handelen koppelen aan verleden, heden en toekomst. Deze hemisfeer is intentioneel, weldoordacht en creëert cognitieve schakels (Schore 2004; Cozolino 2016). Linker- en rechterhersenhelft communiceren met elkaar (onder andere via het corpus callosum), en ontvangen informatie en geven informatie door aan het limbisch systeem (dit systeem is vooral gericht op motivatie en emotionele verwerking). Dan is er nog de verbinding van deze hersenhelften met de hersenstam. De hersenstam zorgt voor de regulering van de autonome functies, alertheid (arousal) en terugkoppeling van pijngevoelens. Belangrijk is dat zowel de rechter- als de linkerhemisfeer onder invloed staan van een 'transformator': de thalamus[3]. De thalamus zorgt ervoor dat alle informatie op het juiste tijdstip en in de juiste volgorde naar alle hersenkwabben gestuurd wordt (Kolk 2014; Cozolino 2016; Hill 2015) (◘ fig. 3.1).

De grote ovale cirkels geven de verschillende hersenkwabben (lobi) weer. De thalamus vormt de spil en is tegelijkertijd het uitvoerings- en controlecentrum voor de neuronale interacties tussen de diverse lobi, neuronale netwerken en daarmee de belangrijkste neurocognitieve domeinen van beide hersenhelften (Vandermeulen 2014).

Het is niet vreemd dat een aandoening in de thalamus grote gevolgen heeft voor de kwetsbaarheid en (emotionele) veerkracht van een persoon en sporen nalaat in zijn dagelijks handelen. Stoornissen van de thalamus zullen dan ook

---

2   In de literatuur stelt men dat de orbito-frontale cortex, de amygdala, de thalamus, het ventrale striatum, de insula, de anterieure cingulate gyrus en de mediale-frontale cortex tot dit systeem behoren en een zeer belangrijke rol vervullen in de emotionele informatieverwerking (Kolb en Whishaw 2015)

3   Deze term is afgeleid van het Griekse θάλαμος = slaapkamer). De thalamus, hypofyse en hypothalamus vormen het diencephalon (tussenhersenen). Het is een, evolutionair gezien, zeer oude hersenkern. De *thalamus* is het verbindingsstation en wordt gezien als transformator in de hersenen (Kolb en Whishaw 2015).

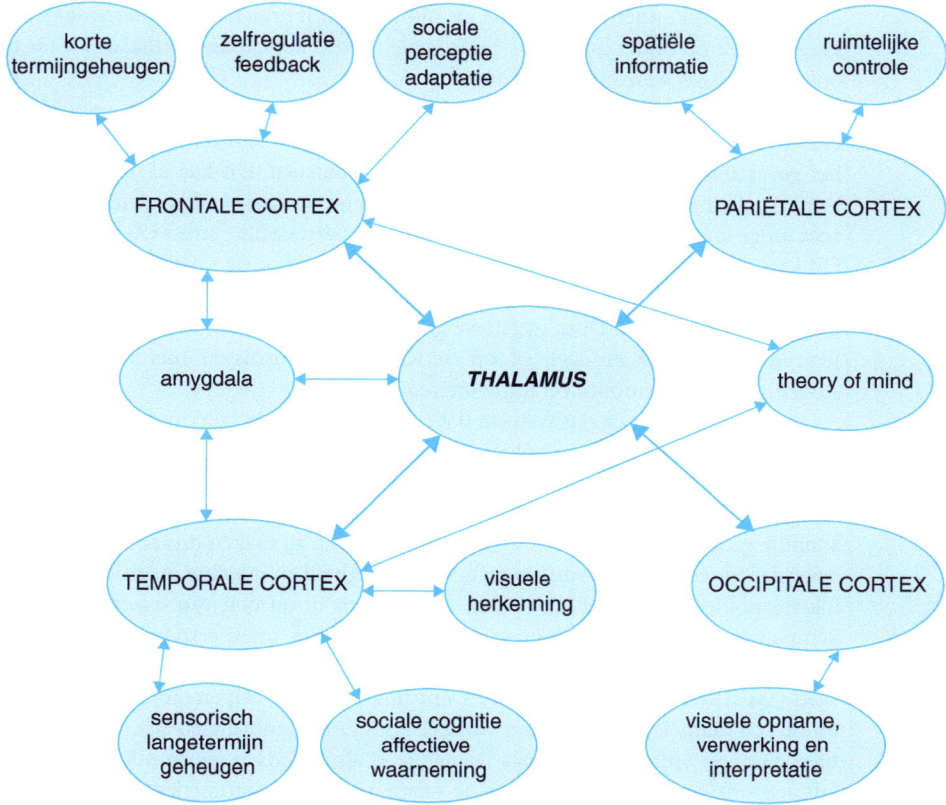

□ Figuur 3.1   De thalamus als transformator

een uitwerking hebben op het cognitief functioneren (denken, doen en beleven), want emotionele en cognitieve informatie kan dan van invloed zijn op de neuronale netwerken die niet meer kunnen opereren. Bijgevolg: er vindt geen of onvoldoende uitwisseling plaats tussen denken, voelen en handelen.

Een ander, niet onbelangrijk systeem met betrekking tot het emotioneel functioneren staat bekend onder de naam hypothalamus-hypofyse-bijnier-as (*hypothalamic-pituitary-adrenal axis* of HPA-as). Dit systeem speelt een belangrijke rol in het ontstaan van stress en kan onder invloed van neurologische aandoeningen of door lichamelijke en/of psychische trauma's in samenwerking met het autonome zenuwstelsel ertoe bijdragen dat (emotionele) veerkracht en kwetsbaarheid onder druk komen te staan (Ogden en Fisher 2017). De prefrontale cortex en de amygdala (een kern in de hersenen die belangrijk is voor het vecht-vluchtmechanisme) hebben invloed op de hypothalamus. Deze geeft zelf weer rechtstreeks informatie aan andere systemen, zoals de thalamus. De samenwerking van de drie systemen (frontale cortex, amygdala en HPA) zorgt ervoor dat stoffen afgescheiden worden die het hersenfunctioneren kunnen beïnvloeden. Stoffen zoals cortisol (dat vrijkomt bij stress en spanningen) en adrenaline (die aanzet tot handelingen om te vechten of te vluchten) kunnen zowel direct als indirect een remmende (inhiberende) werking hebben op onder andere de prefrontale cortex, amygdala[4] en thalamus, maar ook op de posterieure cingulate cortex[5].

Dergelijke stoffen beïnvloeden het functioneren van de primaire en secundaire emotionele systemen (Greenberg en Paivio 2003) en dat kan zelfs in zo grote mate het geval zijn dat een neuronale kwetsbaarheid ontstaat. Dit kan al op zeer jonge leeftijd gebeuren. Zo is uit recent onderzoek gebleken dat onveilige gehechtheid bij zeer jonge kinderen het gevolg kan zijn van interpersoonlijke stress (Zeanah 2018). Dit kan vervolgens weer negatieve gevolgen hebben voor de postnatale ontwikkeling en daarmee de neuronale ontwikkeling van netwerken in de hersenen (Zeanah 2018; Cozolino 2014). Deze negatieve gevolgen kunnen dan lijken op aangeboren neurologische aandoeningen of op ontwikkelingsstoornissen met bijbehorende stoornissen in het emotioneel functioneren.

Ten slotte bestaat er een systeem dat een rol speelt bij het emotioneel functioneren. Dit staat in de neuropsychologie bekend als spiegelneuronen. Recent onderzoek heeft aangetoond dat spiegelneuronen in de vroege ontwikkeling een belangrijke rol spelen in het omzetten van sensorische en motorische waarnemingen bij interpersoonlijk gedrag dat bij anderen waargenomen wordt; zij maken dus ook het kunnen spiegelen als eerste vorm van contact, wederkerigheid en inleving in anderen mogelijk (Iacobino 2008; Cozolino 2014). Het denken in termen van spiegelneuronen, kennis van ontwikkelingen binnen de neurologie en de interpersoonlijke neurobiologie, en kennis van onderzoek met *magnetic resonance imaging* (MRI), functionele MRI (fMRI) en DTI (diffusion tensor imaging[6]) kunnen helpen om zicht te krijgen op de (emotionele) ontwikkeling van het kind en de stoornissen die daarin eventueel kunnen optreden (Eurlings-Bontekoe et al. 2017). De genoemde technieken kunnen ook meer licht werpen op de relatie tussen hersenfuncties en emotioneel gedrag bij patiënten met traumatische-stressgerelateerde stoornissen als het posttraumatisch stresssyndroom (PTSS), dissociatie, conversie, somatisatieproblemen, persoonlijkheidsstoornissen, psychotische stoornissen en ernstige affectieve stoornissen (Eurlings-Bontekoe et al. 2017).

De hier genoemde stoornissen hebben invloed op het neurologisch substraat en daarmee ook op de primaire en secundaire emotionele systemen. Deze laatste staan ook weer onder invloed van externe (omgeving) en interne informatie (dagelijkse situaties en waar iemand zelf over beschikt door zijn ontwikkeling).

Mensen met NAH of een hersenaandoening, en die dus meestal disfunctionerende hersenen hebben, kunnen een breed scala van emotionele stoornissen vertonen, die zowel tot internaliserend als externaliserend gedrag kunnen leiden. Internaliserend gedrag kan zich onder anderen uiten in initiatiefloosheid, gebrekkige motivatie en interesse, uitstelgedrag, gevoelsvervlakking, terugtrekkingsgedrag,

---

4   De amygdala is een amandelvormige structuur die betrokken is bij het aansturen en verwerken van verschillende emoties, en maakt deel uit van het limbisch systeem.

5   De posterieure cingulate cortex is betrokken bij auditieve associaties en het aanpassen van gedrag aan een dynamische omgeving. Het gebied is ook geassocieerd met woorden die een negatieve of positieve lading bezitten, maar ook met het episodisch geheugen en pijn.

6   Diffusion tensor imaging (DTI) is een MRI-techniek die gevoelig is voor diffusie van watermoleculen in het lichaam, en waarbij diffusiepatronen in een driedimensionaal beeld worden weergegeven.

maar ook angst en depressie. Externaliserend gedrag kan zich uiten in stuurloosheid, ontremdheid, woede, explosief gedrag, geen begrip hebben voor anderen, prikkelbaarheid, dwingend gedrag, egocentrisch gedrag, passief-agressief gedrag (zie verder in dit boek ▶H. 12 over emoties bij NAH). Daarnaast maken geheugen- en aandachtsstoornissen, gebrekkige waarneming en problemen met de controlerende en uitvoerende functies als gevolg van de aandoening het emotioneel functioneren in lichte, matige of ernstige mate kwetsbaar, waardoor de veerkracht veelal vermindert of sterk op de proef wordt gesteld. Het is belangrijk om hier tijdens de behandeling rekening mee te houden. De therapeut dient weliswaar klachtgericht te werken en richt zich dan ook vaak – onwillekeurig – alleen op de problemen die actueel aan de orde gesteld worden, maar het kan vaak helpen ook aandacht te schenken aan die niet direct 'zichtbare of merkbare' onderliggende problemen, die vaak een betere verklaring kunnen zijn voor de emotionele problemen waar de cliënt mee kampt.

3.2.3 Zelfregulatie

Zelfregulatie impliceert dat men zijn persoonlijke gedrag kan sturen en aanpassen aan wisselende situaties. Wil iemand zijn gedrag kunnen afremmen en sturen, dan is daar wel feedback voor nodig. Het frontale systeem van onze hersenen (de orbitofrontale, ventro-mediale en de anterieure cingulate cortex) spelen hierbij een belangrijke rol (Miller en Cummings 2017; Vohs en Baumeiser 2017).

We vertonen ons persoonlijke gedrag de hele dag door, en het wordt (erg) moeilijk als we ongewenst gedrag niet (meer) kunnen onderdrukken en ongewenste gewoonten, gedachten en gevoelens zich doen gelden. Deze hebben dan een forse negatieve invloed op ons leven. Ze hebben niet alleen grote negatieve invloed op de persoonlijkheid, maar ook op het sociaal-emotioneel functioneren. Door een gebrek aan zelfregulatie kunnen onder andere eetproblemen (bijvoorbeeld leidend tot overgewicht, anorexia e.d.), onveilig seksueel gedrag, alcoholisme, stoornissen in het executief handelen en stoornissen in de impulscontrole (bijv. tics, dwang- en dranghandelingen) ontstaan; soms zijn deze stoornissen reversibel (Vohs en Baumeister 2017). Ook kunnen stoornissen van de zelfregulatie bijdragen aan het (steeds opnieuw) ontstaan van vermoeidheidsklachten, die zich kunnen uiten in ontwikkelings- en persoonlijkheidsproblemen en/of gedragsveranderingen (Reich et al. 2010). Problemen in de zelfregulatie kunnen ook (de ontwikkeling van) onze identiteit beïnvloeden, zeker als de sturing van het gedrag is weggevallen. Dat kan zich reeds op zeer jeugdige leeftijd manifesteren en onder invloed van de verschillende factoren van kwetsbaarheid en veerkracht, in fylogenetisch opzicht (veranderingen in het organisme en mentaal handelen gedurende de ontwikkeling), de ontwikkeling van de hersenen raken (Hovens et al. 2004; Hulshoff-Pol en Aleman 2015).

Compenserende mechanismen (zoals empathie, oplossingsgericht handelen) vallen dan weg en het evenwicht tussen draagkracht en draaglast in het dagelijkse leven raakt verstoord. Dit heeft vervolgens negatieve gevolgen voor de kwetsbaarheid en de veerkracht van de persoon.

Zelfregulatie is een van de executieve functies. Het kan gezien worden als een continu proces van samenwerking tussen perceptie, emotie, cognitie en actie. De samenwerking zorgt ervoor dat ongewenst gedrag (impulsen, gedachten of verlangens) onderdrukt ofwel geïnhibeerd kunnen worden. Deze zelfregulatie kent een viertal gebieden, te weten: het *intrapersoonlijke gebied*, *het interpersoonlijke handelen*, *de omgevingsinvloed* en *het persoonlijke ontwikkelingsgebied*. Het *intrapersoonlijke gebied* betreft de wijze waarop men zichzelf ervaart en beoordeelt. Dit gebied betreft het dagelijks handelen gekoppeld aan een positief gevoel waardoor men zich beschermen kan tegen negatieve invloeden van buitenaf (directe controle). Het *interpersoonlijke handelen* betreft het tussenmenselijk acteren vanuit het perspectief van anderen. Zo kunnen mensen anderen beoordelen en begrijpen, en een voorspelling doen over hun motivatie, behoeften en wensen. De *omgevingsinvloed* betreft de persoonlijke interactie met de omgeving en de situatie waarin iemand zich bevindt. De *persoonlijke ontwikkeling* (bijvoorbeeld scholing, mate van aanpassing aan wisselende leer- en werkomstandigheden) betreft de wijze waarop we informatie verwerken gekoppeld aan denken, schrijven, spreken en handelen in de alledaagse wereld.

Neuropsychologisch gezien speelt de dorsale prefrontale posterieure cortex (DFPC) een belangrijke rol bij zelfregulatie, want het autonome interne sturende handelen is hier sterk van afhankelijk (we doelen dan op het automatisch gestuurde handelen, eigenlijk gedrag dat we van jongs af aan leren). Dit impliceert tegelijkertijd dat dit zelfregulerende systeem niet altijd alleen actief is.

Uiteindelijk zijn er naast de DFPC vele hersengebieden betrokken bij de zelfregulatie; je beperken tot een of een paar systemen (netwerken) in de hersenen heeft weinig zin. Zeker indien een holistisch interactief systeem als uitgangspunt wordt genomen. Binnen een dergelijk systeem zorgt nauwe samenwerking er dan voor dat bij zelfregulatie niet alleen het cognitief systeem afzonderlijk werkzaam is, maar dat bijvoorbeeld systemen als de hippocampus, de amygdala, de pariëtale, temporale, posterieure cingulaire cortex en occipitale cortex eveneens actief zijn en een affectieve terugkoppeling mogelijk maken (Luyten en Fonagy 2015).

Je kunt dus nooit zeggen dat cliënten niet in staat zijn tot zelfregulatie 'omdat de frontaalkwab niet goed werkt'. Zelfregulatie is een proces dat afhankelijk is van de werking van een interactief systeem. McCloskey en Perkins (2013), Stuss en Knight (2014), Luyten en Fonagy (2015) zien dit als een *perceptief- actief-executief systeem*. Binnen deze benadering is het voorste gedeelte van de hersenen vooral betrokken bij het handelen: plannen, programmeren, handelingen initiëren, werkgeheugen inzetten, uitvoeren van gedrag (met name ook emotionele belevingen weergeven), spreken en terugkoppelen van wat men doet (taken, emoties en dergelijke). Het achterste systeem in de hersenen, gericht op waarneming (perceptie), betreft het verband tussen handelen en affectieve terugkoppeling (wat gaat er nu gebeuren, in welke vorm kan ik de handelingen gieten en in welk tijdsperspectief plaats ik die dan?). Dit systeem richt zich op het semantisch en episodisch geheugen en op gedachten, voorstellingen en denkbeelden voor het handelen. Dit systeem wordt hiërarchisch ondersteund door reuk, tast, gevoelsbeleving, gehoor en visuele waarneming. Hieruit wordt duidelijk dat de term zelfregulatie voor het beoordelen van gedrag veel complexer is dan men in eerste instantie verwacht. Zelfregulatie komt voort uit een voortdurende interactie tussen corticale netwerken die een contact onderhouden tussen de rechter- en linkerhersenhelft. Vanuit dit gezichtspunt kan zelfregulatie gezien worden als:

1. een hiërarchisch geordend systeem in de hersenen, waarbij er een voortdurende interactie tussen verschillende corticale gebieden plaatsvindt;

2. een tijdloos proces dat niet bij iedereen tijdens de ontwikkeling hetzelfde verloop kent;
3. een ontwikkelingsproces vanaf de geboorte tot en met de volwassenheid, dat een stapsgewijs verloop kent van zelfactivatie naar zelfintegratie (het perceptief-executief-actief systeem) en dat per leeftijdsfase kan verschillen;
4. een systeem dat verschillende groeiplateaus kent gekoppeld aan de ontwikkelingsleeftijd: er kan per jaar groei optreden die door invloed van stress kan veranderen en zich negatief kan ontwikkelen;
5. een nauw samenwerkend schematisch kader dat – in zijn functioneren – per ontwikkelingsstoornis, neurocognitieve stoornis of psychiatrische stoornis kan verschillen.

Samenvattend kunnen we dus stellen dat zelfregulatie een duidelijke rol speelt bij kwetsbaarheid en veerkracht.

3.2.4 Mentale flexibiliteit

Mentale flexibiliteit houdt in dat aanpassing aan steeds wisselende situaties mogelijk is. Het is een belangrijke functie voor de kwetsbaarheid en veerkracht van een persoon. Bij mentale flexibiliteit ligt de nadruk op het kunnen aanpassen aan wisselende leef- en werkomstandigheden, en hierbij spelen uitvoerende en controlerende functies een rol (Levitin 2014). De uitvoerende en controlerende functies (onderdelen van het executief functioneren) ontwikkelen zich vanaf de geboorte. Maar wetenschappelijk onderzoek heeft laten zien dat stressvolle gebeurtenissen, fysiek letsel en een psychotrauma tijdens de zwangerschap invloed hebben op de ontwikkeling van deze functies (Zeanah 2018).

Problemen in de ontwikkeling van de mentale flexibiliteit zijn niet alleen het gevolg van een invasief hersentrauma (traumatisch hersenletsel door een ongeluk). Ook non-invasieve hersenschade – bijvoorbeeld als gevolg van een hersentumor, hersenziekten, intoxicaties, auto-immuunaandoeningen, epilepsie – kan negatieve gevolgen hebben voor de (ontwikkeling van) mentale flexibiliteit, net als aandoeningen van hersenfuncties waarbij (nog) niet duidelijk sprake is van structurele en/of neurologische afwijkingen (Eurlings-Bontekoe et al. 2017) De ontwikkeling van de hersenen begint kort na de conceptie en gaat door tot in de late volwassenheid, ook als er sprake is (geweest) van hersenschade. Dit biedt kansen voor de ontwikkeling, maar brengt tegelijk ook een zekere kwetsbaarheid voor interferentie met zich mee. De hersenontwikkeling is van het begin af aan kwetsbaar voor negatieve omgevingsinvloeden (zie voor een uitgebreide analyse Hulshoff en Aleman 2015; Papanicolaou 2017). Als deze ontwikkeling stagneert, door welke invloed dan ook, dan heeft dat ook een impact op het proces van mentale flexibiliteit. Indien er in die ontwikkeling stoornissen optreden, dan heeft dat gevolgen voor de aansturing en het fixeren, filteren, focussen en terugkoppelen van het handelen. Dat kan zijn weerslag hebben op de ontwikkeling van de mentale flexibiliteit. Erger nog: stagnering daarvan kan zich dus op elk moment in het leven van een mens voordoen. Iemand kan hierdoor rigide, star gaan reageren of je zelfs het handelen niet meer kunnen afremmen. Het lukt zo iemand dan niet meer om grenzen aan het eigen handelen te stellen. Het kan zelfs zo zijn dat het binnenkomen van informatie niet te stoppen is, en dan ontstaat een mentale overload (kijk even op YouTube onder *selective attention test* van Daniel Simons uit 1999). Je vindt hier het beroemde experiment met spelers in witte T-shirts. Je moet hier het aantal spelers tellen dat de bal heen en weer speelt, waarbij je niet kijkt naar de spelers met een zwart T- shirt (let even op: als je de film al gezien hebt, dan heeft die geen uitwerking meer).

Mentale flexibiliteit kent een ontwikkelingsproces dat steeds onder invloed staat van diverse factoren. Reeds vanaf jonge leeftijd ontstaan steeds nieuw neuronale netwerken die dit proces ondersteunen. De diverse negatieve beïnvloedende factoren die in de vorige paragrafen zijn vermeld spelen ook hier een rol (▶par. 3.2.2 tot 3.2.4). Die factoren raken dus de dynamiek van de mentale flexibiliteit, dat wil zeggen: op het juiste moment de juiste handelingen kunnen verrichten om doelgericht resultaten met medemensen te realiseren. Onze neuronale netwerken zijn erg gevoelig voor deze negatieve factoren. Ze beïnvloeden de interactie tussen de omgeving en de persoon zelf. Twee voorbeelden verduidelijken dat:
1. richting geven aan het handelen. We zien dat vooral als iemand direct opdrachten moet uitvoeren en er tussentijds andere zaken afgehandeld moeten worden. Dat is dan moeilijk: de persoon kan bijna niet switchen;
2. iemand met borderlineproblematiek dient voortdurend in te spelen op problemen die zich gedurende de dag voordoen. Hij/zij kan echter maar één ding tegelijk doen, en dat lukt ook goed (bijvoorbeeld: de kinderen verschonen). Plotselinge koerswijzigingen zijn dan niet mogelijk. Hij/zij kan dan bijvoorbeeld geen gesprek voeren met zijn man/vrouw waarom hij/zij nog steeds niets aan zijn/haar schreeuwende en uitdagende houding gedaan heeft, wat dus een aanpassing vergt om niet iedere keer in conflict te komen. Hij/zij krijgt dat niet voor elkaar.

Deze twee voorbeelden tonen aan dat het aanpassen aan wisselende omstandigheden, ongeacht de oorzaak, aard en uitgebreidheid van de problematiek, een forse (negatieve) uitwerking kan hebben op iemands mentale flexibiliteit. En onvoldoende of te geringe mentale flexibiliteit heeft gevolgen voor de kwetsbaarheid en veerkracht van de persoon.

3.2.5 Stress en trauma

Stress is een fenomeen dat niet meer uit de dagelijkse leefsituatie is weg te denken. Stress kan zich al heel vroeg in het leven voordoen. Stress en/of trauma's (neuronaal of psychisch), opgelopen tijdens de zwangerschap, kunnen onmiddellijke gevolgen hebben voor het ongeboren kind, maar kunnen ook 'impending threats' worden, die zich kunnen uiten in hechtingsproblematiek, ontwikkelingsstoornissen of hersenschade (afwijkingen in de hersenen) met gevolgen op de korte en lange termijn. Fysieke, maar ook psychische trauma's, die zich in de eerste levensjaren voordoen, kunnen een negatieve invloed uitoefenen op de neuronale ontwikkeling van de hersenen. Een mogelijk gevolg hiervan is een gebrekkige ontwikkeling van synapsen en een tekort aan (goed) ontwikkelde neuronale netwerken. Onze hersenen zijn uitermate gevoelig voor deze 'threats' (Zautra et al. 2010).

En dat is niet vreemd, want tot een leeftijd van ongeveer vier jaar vindt er een explosieve ontwikkeling plaats die tot verbindingen leidt van neuronen die onderling netwerken formeren gericht op consolidatie, uitbouw en fijnmazige ontwikkeling. Cellen kunnen zich dus ontwikkelen, maar kunnen ook afsterven doordat ze door interne of externe omstandigheden ('threats') niet betrokken zijn geweest in het ontwikkelingsproces.

Het kan ook voorkomen dat door negatieve levenservaringen de hoeveelheid aanwezige synapsen – in neuronale netwerken – verandert en dat de effecten daarvan doorwerken tot in de volwassenheid (Zeanah 2018; Reich et al. 2010; Cozolino 2016). Kolk (2014) en Ogden en Fisher (2017) hebben aangetoond dat acute en chronische trauma's die zich op latere leeftijd voordoen (adolescentieperiode, volwassenheid) forse negatieve gevolgen kunnen hebben voor de verdere emotionele ontwikkeling, en dit kan uiteindelijk uitmonden in persoonlijkheidsproblemen. Deze problemen leiden vervolgens vaak tot allerlei neurocognitieve stoornissen, die – bijvoorbeeld onder invloed van een in de jonge volwassenheid opgelopen NAH – in ernst en uitgebreidheid kunnen verschillen.

Het is niet verwonderlijk dat het functioneren van de hersenen, zowel op het gebied van de hogere corticale (verbaal aanschouwelijke en logisch-analytische functies) als van de subcorticale functies (het limbisch systeem: emoties waaronder angst, depressie, stemmingsstoornissen), door stress en/of trauma's negatief beïnvloed kan worden, met de consequenties daarvan – vanuit neurocognitief perspectief – voor het dagelijks handelen van de betroffen persoon en daarmee diens mate van kwetsbaarheid en veerkracht. Deze gevolgen kunnen fijnmazig van aard zijn (men merkt het niet echt, het is vaak pas herkenbaar in de complexere handelingen), maar ze kunnen zich ook uiten in de directe interactieve sessies tijdens psychotherapeutische behandeling.

3.3 Conclusie

Dit hoofdstuk begon met een aantal voorbeelden van – door behandelaars genoemde – redenen waarom een psychotherapeutische of psychologische behandeling bij een cliënt kan vastlopen. Vanuit neuropsychologisch perspectief is getracht de belangrijkste domeinen voor het dagelijks handelen van de cliënt herkenbaar weer te geven. Deze betreffen het bewustzijn, het emotioneel functioneren, de zelfregulatie, de mentale flexibiliteit en de invloed van stress en trauma. Op deze wijze is getracht een spectrum van factoren te beschrijven waarmee de therapeut in de behandeling rekening kan houden. Vaak is men zich niet direct of duidelijk bewust van de invloed van stoornissen of beperkingen in deze domeinen op het behandelingsverloop en komen deze pas aan het licht als de behandeling dreigt vast te lopen en de spanning tussen therapeut en cliënt toeneemt. In de huidige, door bezuinigingen ingekaderde protocollaire behandelingsstructuren is dat niet vreemd, want uitgebreide intakes en onderzoeken kunnen en worden vaak niet of onvoldoende uitgevoerd. Dan bestaat het risico dat de problemen in de domeinen, die in dit hoofdstuk genoemd zijn, niet worden waargenomen. Die hier behandelde domeinen zijn gekoppeld aan de neuropsychologische functies zoals arousal en aandacht, uitvoerende en controlerende functies (executief functioneren), waarneming, geheugen

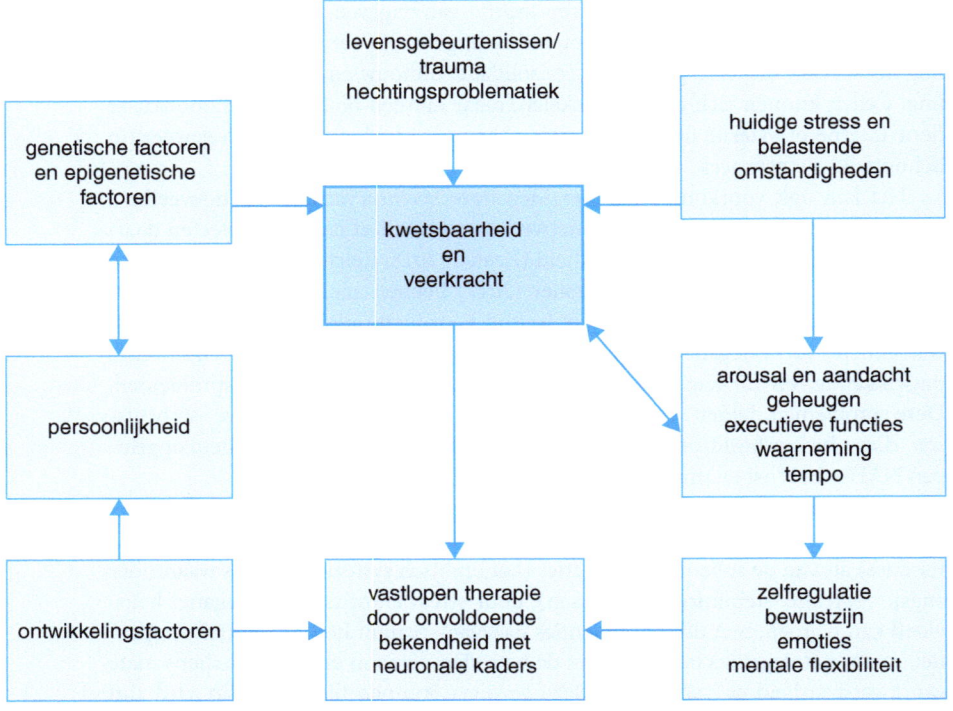

☐ **Figuur 3.2** Kwetsbaarheid en veerkracht in het perspectief van de neurowetenschappen

en taal. Intelligentie is in dit verband eveneens een bepalende factor (zie voor een uitgebreide beschouwing Howard Gardner, *Soorten intelligentie* 2002 en Haier 2017).

☐Figuur 3.2 geeft een overzicht van de invloed van het neuropsychologisch functioneren op de kwetsbaarheid en veerkracht en het vastlopen van een (psycho) therapeutische interventie. Het schema laat zien dat meerdere factoren bepalend kunnen zijn voor het slagen of falen van een behandeling. Het is niet noodzakelijk dat een therapeut van alle neuropsychologische aspecten exact op de hoogte is wanneer een behandeling dreigt te stagneren, maar het is aan te bevelen om in grote lijnen de samenhangen te kunnen herkennen en onderkennen.

Naast het zorg dragen voor een (goede) therapeutische relatie (Muran en Barber 2010; Hafkenscheid 2014) is het in het psychotherapeutisch handelen ook belangrijk aandacht te besteden aan beschikbare kennis – uit de neurowetenschappen – die belangrijk is voor het begrip van (het verloop van) de behandeling van de cliënt. Vooral de neuropsychologie kan zeer waardevolle aanvullende informatie leveren, die cruciaal kan zijn voor een succesvol eindresultaat van een psychotherapeutische behandeling. Het zou goed zijn indien neuropsychologische kennis en kunde ingebed raakt in het therapeutisch proces, ondersteund door de sociaalculturele context waarin die behandeling plaatsvindt (Leigh-Valles 2009; Cozolino 2016; Ogden en Fisher 2017). Neuropsychologische processen kunnen op deze wijze geplaatst worden in een 'mind-body'-gegeven voor de klinische arena waarbij samenwerkende neuronen en dus neuropsychologische processen een wezenlijke bijdrage leveren aan resultaatgerichte psychotherapie. Deze kan leiden tot een fijnmaziger afstemming van de te geven (psychotherapeutische) hulp op de persoon in kwestie, zowel met betrekking tot de indicatiestelling (wat is er aan de hand?), behandelingsconcepten (wat heeft de cliënt nodig en waarom?) als de theorievorming (op welke wijze kan een probleem of kunnen problemen – voor en tijdens de behandeling – mogelijk verklaard worden?). Zo kan een efficiëntere hulpverlening mogelijk worden.

Het doel van psychotherapeutische hulpverlening is: de regie voor en in het dagelijks handelen zoveel mogelijk teruggeven aan de cliënt. Het doel is in het algemeen streven naar genezing. Het is beter de nadruk te leggen op begeleiden, ondersteunen, voorzien in behoeften, leren omgaan met beperkingen en/of handicap, en/of weer op een redelijk stressvrije wijze doelen te kunnen realiseren. Het spanningsveld tussen kwetsbaarheid en veerkracht kan door succesvolle therapie verkleind worden. Hier is de cliënt zeker mee gebaat zijn, met name ook in een neuropsychologisch denk- en handelingskader.

Literatuur

Böker, H., & Seifritz, E. (2012). *Psychotherapie und Neurowissenschaften*. Bern: Hans Huber.
Chalmers, D. J. (1995). Facing up to the problem of consciousness. *Journal of Consciousness Studies, 2*, 200–219.
Cozolino, L. (2014). *The neuroscience of human relationships* (2nd ed.). New York: W.W. Norton & Company.
Cozolino, L. (2016). *Why therapy works*. London: Norton Company.
Damasio, A. (2010). *Het zelf wordt zich bewust*. Amsterdam: Wereldbibliotheek.
Eurlings-Bontekoe, E. H. A., Verheul, R., & Snellen, W. (2017). *Handboek persoonlijkheidspathologie* (3e druk). Houten: Bohn Stafleu van Loghum.
Frijda, N. (1988). *Emoties*. Amsterdam: Bert Bakker.
Gardner, H. (2002). *Soorten intelligentie*. Amsterdam: Nieuwezijds.
Goldberg, E. (2010). *Het sturende brein*. Amsterdam: Wereldbibliotheek.
Greenberg, L. S., & Paivio, S. A. (2003). *Working with emotions in therapy*. New York: Guilford Press.
Hafkenscheid, T. (2014). *De therapeutische relatie*. Utrecht: de Tijdstroom.
Haier, R. J. (2017). *The neuroscience of intelligence (Cambridge fundamentals of neuroscience in psychology)*. New York: Cambridge University Press.
Hark, M. R. M. ter (2017). 20 jaar neuropraxis: Is het lichaam-geestprobleem al opgelost? *Neuropraxis, 21*(3), 66–71.
Hill, D. (2015). *Affect regulation theory*. New York: W.W. Norton & Company.
Holtrop, R. (2015). Hoofdstuk 12: Invloed van diabetes mellitus op het neurologisch en psychisch functioneren. In *De oudere patiënt met diabetes mellitus type 2*. Houten: Bohn Stafleu van Loghum.
Hovens, J. E., Loonen, A. J. M., & Timmermans, L. (2004). *Handboek neurobiologische psychiatrie*. Utrecht: de Tijdstroom.
Hulshoff, H. E., & Aleman, A. (2015). *Beeldvorming van het brein*. Utrecht: de Tijdstroom.
Iacobino, M. (2008). *Het spiegelende brein*. Amsterdam: Uitgeverij Nieuwezijds.
Kolb, B., & Whishaw, I. Q. (2015). *Fundamentals of human neuropsychology*. New York: Worth Publishers.
Kolk, B. van der (2014). *The body keeps the score*. New York: Viking.
Leahy, R. L. (2015). *Emotional schema therapy*. New York: Guilford Press.
Leigh-Valles, G. (2009). Over de rol van de neurobiologie in de psychotherapie. *Tijdschrift voor Psychotherapie, 35*, 25–34.
Levitin, D. (2014). *Een opgeruimde geest. (Omgaan met een stortvloed aan informatie die dagelijkse op je afkomt)*. Amsterdam/Antwerpen: Atlas Contact.

Lezak, M. D., Howieson, D. B., Bigler, E. D., & Tranel, D. (2012). *Neuropsychological assessment*. New York: Oxford University Press.
Luyten, P., & Fonagy, P. (2015). The neurobiology of mentalizing. *Personality Disorders: Theory, Research, and Treatment, 6,* 366–379.
Masten, A. S. (2015). *Ordinary magic (resilience in development)*. New York: Guilford Press.
McCloskey, G., & Perkins, L. A. (2013). *Essentials of executive functions*. Hoboken, New Jersey: Wiley.
Miller, B. L., & Cummings, J. L. (2017). *The human frontal lobes*. New York: Guilford Press.
Muran, J. C., & Barber, J. P. (2010). *The therapeutic alliance*. New York: Guilford Press.
Ogden, P., & Fisher, J. (2017). *Sensomotor psychotherapy*. Eeserveen: Mens.
Papanicolaou, A. C. (2017). *The Oxford handbook of functional brain imaging in neuropsychology and cognitieve neurosciences*. Oxford: Oxford University Press.
Reich, J. W., Zautra, J. S. H., & Hall, J. S. (2010). *Handbook of adult resilience*. New York: Guilford Press.
Schore, A. (2004). *Affektregulation und die reorganisation des Selbst*. Stuttgart: Klett-Cotta Verlag.
Staun, L. (2017). *Mentalisieren bei depressionen*. Stuttgart: Klett-Cotta Verlag.
Stuss, D. T., & Knight, R. T. (2014). *Principles of the frontal lobe functions*. New York: Oxford University Press.
Vandermeulen, J. A. M. (2014). *Visual intelligence in action a question of balance? Neuroplasticity: Recent findings on the visual system for the practitioner*. Presentation on the congress of EVER 1–4 October 2014; Nice, France.
Vandermeulen, J. A. M., & Derix, M. M. A. (2011). *Onderzoek naar bewustzijn*. Amsterdam: Boom.
Vandermeulen, J. A. M., Derix, M. M. A., & Lafosse, C. (2008). *Neuroplasticiteit*. Amsterdam: Boom.
Vohs, K. D., & Baumeister, R. F. (2017). *Handbook of self-regulation*. New York: Guilford Press.
Zautra, A. J., Hall, J., & Muray, K. E. (2010). Resilience. In J. W. Reich, J. S. H. Zautra & J. S. Hall (Eds.), *Handbook of adult resilience* (pp. 3–29). New York: Guilford Press.
Zeanah, C. H. (Ed.). (2018). *Handbook of infant mental health*. New York: Guilford Press.
Zelazo, P. D., Moscovitch, M., & Thompson, E. (2007). *The Cambridge handbook of consciousness*. New York: Cambridge University Press.

Deel II
Overzicht: de praktijk I

Hoofdstuk 4 Neuropsychologische afwijkingen bij het chronischevermoeidheidssyndroom en gevolgen voor diagnostiek en behandeling – 51
M.G. Vollema

Hoofdstuk 5 Neuropsychologische stoornissen bij depressie en de consequenties voor psychotherapie bij depressie – 65
A. van Dijke, J.A.M. Vandermeulen en M.M.A. Derix

Hoofdstuk 6 ADHD in de volwassenheid: neuropsychologische verklaringstheorieën als hefboom voor de niet-medicamenteuze behandeling – 77
D. Baeyens

Hoofdstuk 7 Impact van neuropsychologische klachten op de behandeling van de posttraumatische stress-stoornis – 91
R. de Haart, M.J. Nijdam en E. Vermetten

Hoofdstuk 8 De somatisch-symptoomstoornis en verwante stoornissen: relevante neuropsychologische bevindingen voor de klinische praktijk – 107
A. van Dijke, J.A.M. Vandermeulen en M.M.A. Derix

Hoofdstuk 9 E-health: zinvol toegepast in de praktijk – 117
J.E.W.C. van Gemert-Pijnen en H. Kip

Neuropsychologische afwijkingen bij het chronische-vermoeidheidssyndroom en gevolgen voor diagnostiek en behandeling

M.G. Vollema

4.1 Inleiding – 52

4.2 Onderzoek naar neuropsychologische afwijkingen bij mensen met CVS – 53

4.3 Factoren van invloed op het neuropsychologisch functioneren van CVS-patiënten – 55

4.4 Implicaties voor diagnostiek – 58

4.5 Implicaties voor therapie – 59

4.6 Tot besluit – 60

Literatuur – 61

4.1 Inleiding

Het chronischevermoeidheidssyndroom (CVS) wordt gedefinieerd als een ernstige en onverklaarbare vermoeidheid van ten minste zes maanden die een aanzienlijke verslechtering van het sociaal-maatschappelijk functioneren tot gevolg heeft (Fukuda et al. 1994). Bijkomende symptomen kunnen cognitieve afwijkingen, keelpijn, gevoelige hals- en okselspieren, spierpijn, gewrichtspijn, hoofdpijn, moe wakker worden en malaiseklachten na inspanning zijn. Om de diagnose te stellen moet iemand ten minste vier van deze symptomen vertonen (zie Bleijenberg et al. 2012 voor uitgebreide informatie over de diagnosestelling). De diagnose wordt over het algemeen door de huisarts gesteld, en soms kan er ook een internist of neuroloog bij betrokken worden om andere ziektes uit te sluiten.

De Gezondheidsraad schatte in 2005 nog dat er in Nederland ongeveer 30.000 tot 40.000 patiënten met CVS zijn. Bleijenberg et al. (2012) vermoeden dat de werkelijke aantallen hoger liggen. CVS komt vier keer zo vaak bij vrouwen voor als bij mannen. De discussie of CVS wel een 'echte', dat wil zeggen somatische, ziekte is, wordt hier verder buiten beschouwing gelaten (zie daarvoor bijvoorbeeld Knoop 2018; Merckelbach 2016). Deze discussie gaat eigenlijk over de vraag naar de begripsvaliditeit van CVS. Een dergelijke discussie wordt ook gevoerd over sommige psychiatrische stoornissen, zoals de dissociatieve identiteitsstoornis (Hart et al. 2010) en schizofrenie (Vlaminck en Kramer 2017). Onlangs is CVS door de Gezondheidsraad (2018) gedefinieerd als een 'echte' ziekte, dat wil zeggen dat men nu benadrukt dat het een multisysteemziekte is met een nog onbekende oorzaak. In 2005 bestempelde de Gezondheidsraad CVS nog als een voornamelijk psychische aandoening.

De gangbaarste behandelvormen voor CVS waarvoor (enige) wetenschappelijke evidentie bestaat, zijn graded exercise training (GET) en cognitieve gedragstherapie (CGT). Met GET wordt gedurende een periode van vier maanden de lichamelijke activiteit (met fietsen, wandelen of joggen) heel geleidelijk opgevoerd onder begeleiding van een fysiotherapeut. Met CGT wordt geprobeerd om geleidelijk de opvattingen van de patiënt met betrekking tot de vermoeidheid te veranderen, zodat het gedrag ook verandert. Er is bij CGT tevens oog voor een geleidelijke opbouw van de lichamelijke activiteit en voor verbetering van het slaappatroon (zie Knoop en Wiborg 2012 voor een beschrijving van CGT bij CVS in Nederland). CGT zou effect hebben op de vermoeidheid, maar ook op de pijnklachten en op de concentratieproblemen. Niet alle CVS-patiënten die deze behandelvormen ondergaan, hebben hier ook daadwerkelijk baat bij. Uit meta-analyses komt naar voren dat ongeveer een derde van de CVS-patiënten geen baat heeft bij GET en/of CGT.

In de problematische PACE-trial, een groot vijfjarig onderzoeksproject in Engeland, werd in eerste instantie gevonden dat 22 % van de CVS-patiënten volledig herstelde (= nagenoeg klachtenvrij en geen diagnose meer) door GET en nog eens 22 % door CGT (White et al. 2011). Later bleek dat er cruciale methodologische fouten in dit onderzoek waren geslopen en pas onder druk van een rechter werden de ruwe data vrijgegeven voor her-analyse. Hierna bleek dat het herstelpercentage voor GET slechts 4 % was en dat voor CGT 7 % (Wilshire et al. 2017). Twisk et al. (2010) stellen dat GET bij een deel van de CVS-patiënten zelfs leidt tot verergering van de cognitieve klachten. Claypoole et al. (2001) vonden daarentegen dat lichamelijke inspanning (spinning/fietsen) bij deze patiënten niet tot een verslechtering van de cognitieve functies leidde. Kortom, er is de nodige discussie over de effectiviteit van GET en CGT, maar voor een deel van de CVS-patiënten lijken deze therapieën toch wel de meest voor de hand liggende eerste stap in de behandeling. En naar het zich laat aanzien is een ander deel van de patiënten er niet bij gebaat, zonder dat we weten waarom.

In dit hoofdstuk gaat het over neuropsychologische afwijkingen bij CVS en de gevolgen daarvan voor diagnostiek en behandeling. Komaroff (1993) stelde dat bij 85 % van de CVS-patiënten neuropsychologische afwijkingen voorkomen. Bombardier en Buchwald (1996) houden het zelfs op 95 %. Patiënten met CVS vertonen vaak symptomen op meerdere gebieden. Er is meestal niet alleen sprake van een alles overheersende vermoeidheid, maar ook van aandachts- en concentratieproblemen, hoofdpijn en spierpijnen. Wat betreft de neuropsychologische verschijnselen (vooral cognitieve afwijkingen genoemd in de CVS-literatuur) klagen veel patiënten over verschillende soorten concentratieproblemen. Volgens Ocon (2013) beschrijven veel patiënten deze subjectieve verschijnselen als 'brainfog'[1], een term die in de CVS-literatuur inmiddels ingeburgerd lijkt te zijn. Het gaat dan volgens Ocon om vertraagd denken, moeite met focussen, verwarring, concentratiezwakte, vergeetachtigheid en mentale moeheid. Met beeldvormend onderzoek met *magnetic resonance imaging* (MRI) van de hersenen is eerder aangetoond dat CVS gepaard gaat met verlies van grijze stof in de bilaterale prefrontale cortex (Okada et al. 2004). Hierbij is het niet zeker of er sprake is van een causale relatie, en ook is niet zeker of de besproken neuropsychologische afwijkingen zijn terug te voeren op dit mogelijke verlies van grijze stof.

In het vervolg van dit hoofdstuk bekijken we wat er in de wetenschappelijke literatuur bekend is over het voorkomen van neuropsychologische afwijkingen bij patiënten met CVS. Hierna bespreken we de (stoor)factoren die ook hun invloed uitoefenen op de neuropsychologische functies van CVS-patiënten. Vervolgens presenteren we een korte casusbeschrijving, en we sluiten af met de mogelijke implicaties voor diagnostiek en behandeling.

4.2 Onderzoek naar neuropsychologische afwijkingen bij mensen met CVS

Tiersky et al. (1997) publiceerden een van de eerste kritische reviews van onderzoeken naar de relatie tussen CVS en objectieve neuropsychologische afwijkingen. In hun review konden ze 28 studies includeren, die allemaal uitgevoerd waren in de periode 1990–1997. Ze vonden dat patiënten met CVS op intelligentietests niet verschilden van gezonde controles. Er waren bijvoorbeeld geen aanwijzingen voor intelligentie-achteruitgang bij CVS. Premorbide IQ-scores met de National Adult Reading Test (NART), in Nederland bekend als de Nederlandse Leestest voor Volwassenen (NLV) (Schmand et al. 1992), verschilden niet van IQ-scores die

---

1 Wanneer je last hebt van 'brainfog' zit je in een continue waas; een soort slaapmodus. Je kunt niet helder denken en hebt een vissenkom-gevoel of het gevoel dat je watten in je hoofd hebt zitten. Problemen op het gebied van taal, geheugen, aanpassingsvermogen met betrekking tot gedrag, impulscontrole, planning, aandacht, patronen herkennen, rekenen en andere denkvaardigheden zijn wisselend aanwezig.

vastgesteld werden ten tijde van de aandoening. Op het gebied van de aandacht en snelheid van informatieverwerking werden wel verschillen aangetroffen tussen mensen met CVS en gezonde controlegroepen. Naarmate de aandachtstaken complexer werden (als men tegelijkertijd meerdere elementen van informatie moest manipuleren), werden de prestaties zwakker dan die van de controlegroepen. Het bleek dan vooral te gaan om taken zoals de Stroop Kleur-Woord Test (Hammes 1978), Symbool Substitutie-Coderen (van de WAIS-R; Wechsler 1981) en om de Paced Auditory Serial Addition Test (PASAT) (Gronwall en Sampson 1974). Tiersky et al. concludeerden dat een vertraagd tempo van informatieverwerking waarschijnlijk debet was aan de zwakke prestaties van de mensen met CVS. Op het gebied van het geheugen werden vooral normale prestaties gevonden voor opslag, retentie en het weer ophalen van (nieuw geleerde) informatie. De auteurs opperden dat de mensen met CVS misschien een wat minder steile leercurve hadden op woordenlijsten (als de 15-Woorden Test (15 WT-A/15 WT-B; Saan en Deelman 1986) en de Verbale Leer en Geheugen Test (VGLT) (Mulder et al. 1996)) en dus wat meer herhaling nodig hadden. Ze verklaarden dit voornamelijk uit primaire problemen met de aandacht. Mulder et al. (1996) vonden met de VLGT ook geen geheugenstoornissen bij CVS-patiënten. Op het gebied van de executieve functies, onder andere getest met de Cijferreeksen-achteruit, 'Verbal Fluency' (verbale woordvloeiendheid) en 'Wisconsin Card Sorting Test'(WCST; Heaton et al. 1993), werden ook geen verschillen gevonden tussen mensen met CVS en gezonde controlegroepen.

Michiels en Cluydts publiceerden in 2001 een review van onderzoek. Ook zij vonden bij CVS-patiënten vooral een trage informatieverwerking (door hen algehele vertraging genoemd) en een zwak werkgeheugen, en zij constateerden dat deze patiënten tevens wel moeite hadden met leren van nieuwe informatie.

Cockshell en Mathias publiceerden in 2010 hun meta-analyse: 'Cognitive functioning in chronic fatigue syndrome.' Zij traceerden maar liefst 50 studies, die waren uitgevoerd in de periode 1988–2008. Zij begonnen met een waarschuwing, namelijk dat er bij mensen met CVS weliswaar hogere scores voor depressiviteit werden gevonden, maar dat die depressiviteit zeker niet de enige verklaring zou kunnen vormen voor de neuropsychologische problemen. Die studies, waarin op basis van klinische interviews de CVS-groepen werden onderscheiden in één groep met een psychiatrische stoornis (meestal depressie of dysthymie) en één groep zonder psychiatrische stoornis, lieten namelijk zien dat de neuropsychologische afwijkingen ernstiger waren in de groep met alleen CVS (en dus zonder comorbide psychiatrische stoornis). Zij vonden duidelijke aanwijzingen dat de snelheid van informatieverwerking trager was bij de CVS-patiënten dan bij de gezonde controlegroep. De effectgrootte was 0,84 (= een groot effect volgens de methode van Cohen 1988) voor de reactietijdtaak, 0,73 voor de Stroop Kleur-Woord Test en 0,70 (beide een matig effect) voor de PASAT. Ook het vermogen om het werkgeheugen langer actief te houden bleek aangedaan. Een auditieve N-backtaak had een effectgrootte van 0,82 (= een groot effect). Deze auteurs vonden, in tegenstelling tot Tiersky et al., wel afwijkingen met betrekking tot het verbale geheugen, zowel met betrekking tot de directe als met betrekking tot de uitgestelde 'recall' en vooral ook met betrekking tot de uitgestelde herkenning (woordenlijst leren, uitgestelde herkenning effectgrootte 0,84 = groot effect). De herkenning op de Rey Auditory Verbal Learning Test (RAVLT, Schmidt 1996 en in Nederland bekend als de 15WT) kende een effectgrootte van 0,67 (matig effect). De data voor de geheugentests waren heterogener dan die voor de reactietijdtaken en de aandachtstests. De gewogen effectgroottes voor de neuropsychologische domeinen van de reactietijden en de aandacht waren daardoor hoger dan die voor het geheugen. Het non-verbale geheugen en de executieve functies bleken ongestoord, met uitzondering van het werkgeheugen.

Kortom, uit het wetenschappelijk onderzoek blijkt dat mensen met CVS voornamelijk een tragere snelheid van visuele en auditieve informatieverwerking hebben. In 2012 werd dat door Cockshell en Mathias nog eens bevestigd. Daarnaast hebben CVS-patiënten problemen met het langdurig vasthouden van de aandacht en is de afleidbaarheid verhoogd. Er zijn daarnaast ook lichte aanwijzingen voor werkgeheugen- en voor verbale leer- en geheugenstoornissen, maar deze aanwijzingen zijn minder consistent en lijken te wijzen op geringere afwijkingen. Executieve stoornissen worden niet gevonden.

4.3 Factoren van invloed op het neuropsychologisch functioneren van CVS-patiënten

De neuropsychologische afwijkingen die mensen met CVS laten zien, kunnen direct met de aandoening samenhangen, maar kunnen evenzeer het gevolg zijn van andere kenmerken van deze patiënten, of van een combinatie van meerdere factoren. Claypoole et al. (2007) vonden bijvoorbeeld dat een acuut begin van de CVS-symptomen samenhing met een vertraagd tempo van informatieverwerking en een geleidelijk begin met een normaal tempo. Ziekteduur blijkt niet gerelateerd aan neuropsychologische afwijkingen (Santamarina-Perez et al. 2011).

CVS kent een vrij hoge comorbiditeit met psychiatrische stoornissen, en daarvan is inmiddels bekend dat die tot zowel tijdelijke als blijvende neuropsychologische afwijkingen kunnen leiden (Vollema 2006). Cockshell en Matthias (2010) stelden al dat veel van de CVS-patiënten in hun meta-analyse comorbide symptomen van depressie (20–50 % volgens Hoof 2003; 20–30 % volgens Bleijenberg et al. 2012) en zelfs depressieve stoornissen hadden. Het bleek in hun meta-analyse echter niet mogelijk om de invloed van depressie op het neuropsychologisch onderzoek bij CVS te ontrafelen. Het verdient vanzelfsprekend wel aanbeveling om in toekomstig onderzoek te controleren voor depressieve symptomen. Angststoornissen zouden bij 25–38 % van de patiënten met CVS voorkomen (Fisher en Crawley 2013) en daarvoor zou in toekomstige studies ook gecontroleerd kunnen – of beter nog 'moeten' – worden.

Roy-Byrne et al. (2004) vermoedden een relatief hoge mate van posttraumatische-stressstoornis (PTSS) -klachten bij mensen met CVS. Dit omdat Van Houdenhove et al. (2001) hadden gevonden dat opvallend veel personen met CVS verwaarlozing en/of fysiek of seksueel misbruik hadden meegemaakt in de vroege kinderjaren. Roy-Byrne et al. (2004) vonden echter in hun groep CVS-patiënten geen verband met (enkelvoudige) PTSS. Wellicht was het beter geweest als deze auteurs ook subklinische PTSS-verschijnselen en dissociatieve symptomen (o.a. veranderingen in gedrag, identiteit en bewustzijn; Hart et al. 2010) hadden meegenomen in hun onderzoek.

In 2006 vond Van de Putte een verband tussen CVS en de aandachtsdeficientie-/hyperactiviteitsstoornis (ADHD). Uit haar onderzoek bleek dat meisjes met CVS opvallend vaak een broertje met ADHD of een aandachtstekortstoornis ('attentional deficit disorder'(ADD)) hadden. Ook bleek dat de meisjes met CVS even slecht scoorden op een aandachtstest als de jongens met ADHD/ADD. Ook anderen hebben al gewezen op het verband tussen CVS en ADHD. Zo vonden Blockmans et al. (2006) dat bij 22 % van de volwassenen met CVS in hun studie de concentratie verbeterde en bij 17 % de vermoeidheid afnam na een proefbehandeling met methylfenidaat. Young (2013) beschreef drie casussen van therapieresistente CVS-patiënten, die in een vervolgtraject comorbide ADHD bleken te hebben. Er werd een proefbehandeling gestart met methylfenidaat, waarna vermoeidheid en ADHD-verschijnselen en cognitieve functiestoornissen afnamen. Saez-Francas et al. (2012) vonden in hun studie met 159 CVS-patiënten dat 30 % van hen voldeed aan de diagnose ADHD in de kindertijd (retrospectief vastgesteld). Young (2013) presenteerde een model waarbij hij veronderstelde dat CVS langdurig vooraf gegaan kan worden door ADHD (met name het onoplettende beeld, dat vroeger ADD werd genoemd).

In 2011 opperde Teitelbaum dat er mogelijk een verband bestaat tussen CVS en de autismespectrumstoornis (ASS), omdat in een studie was gebleken dat levocarnitine (een aminozuur dat gebruikt wordt bij de behandeling van CVS) positieve effecten had bij kinderen met een ASS. De auteur van dit hoofdstuk is in de klinische praktijk ook al een aantal keren de combinatie van ASS en CVS tegengekomen, zowel bij kinderen als volwassen (persoonlijke mededeling). Hierbij viel vooral de samenhang tussen enerzijds de sterke zintuiglijke prikkelgevoeligheid (met betrekking tot licht en geluid) van ASS en anderzijds de chronische vermoeidheidsklachten op. Dit vraagt vanzelfsprekend om verder onderzoek.

We moeten zeker aandacht besteden aan de relatie CVS en onderpresteren. De definitie van onderpresteren luidt: het leveren van een prestatie die aanzienlijk minder goed is dan waar de onderzochte persoon feitelijk toe in staat zou zijn als hij of zij een redelijke inspanning zou opbrengen bij het uitvoeren van de tests (Gorissen en Schmand 2014). Er worden in onderzoek met CVS-patiënten soms vrij hoge percentages gevonden op onderpresteren. Zo vonden Van der Werf et al. (2000) dat 30 % een positieve score haalde op de Amsterdamse Korte Termijn Geheugen test (AKTG) (Schmand et al. 1999), een van de bekendste symptoomvaliditeitstests. Een dergelijke score wijst op de mogelijkheid van onderpresteren. Een meerderheid van 70 % behaalde echter een negatieve score, wat op normaal presteren duidt. Schmand en Lindeboom (2005) vonden ook dat meer dan 75 % van de CVS-patiënten boven het afkappunt van 84/85 scoorde en dus niet onderpresteerde. Op enkele uitschieters na scoorden alle CVS-patiënten in ieder geval boven de 80. Cockshell en Mathias (2012) vonden dat maar drie van de 54 CVS-patiënten in hun studie onderpresteerden, en 51 niet.

Wetenschappelijk onderzoek bij mensen met onverklaarbare chronische pijnklachten laat zien dat het percentage van patiënten met een positieve score hoger lijkt te liggen wanneer er een neuropsychologisch onderzoek plaatsvindt in het kader van een arbeidsrechtelijke procedure, zo rond de 50 %. Dit lijkt er op te wijzen dat de helft van deze patiënten gevoelig is voor onderpresteren als er externe belangen in het spel zijn, zoals de wens om afgekeurd te worden of om stress te vermijden (Greiffenstein et al. 2012). Dit zou kunnen betekenen dat je daar bij een onderzoek of tijdens de therapie rekening mee moet houden. Als CVS-patiënten negatief scoren op symptoomvaliditeitstesten, en er dus geen aanwijzingen voor onderpresteren zijn, dan kunnen hun neuropsychologische prestaties gezien worden als een reële inschatting van hun (on)mogelijkheden. Als ze positief scoren en er aanwijzingen zijn voor onderpresteren, ligt dat anders. Dan zijn de overige neuropsychologische testprestaties uit dat individuele onderzoek moeilijker te interpreteren. Het kan namelijk wijzen op bewust onderpresteren (simuleren of overdrijven) of op onbewust onderpresteren (bijvoorbeeld in het kader van een somatoforme stoornis). Een positieve score kan echter ook wijzen op een inspanningsprobleem door vermoeidheid of ernstige pijnklachten (Schmand et al. 1999; Hout en Gorissen-van Eenige 2012). Die laatste is nu net die cognitieve stoornis die we in de reviews over CVS het prominentst voorbij zien komen (zie bijvoorbeeld Cockshell en Mathias 2010). Het zou kunnen dat een positieve score op de (lange) AKTG (bijvoorbeeld) een gevolg is van een serieus aandachtsprobleem en niet van het bewust of onbewust slecht presteren.

In de studies die Cockshell en Mathias (2010) in hun review includeerden werd geen gebruikgemaakt van symptoomvaliditeitstests. We zagen eerder dat de grote meerderheid van CVS-patiënten niet onderpresteert. Bovendien speelden er in de betreffende studies geen arbeidsrechtelijke procedures; het ging immers om wetenschappelijk onderzoek. Daarmee lijken hun conclusies een betrouwbare weerspiegeling, zonder vertroebeling door onderpresterende proefpersonen.

Casus

Cliënte is een 54-jarige vrouw (alleenstaand; gescheiden; opleiding havo, hbo; docent middelbare school geweest; onlangs afgekeurd). Ze komt voor een neuropsychologisch onderzoek. Dit onderzoek vindt niet plaats in het kader van een arbeidsrechtelijke procedure. Zij is sinds twee jaar bekend met chronische vermoeidheidsklachten (diagnose CVS) en duizeligheid, en ze heeft subjectieve cognitieve klachten. Er is geen sprake van klachten op het gebied van angst en depressiviteit. Ze is gemotiveerd, coöperatief en zet zich in om goed te presteren. Het onderzoek heeft daarentegen geen vlot verloop, omdat cliënte opvallend langzaam is in haar reacties. Ze geeft aan last te hebben van subjectieve concentratie- en geheugenproblemen. Ook anderen merken haar geheugenproblemen en vooral haar traagheid op. In het objectieve testonderzoek worden twee afwijkingen aangetroffen. Ten eerste is het tempo van de visuele informatieverwerking en psychomotoriek extreem langzaam (Bourdon-Wiersma Test: score in deciel 1 voor tempo en regelmaat, in deciel 9 voor nauwkeurigheid), waardoor alle hogere cognitieve processen (bijv. geheugen, leren, praten en lezen) ook vertraagd zullen verlopen. Ten tweede blijkt de aandacht van cliënte erg te lijden onder grote wisselingen in het werktempo, ze kent zeer forse aandachtsschommelingen. Ze lijkt af en toe weg te zakken in een 'gat zonder concentratie' (lijkend op absences) en daar dan langzaam weer uit te komen, waardoor ze zeer wisselend presteert. Ze is niet verhoogd afleidbaar en werkt nauwgezet en nauwkeurig. Ten slotte zijn bij onderzoek de verbale en non-verbale leer- en geheugenfuncties intact (goede prestatie op de Visuele Associatie Test (VAT; Lindeboom en Schmand 2003) en Warrington gezichten herkennen (Warrington 1984; 39 van de 50 gezichten

> goed herkend), geen aanwijzingen voor onderpresteren, zeer goede prestatie op de VLGT). Het kortetermijngeheugen voor verbale informatie is voldoende groot (VLGT). Er is voldoende leereffect door herhaling, en informatie wordt goed opgeslagen en bewaard in het langetermijngeheugen. Ook het opdiepen ervan gaat goed. Als er in het dagelijks leven geheugenproblemen bestaan, zijn die waarschijnlijk secundair (indirect/reactief) en een gevolg van de traagheid en de aandachtsschommelingen (misschien samenhangend met de vermoeidheid).

4.4 Implicaties voor diagnostiek

Verrichten van neuropsychologisch onderzoek (NPO) bij patiënten met CVS is sterk aan te bevelen gezien de robuuste bevindingen uit de verschillende reviews. Middels NPO kunnen de subjectieve cognitieve klachten, waar verreweg de meeste CVS-patiënten last van hebben, goed worden geobjectiveerd. En met NPO kunnen zowel de zwakke als de sterke neuropsychologische kanten van de patiënt in kaart gebracht worden, waar vervolgens middels maatwerk in de therapie rekening mee gehouden kan worden.

Hoe ziet een NPO er dan uit bij een patiënt met CVS? Er zijn meerdere mogelijke stoorfactoren, waarvoor eerst gecontroleerd zou moeten worden. Ten eerste is het raadzaam om een instrument af te nemen voor psychiatrische klachten, zoals de SCL-90 (Arindell en Ettema 2003). Het gaat dan met name om het beoordelen van angst- en depressieve klachten. Ten tweede ontkomt men niet aan het afnemen van een of meerdere symptoomvaliditeitstest(s), zoals de AKTG, de Test of Memory and Malingering (TOMM; Tombaugh 1996) of de Structured Inventory of Malingered Symptomatology (SIMS; Smith en Burger 1997). Bij patiënten met ernstige vermoeidheidsverschijnselen kan men er voor kiezen om de halve AKTG af te nemen. Ten derde is het raadzaam om een instrument voor ADHD af te nemen (zoals de Zelfrapportage Vragenlijst voor Aandachtsproblemen en Hyperactiviteit van Kooij en Buitelaar 1997). De neuropsychologische domeinen die vervolgens onderzocht kunnen worden, betreffen met name het tempo van visuele en auditieve informatieverwerking, de aandacht en het (werk)geheugen. Voor het vaststellen van het tempo van informatieverwerking zijn er meerdere opties, zoals de Trail Making Test (TMT A-B), Symbool Substitutie-Coderen (WAIS-IV) en de Bourdon-Wiersma Test of de d2-R Aandachts- en concentratietest-2 (Brickenkamp et al. 2014). Voor het meten van de volgehouden aandacht kan men bijvoorbeeld de Continuous Performance Test afnemen (Conners CPT-II, Conners en Staff 2000), de Bourdon-Wiersma of verschillende aandachtstests uit het gecomputeriseerde Vienna Test Systeem (Sturm 2016). Voor de afleidbaarheid kan men de traditionele Stroop Kleur-Woord Test gebruiken of een computerversie uit het Vienna Test Systeem. Voor onderzoek van het werkgeheugen kan men Cijferreeksen (WAIS-IV) gebruiken. En voor het verbale geheugen kan men kiezen tussen de 15WT of de VLGT. Kortom, een NPO bij een CVS-patiënt hoeft niet erg uitgebreid te zijn.

4.5 Implicaties voor therapie

Uit onderzoek blijkt dat cognitieve gedragstherapie (CGT) en *gradex exercise training* (GET) bij lange niet alle CVS-patiënten effectief zijn (Wilshire et al. 2017). Bij depressie en schizofrenie is gevonden dat met de toename van het aantal en de ernst van de neuropsychologische stoornissen de behandelprognose negatiever uitpakt (Green 1998; Crews en Harrison 1995). Is dat ook het geval bij CVS? En wat zouden dan de neuropsychologische factoren kunnen zijn die bijdragen aan een minder goed behandelresultaat?

Ten eerste is duidelijk geworden dat veel CVS-patiënten vooral een traag tempo van het verwerken van visuele en auditieve informatie hebben, met daarnaast problemen met het langdurig vasthouden van de aandacht en een verhoogde afleidbaarheid. De traagheid in het denken wordt in de psychiatrische literatuur ook wel 'bradyfrenie' (mentale traagheid) genoemd. Deze wordt onder andere gezien bij schizofrenie met negatieve symptomen, bij depressie en bij de ziekte van Parkinson (Vollema 2006; Geurtsen en Schmand 2014). Het trage tempo van informatieverwerking en van het denken kan betekenen dat patiënten (met CVS) moeite hebben met het bijhouden van het spreektempo van de behandelaar en/of van de medepatiënten. Hierdoor registreert men misschien niet alle inhoudelijke behandelinformatie, en daardoor begrijpt men misschien niet alles, wat uiteindelijk kan leiden tot een lager behandelrendement dan verwacht. Als een patiënt langzaam denkt en langzaam praat, kan hij vaker onderbroken worden. Als behandelaar kun je dan te snel gaan en is het net of je de patiënt onderbreekt door de volgende vraag te snel te stellen, terwijl er toch nog een antwoord op de vorige komt. Het is daarom verstandig om het eigen spreektempo goed af te stemmen op het denk- en spreektempo van de patiënt.

Ten tweede kunnen CVS-patiënten er moeite mee hebben om lange sessies vol te houden, niet alleen omdat ze snel vermoeid zijn, maar ook omdat ze de concentratie niet lang aaneengesloten vast kunnen houden.

In het *derde* geval vinden we een mogelijke verhoogde afleidbaarheid. Individuele behandeling middels korte sessies is dan aan te bevelen. Het is dan in ieder geval belangrijk om de omgevingsprikkels te verminderen, zodat de patiënten niet onnodig worden afgeleid.

Ten *vierde*: de patiënten zijn zich vaak bewust van hun cognitieve beperkingen en kunnen daardoor juist extra hun best proberen te doen tijdens onderzoek en therapie. Door te compenseren voor hun cognitieve tekorten kan de door hen zo gevreesde vermoeidheid al veel eerder (dan gewenst) optreden.

In dergelijke situaties van een trage informatieverwerking kan onderzocht worden of er nog andere factoren spelen die hierop van invloed zijn. Veel CVS-patiënten nemen bijvoorbeeld slaapmedicatie (benzodiazepines), en die hebben een sederend effect. Wellicht kan die medicatie tijdens de behandeling geminderd worden. Methylfenidaat heeft daarentegen een stimulerend effect en leidt soms tot een wat hoger tempo, en kan wellicht in sommige gevallen juist overwogen worden om voor te schrijven. Omdat de traagheid en de aandachtsstoornissen de meest robuuste bevindingen zijn uit het wetenschappelijk onderzoek naar CVS is de meeste winst te behalen door de behandeling hierop te richten. Een betere aandacht is immers goed voor een optimalisering van alle andere cognitieve functies, wat de kans verhoogt op een beter behandelresultaat. Men kan hierbij ook denken aan de toepassing van (*evidence based*) behandelprotocollen uit de neuropsychologie. 'Niet Rennen Maar Plannen' (Geusgens et al. 2014) kent bijvoorbeeld naast een vermoeidheidsmodule ook een module om een vertraagd tempo van informatieverwerking te behandelen. Bij deze behandeling worden vooral compenserende strategieën aangeleerd.

Bij CVS lijken de geheugenproblemen minder uitgesproken dan de aandachtsproblemen, en ook is niet duidelijk hoe groot de impact van de laatste is op de geheugenproblemen. Het verbeteren van de aandacht kan daarom ook al leiden tot bijvoorbeeld een beter werkgeheugen en een beter leervermogen. Cockshell en Mathias (2010) vonden een minder steile leercurve bij CVS, wat erop duidt dat men wat langzamer leert van herhaling en zeer waarschijnlijk voor een goede prestatie meer herhaling nodig heeft. Dit impliceert voor de behandeling dat het verstandig is om meer dan gewoonlijk te controleren of patiënten hebben onthouden wat er besproken is. Vervolgens kan ook het gebruik van notitieboekjes en agenda's het geheugen van CVS-patiënten ondersteunen. Mochten er forse primaire geheugenproblemen bestaan, dan kan men gebruikmaken van de geheugenmodule uit het neuropsychologische behandelprotocol 'Niet Rennen Maar Plannen' (Geusgens et al. 2014). Hierin wordt geoefend met interne strategieën (zoals herhaling) en externe strategieën (zoals notitieboekjes).

Voor CVS worden in de literatuur vrij hoge percentages van comorbide angst- en depressieve symptomen gevonden. Het verdient daarom aanbeveling om hier in de behandeling zeker oog voor te hebben, en indien nodig hiervoor ook daadwerkelijk behandeling in te zetten.

4.6 Tot besluit

In dit hoofdstuk is aandacht besteed aan de neuropsychologische afwijkingen die patiënten met CVS kunnen hebben. Veel CVS-patiënten rapporteren subjectieve neuropsychologische problemen (ook wel samengevat met de term 'brainfog'), en in dit hoofdstuk stond de objectivering daarvan centraal. De vraag was ten eerste of CVS gepaard gaat met een consistent patroon van neuropsychologische afwijkingen. Als dat het geval zou zijn, was vervolgens de vraag welke implicaties dat heeft voor het doen van neuropsychologische diagnostiek bij CVS-patiënten, en wat voor gevolgen dat kan hebben voor de (psychologische) behandeling.

De volgende conclusies kunnen worden getrokken uit het wetenschappelijk onderzoek naar de neuropsychologische afwijkingen bij CVS.

- *Ten eerste* gaat CVS gepaard met objectieve neuropsychologische afwijkingen. Hierbij gaat het vooral om een traag tempo van visuele en auditieve informatieverwerking en om aandachtsstoornissen. Voor geheugenstoornissen zijn de resultaten minder duidelijk.
- *Ten tweede* gaat CVS vaak gepaard met comorbide psychiatrische stoornissen, met name depressie en angst, en mogelijk in mindere mate ADHD.
- *Ten derde* zijn er in CVS-groepen hogere percentages gevonden van onderpresteren (al dan niet bewust) dan bij gezonde controlegroepen.

— *Ten vierde* lijken noch de comorbide stoornissen noch de eventuele neiging tot onderpresteren verantwoordelijk voor de gevonden neuropsychologische afwijkingen in de reviews.
— *Ten vijfde* is het altijd raadzaam om bij een CVS-patiënt in een individuele neuropsychologische diagnostieksetting comorbiditeit te beoordelen. De noodzaak om het onderpresteren te beoordelen door een symptoomvaliditeitstest af te nemen is bij een onderzoek in het kader van een arbeidsrechtelijke procedure evident.

Ten slotte kan men met betrekking tot de behandeling – binnen de gekozen therapievorm – het best proberen in te zetten op het verbeteren van het tempo van de informatieverwerking en op het verminderen van de aandachtsstoornissen.

Literatuur

Arrindell, W. A., & Ettema, J. H. M. (2003). *SCL-90 symptom chekList*. Amsterdam: Pearson Clinical.
Bleijenberg, G., Meer, J. van der, Horst, H. van der, & Knoop, H. (2012). Chronische vermoeidheid in perspectief. In G. Bleijenberg, H. van der Horst, J. van der Meer & H. Knoop (Red.), *Chronische vermoeidheid* (pag. 11–21). Utrecht: De Tijdstroom.
Blockmans, D., Persoons, P., Houdenhove, B. van, & Bobbaers, H. (2006). Does methylphenidate reduce the symptoms of chronic fatigue syndrome? *The American Journal of Medicine, 119*(2), 23–30.
Bombardier, C. H., & Buchwald, D. (1996). Chronic fatigue, chronic fatigue syndrome and fybromyalgia: Disability and healthcare-use. *Medical Care, 34*(9), 924–930.
Brickenkamp, R., Schmidt-Atzert, L., Liepmann, D., & Oosterveld, P. (2014). *d2-R. Aandachts- en concentratietest*. Amsterdam: Hogrefe Uitgevers BV.
Claypoole, K. H., Mahurin, R., Fisher, M. E., Goldberg, J., Schmaling, K. B., Schoene, R. B., et al. (2001). Cognitive compromise following exercise in monozygotic twins discordant for chronic fatigue syndrome: Fact or artifact? *Applied Neuropsychology, 8*(1), 31–40.
Claypoole, K. H., Noonan, C., Mahurin, R. K., Goldberg, J., Erickson, T., & Buchwald, D. (2007). A twin study of cognitive function in chronic fatigue syndrome: The effects of sudden illness onset. *Neuropsychology, 21*(4), 507–513.
Cockshell, S. J., & Mathias, J. L. (2010). Cognitive functioning in chronic fatigue syndrome: A meta-analysis. *Psychological Medicine, 40*(8), 1253–1267.
Cockshell, S. J., & Mathias, J. L. (2012). Test effort in persons with chronic fatigue syndrome when assessed using the Validity Indicator Profile. *Journal of Clinical Experimental Neuropsychology, 34*(7), 679–687.
Cohen, J. (1988 2nd edition). *Statistical power analysis for the behavioral Sciences*. Hillsdale, NY: Erlbaum.
Conners, C. K., & Staff, M. H. S. (2000). *Conners' continuous performance test II: Computer program for Windows technical guide and software manual*. North Tonwanda, NY: Multi-Health Systems.
Crews, W. D., & Harrison, D. W. (1995). The neuropsychology of depression and its implications for cognitive therapy. *Neuropsychology Review, 5*(2), 81–123.
Fisher, H., & Crawley, E. (2013). Why do young people with chronic fatigue syndrome/ME feel anxious? A qualitative study. *Clinical Child Psychology and Psychiatry, 18*(4), 556–573.
Fukuda, K., Straus, S. E., Hickie, I., Sharpe, M. C., Dobbins, J. G., & Komaroff, A. (1994). The chronic fatigue syndrome: A comprehensive approach to its definition and study. International Chronic Fatigue Syndrome Study Group. *Annals of Internal Medicine, 121*(12), 953–959.
Geurtsen, G. J., & Schmand, B. (2014). Mild cognitive impairment bij de ziekte van Parkinson. *Tijdschrift voor Neuropsychologie, 2*, 94–107.
Geusgens, C., Baars-Elsinga, B., Visser-Meily, A., & Heugten, C. van (2014). *Niet rennen maar plannen*. Kenniscentrum Revalidatiegeneeskunde Utrecht/Universiteit Maastricht.
Gezondheidsraad (2018). *ME/CVS*. Publicatienr. 2018/07. Den Haag.

Gorissen, M., & Schmand, B. (2014). Mentale inspanning en onderpresteren. In M. Hendriks, R. Kessels, M. Gorissen, B. Schmand & A. Duits (Red.), *Neuropsychologische diagnostiek: De klinische praktijk* (pag. 157–172). Amsterdam. Uitgeverij Boom.

Green, M. F. (1998). *Schizophrenia from a neurocognitive perspective*. Boston: Allyn and Bacon.

Greiffenstein, M., Gervais, R., Baker, W. J., Artiola, L., & Smith, H. (2012). Symptom validity testing in medically unexplained pain: A chronic regional pain syndrome type 1 case series. *The Clinical Neuropsychologist, 27*, 138–147.

Gronwall, D., & Sampson, H. (1974). *The psychological effects of concussion (the Paced Auditory Attention Test (PASAT)*. Auckland University Press/Oxford University Press.

Hammes, J. W. G. (1978). *Stroop Kleur-Woord test. Handleiding*. Amsterdam: Pearson Clinical.

Hart, O. van der, Nijenhuis, E., & Steele, K. (2010). *Het belaagde zelf. Structurele dissociatie en de behandeling van chronische traumatisering*. Amsterdam: Boom.

Heaton, S. K., Chelune, G. J., Talley, J. L., Kay, G. G., & Curtiss, G. (1993). *Wisconsin card sorting test manual: Revised and expanded*. Odessa, Fl: Psychological Assessment Resources.

Hoof, E. van, Cluydts, R., & Meirleir, K. de (2003). Atypical depression as a secondary symptom in chronic fatigue syndrome. *Medical Hypotheses, 61*(1), 52–55.

Houdenhove, B. van, Neerinckx, E., Lysens, R., Vertommen, H., Houdenhove, L. van, Onghena, P., et al. (2001). Victimization in chronic fatigue syndrome and fibromyalgia in tertiary care: A controlled study on prevalence and characteristics. *Psychosomatics, 42*(1), 21–28.

Hout, M. van, & Gorissen-van Eenige, M. (2012). De Amsterdamse korte termijn geheugen test. In A. Bouma, J. Mulder, J. Lindeboom & B. Schmand (Red.), *Handboek neuropsychologische diagnostiek* (pag. 809–820). Amsterdam: Pearson.

Knoop, H. (2018). ME is niet puur lichamelijk. *NRC Handelsblad*, 23 maart 2018.

Knoop, H., & Wiborg, J. (2012). Behandeling van CVS. In G. Bleijenberg, H. van der Horst, J. van der Meer & H. Knoop (Red.), *Chronische vermoeidheid* (pag. 11–21). Utrecht: De Tijdstroom.

Komaroff, A. L. (1993). Clinical presentation of chronic fatigue syndrome. *Ciba Foundation Symposium, 173*, 43–54.

Kooij, J. J. S., & Buitelaar, J. K. (1997). *Zelf-rapportage vragenlijst over aandachtsproblemen en hyperactiviteit voor volwassenheid en kindertijd*. Geraadpleegd op 18 december 2018 op ►https://hulpgids.nl/assets/files/pdf/testen/ADHD-zelfrapportage-lijst1.pdf.

Lindeboom, J., & Schmand, B. (2003). *Visuele associatie test. Handleiding*. Leiden: Pits Uitgeverij.

Merckelbach, H. (2016). Een debat dat blijft vermoeien. *NRC Handelsblad*, 21 oktober 2016.

Michiels, V., & Cluydts, R. (2001). Neuropsychological functioning in chronic fatigue syndrome: A review. *Acta Psychiatrica Scandinavia, 103*(2), 84–93.

Mulder, J. L., Dekker, R., & Mulder, P. H. (1996). *Verbale leer en geheugen test. Handleiding*. Amsterdam: Pearson Assessment and Information B.V.

Ocon, A. J. (2013). Caught in the thickness of brain fog: Exploring the cognitive symptoms of chronic fatigue syndrome. *Frontiers in Physiology, 4*, 1–9.

Okada, T., Tanaka, M., Kuratsune, H., Watanabe, Y., & Sadato, N. (2004). Mechanisms underlying fatigue: A voxel-based morphometric study of chronic fatigue syndrome. *BMC Neurology, 4*, 14.

Putte, E. M. van de (2006). *Exploring chronic fatigue syndrome in adolescents*. Proefschrift. Utrecht: Universiteit Utrecht.

Roy-Byrne, P., Smith, W. R., Golberg, J., Afari, N., & Buchwald, D. (2004). Posttraumatic stress disorder among patients with chronic pain and chronic fatigue. *Psychological Medicine, 34*, 363–368.

Saan, R. J., & Deelman, B. G. (1986). *De 15 woordentest A en B. Een voorlopige handleiding (Intern rapport)*. Groningen: AZG.

Saez-Francas, N., Alegre, J., Calvo, N., Antonio Ramos-Quiroga, J., Ruiz, E., Hernandez-Vara, J., et al. (2012). Attention deficit/hyperactivity disorder in chronic fatigue syndrome patients. *Psychiatry Research, 200*(2–3), 748–753.

Santamarina-Perez, P., Eiroa-Orosa, F. J., Freniche, V., Moreno-Mayos, A., Alegre, J., Saez, N., et al. (2011). Length of illness does not predict cognitive dysfunction in chronic fatigue syndrome. *Applied Neuropsychology, 18*(3), 216–222.

Schmand, B., & Lindeboom, J. (2005). *Amsterdam short-term memory test. Manual*. Leiden: PITS.

Schmand, B., Lindeboom, J., & Harskamp, F. van (1992). Nederlandse Leestest voor Volwassenen. In A. Bouma, J. Mulder & J. Lindeboom (Red.), *Neuropsychologische diagnostiek* (pag. A45–A52). Lisse: Swets en Zeitlinger.

Schmand, B., Sterke, S. de, & Lindeboom, J. (1999). *Amsterdamse korte termijn geheugen test. Handleiding*. Amsterdam: Pearson.

Schmidt, M. (1996). *Rey auditory verbal learning test: A handbook*. Los Angeles (CA): Western Psychological Services.

Smith, G. P., & Burger, G. K. (1997). Detection of malingering: Validation of the Structured Inventory of Malingered Symptomatology (SIMS). *Journal of the Academy of Psychiatry and the Law, 25,* 180–183.

Sturm, W. (2016). *Perception and attention functions: Vigilance. Handleiding*. Wenen: Viena Test System Neuro.

Teitelbaum, J. (2011). Is autism related to CFS and fybromyalgia? *Complementary Medicine*, 30th June, 1–3.

Tiersky, L. A., Johnson, S. K., Lange, G., Natelson, B. H., & DeLuca, J. (1997). Neuropsychology of chronic fatigue syndrome: A critical review. *Journal of Clinical Experimental Neuropsychology, 19*(4), 560–586.

Tombaugh, T. (1996). *Test of Memory and Malingering – TOMM*. Toronto: Mental Health Systems.

Twisk, F. N. M., Arnoldus, R. J. W., & Maes, M. (2010). Letter to the Editor: Plausible explanations for neurocognitive deficits in ME/CFS, aggravation of neurocognitive impairment induced by exertion. *Psychological Medicine, 40*(7), 1230–1231.

Vlaminck, P., & Kramer, L. (2017). Schizofrenie en persoonlijkheidspathologie. In E. H. M. Eurelings-Bontekoe, R. Verheul & W. M. Snellen (Red.), *Handboek persoonlijkheidspathologie* (pag. 504–514). Houten: Bohn Stafleu van Loghum.

Vollema, M. G. (2006). De neuropsychologie in de psychiatrie. In H. Hovens & H. J. G. M. van Megen (Red.), *Handboek psychologische psychiatrie* (pag. 131–147). Utrecht: De Tijdstroom.

Warrington, E. K. (1984). *Recognition memory test*. Windsor, UK: NFER-Nelson.

Wechsler, D. (1981). *Wechsler adult intelligence scale-revised*. Amsterdam: Pearson Clinical.

Werf, S. P. van der, Prins, J. B., Jongen, P. J., Meer, J. W. van der, & Bleijenberg, G. (2000). Abnormal neuropsychological findings are not necessarily a sign of cerebral impairment: A matched comparison between chronic fatigue syndrome and multiple sclerosis. *Neuropsychiatry, Neuropsychology and Behavior Neurology, 13*(3) 199–203.

White, P. D., Goldsmith, K. A., Johnson, A. L., Potts, L., Walwyn, R., et al. (2011). Comparison of adaptive pacing therapy, cognitive behaviour therapy, graded exercise therapy, and specialist medical care for chronic fatigue syndrome (PACE): A randomised trial. *The Lancet, 377*(9768), 823–836.

Wilshire, C., Kindlon, T., Matthees, A., & McGrath, S. (2017). Can patients with chronic fatigue syndrome really recover after graded exercise or cognitive behavioural therapy? A critical commentary and preliminary re-analysis of the PACE trial. *Journal of Fatigue: Biomedicine, Health and Behavior, 5*(1).

Young, J. L. (2013). Chronic fatigue syndrome: 3 cases and discussion of the natural history of attention-deficit/hyperactivity disorder. *Postgraduate Medicine, 125*(1), 162–168.

Neuropsychologische stoornissen bij depressie en de consequenties voor psychotherapie bij depressie

A. van Dijke, J.A.M. Vandermeulen en M.M.A. Derix

5.1 Inleiding – 66

5.2 De hersenen en depressie – 67

5.3 Neuropsychologische kenmerken bij depressie – 68

5.4 Neuropsychologische restverschijnselen en remissie – 71

5.5 Impact van neuropsychologische problemen bij depressie op het psychotherapeutisch proces – 72

5.6 Conclusie – 74

Literatuur – 74

© Bohn Stafleu van Loghum is een imprint van Springer Media B.V., onderdeel van Springer Nature 2019
J. A. M. Vandermeulen, M. M. A. Derix en A. van Dijke (Red.), *De rol van neuropsychologie bij psychotherapie*,
https://doi.org/10.1007/978-90-368-2263-3_5

5.1 Inleiding

Depressie komt veel voor, vooral onder adolescenten en (jong) volwassenen. De zorgstandaard voor depressie (►www.ggzstandaarden.nl, 2018) geeft een overzicht van de prevalentiecijfers. Bij naar schatting ruim 20 % van de mensen met een depressie bestaat de depressieve stoornis langer dan twee jaar (een jaar bij kinderen en jongeren) en is er sprake van een persisterende depressieve stoornis (chronische depressie of dysthymie). Jaarlijks hebben in Nederland naar schatting 797.000 mensen, inclusief jongeren vanaf dertien jaar en ouderen, een depressie. Van de kinderen met een depressieve ouder ontwikkelt 40 % voor het achttiende jaar zelf een depressie (Graaf et al. 2010). Bij vrouwen komt een depressie bijna twee keer zoveel voor als bij mannen, respectievelijk 24,3 % en 13,1 %. Depressie kenmerkt zich door tal van factoren en gaat vaak gepaard met comorbiditeit. Bij een depressie is er sprake van zowel mentale als lichamelijke symptomen. Gotlib en Hammen (2014) geven een overzicht van de verschillende kenmerken, stoornissen en klachten die bij depressie kunnen voorkomen. Er kan sprake zijn van een remming op verschillende gebieden. Er is sprake van een cognitieve relatie met als oorzaak een gestoorde informatieverwerking en/of het verplaatsen van de focus weg van positieve stimuli naar negatieve stimuli (Roca et al. 2015b; Lam et al. 2014).

Een aanhoudend gedaalde, sombere stemming en/of anhedonie (= niet meer kunnen genieten) vormt het kernsymptoom. Andere klachten kunnen zijn: verstoord slaappatroon, psychomotore remming, psychomotore agitatie, veranderingen in eetlust en in gewicht, energieverlies, vermoeidheid, verminderd (afgenomen) libido, zelfverwijt, angst en paniekgevoelens, gevoelens van waardeloosheid, toegenomen prikkelbaarheid en gedachten aan dood en suïcide. Daarnaast kunnen er verschillende lichamelijke verschijnselen voorkomen, zoals: obstipatie, duizeligheid, onverklaarbare pijn en hartkloppingen. Voor deze laatste klachten kan dan geen lichamelijke oorzaak worden gevonden. Tot slot gaat een depressie vaak gepaard met cognitieve problemen, zoals: besluiteloosheid, traagheid van denken, en concentratie- en geheugenproblemen (Zyto en Jabben 2015; Roca et al. 2015a, b). Het is belangrijk depressie of dysthymie vroeg te onderkennen. Signalen van depressie of dysthymie of een voorbode daarvan kunnen zijn: aanhoudende moeheid of klachten zonder lichamelijke oorzaak; aanhoudende of terugkerende zorgen, somberheid of verdriet; chronische pijn; nervositeit of slapeloosheid; vermindering van de zelfzorg; gewichtsvermeerdering of -vermindering; verandering van activiteitenpatroon en sociale contacten (inclusief verandering van de beleving ervan); suïcidaliteit (Werkgroep en Expertgroep Zorgstandaard Depressiepreventie 2011). Alhoewel cognitieve klachten een van de mogelijke kernsymptomen van depressie zijn (Roca et al. 2015a, b; Lam et al. 2014) vermelden de recentste richtlijnen volgens de zorgstandaard voor depressie van het Kenniscentrum GGZ vooralsnog geen cognitieve functieklachten als een van de diagnostische kenmerken (►www.ggzstandaarden.nl) noch in de samenvattingskaart van de zorgstandaard voor therapie-indicatie (►www.ggzstandaarden.nl).

Voor de neuropsychologie van depressie en het therapeutisch handelen is het van belang dat naast de cognitieve klachten met betrekking tot aandacht, concentratie en tempo ook problemen met het executief functioneren belicht worden. Executief functioneren is immers betrokken bij al ons complexe gedrag en bij het monitoren van ons gedrag. Dit zijn gedragsaspecten waar we in een therapie juist een beroep op doen (Snyder 2013). In dit hoofdstuk richt de aandacht zich op de depressie in relatie tot de neuropsychologie en de waarde voor de therapeutische praktijk.

5.2 De hersenen en depressie

De relatie tussen de hersenen en depressie is wederkerig: alle gedrag en gedragsveranderingen laten veranderingen zien in de hersenen en veranderingen in (het functioneren van) de hersenen zijn van invloed op het gedrag en gedragsveranderingen bij depressie (Snyder 2013).

Bij beeldvormend onderzoek van depressieve patiënten met behulp van positron emissie tomografie (PET) en (functionele) *magnetic resonance imaging* ((f)MRI) zijn er vaak afwijkingen gevonden met betrekking tot meerdere hersengebieden. Dit betreft vooral de prefrontale cortex (PFC), superieure temporale cortex (STC), anterieure cingulate cortex (ACC), amygdala, (anterieure) insula, hippocampus, basale ganglia en het cerebellum. Daarbij werd niet altijd aandacht geschonken aan mogelijke lateralisatieverschillen (Bruder et al. 2017).

Onze linker- en rechterhersenhelft hebben verschillende functies. Bij depressie kunnen de volgende problemen ontstaan: moeite met logisch redeneren, met bewegen (bijvoorbeeld stramheid) en met het uitvoeren van complexe bewegingen (bijvoorbeeld complexe coördinatietaken of een balspel (voor informatie zie Kolb en Whishaw 2015)). Al deze problemen lijken te wijzen op problemen in het functioneren van de linkerhemisfeer, waar ook automatische handelingen vanuit het executief functioneren, onder invloed van het geheugen, debet aan zijn (Schore 2009).

Onderzoek heeft aangetoond dat er een afwijkende asymmetrie bestaat van de frontale en pariëto-temporale hersengebieden bij depressie. Bruder en collega's (2017) geven hier een overzicht van. Dit onderzoek werd uitgevoerd met behulp van een elektroencefalogram (EEG), positronemissietomografie (PET) (het meten van glucosemetabolisme van de hersenen), bepalen van de regionale bloeddoorstroming (*regional cerebral blood flow* (rCBF)) en *functional magnetic resonance imaging* (fMRI). Onderzoek in de afgelopen jaren toont ook aan dat er steeds meer bewijs bestaat dat er bij depressie sprake is van verminderd links frontaal en rechts pariëto-temporaal functioneren in de hersenen (Bruder et al. 2017; Pandya et al. 2012). Recent onderzoek van Staun (2017) geeft aan dat bij depressie het functioneren van de rechterhersenhelft problemen oplevert en dat die minder actief is bij mentale flexibiliteit. Depressieve patiënten hebben de neiging situaties letterlijk te interpreteren en het vermogen tot mentaliseren is dan aangetast. 'Leefregels' worden dan statisch en dwangmatig toegepast; er zijn voor dergelijke patiënten geen uitzonderingen meer mogelijk. De verminderde mentale flexibiliteit als aspect van het cognitief functioneren, valt hier ook in te herkennen.

Behalve de frontale cortex en pariëto-temporale hersengebieden zijn er nog andere hersenstructuren die een rol lijken te spelen bij depressie, zoals het limbische gebied (met name amygdala, hippocampus en de dorsomediale thalamus). Er zijn bijvoorbeeld structurele afwijkingen gevonden in de amygdala, de insula en de hippocampus, en functionele afwijkingen in de cortex anterior cingularis, de dorsolaterale prefrontale cortex, de amygdala en het ventrale striatum (Singh en Gotlib

2014; Bruder et al. 2017; Pandya et al. 2012; Davidson et al. 2002). Vaak wordt een verminderd volume van de hippocampus en amygdala gevonden. De exacte betekenis hiervan is nog niet duidelijk (Bruder et al. 2017; Pandya et al. 2012).

Er is steeds meer bewijs voor het bestaan van een cerebraal netwerk – waarin opgenomen de prefrontale cortex en limbische gebieden (met name de amygdala) – dat van groot belang is voor de cognitieve regulatie van negatieve emoties (Bruder et al. 2017). Bij een depressie zou er binnen dit fronto-limbische netwerk sprake zijn van ontregeling, met als gevolg onderactivatie van de limbische hersengebieden en de frontale hersengebieden (met name de delen die verantwoordelijk zijn voor het executief functioneren) en een verminderde hersenactiviteit gedurende de zogenoemde "default mode" (Sliz en Hayley 2012; Messina et al. 2016). Het gevolg hiervan zou zijn dat patiënten moeite hebben met het loslaten van gedachten, erg gericht zijn op informatie over zichzelf en gaan rumineren ('herkauwen'). Dit zou zich vertalen in de rigide negatieve overtuigingen over zichzelf, de ander en de toekomst die zo kenmerkend zijn voor patiënten met een depressie.

Depressieve patiënten hebben duidelijk problemen met het verwerken van emotionele informatie. Ze hebben met name de neiging negatieve betekenis te verlenen aan gebeurtenissen (Gotlib en Hammen 2014). Mogelijk kan dit verklaard worden door een ontregeling van het hierboven beschreven netwerk, waardoor er een te geringe activatie is van met name de frontale en limbische delen ervan.

Eenzelfde verklaring geldt mogelijk voor de geconstateerde verminderde activiteit[1] gedurende de "default mode" (Kohnstamm en Daselaar 2017) bij depressie (Sliz en Hayley 2012; Messina et al. 2016). Een ontregeling van dit systeem kan zich klinisch uiten bij patiënten die moeite hebben met het loslaten van gedachten, erg gericht zijn op informatie over zichzelf en rumineren (Hamilton et al. 2015). Dit vertaalt zich vervolgens praktisch in de rigide negatieve overtuigingen over zichzelf, de ander, de toekomst (gevoelens die men dan ook als echt negatief beleeft) die zo kenmerkend zijn voor depressie.

5.3 Neuropsychologische kenmerken bij depressie

Uit een overzichtsartikel blijkt dat cognitief disfunctioneren zodanig veel voorkomt bij mensen met een depressie dat het eigenlijk een onderdeel zou moeten vormen van de diagnose depressie (Rock et al. 2014). Helaas is dat ook in de DSM-5 (APA 2014) nog steeds niet het geval. Niettemin zou het verbeteren van het cognitief functioneren een vast onderdeel moeten zijn van een depressiebehandeling.

In deze paragraaf zullen we de belangrijkste zaken vanuit de neuropsychologie bespreken.

---

1   Het 'default mode network' (DMN) is met name actief tijdens vrij voor zich heen denken, dagdromen, op zich zelf gericht zijn, nadenken over sociale situaties en ophalen van herinneringen (Kohnstamm en Daselaar 2017; Dijk 2008). Het DMN wordt ook wel beschreven als een geïntegreerd systeem voor autobiografische, zelfcontrolerende en sociaal-cognitieve functies. Bij dit cerebrale netwerk zijn met name de volgende hersengebieden betrokken: gyrus cingularis posterior, mediale prefrontale cortex, mediale temporale cortex en mediale pariëtale gebieden.

Resultaten van neuropsychologisch onderzoek naar de kenmerken van patiënten met een depressie laten zien dat er problemen zijn met het executief functioneren, zoals plannen en organiseren, categorieën maken en herkennen, en abstract redeneren, en dat ook persevereren en psychomotorische retardatie kunnen voorkomen (Gotlib en Hammen 2014; DeRubies en Strunk 2017). Depressieve patiënten kunnen daarnaast ook moeite ondervinden in het visueel-spatieel functioneren en het uitvoeren van constructieve taken. Verder is hun geheugenfunctie verminderd en presteren zij minder op bepaalde taken waarbij het auditief functioneren een rol speelt (DeRubies en Strunk 2017).

De belangrijkste cognitieve stoornissen bij depressie betreffen: problemen met het geheugen (verbaal en non-verbaal), de aandacht en de concentratie, het verwerken van auditieve en visuele informatie, psychomotorische vaardigheden (daar waar het gaat om een fysieke reactie gerelateerd aan denkprocessen), cognitieve verwerkingssnelheid, problemen kunnen oplossen en besluitvorming (Lam et al. 2014; Roca et al. 2015a, b). Niet alle depressieve patiënten vertonen cognitieve stoornissen, maar bij de meerderheid zijn deze wel gevonden (Roca et al. 2015a, b). De mate waarin patiënten cognitieve stoornissen ervaren en tonen is niet altijd hetzelfde. Hoe erger de depressie, hoe groter de mate en ernst van cognitieve stoornissen. Oudere depressieve patiënten hebben vaak meer en ernstiger cognitieve stoornissen dan jongere patiënten. Psychotisch depressieve patiënten laten in onderzoek vaak meer en ernstiger cognitieve stoornissen zien dan patiënten die geen psychotische kenmerken hebben. Deze resultaten moeten geïnterpreteerd worden in het besef dat in de verschillende studies verschillende depressieve patiëntengroepen werden onderzocht (bijvoorbeeld: opgenomen–ambulant, eerste episode – recidiverend, licht–ernstig, en met en zonder psychotische kenmerken). Het is mogelijk dat andere stoornissen als een soort van mediator functioneren ten aanzien van de gevonden cognitieve stoornissen. Dit geldt onder andere voor de vermindering van de psychomotorische snelheid, de afname van of het gebrek aan motivatie, de vermoeidheid en de stemmingsstoornissen (Lam et al. 2014).

Rock en collega's (2014) toonden aan dat executief functioneren, geheugen en aandacht, en gerelateerde cognitieve functies bij patiënten die een depressieve episode doormaakten fors afwijken ten opzichte van gezonde proefpersonen. De patiënten functioneerden duidelijk minder op deze gebieden. Voor verwerkingssnelheid en reactietijd was het resultaat niet eenduidig. Bij patiënten bij wie de depressie in remissie was, bleek dat naast het opknappen van de depressieve stemming ook de geheugenklachten verminderd waren, maar dat er nog steeds duidelijke problemen waren met het executief functioneren en de aandacht (Rock et al. 2014). Dit is belangrijke informatie, aangezien verminderd executief functioneren mogelijk een rol kan spelen bij terugval. Executief functioneren – in een depressie – is dan een indicator voor mentale flexibiliteit, het vermogen zich mentaal aan te passen in reactie op fouten, het monitoren van het eigen gedrag en het beoordelen van de (gewenste) uitkomst van gedrag (Parsons en Hammeke 2014). Dat kan tot gevolg hebben dat patiënten problemen ondervinden bij het opsporen en veranderen van depressogene gedachten. Er ontstaat als het ware een neerwaartse spiraal die de psychologische behandeling van patiënten met een recidiverende of persistente depressieve stoornis steeds moeizamer maakt. Een executieve stoornis heeft dus vaak direct gevolgen voor de behandeling en effect op herstel, los van de aard van de depressie (Gotlib en Hammen 2014).

Singh en Gottlib (2014) en Morgan en Ricker (2018) geven aan dat stoornissen in de frontale functies vaak voorkomen en dat de frontale delen van de hersenen een belangrijke rol lijken te spelen bij depressie. Mogelijk is de verstoring van het functioneren van de frontale hersenkwab mede verantwoordelijk voor het verminderd functioneren van andere delen van de hersenen, aangezien de frontale kwabben zeer bepalend zijn voor het geïntegreerd functioneren van de hersenen. Er is ook consensus over de opvatting dat er sprake is van veranderde interacties tussen belangrijke frontale en subcorticale hersengebieden en dat deze veranderingen bijdragen aan de bij depressie gevonden cognitieve stoornissen en de stoornissen in de regulering van emoties.

> **Box 1 Praktische implicatie vanuit de neuropsychologie**
>
> Indien een behandeling voor depressie niet aanslaat of niet het gewenste resultaat heeft, kan kennis van (mogelijke) aanwezige neuropsychologische stoornissen een waardevolle aanvulling zijn voor het herkennen van het cognitieve probleem of de cognitieve problemen die hier aan ten grondslag kunnen liggen. Naast de verstoorde cognitief-emotionele (informatie)verwerking kan er als gevolg van de ernst van de depressie ook sprake zijn van een verminderd leervermogen, waardoor nieuwe informatie niet of met veel moeite opgenomen wordt. Daarnaast is er vaak sprake van ernstige problemen met aandacht en concentratie, waardoor patiënten met een ernstige depressie in therapie niet of slechts korte tijd 'bij de les kunnen blijven'. Sommigen hebben juist opstartproblemen en dan is het zinvol om het inleidende gesprek(je) kort te houden en de nieuwe informatie pas na tien of vijftien minuten te geven. Anderen zijn juist snel vermoeid, en dan kun je de informatie beter aan het begin van de zitting geven en korte zittingen houden in plaats van de gebruikelijke vijfenveertig minuten.

De neuropsychologie kan helpen bij het begrijpen van cognitieve denkstijlen. Het onderstaande overzicht kan een goede ondersteuning vormen voor de waarneming van cognitieve kenmerken bij depressie. Diverse systemen, zoals prefrontale gebieden en structuren in het limbische gebied (zoals amygdala, hippocampus, dorsomediale thalamus), zijn met elkaar verbonden en vormen neuronale netwerken die een belangrijke rol spelen in de regulering van affecties die bij depressie verstoord is geraakt (Maletic et al. 2007). Dat heeft dan gevolgen voor de cognitieve denkstijl. Zie hiervoor het overzicht in ◘ tab. 5.1.

Behalve de al beschreven cognitieve stoornissen zijn er afwijkingen in het cognitief-emotioneel functioneren en het sociaal-cognitief functioneren (zie ◘ tab. 5.1). Ten aanzien van het cognitief-emotioneel functioneren vermoedt men dat disfunctioneren van de amygdala tijdens depressieve episoden kan leiden tot rumineren als gevolg van een toegenomen beschikbaarheid van emotioneel negatief geladen herinneringen (Davidson et al. 2002). Voor patiënten met een depressie en een verminderde Theory of Mind (ToM)[2] is deelname aan een groep in de

---

2 Theory of Mind is het vermogen om eigen en andermans denken te begrijpen in termen van mentale toestanden, zoals denken, wensen en verlangens (Vissers et al. 2016).

Tabel 5.1 Overzicht van neuropsychologie en depressieve kenmerken, aangepast uit McIntyre et al. (2015)

cognitie	voorbeelden
cognitief-emotioneel functioneren	ruminatie
	rampdenken
	focus op negatieve stimuli (intern/extern)
	anhedonie
cognitieve functies	verminderd executief functioneren
	vertraagde verwerkingssnelheid
	verminderd leervermogen en geheugenproblemen, vooral negatieve dingen herinneren
	problemen met aandacht en concentratie
sociaal-cognitief functioneren	verminderde Theory of Mind (ToM)
	moeite met mentaliseren

ernstige fase van de depressie niet aan te raden, omdat ze het risico lopen sociaal de plank mis te slaan en (weer) een ervaring van sociale uitsluiting mee te maken. Dit kan ook problemen opleveren in de therapeutische relatie in individuele therapie. De ToM heeft als doel de wereld om zich heen te verruimen en te leren omgaan met de prikkels uit de omgeving, en in tweede instantie om zicht te krijgen op zichzelf in relatie tot de ander. Daarvoor is een executief systeem onontbeerlijk geworden. Bij depressie staat dit executieve systeem onder druk, wat van invloed is op het bewuste denken en handelen.

Mentaliseren houdt, kort gezegd, in dat je je eigen gedrag en dat van anderen kunt begrijpen en verklaren vanuit achterliggende gevoelens, gedachten en motieven (zie voor uitgebreidere informatie Bateman en Fonagy 2011). Mentaliseren betekent dat je jezelf van buitenaf en de ander van binnenuit moet kunnen zien. Jezelf van buitenaf zien betekent dat je naar jezelf kijkt alsof je naar een film kijkt waarin je zelf een rol speelt. Met de ander van binnenuit kunnen zien wordt bedoeld dat je aandacht hebt voor de gevoelens en gedachten die een ander in een bepaalde situatie zou kunnen hebben. Een verstoord mentalisatievermogen leidt tot misverstanden in het sociale verkeer, waardoor depressieve patiënten kwetsbaar worden voor sociale exclusie of zelf de neiging hebben zich uit sociaal contact terug te trekken.

5.4 Neuropsychologische restverschijnselen en remissie

Cognitieve stoornissen bij depressieve patiënten kunnen als voorspeller dienen van functionele beperkingen (Lam et al. 2014; Bowie et al. 2013). De functionele beperkingen vormen een groot probleem voor patiënten, zowel tijdens een depressieve episode als tijdens remissie of na het opklaren van de depressie (Bowie et al. 2013); zie ook ▶ box 1.

Ook na remissie van de depressie houden patiënten (zeer vaak) cognitieve klachten, en deze dragen (aanzienlijk) bij aan de ervaren problemen in het dagelijks leven en de draaglast (Gonda et al. 2015). Deze klachten en stoornissen hebben negatieve invloed op hun perceptie van de omgeving en de interactie daarmee, op het dagelijks functioneren en op de mate waarin zij in staat zijn tot het volgen van psychotherapie (Gonda et al. 2015). Na remissie zijn de cognitieve klachten en stoornissen vaak minder dan tijdens de depressie (Lam et al. 2014). Opvallend is dat er meer cognitieve klachten overblijven bij patiënten na een eerste episode dan bij patiënten met recidiverende depressie, vooral wat betreft het langetermijngeheugen (Roca et al. 2015a, b). Een neuropsychologisch onderzoek kan verklaren waarom een behandeling van een patiënt voor depressie stagneert (Zyto en Jabben 2015). Uit een overzichtsartikel blijkt dat een reden hiervoor kan zijn dat problemen in het cognitief functioneren beter begrepen kunnen worden als een restverschijnsel van de depressie en deel uitmaken van de subklinische depressie dan als premorbide risicofactor voor het krijgen van een depressie (Scult et al. 2017). Depressie heeft grote maatschappelijke negatieve gevolgen, met name doordat patiënten niet in staat zijn om terug te keren op hun werkplek of om daar (weer) goed te functioneren, en cognitieve (rest)stoornissen zijn daar een zeer belangrijke oorzaak van (Ragguett et al. 2017). Cognitieve-functietraining kan terugval beperken of voorkomen (Bowie et al. 2013; Lam et al. 2014). Naast het verminderen van depressieve symptomen in engere zin door activatie van gedrag, kunnen met behulp van cognitieve training ook aandacht, geheugen en executief functioneren verbeteren. Dit is van belang, omdat gebleken is dat stoornissen of beperkingen in deze cognitieve functies uitlokkende en in stand houdende factoren zijn bij depressie (McIntyre et al. 2015). Therapeutische interventies gericht op het verbeteren van het cognitief functioneren bij depressieve patiënten (al dan niet in remissie) kunnen maken dat de depressieve symptomatologie en de beperkingen door de depressie verminderen (Gonda et al. 2015).

5.5 Impact van neuropsychologische problemen bij depressie op het psychotherapeutisch proces

Als een depressieve patiënt te laat komt voor de therapiesessie, hebben we de neiging dit toe te schrijven aan lage lijdensdruk of gebrek aan motivatie. Het kan echter ook een uitingsvorm zijn van moeite met plannen en organiseren. Bovendien blijkt dat juist moeite met plannen en organiseren een restverschijnsel kan zijn van een depressie dat het weer oppakken van het dagelijkse leven, werk en sociale leven bemoeilijkt (Bowie et al. 2013; Lam et al. 2014).

Uit onderzoek weten we dat neuropsychologische variabelen van invloed zijn op de effectiviteit van cognitieve gedragstherapie (CGT) en dat CGT van invloed is op de cognitieve functies (Kunderman et al. 2015). Dat geldt met name als sprake is van problemen op het gebied van aandacht, verwerkingssnelheid (van auditieve informatie) en het verbale declaratieve geheugen. CGT leidde tot een verbetering van deze cognitieve functies (Kunderman et al. 2015). Dit lijkt er op te wijzen dat cognitief functioneren en emotioneel functioneren nauw samenhangen met depressieve klachten. De conclusie is in elk geval dat iets doen beter is dan niets doen of op een wachtlijst staan. CGT richt zich op het bewust worden en aanpassen van bewuste en onbewust-automatische negatieve gedachten met betrekking tot zichzelf, de ander en de toekomst. Dit is de essentie van een van de aspecten van het executief functioneren (McIntyre et al. 2018). Uitgangspunt is dat een patiënt die langere tijd depressief is, een 'denkstijl' krijgt die de patiënt niet helpt en die vervolgens tot een verminderde mentale flexibiliteit (lees mentale rigiditeit) leidt (McIntyre et al. 2018).

Dergelijke denkstijlen leiden tot een toename van negatief denken (persevereren) en sociaal terugtrekgedrag (gedragsinhibitie). Het kan voorkomen dat een patiënt onjuiste conclusies trekt over zichzelf, de ander en de toekomst en dat deze conclusies niet door hem gecorrigeerd worden. Wanneer iemand zichzelf niet goed genoeg kan monitoren en zichzelf niet goed genoeg kan corrigeren en bijstellen is er sprake van een executieve functiestoornis, en die past bij een stoornis van de frontale cortex. Dit disfunctioneren leidt dan mogelijk weer tot verder negatief affect en tot een vicieuze cirkel (rumineren), waardoor een rigide depressogeen gedragspatroon (persevereren) ontstaat (McIntyre et al. 2018). Hier zie je hoe de psychologische behandeling en de neuropsychologische benadering bij elkaar komen. Om beter te kunnen functioneren is het vermogen om fouten te registreren en om gedrag te verbeteren en aan te passen essentieel in de behandeling van depressie, maar dit zijn ook cognitieve functies (executief functioneren, mentale flexibiliteit) die bij depressie vaak gestoord zijn. Tijdens de behandeling dient hier dan ook rekening mee te worden gehouden.

De laatste decennia is er een nieuwe stroming binnen de CGT te onderscheiden, de zogenoemde 'derde generatie'-CGT-behandelingen: aandachtgerichte cognitieve therapie ofwel mindfulness based cognitive therapy (MBCT) (Pollak et al. 2015) en acceptance and commitment therapy (ACT) (A-Tjak et al. 2015). *Mindfulness-acceptance based behavioral therapy* (MABT) is een behandeling die zich richt op het voorkomen of zo lang mogelijk uitstellen van terugval na het doormaken van een depressie. De therapie bestaat uit een combinatie van mindfulness-training en cognitieve therapie (Roemer en Orsillo 2009; Herbert en Forman 2011; Paris 2017). Onderzoek geeft aan dat MABT een positief effect kan hebben op de hersenactiviteit tijdens rust, maar ook in neuropsychologische zin invloed kan uitoefenen op het executief functioneren en op het leerproces (A-Tjak et al. 2018).

Het is nog steeds onduidelijk in hoeverre bij andere therapieën, zoals mentalized based therapy (MBT) (Bateman en Fonagy 2016), neuropsychologische overwegingen een rol spelen. Staun (2017) stelt dat behandeling met MBT een positief effect heeft op het herstel van een depressie. Ze stelt ook dat er een verbetering optreedt in het algehele neurocognitieve denken en handelen en in het tempo van de algehele informatieverwerking. MBT leidt bij depressieve patiënten ook tot verbetering van het auditieve verbale werkgeheugen en verbetering van het plannen en programmeren van handelingen. Staun (2017) stelt tevens dat het een verschil maakt of de depressie reeds in remissie is geweest (dan zijn de neurocognitieve problemen ernstiger van aard) of voor de eerste keer gediagnosticeerd is. De effecten van MBT hebben (ook) een positief effect op de cognitieve functies van Theory of Mind en reflecteren.

Er bestaan nog meer therapieën voor depressie die wellicht op grond van neuropsychologische overwegingen in de toekomst een grotere rol toebedeeld kunnen krijgen. Opvallend is vaak dat men aangeeft dat een bepaalde therapeutische interventie een positief effect op het neuropsychologische functioneren kan hebben, maar de daadwerkelijke onderzoeksresultaten zijn nog te gering en onvoldoende om het nog bestaande spanningsveld tussen psychotherapie en neuropsychologie te kunnen overbruggen (Gotlib en Hammen 2014).

5.6 Conclusie

Nieuwe inzichten uit de neuropsychologie en gerelateerde neurowetenschappen over depressie laten zien dat dit ziektebeeld en de manifestaties ervan door veel verschillende factoren beïnvloed worden. Depressie kan beschouwd worden als een chronische ziekte vanwege de hoge kans op recidive en/of een persisterend beloop. Daarnaast hebben veel patiënten ook na opklaring van de depressie of tijdens remissie last van cognitieve restverschijnselen: ze komen niet meer terug op hun oude niveau van functioneren in het dagelijks leven. Depressie is een stoornis die in elke levensfase kan optreden en zowel bij mannen als vrouwen voorkomt. Verschillende gebieden en structuren in de beide hersenhelften spelen – via verschillende neuronale netwerken – een rol bij depressie en beïnvloeden het functioneren van de patiënten. Opklaren van een depressie gaat vaak gepaard met – met functioneel beeldvormend onderzoek – aantoonbaar beter functioneren van de hersenen. Niet alleen een depressieve stemming of verminderd plezier in activiteiten zijn kenmerkend voor een depressie, maar ook cognitieve klachten en stoornissen. Cognitieve klachten komen zo vaak voor bij patiënten met een depressie dat deze eigenlijk onderdeel zouden moeten zijn van de diagnose, en er zou explicieter rekening mee moeten worden gehouden tijdens de behandeling. Ook al vermindert de depressie of is de depressie in remissie dan nog kan met name executieve problematiek blijven voortbestaan. Deze executieve problemen maken dan uiteindelijk de patiënt weer kwetsbaar voor terugval.

Psychotherapieën gericht op de behandeling van depressie zijn uitvoerig onderzocht op effectiviteit. Gedragsactivatie is de consistentste en effectiefste interventie gebleken. Een vermindering van de depressieve klachten gaat gepaard met een vermindering van de cognitieve problemen en klachten, hoewel het executief functioneren zoals gezegd vaak – meer of minder – problematisch blijft. Daarom is het interessant om – rekening houdend met de bevindingen uit neuropsychologisch onderzoek – (extra) therapeutische interventies te ondernemen gericht op verbetering van het cognitief functioneren.

Literatuur

APA, (2014). *DSM-5. Handboek voor de classificatie van psychiatrische stoornissen (Nederlandse vertaling van de Diagnostic and statistical Manual of Mental Disorders) (2013)* (5th ed.). Dordrecht, Heidelberg, Londen: Springer; Amsterdam: Boom.

A-Tjak, J. G. L., Davis, M. L., Morina, N., Powers, M. B., Smits, J. A. J., & Emmelkamp, P. M. G. (2015). A meta-analysis of the efficacy of acceptance and commitment therapy for clinically relevant mental and physical health problems. *Psychotherapy and Psychosomatics, 84*, 30–36.

A-Tjak, J. G. L., Morina, N., Topper, M., & Emmelkamp, P. M. G. (2018). A randomized controlled trial in routine clinical practice comparing acceptance and commitment therapy with cognitive behavioral therapy for the treatment of major depressive disorder. *Psychotherapy and Psychosomatics*. ▶ https://doi.org/10.1159/000486807.

Bateman, A. W., & Fonagy, P. (Eds.). (2011). *Handbook of mentalizing in mental health practice*. Arlington: American Psychiatric Publishing.

Bateman, A. W., & Fonagy, P. (2016). *Mentalization-based treatment for personality disorders (a practical guide)*. Oxford: Oxford University Press.

Bowie, Ch. R., Gupta, M., & Holshausen, K. (2013). Cognitive remediation therapy for mood disorders: Rationale, early evidence, and future directions. *Canadian Journal of Psychiatry, 58*(6), 319–325.

Literatuur

Bruder, G. E., Stewart, J. W., & McGrath, P. J. (2017). Right brain, left brain in depressive disorders: Clinical and theoretical implications of behavioral, electrophysiological and neuroimaging findings. *Neuroscience and Biobehavioral Reviews, 78,* 178–191.

Davidson, R. J., Pizzagalli, D., Nitschke, J. B., & Putnam, K. (2002). Depression: Perspectives from affective neuroscience. *Annual Review of Psychology, 53,* 545–574.

DeRubies, R. J., & Strunk, D. R. (2017). *The Oxford handbook of mood disorders.* Oxford: Oxford University Press.

Dijk, K. van (2008). Activiteit in het brein als men gevraagd wordt niets te doen. *Neuropraxis, 3,* 86–91.

Gonda, X., Pompilli, M., Serafini, G., Carvalho, A. F., Rihmer, Z., & Dome, P. (2015). The role of cognitive dysfunctions in the symptoms and remission from depression. *Annals of General Psychiatry, 14,* 27. ▶ https://doi.org/10.1186/s12991-015-0068-9.

Gotlib, I. H., & Hammen, C. L. (2014). *Handbook of depression* (3rd ed.). New York: Guilford Press.

Graaf, R. de, Have, M. ten, & Dorsselaer, S. van (2010). *De psychische gezondheid van de Nederlandse bevolking. NEMESIS-2: Opzet en eerste resultaten.* Utrecht: Trimbos-instituut.

Hamilton, P. J., Farmer, M., Fogelman, P., & Gotlib, I. H. (2015). Depressive rumination, the default-mode network, and the dark matter of clinical neuroscience. *Biological Psychiatry, 78*(4), 224–230.

Herbert, J. D., & Forman, E. M. (2011). *Accceptance-mindfulness in cognitive behavioral therapy: Understanding and applying the new therapies.* London: Karnac.

Kohnstamm, D., & Daselaar, S. (2017). Over ons default mode hersennetwerk. *De Psycholoog, 52,* 48–54.

Kolb, B., & Whishaw, I. Q. (Eds.). (2015). *Fundamentals of human neuropsychology.* New York: Worth Publishers.

Kunderman, B., Hemmeter-Spernal, J., Strate, P., Gebhardt, S., Huber, M. T., Krieg, J.-C., et al. (2015). Neuropsychological predictors for the clinical response to cognitive behavioral therapy in patients with major depression. *Zeitschrift fur Neuropsychologie, 26*(2), 87–97.

Lam, R. W., Kennedy, S. H., McIntyre, R. S., & Khullar, A. (2014). Cognitive dysfunction in major depressive disorder: Effects on psychosocial functioning and implications for treatment. *Canadian Journal of Psychiatry, 59*(12), 649–654.

Maletic, V., Robinson, M., Oakes, T., Iyengar, S., Ball, S. G., & Russell, J. (2007). Neurobiology of depression: An integrated view of key findings. *International Journal of Clinical Practice, 61*(12), 2030–2040.

McIntyre, R. S., Xiao, H. X., Syeda, K., Vinberg, M., Carvalho, A. F., Mansur, R. B., et al. (2015). The prevalence, measurement and treatment of the cognitive dimension/domain in major depressive disorder. *CNS Drugs, 29,* 577–589. ▶ https://doi.org/10.1007/s40263-015-0263-x.

McIntyre, R. S., Lee, Y., Larmona, N. E., Subramaniapillai, M., Cha. D. S., Lee, J. A., et al. (2018). Charaterizing Assessing and reading cognitive dysfunction in major depressive disorder. *Harvard Review Psychiatry, 26* (5) : 241–249.

Messina, I., Bianco, F., Cusinato, M., Calvo, V., & Sambin, M. (2016). Abnormal default system functiong in depression: Implications for emotion regulation. *Frontiers in Psychology, 7,* 1–8.

Morgan, J. E., & Ricker, J. H. (2018). *Textbook of clinical neuropsychology.* London: Taylor & Francis.

Pandya, M., Altinay, M., Malone, D. A., & Anand, A. (2012). Where in the brain is depression? *Current Psychiatry Reports, 14*(6), 634–642.

Paris, J. (2017). *Psychotherapy in an age of neuroscience.* London: Karnac.

Parsons, M., & Hammeke, T. A. (2014). *Clinical neuropsychology* (3rd ed.). Washington: APA.

Pollak, S. M., Pedulla, T., & Siegel, R. D. (2015). *Mindfulness in de klinische praktijk.* Amsterdam: Uitgever Nieuwezijds.

Ragguett, R.-M., Cha, D. S., Kakar, R., Rosenblat, J., Lee, Y., & McIntyre, R. S. (2017). Assessing and measuring cognitive function in major depressive disorder. *Evidence Based Mental Health, 19*(4), 106–109.

Roca, M., Lopez-Navarro, E., Monzon, S., Vives, M., Garcia-Toro, M., Garcia Campayo, J., et al. (2015a). Cognitive impairment in remitted and non-remitted depressive patients: A follow up comparison between first en recurrent episodes. *European Neuropsychopharmacology, 25,* 1991–1998.

Roca, M., Vives, M., Lopez-Navarro, E., Garcia-Campayo, J. & Gili, M. (2015b). Cognitive impairments and depression: A critical review. *Actas Espanolas de Psiquiatria, 43*(5), 187–193.

Rock, P. L., Roiser, J. P., Riedel, W. J., & Blackwell, A. D. (2014). Cognitive impairment in depression: Systematic review and meta-analysis. *Psychological Medicine, 44,* 2019–2040.

Roemer, L., & Orsillo, S. M. (2009). *Mindfulness- and acceptance-based behavioral therapies in practice.* New York, London: The Guilford Press.

Scult, M. A., Paulli, A. R., Mazure, E. S., Moffit, T. E., Harini, A. R., & Strauman, T. J. (2017). The association between cognitive function and subsequent depression: A systematic review and meta-analysis. *Psychological Medicine, 47,* 1–17.

Schore, A. (2009). *Affektregulation und die reorganisation des Selbst.* Stuttgart: Klett-Cotta Verlag.

Singh, M. K., & Gotlib, I. A. (2014). The neuroscience of depression: Implications for assessment and intervention. *Behaviour Research and Therapy, 62,* 60–73.

Sliz, D., & Hayley, S. (2012). Major depressive disorder and alterations in insular cortical activity: A review of current functional magnetic imaging research. *Frontiers in Human Neuroscience, 6,* 323.

Snyder, H. R. (2013). Major depressive disorder is associated with broad impairments on neuropsychological measures of executive function: A meta-analysis and review. *Psychological Bulletin, 139,* 81–132.

Staun, L. (2017). *Mentalisieren bei depressionen.* Stuttgart: Klett-Cotta Verlag.

Vissers, M., & Honée-van Zijll de Jong, M. (2016). Theory of mind-behandeling: Een kwestie van bewust-zijn. *Tijdschrift voor Neuropsychologie, 11*(2), 134–144.

Werkgroep en Expertgroep Zorgstandaard Depressiepreventie (2011). *Zorgstandaard depressie.* Utrecht: Trimbos-instituut.

Zyto, S., & Jabben, N. (2015). Stemmingsstoornissen. In J. A. M. Vandermeulen & M. M. A. Derix (Red.), *Neuropsychologische casuïstiek. Verdieping en praktijkgerichte gevalsbeschrijvingen* (pag. 61–78). Houten: Bohn Stafleu van Loghum.

ADHD in de volwassenheid: neuropsychologische verklaringstheorieën als hefboom voor de niet-medicamenteuze behandeling

D. Baeyens

6.1 Gedragsmodel van ADHD in de volwassenheid – 78

6.2 Prevalentie en comorbiditeit van ADHD – 78

6.3 Oorzaken en onderliggende mechanismen als richtsnoer voor behandeling – 79
6.3.1 Genetische kwetsbaarheid – 80
6.3.2 Neuropsychologische theorieën met neurobiologische uitgangspunten – 80

6.4 Diagnostiek van ADHD – 82
6.4.1 Screening – 82
6.4.2 Classificerende diagnostiek van ADHD – 82
6.4.3 Sterkte-zwakteanalyse – 84

6.5 Behandeling van ADHD – 84
6.5.1 Psycho-educatie – 84
6.5.2 Farmacotherapie – 84
6.5.3 Cognitief-gedragstherapeutische programma's – 85
6.5.4 Gezinstherapie – 87
6.5.5 Coaching – 87

6.6 Conclusie – 87

Aanbevolen literatuur – 88

© Bohn Stafleu van Loghum is een imprint van Springer Media B.V., onderdeel van Springer Nature 2019
J. A. M. Vandermeulen, M. M. A. Derix en A. van Dijke (Red.), *De rol van neuropsychologie bij psychotherapie*,
https://doi.org/10.1007/978-90-368-2263-3_6

6.1 Gedragsmodel van ADHD in de volwassenheid

De centrale gedragskenmerken van ADHD zijn aandachtsproblemen (bijvoorbeeld snelle afleidbaarheid, moeite met volgehouden aandacht) en hyperactiviteit-impulsiviteit (bijvoorbeeld een spraakwaterval zijn, moeite hebben met het afwachten van de beurt) (Diagnostic and Statistical Manual of Mental Disorders, vijfde editie (DSM-5); American Psychiatric Association (APA) 2013). Reeds vanaf de adolescentie nemen de hyperactiviteits- en impulsiviteitsklachten in belangrijke mate af en deze manifesteren zich voortaan vaker als innerlijke rusteloosheid. De aandachtsproblemen zijn stabieler in de tijd, deels ook door de steeds toenemende verwachting van de omgeving waaraan niet optimaal beantwoord kan worden (bijvoorbeeld hogere aandachtsfocus en nauwgezetheid vereist op het werk, steeds grotere hoeveelheden leerstof in het hoger onderwijs) (Schmidt en Petermann 2009).

In hun gedragsmodel van ADHD bij volwassenen benadrukken Safren en collega's (2005) dat de kernsymptomen leiden tot een reeks tekortschietende compenserende strategieën (zoals problemen met planning en organisatie, en uitstelgedrag) die op hun beurt resulteren in functionele problemen op het werk en in opleidingen, en een lange geschiedenis van falen, onderpresteren en problemen in relaties (zie ◘ fig. 6.1). Zo hebben studenten met ADHD in het hoger onderwijs meestal moeite om tijdig op college te verschijnen, hun aandacht vast te houden, notities te maken en grotere projecten af te ronden. Gevolg hiervan is dat deze studenten vaker jaren doubleren of zonder diploma het (hoger) onderwijs verlaten (Emmers et al. 2017). Het schools en academisch onderpresteren hangt nauw samen met lagere baankansen op latere leeftijd. Bovendien interfereren de aandachtsproblemen, de problemen met plannen en organiseren, en het uitstelgedrag met het behalen van deadlines, efficiënt werken en consciëntieusheid. Volwassenen met ADHD worden daardoor vaker ontslagen of veranderen zelf vaker van baan (Emmers et al. 2014). Ook in intieme relaties groeit vaak frustratie doordat het gebrek aan organisatievermogen de vlotte gang van zaken in het huishouden en bij de taakverdeling bemoeilijkt. Stemmingswisselingen uiten zich dan weer in overgevoeligheid en overactiviteit van de volwassene met ADHD, waardoor de partner veel moet investeren om met deze emotionele fluctuaties om te kunnen gaan. Als gevolg van dit alles hebben personen met ADHD vaker kortdurende, gespannen partnerrelaties en huwelijken (Harpin 2006).

Door dergelijke negatieve ervaringen ontwikkelen er zich disfunctionele gedachten (bijv. 'Als ik er niet aan begin, kan ik ook niet falen en mezelf teleurstellen') die op hun beurt van invloed zijn op de stemming. Door deze stemmingsproblemen maken mensen nog minder gebruik van compenserende strategieën (Safren et al. 2005), waardoor een vicieuze cirkel ontstaat. Behandeling van ADHD in de volwassenheid zal met elk van deze aspecten rekening moeten houden om de ADHD-kernsymptomen succesvol terug te dringen en de functieproblemen te reduceren.

6.2 Prevalentie en comorbiditeit van ADHD

Daar waar de prevalentie van ADHD in de kindertijd op 5 % wordt geschat, geldt op volwassen leeftijd een prevalentieschatting van 2–3 % (Simon et al. 2009). Een van de verklaringen voor de teruglopende prevalentiecijfers ligt in het niet

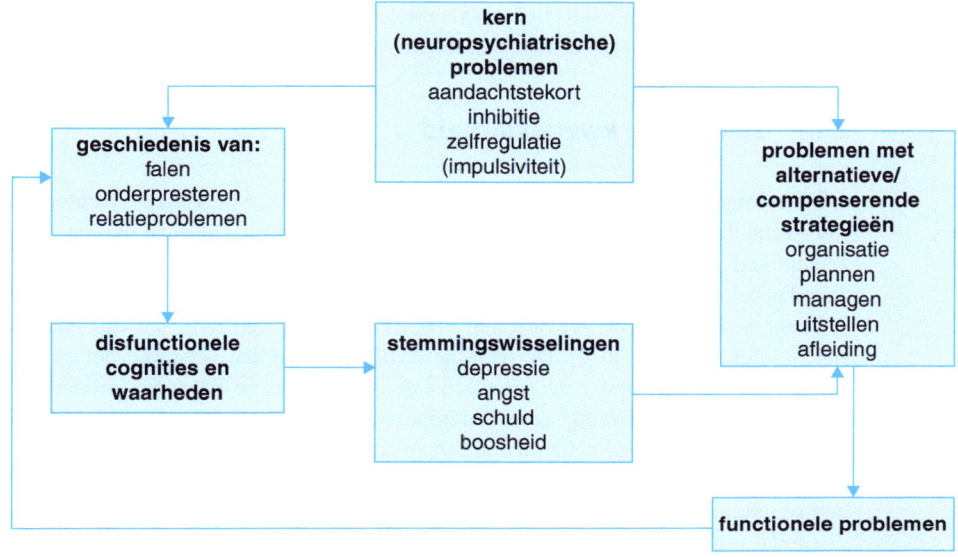

Figuur 6.1 Gedragsmodel van ADHD in de volwassenheid (Safren et al. 2005)

langer beantwoorden aan alle criteria van de DSM-5 (APA 2013) door de eerder geschetste symptoomontwikkeling én de ontwikkeling van steeds verfijndere copingstrategieën (bijvoorbeeld vermijden van werk en banen die veel bureauwerk vragen). Echter, subklinische klachten en beperkingen blijven ook dan veelal bestaan (Schmidt en Petermann 2009). Een bijkomend gevolg van de teruglopende hyperactiviteits- en impulsiviteitskenmerken is dat het overwicht van jongens op meisjes in de kindertijd (bijna) verdwijnt en beide geslachten ongeveer gelijke prevalentiecijfers kennen op volwassen leeftijd (Kessler et al. 2006).

Ten slotte wordt het symptoombeeld van ADHD in de volwassenheid ook minder uitgesproken door de aanwezigheid van een of meerdere comorbide stoornissen, hetgeen in deze levensfase eerder regel dan uitzondering is. Sobanski (2006) rapporteert een levensloopprevalentie van 35–50 % van alle volwassenen met ADHD voor een ernstige depressieve episode. Voor antisociale persoonlijkheidsstoornis geldt een levensloopprevalentie van 18–23 %. Ten slotte is er ook nog sprake van een verhoogde levensloopprevalentie van middelenmisbruik (30 %), gegeneraliseerde-angststoornissen (10–45 %), sociale fobieën (20–35 %) en bipolaire stoornissen (9,5 %). De aanwezigheid van dergelijke bijkomende problematiek maakt ook dat een prototypisch ADHD-behandeltraject veelal aangevuld wordt met gerichte interventies voor de comorbide stoornissen.

6.3 Oorzaken en onderliggende mechanismen als richtsnoer voor behandeling

ADHD is als stoornis multifactorieel bepaald. Dit houdt in dat verschillende oorzaken, gelegen in de genetica, de neurobiologie en de omgevingsinvloeden, aan de basis van de stoornis liggen. Om de relatie tussen die verschillende etiologische factoren te begrijpen, zijn neuropsychologische theorieën ontwikkeld die het wetenschappelijk onderzoek naar de stoornis in belangrijke mate sturen.

6.3.1 Genetische kwetsbaarheid

Uit tweelingenonderzoek weten we dat 76 % van de variatie in ADHD-symptomen door erfelijke factoren wordt bepaald (Faraone et al. 2006). Dit wijst op een hoge erfelijkheid (vergelijkbaar met die van lichaamslengte) en zorgt voor het bijkomende probleem dat volwassenen met ADHD vaak kinderen met dezelfde stoornis hebben: de helft van de volwassenen met ADHD heeft een kind dat ook ADHD heeft (Johnston et al. 2012). De typische ADHD-kenmerken verstoren het ouderschap, wat op zijn beurt de genetische risico's voor deze kinderen modereert. Bijkomende ondersteuning voor ouderlijke vaardigheden is dan ook vaak een noodzakelijke stap in de behandeling van volwassenen met ADHD.

Er bestaan meerdere risicogenen voor ADHD, waarvan geen enkele op zichzelf een voldoende voorwaarde voor de ontwikkeling van de stoornis is. Veeleer is er sprake van een genetische kwetsbaarheid, waarbij verschillende combinaties van genen en omgevingsinvloeden tot verschillende intensiteit van ADHD-klachten leiden (Sonuga-Barke 2005). Deze omgevingsinvloeden kunnen pre- (bijvoorbeeld blootstelling van de foetus aan alcohol of lood), peri- (bijvoorbeeld zuurstoftekort tijdens de bevalling) of postnataal (bijvoorbeeld lage sociaaleconomische status, ongestructureerde opvoedingsstijl van de ouders) zijn.

6.3.2 Neuropsychologische theorieën met neurobiologische uitgangspunten

De genetische maar ook neurobiologische heterogeniteit (zie verderop) leidt ertoe dat er geen een-op-eenrelatie bestaat tussen één causale factor en het kenmerkende ADHD-gedrag. Er zijn enkele neuropsychologische theorieën ontwikkeld om alle inzichten uit genetica, neurobiologie en omgevingsinvloeden te integreren en het denken over de (behandeling van de) stoornis te sturen.

De klassiekste neuropsychologische theorie stelt een probleem in responsinhibitie voorop (Barkley 1997). Dit betreft de moeite die personen met ADHD hebben met het remmen of stoppen van gedrag dat voor een situatie ongepast is, ten gunste van een gepaster alternatief (bijvoorbeeld een bekende in een restaurant zien binnenkomen en er onaangekondigd meteen op afstappen, tot groot ongenoegen van de achterblijvende tafelgenoot). Problemen met responsinhibitie veroorzaken op hun beurt een meer algemene beperking in het plannen, monitoren en flexibel wisselen van gedrag (d.w.z. in het executief functioneren). Al deze tekorten samen leiden tot de kenmerkende symptomen van aandachtsproblemen en hyperactief en impulsief gedrag.

Een tweede neuropsychologische theorie wijst erop dat mensen met ADHD gevoeliger zijn voor een onmiddellijke beloning dan voor een uitgestelde beloning (Luman et al. 2010). De lagere gevoeligheid voor langetermijnbeloningen zorgt ervoor dat het verband tussen eigen gedrag en toekomstig resultaat minder wordt ervaren. Dit resulteert in impulsief gedrag, vooral in situaties waarbij uitgestelde beloningen de regel zijn, zoals het hoger onderwijs en werk (bijvoorbeeld kiezen voor een avondje stappen met studiegenoten terwijl men beter het examen van overmorgen zou kunnen gaan voorbereiden). De *delay aversion*-hypothese stelt dat mensen met ADHD de perceptie van (wacht)tijd zullen verminderen door hun aandacht op de omgeving te richten (bijvoorbeeld dagdromen) of door te interageren met die omgeving (bijvoorbeeld gaan praten over koetjes en kalfjes) (Sonuga-Barke 2002) wanneer het (impulsieve) vermijden van situaties met uitgestelde beloning niet mogelijk is.

Om deze eerste twee neuropsychologische theorieën samen te brengen, ontwikkelde Sonuga-Barke (2003) een *dual pathway* van ADHD: een executief en een motivationeel pad, elk met een eigen neurobiologische basis in het frontostriatale netwerk van de hersenen, die tot ADHD-symptomen kunnen leiden. Onderzoek wijst op de grote heterogeniteit binnen ADHD: prestaties op taken met betrekking tot responsinhibitie en uitgestelde beloning zijn telkens geassocieerd met de diagnose ADHD, maar de beide soorten taken vertonen onderling geen verband (Solanto et al. 2001). Binnen de personen met ADHD lijken dus op basis van neuropsychologische kenmerken onderscheidbare subgroepen te bestaan. Sommige personen met ADHD zouden alleen executieve-functieproblemen hebben, sommige alleen motivationele problemen en sommige problemen op beide paden (Solanto et al. 2001).

In de jaren die volgden op de formulering van het *dual pathway* van ADHD toonde onderzoek de onvolledigheid van deze theorie aan. Ten eerste resulteert uitval binnen een bepaald pad niet noodzakelijk in ADHD-symptomatologie. Zo worden executieve disfuncties ook genoemd in de etiologie van bijvoorbeeld autismespectrumstoornissen. Tegelijk blijkt dat uitval op een executieve-functietaak ook wordt gezien bij personen zonder noemenswaardige klachten of stoornis. Omgekeerd vertonen lang niet alle personen met ADHD tekorten op executieve-functietaken. De waarde van diagnostisch onderzoek naar bijvoorbeeld executieve functies in de classificerende diagnostiek van ADHD is dan ook beperkt tot afwezig en ligt veeleer in de bepaling van het persoonlijke sterkte-zwakteprofiel van een persoon met ADHD ten behoeve van de indicatiestelling voor de behandeling (Nigg et al. 2005). Ten tweede doken nog alternatieve verklaringen op voor ADHD-gedrag. Een derde neuropsychologische theorie, een derde pad zo men wil, ziet ADHD-kenmerken als een gevolg van een tekort in timing door een minder actief frontocerebellair netwerk (Sonuga-Barke et al. 2010). Zowel bij taken waarbij de tijdsduur moet worden ingeschat als bij taken waarbij men moet anticiperen op een bepaalde stimulus die reactie vereist, presteren mensen met ADHD minder goed (als groep) dan personen zonder de stoornis. Deze problemen met tijdsperceptie spelen een volwassen persoon met ADHD ook parten bij het maken van een goede (dag)planning, bijvoorbeeld bij het inschatten hoelang men al pauze neemt of bij het inschatten van de timing van een reeks klusjes alvorens te kunnen vertrekken naar het werk.

Een laatste neuropsychologische theorie benadert ADHD middels een cognitief-energetisch model. Analyse van reactietijden op bijvoorbeeld executieve-functietaken toont een verhoogde variabiliteit bij mensen met ADHD. Dit zou het gevolg zijn van terugkerende, korte periodes van verminderde aandacht (*temporary lapses in attention*). Hierdoor slaagt de persoon met ADHD er niet in om gedurende een taak het benodigde energieniveau te reguleren, ook niet wanneer een taak bijvoorbeeld verhoogde inspanning vraagt bij extra afleiding of langere duur (Sonuga-Barke en Castellanos 2007).

Het bovenstaande maakt duidelijk dat er geen sprake is van één universeel tekort dat alle ADHD-gedrag verklaart. Op het niveau van de neuropsychologie zijn er grote interindividuele verschillen tussen personen met ADHD: sommigen vertonen uitval in één specifiek pad, terwijl anderen combinaties van uitval vertonen. Bovendien verklaart onze huidige kennis over de verschillende paden nog steeds niet alle ADHD-gedrag. Dit neemt niet weg dat de bestaande neuropsychologische theorieën de belangrijkste achtergrond vormen om de momenteel beschikbare, veelal cognitief-gedragstherapeutische, behandelingen voor ADHD te begrijpen.

6.4 Diagnostiek van ADHD

De diagnostische criteria van ADHD staan beschreven in de vijfde editie van de DSM-5 (APA 2013) en vormen het richtsnoer voor het handelen van de diagnosticus.

6.4.1 Screening

De aanmeldingsreden van een volwassene bij een hulpverleningsinstantie kan de concrete vraag zijn: 'Heb ik ADHD?' Deze vraag komt deels voort uit het herkennen van de eigen klachten in het symptoombeeld van anderen (bijvoorbeeld de eigen kinderen) of door mediaberichten. Vaker echter is de aanmeldingsklacht veel vager van aard: 'Wat is er met mij aan de hand?' Vanwege het typische ontwikkelingsverloop en de verhoogde aanwezigheid van comorbide problemen schijnt het ADHD-beeld niet altijd even helder door de initiële klachten heen.

Voor beide vragen zal de hulpverlener dan ook niet meteen overgaan tot uitgebreide diagnostiek van ADHD of een andere stoornis. Screening door middel van een vraaggesprek (o.a. op de aanwezigheid van aandachtsproblemen, hyperactiviteit, impulsiviteit en de bijhorende beperkingen) of gedragsvragenlijsten (bijvoorbeeld een breedspectrumvragenlijst zoals de Brief Symptom Inventory (BSI; Derogatis 1993) die een schaal Concentratieproblemen heeft) is meer aangewezen. Indien hierbij indicaties voor ADHD naar voren komen, kan een volwaardige, intensieve diagnostische procedure worden ingezet.

6.4.2 Classificerende diagnostiek van ADHD

In DSM-5 (APA 2013) worden vijf criteria genoemd voor de classificerende diagnostiek van ADHD. We onderscheiden het symptoom-, aanvangs-, pervasiviteits-, beperkings- en exclusiviteitscriterium die in de classificerende diagnostiek een voor een zullen worden getoetst (Baeyens et al. 2014):
- Het symptoomcriterium wijst op een minimaal aantal (5/9 op volwassen leeftijd) aanwezige symptomen van onoplettendheid en/of hyperactiviteit-impulsiviteit dat binnen een bepaalde periode (zes maanden) verschijnt op een manier

die niet past bij de leeftijd of het ontwikkelingsniveau van de persoon. Deze symptomen kunnen worden geïnventariseerd aan de hand van zelfrapportagevragenlijsten (bijvoorbeeld de Zelfrapportage Vragenlijst voor Aandachtsproblemen en Hyperactiviteit (ZVAH; Baeyens et al. 2012)) of gestandaardiseerde interviews (bijvoorbeeld de DIVA (Kooij en Francken 2007)). Het valt aan te raden om de informatie uit zelfrapportage aan te vullen met informatie van andere informanten, zoals partner en/of ouders, om een zo volledig mogelijk beeld te verkrijgen van de ernst van de klachten en de beperkingen. Een uitgebreide bevraging is hier op zijn plaats, aangezien veel volwassenen soms zeer tijdrovende en energie-intensieve copingstrategieën ontwikkelen om alsnog op een aanvaardbaar niveau te kunnen functioneren (bijvoorbeeld een zeer actieve baan zoeken, huiswerkbegeleiding van de kinderen aan de partner overlaten).

- Het aanvangscriterium stelt dat de eerste symptomen van aandachtsproblemen, hyperactiviteit en/of impulsiviteit aanwezig moeten zijn vóór het twaalfde levensjaar. Wil men op volwassen leeftijd nog de diagnose ADHD stellen, dan zal voor dit criterium ook retrospectieve diagnostiek moeten plaatsvinden aan de hand van informanten uit de kindertijd (bijvoorbeeld ouders) en/of documentanalyse (bijvoorbeeld opmerkingen van leerkrachten op schoolrapporten).
- Het beperkingscriterium van de DSM-5 stelt dat ADHD-symptomen moeten interfereren met het dagelijks functioneren. De richtlijn van het European Network Adult ADHD (ENAA; Kooij et al. 2019) operationaliseert dit als de noodzaak tot medische, psychologische of pedagogische interventie als gevolg van het ontstane geestelijke-gezondheidsprobleem. De richtlijn van het National Collaborating Centre for Mental Health (NICE 2009) noemt onder andere de volgende beperkingen ten gevolge van ADHD-symptomen waarnaar gepeild kan worden: een verhoogde aanwezigheid van problemen met opleiding en onderwijs, verstoorde familiale relaties, sociale problemen, gedragsproblemen en -stoornissen, druggebruik, werkloosheid, minder presteren op het werk, verkeersovertredingen en veroordelingen voor criminele feiten.
- Het pervasiviteitscriterium stelt dat de symptomen verschijnen in alle settings waarin de persoon zich met ADHD begeeft en dat de symptomen dus niet louter reactief zijn op bepaalde omgevingskenmerken (bijvoorbeeld een werkgever met onredelijke eisen ten aanzien van taakefficiëntie). Het gedrag in verschillende levenssettings zal dus in kaart moeten worden gebracht.
- Het exclusiviteitscriterium gaat na of de klachten het best kunnen worden begrepen vanuit het beloop van ADHD dan wel vanuit andere stoornissen. Gezien de verhoogde comorbiditeit en aanwezigheid van geassocieerde problemen dienen dan ook uitgebreide differentiaaldiagnostiek en comorbiditeitsonderzoek uitgevoerd te worden. Op indicatie wordt een medisch onderzoek aangevraagd om somatische en/of neurologische verklaringen voor ADHD-symptomatologie uit te sluiten (bijvoorbeeld hersentrauma, hyperthyreoïdie). Hierbij hoort eveneens een inventarisatie van lopende en afgeronde farmacotherapeutische interventies (die mogelijk aandachtsproblemen, hyperactiviteit en impulsiviteit als neveneffect hebben). Om deze redenen is het noodzakelijk dat een arts wordt geraadpleegd in het diagnostisch proces.

6.4.3 Sterkte-zwakteanalyse

Op basis van het gedragsmodel van ADHD van Safren en collega's (2005) (◘fig. 6.1) is duidelijk dat de kernproblemen van ADHD tot een reeks secundaire klachten leiden (bijvoorbeeld in emotioneel of sociaal functioneren). Door de toetsing van het beperkings- en exclusiviteitscriterium van ADHD zullen reeds een aantal van deze secundaire klachten geïnventariseerd worden. In het ruimere diagnostische proces van ADHD is echter ook aandacht voor disfunctionele gedachten en waarheden (bijvoorbeeld: 'Het zal me toch niet lukken' of: 'Ik kan er beter niet aan beginnen, dan kan ik mezelf ook niet teleurstellen') aangewezen, aangezien dergelijke assumpties vaak de goede voortgang van een behandeling in de weg zullen staan.

Hoewel problemen met executieve functies, beloningsgevoeligheid of timing geen plaats hebben in de classificerende diagnostiek (aangezien ze noch een voldoende noch een noodzakelijke voorwaarde voor de aanwezigheid van de stoornis zijn), krijgt een analyse van deze concepten in de sterkte-zwakteanalyse wél een plaats. Immers, de specifieke (combinaties van) uitval in deze paden naar ADHD zullen de aangrijpingspunten voor de behandeling van de problematiek vormen.

De meer holistische benadering van een sterkte-zwakteanalyse vraagt om de inzet van een multidisciplinair team, met ook expertise op het gebied van klinische psychologie en (klinische) neuropsychologie.

6.5 Behandeling van ADHD

De ENAA-richtlijn adviseert om de behandeling van ADHD in de volwassenheid – conform die voor de kindertijd – te beginnen met psycho-educatie en psychosociale interventies, indien nodig aangevuld met farmacotherapie (Kooij et al. 2010, 2019). Er zijn voornamelijk cognitief-gedragstherapeutische programma's als psychosociale interventie op hun effectiviteit onderzocht. Echter, ook dit onderzoek is nog beperkt. Om die reden suggereert de NICE-richtlijn (2009) farmacotherapie als eerste stap in de behandeling van volwassenen met ADHD.

6.5.1 Psycho-educatie

Om de persoon met ADHD te versterken ('empoweren') in zijn zelfbeeld, inzicht in de problematiek te geven en vertrouwen in de eigen effectiviteit te laten ontwikkelen, wordt bij psycho-educatie uitleg over de stoornis gegeven en vindt cognitieve herstructurering over het verleden en de toekomstverwachtingen plaats. De neurobiologische basis van de stoornis, alsook de recente inzichten over de paden naar ADHD krijgen hierin steeds een voorname plaats.

6.5.2 Farmacotherapie

Met de uitdrukking '*pills don't build skills*' wordt verwezen naar de beperkte duurzaamheid van veranderingen door farmacotherapie en de noodzaak om hier psychosociale interventies aan toe te voegen. Wanneer we dit plaatsen in het gedragsmodel van Safren en collega's (2005) (◘fig. 6.1), is farmacotherapie de effectiefste behandelmethode voor de kernsymptomen van ADHD. De impact van farmacotherapie op klachten met betrekking tot compenserende strategieën en negatieve gedachten is evenwel tamelijk beperkt. Bovendien dienen andere behandelmogelijkheden zich ook aan aangezien medicatie soms bijwerkingen heeft en/of de therapietrouw bij ADHD soms laag is.

Voor een uitgebreid, actueel overzicht van farmacotherapie voor ADHD in de volwassenheid verwijzen we de lezer naar Stes en Van Lammeren (2014). Zij beschrijven ook de werkingsmechanismen, veelal binnen het frontostriatale netwerk van de hersenen.

6.5.3 Cognitief-gedragstherapeutische programma's

Cognitief-gedragstherapeutische interventies voor ADHD in de kindertijd worden als bewezen effectief beschouwd. De meeste gerandomiseerde en gecontroleerde effectiviteitsstudies van cognitief-gedragstherapeutische programma's voor ADHD op volwassen leeftijd zijn van recente datum, waardoor ze vaak nog niet als bewezen effectief geboekstaafd staan in (oudere) ADHD-richtlijnen. Afgaand op de resultaten van een recente meta-analyse zouden deze programma's nu toch ook voor ADHD in de volwassenheid als 'bewezen effectief' kunnen worden beschouwd (Knouse et al. 2017). De belangrijkste bevindingen van deze meta-analyse zijn:

- Studies naar cognitieve-gedragstherapeutische programma's wijzen op een matig effect op ADHD-kenmerken wanneer ze vergeleken worden met niet-actieve programma's (bijvoorbeeld wachtlijsten) en een klein effect ten opzichte van actieve controlecondities (bijvoorbeeld voortzetting van de standaard niet-medicamenteuze behandeling). De effecten zijn meer uitgesproken bij zelfrapportage dan bij rapportage door derden (die niet van de interventie op de hoogte waren) en altijd groter voor de reductie van aandachtsproblemen dan van hyperactiviteit-impulsiviteit. Deze laatste bevinding hoeft niet te verbazen, aangezien de meeste programma's zich expliciet uitsluitend richten op aandachtsproblemen, hetgeen de auteurs doet concluderen dat er een tekort is aan programma's die zich richten op de hyperactiviteit-impulsiviteit van ADHD (bijvoorbeeld inzet van emotieregulatietrainingen).
- Studies die ADHD-kenmerken voor en na het cognitief-gedragstherapeutische programma meten, wijzen op matige effecten op zelfgerapporteerde hyperactiviteit-impulsiviteit en executief functioneren, en (zeer) grote effecten op zelfgerapporteerde aandachtsproblemen. Bovendien blijkt dat vaardigheidstrainingen grotere effecten sorteren dan dialectische gedragstherapie. Daarnaast is er geen verschil in effectiviteit met betrekking tot het gebruikte format: individueel, in een groep aangeboden of internetprogramma's verschillen niet van elkaar. Ten slotte zijn langere programma's (in weken/aantal sessies) niet geassocieerd met grotere effectiviteit.

In cognitief-gedragstherapeutische programma's staat de training van cognitieve en gedragsvaardigheden centraal. Programma's voor volwassenen met ADHD focussen veelal op de compenserende strategieën uit het gedragsmodel van Safren en collega's (2005) (bijvoorbeeld plannen en organiseren, tijdsmanagement), de negatieve gedachten (bijvoorbeeld door cognitieve herstructurering) en stemmingswisselingen (bijvoorbeeld door mindfulnessmedidatie). In wat volgt illustreren we de inhoud van drie effectief bewezen programma's.

Voortbouwend op hun ADHD-gedragsmodel ontwikkelden Safren en collega's (2005) (◻ fig. 6.1) een cognitief-gedragstherapeutisch programma opgebouwd uit 12 individuele zittingen. In deze 12 zittingen komen vijf modules aan bod, waarvan drie kernmodules en twee optionele modules. De kernmodules zijn: (1) psycho-educatie en training van planning- en organisatievaardigheden, (2) vaardigheden om de afleidbaarheid te verminderen en (3) cognitieve herstructurering. De optionele modules zijn: omgaan met uitstelgedrag (1 sessie) en vragen en gebruiken van hulp van familie en vrienden (1 sessie). Dit programma bleek bij volwassenen met ADHD die reeds farmacotherapie kregen, significant effectiever dan de controlebehandeling (bestaand uit psycho-educatie en ontspanningsoefeningen) in het verminderen van de ADHD-symptomen op korte en lange termijn (12 maanden) en in het verbeteren van hun algemene functioneren.

Een voorbeeld van een groepsgerichte behandeling is die van Mary Solanto en collega's (2012). De behandeling bestaat uit 12 groepszittingen van twee uur, met twee optionele sessies (gericht op slaaphygiëne). Het programma zet in op de verschillende paden naar ADHD: het tijdsbewustzijn wordt bevorderd (d.w.z. timing), grote taken worden in kleine stappen opgedeeld, en planningsvaardigheden worden verbeterd (d.w.z. executief functioneren). Daarnaast wordt ook stilgestaan bij het zichzelf belonen wanneer een taak voltooid is en het visualiseren van langetermijnbeloningen (d.w.z. beloningsgevoeligheid). Ten slotte wordt aan de hand van cognitieve herstructurering ingezet op mogelijke valkuilen van negatieve gedachten. Dit programma slaagde significant beter in het verminderen van aandachtsproblemen dan een ondersteunende controlebehandeling (bestaand uit psycho-educatie en het creëren van een steunend netwerk).

Een derde type programma, de dialectische gedragstherapie, legt de nadruk op het versterken van de emotieregulatievaardigheden (Philipsen et al. 2007). Deze vorm van therapie vindt zijn oorsprong in de behandeling van de borderlinepersoonlijkheidsstoornis waarmee ADHD een grote overlap kent. Deze groepsvaardigheidstraining bestaat uit 14 zittingen en zes inhouden: (1) elementen van mindfulnessmeditatie om automatische disfunctionele emotionele reacties te reduceren, (2) strategieën om chaos tegen te gaan, (3) analyse van disfunctioneel gedrag (zoals impulscontrole en middelenmisbruik), (4) analyse van eigen emoties en emotieregulatievaardigheidstraining, (5) stressmanagement-technieken, en (6) psycho-educatie. Het programma was significant effectiever in de reductie van zelf-gerapporteerde ADHD-symptomen dan de controlebehandeling (bestaande uit discussiegroepen).

Ondanks de steeds grotere evidentie is er nog veel wetenschappelijk onderzoek nodig naar de effectiviteit van deze interventies. Zo dient verder onderzoek nog te verhelderen voor welke personen een specifiek cognitief-gedragstherapeutisch programma effectief zal zijn. Voor een heterogene stoornis is een betrouwbare indicatiestelling immers geen overbodige luxe. Daarnaast dient onderzoek zich verder te richten op de mediatoren van de behandeling: Solanto en collega's (2012) wezen er al op dat het frequenter maken van huiswerk de effectiviteit van de groepsbehandeling versterkte. Dergelijke kennis helpt de hulpverlener de juiste accenten te leggen en gepaste instructies bij programma's te geven.

6.5.4 Gezinstherapie

De problemen van volwassenen met ADHD met planning en organisatie, alsook de impulsieve handelingen en emotiedisregulatie hebben soms een negatieve impact op gezinsdynamieken. Naast bovenstaande behandelingsmodaliteiten kan daarom ook aanvullende gezinstherapie geïndiceerd zijn (Young 1999). Centraal hierin staan: wederzijds begrip faciliteren, gevoelens van frustratie bij de partner verminderen en realistischer verwachtingen ten aanzien van elkaar ontwikkelen. De effectiviteit van gezinstherapie, specifiek voor de doelgroep van volwassenen met ADHD is, nog niet (uitvoerig) onderzocht.

Daarnaast stelt de opvoeding van kinderen de volwassen ouder met ADHD vaak voor grote uitdagingen: bij uitstek kinderen met een verhoogde genetische kwetsbaarheid voor ADHD hebben belang bij een consequente opvoedingsstijl en duidelijke structuur. Om hieraan te voldoen is vaak een ouderschapscursus geïndiceerd. Eerste aanwijzingen uit onderzoek geven aan dat een generieke ouderschapscursus, die in een groep gegeven wordt, vaak tekortschiet en in het geval van ADHD aangevuld dient te worden met meer geïndividualiseerde en kortere periodes van instructie (o.a. aan de hand van video-hometraining, rollenspel en discussie). Inhoudelijk dient een dergelijke ouderschapstraining ook expliciter in te zetten op organisatie- en planningsvaardigheden, door bijvoorbeeld geheugensteuntjes in te bouwen en het bredere sociale netwerk in te schakelen (vanwege de timing- en executieve functieproblemen) en door het activeren van inzicht in langetermijnconsequenties van het eigen handelen (vanwege de andere beloningsgevoeligheid bij ADHD) (Johnston et al. 2012).

6.5.5 Coaching

Hoewel er nog geen duidelijke onderzoeksresultaten beschikbaar zijn, wijzen klinische getuigenissen op het belang van korte, probleemoplossingsgerichte interventies. Hierbij wordt de volwassene met ADHD bijgestaan door een coach om uitgaand van persoonlijke sterktes en heldere analyses concrete functieproblemen in dagelijkse situaties het hoofd te bieden. Dergelijke coachingsessies vinden zowel in een-op-eencontact als via e-health-modaliteiten plaats, en zijn al dan niet beperkt tot specifieke levensdomeinen (bijvoorbeeld loopbaanbegeleiding).

6.6 Conclusie

Hoewel er sprake is van een symptoomontwikkeling gedurende de levensloop, wordt ADHD in de volwassenheid gekenmerkt door beperkingen in de aandacht en/of hyperactiviteit-impulsiviteit en een verhoogde comorbiditeit. Neuropsychologische theorieën trachten de multifactoriële bepaaldheid van de stoornis voornamelijk te duiden in termen van tekorten in executief functioneren, beloningsgevoeligheid en timing. Een neuropsychologisch onderzoek van deze aspecten maakt geen deel uit van de classificerende diagnostiek van ADHD, maar wel van een sterkte-zwakteanalyse als uitgangspunt voor de behandeling. Daar waar farmacotherapie vooral rechtstreeks de kernsymptomen van

ADHD beïnvloedt, zijn het psychosociale interventies die een meer holistische en duurzame aanpak van de klachten beogen. Hierbij zijn het vooral cognitief-gedragstherapeutische programma's die hun effectiviteit hebben bewezen door in te spelen op de paden die tot ADHD leiden, de disfunctionele gedachten en concrete functieproblemen. Meer onderzoek is hierbij evenwel nog steeds nodig om de werkzame aspecten van de behandeling beter te begrijpen én op die manier een meer gerichte indicatiestelling van de voorhanden zijnde programma's te realiseren.

Aanbevolen literatuur

Kooij, S. (2017). *ADHD bij volwassenen* (4e druk). Amsterdam: Pearson.

Literatuur

American Psychiatric Association (APA) (2013). *Diagnostic and statistical manual of mental disorders* (5th ed.). Washington, DC: American Psychiatric Association.

Baeyens, D., Dyck, L. van, Broothaerts, C., Danckaerts, M., & Kooij, S. (2012). *Zelfrapportagevragenlijst voor aandachtsproblemen en hyperactiviteit: Handleiding*. Leuven: Acco.

Baeyens, D., Walschaerts, D., Emmers, E., & Dyck, L. van (2014). De classificerende diagnostiek van ADHD. In D. Baeyens, S. Stes, D. Walschaerts & L. van Dyck (Red.), *(Jong)volwassenen met ADHD: Perspectieven op diagnostiek, behandeling en begeleiding vanuit wetenschap en praktijk*. Leuven: Acco.

Barkley, R. A. (1997). Behavioural inhibition, sustained attention and executive functions: Constructing a unifying theory of ADHD. *Psychological Bulletin, 121*, 65–94.

Derogatis, L. R. (1993). *BSI brief symptom Inventory: Administration, scoring, and procedure manual* (4th ed.). Minneapolis, MN: National Computer Systems.

Emmers, E., Jansen, D., Petry, K., Oord, S. van der, & Baeyens, D. (2017). Functioning and participation of students with ADHD in higher education according to the ICF-framework: A systematic literature review. *Journal of Further and Higher Education, 41*(4), 435–447.

Emmers, E., Vanooteghem, L., Seghers, T., Vos, G. de, Vermeulen, M., & Baeyens, D. (2014). ADHD en tewerkstelling. In D. Baeyens, S. Stes, D. Walschaerts & L. van Dyck (Red.), *Jongvolwassenen met ADHD: Perspectieven op diagnostiek, behandeling en begeleiding vanuit wetenschap en praktijk*. Leuven: Acco.

Faraone, S. V., Biederman, J., & Mick, E. (2006). The age dependent decline of attention-deficit/hyperactivity disorder: A meta-analysis of follow-up studies. *Psychological Medicine, 36*, 159–165.

Harpin, V. A. (2006). The effect of ADHD on the life of an individual, their family and community from preschool to adult life. *Archives of Disabled Children, 90*, i2–i7.

Johnston, C., Mash, E. J., Miller, N., & Ninowski, J. E. (2012). Parenting in adults with ADHD. *Clinical Psychology Review, 32*, 215–228.

Kessler, R. C., Adler, L. A., Barkley, R., Biederman, J., Conners, C. K., Demler, O., et al. (2006). The prevalence and correlates of adult ADHD in the United States: Results from the National Comorbidity Survey replication. *American Journal of Psychiatry, 163*, 716–723.

Knouse, L. E., Teller, J., & Brooks, M. A. (2017). Meta-analysis of cognitive behavioral treatments for adult ADHD. *Journal of Consulting and Clinical Psychology, 85*(7), 737–750.

Kooij, S. J., Bejerot, S., Blackwell, A., Cacj, H., Casas-Brugué, M., Carpentier, P. J., et al. (2010). European consensus statement on diagnosis and treatment of adult ADHD: The European Network Adult ADHD. *BMC Psychiatry, 10*, 67–91.

Kooij, J. J. S., Bijlenga, D., Salerno L., Jaeschke, R., Bitter, I., Balázs, J., et al. (2019). Updated European Consensus Statement on diagnosis and treatment of adult ADHD. *European Psychiatry, 56*, 2018 Nov 16, 14–34. ▸ https://doi.org/10.1016/j.eurpsy.2018.11.001. [Epub ahead of print].

Kooij, J. J. S., & Francken, M. H. (2007). *DIVA: Diagnostisch interview voor ADHD bij volwassenen*. Den Haag: Kenniscentrum ADHD bij volwassenen, PSyQ.

Luman, M., Tripp, G., & Scheres, A. (2010). Identifying the neurobiology of altered reinforcement sensitivity in ADHD: A review and research agenda. *Neuroscience and Biobehavioral Reviews, 34*(5), 744-754.
National Institute for Health and Clinical Excellence (NICE) (2009). *Attention deficit hyperactivity disorder: Diagnoses and management of ADHD in children, young people and adults*. Nice Clinical Guideline 72. London: Author.
Nigg, J. T., Willcutt, E. G., Doyle, A. E., & Sonuga-Barke, E. J. S. (2005). Causal heterogeneity in attention-deficit/hyperactivity disorder: Do we need neuropsychologically impaired subtypes? *Biological Psychiatry, 57*(11), 1224-1230.
Philipsen, A., Richter, H., Peters, J., Alm, B., Sobanski, E., Colla, M., et al. (2007). Structured group psychotherapy in adults with attention deficit hyperactivity disorder: Results of an open multicentre study. *Journal of Nervous and Mental Disease, 195*, 1013-1019.
Safren, S. A., Otto, M. W., Sprich, S., Winett, C. L., Wilens, T. E., & Biederman, J. (2005). Cognitive-behavioural therapy for ADHD in medication treated adults with continued symptoms. *Behaviour Research and Therapy, 43*, 831-842.
Schmidt, S., & Petermann, F. (2009). Developmental psychopathology: ADHD. *BMC Psychiatry, 9*, 58-67.
Simon, V., Czobor, P., Balint, S., Meszaros, A., & Bitter, I. (2009). Prevalence and correlates of adult ADHD: A meta-analysis. *British Journal of Psychiatry, 194*, 204-211.
Sobanski, E. (2006). Psychiatric comorbidity in aldults with ADHD. *European Archives of Psychiatry and Clinical Neuroscience, 256*, 26-31.
Solanto, M. V., Abikoff, H., Sonuga-Barke, E., Schachar, R., Logan, G. D., Wigal, T., et al. (2001). The ecological validity of delay aversion and response inhibition as measures of impulsivity in AD/HD: A supplement to the NIMH multimodal treatment study of AD/HD. *Journal of Abnormal Child Psychology, 29*(3), 215-228.
Solanto, M. V., Stes, S., Baeyens, D., Borms, G., & Dyck, L. van (2012). *Cognitieve gedragstherapie voor volwassenen met ADHD*. Leuven: Acco.
Sonuga-Barke, E. J. S. (2002). Psychological heterogeneity in ADH/HD: A dual pathway model of behaviour and cognition. *Behaviour Brain Research, 130*, 29-36.
Sonuga-Barke, E. J. S. (2003). The dual pathway model of AD/HD: An elaboration of neuro-developmental characteristics. *Neuroscience & Biobehavioral Reviews, 27*(7), 593-604.
Sonuga-Barke, E. J. S. (2005). Causal models of attention-deficit/hyperactivity disorder: from common simple deficits to multiple developmental pathways. *Biological Psychiatry, 57*(11), 1231-1238.
Sonuga-Barke, E. J. S., & Castellanos, F. X. (2007). Spontaneous attentional fluctuations in impaired states and pathological conditions: A neurobiological hypothesis. *Neuroscience and Biobehavioral Reviews, 31*(7), 977-986.
Sonuga-Barke, E. J. S., Bitsakou, P., & Thompson, M. (2010). Beyond the dual pathway model: evidence for the dissociation of timing, inhibitory, and delay-related impairments in attention-deficit/hyperactivity disorder. *Journal of the American Academy of Child & Adolescent Psychiatry, 49*(4), 345-355.
Stes, S., & Lammeren, A. van (2014). Farmacotherapie van volwassenen met ADHD. In D. Baeyens, S. Stes, D. Walschaerts & L. van Dyck (Red.), *Jongvolwassenen met ADHD: Perspectieven op diagnostiek, behandeling en begeleiding vanuit wetenschap en praktijk*. Leuven: Acco.
Young, S. (1999). Psychological therapy for adults with attention deficit hyperactivity disorder. *Counselling Psychology Quarterly, 12*, 183-190.

Impact van neuropsychologische klachten op de behandeling van de posttraumatische stressstoornis

R. de Haart, M.J. Nijdam en E. Vermetten

7.1 Inleiding – 92

7.2 Neuropsychologisch beeld van PTSS – 94
7.2.1 Geheugen – 94
7.2.2 Aandacht en concentratie – 94
7.2.3 Executieve functies – 95
7.2.4 Verwerkingssnelheid – 95
7.2.5 Overige cognitieve domeinen – 95
7.2.6 De invloed van comorbide psychische stoornissen – 96
7.2.7 Samenvatting cognitieve domeinen die aangedaan zijn bij PTSS – 96

7.3 Betrokken neurobiologische systemen – 97
7.3.1 Neuraal netwerk van angst en gevaar – 98
7.3.2 Neurobiologische structuren – 98

7.4 Impact van neuropsychologische problemen van PTSS op psychotherapie – 99
7.4.1 Het neuropsychologisch beeld als voorspeller voor behandelsucces – 100
7.4.2 Neuropsychologische verbeteringen na behandeling – 101

7.5 Conclusie – 101

Literatuur – 102

© Bohn Stafleu van Loghum is een imprint van Springer Media B.V., onderdeel van Springer Nature 2019
J. A. M. Vandermeulen, M. M. A. Derix en A. van Dijke (Red.), *De rol van neuropsychologie bij psychotherapie*,
https://doi.org/10.1007/978-90-368-2263-3_7

7.1 Inleiding

Naar de posttraumatische-stressstoornis (PTSS) wordt de laatste jaren goed geprogrammeerd wetenschappelijk onderzoek verricht. In het bijzonder wordt er veel interdisciplinair onderzoek uitgevoerd, hetgeen in potentie bijdraagt aan verbreding van het inzicht in het ontstaan van klachten en het verloop van een behandeling. PTSS wordt van oudsher gekenmerkt door intrusieve symptomen; vermijding van gevoelens, gedachten en aspecten die geassocieerd worden met de traumatische gebeurtenis; en veranderingen in arousal en reactiviteit, zoals prikkelbaar gedrag en een hoge mate van alertheid (American Psychiatric Association 2013). Sinds de introductie van de DSM-5 maken ook negatieve veranderingen in de stemming en de cognities deel uit van de diagnostische criteria van PTSS. PTSS-klachten kunnen ontstaan nadat een individu is blootgesteld aan een ingrijpende gebeurtenis, die levensbedreiging, ernstige verwondingen of seksueel geweld met zich meebracht.

In Nederland is de kans op het ervaren en meemaken van een traumatische gebeurtenis hoog, namelijk 80 % (Vries en Olff 2009). De kans dat een individu op enig moment in zijn leven een PTSS ontwikkelt, is 7,4 %, waarbij de prevalentie voor vrouwen tweemaal hoger ligt dan voor mannen. Er zijn verschillende manieren om te kijken naar het ontstaan en de instandhouding van PTSS-klachten. Zo spelen de interpretatie van de initiële stressreactie en de copingmechanismen waarover het individu beschikt een belangrijke rol in de omgang met deze reacties (Ehlers en Clark 2000). Daarnaast houden conditioneringsprincipes PTSS-klachten in stand (Nijdam en Wittmann 2015). Ook 'rijmt' een traumatische gebeurtenis vaak niet met de ervaringen die het individu eerder in zijn of haar leven heeft opgedaan. Deze staat in schril contrast met diens kernovertuigingen (bijv. 'mensen zijn te vertrouwen' of 'het leven is voorspelbaar'), en deze kunnen dermate worden aangetast dat het leidt tot een basaal wantrouwen in de medemens en de overtuiging dat de wereld gevaarlijk is (Stöfsel en Mooren 2011). Deze veranderingen van overtuigingen en de activatie van het zogeheten angstnetwerk zorgen ervoor dat individuen met PTSS zeer alert zijn op dreiging of potentieel gevaar. Bovendien is er bij PTSS sprake van een aandachtsbias (richten van aandacht) voor mogelijke dreiging, waardoor een individu onvrijwillig een groot deel van zijn aandacht richt op een mogelijke dreiging en hierdoor niet in staat is om op dat moment nog geconcentreerd met andere taken bezig te zijn (Constans 2005).

Casus

Een veteraan van veertig jaar, vader van twee jonge kinderen, heeft als militair tijdens zijn uitzending in Afghanistan enkele ingrijpende incidenten meegemaakt. Hierbij heeft hij zelf de dood in de ogen gekeken en is een goede maat van hem omgekomen, doordat het voertuig waarin ze zaten op een IED (*improvised explosive device*) is gereden. Hij merkt dat hij nu, vijf jaar later, tijdens de psychotherapie voor zijn PTSS bij het minste of geringste is afgeleid. Hij is nog steeds erg bezig met het incident, het verlies van zijn maat en zijn preoccupatie met zijn aandeel hierin, en hij merkt ook dat hij de schrik nog steeds niet kwijt is. Hij probeert wel aandachtig te luisteren naar de therapeut, maar tegelijkertijd

7.1 · Inleiding

wordt zijn aandacht getrokken naar het geluid van de voetstappen op de gang, ziet hij door het raam een tuinman die met het snoeien van de struiken bezig is en hoort hij in de verte het geluid van een trein. Eenmaal thuis heeft hij grote moeite om voor zichzelf de uitleg over de PTSS-klachten en de inhoud van de behandeling te reproduceren. Hij is in feite alles vergeten wat in de sessie is besproken. En wanneer was de volgende afspraak met de therapeut ook alweer?

Patiënten met PTSS kunnen lijden onder chronisch verhoogde dreigingsgevoelens, terwijl er geen dreiging meer is. Het lijkt alsof patiënten met PTSS zich er niet bewust van zijn dat de ingrijpende gebeurtenis voorbij is. Herinneringen kunnen zich in verschillende vormen onvrijwillig en ongewenst opdringen, zoals in flashbacks of nachtmerries. Volgens Brewins theorie van duale representatie ontstaan dergelijke ongewenste herinneringen doordat de traumatische herinnering voornamelijk wordt opgeslagen in het geheugen dat alleen toegankelijk is in bepaalde situaties (getriggerd door traumagerelateerde prikkels, die veelal visueel en sensorisch van aard zijn) en in veel mindere mate in het geheugen dat verbaal toegankelijk is (Brewin 2008). Hierdoor kunnen patiënten met PTSS de traumatische gebeurtenissen vaak niet goed onder woorden brengen en is het soms moeilijk om de volgorde van een traumatische gebeurtenis goed te kunnen aangeven. Een mogelijke oorzaak van deze verstoorde balans is dat een ingrijpende gebeurtenis gepaard gaat met een zeer hoge mate van stress, en ook dat de prefrontale cortex minder goed functioneert en geconditioneerde angst onvoldoende kan worden geïnhibeerd (Vermetten 2003; Courtois en Ford 2016). De herinneringen kunnen gedissocieerd worden opgeslagen. Sommige elementen van de gebeurtenis worden dan heel indringend opgeslagen en kunnen terugkomen in herbelevingen, terwijl andere stukken 'kwijt' lijken te zijn in het geheugen. Dit is te plaatsen binnen normaal functioneren onder een hoge mate van stress en ervaren angst en dreiging.

Herinneringen zijn ook niet 'in beton gegoten', maar kunnen door opgehaald te worden (lees: herinnerd te worden) voor beperkte tijd labiel worden, waardoor er nieuwe informatie aan toegevoegd kan worden (Schwabe et al. 2014). Dit proces wordt reconsolidatie genoemd en kan plaatsvinden in de context van psychotherapie, in het bijzonder bij traumagerichte psychotherapie, waarbij een patiënt met PTSS de traumatische herinneringen weer ophaalt en de 'labiel gemaakte herinnering', met nieuwe informatie, opnieuw opslaat. Herinneringen aan de traumatische gebeurtenis krijgen hierdoor meer context in tijd en plaats, waardoor ze beter (bijv. mogelijk minder onveilig, met minder verdriet, schuld of schaamte) in het verleden geplaatst kunnen worden. In termen van Brewins theorie zorgt het ophalen en bewerken van de herinnering in het verbale domein ervoor dat de ingrijpende gebeurtenis ook via het verbale geheugen toegankelijk wordt en dat het individu er makkelijker woorden aan kan geven.

In het vervolg van dit hoofdstuk zullen we achtereenvolgens het neuropsychologische beeld van PTSS beschrijven, stilstaan bij de neurobiologie van PTSS en ten slotte bespreken hoe deze cognitieve problemen van invloed zijn op de behandeling. Getracht wordt de behandelaar handvatten te bieden om zo goed mogelijk met de cognitieve klachten van een patiënt met PTSS om te gaan.

7.2 Neuropsychologisch beeld van PTSS

Het klachtencomplex van PTSS kent meerdere (neuro-)cognitieve aspecten, zoals geheugenproblemen, beperkingen in aandacht en concentratie, en veranderingen in zowel executieve functies als informatieverwerkingssnelheid, die mogelijk ieder of tezamen interfereren met de behandeling van een PTSS. Uit onderzoek is gebleken dat individuen met PTSS die zich melden voor behandeling, meer cognitieve problemen ervaren dan individuen die niet in behandeling gaan (Scott et al. 2015). Het lijkt daarom zinvol om juist in de behandelkamer zicht te hebben op en rekening te houden met eventuele beperkingen in de cognitieve functies bij individuen met PTSS en te weten om welke cognitieve functies het daarbij met name gaat. Hieronder worden deze functies kort besproken.

7.2.1 Geheugen

Patiënten met PTSS vertonen enige verslechtering in het geheugendomein bij zowel het aanleren van informatie als het terughalen van informatie na een bepaalde tijd in vergelijking met individuen zonder PTSS die al dan niet zijn blootgesteld aan ingrijpende gebeurtenissen (Brewin et al. 2007). Deze verslechtering wordt in verschillende populaties met PTSS gevonden, zoals bij veteranen, maar ook bij slachtoffers van misbruik en individuen die getuige zijn geweest van terreur. Deze problemen doen zich voornamelijk voor in het verbale geheugen en in mindere mate in het visuele geheugen (Brewin et al. 2007; Scott et al. 2015). Daarnaast blijkt dat hoe ernstiger de PTSS-klachten zijn, hoe slechter patiënten met PTSS nieuwe (verbale) informatie kunnen aanleren. Deze verslechtering blijkt voornamelijk toe te schrijven aan de problemen met het aanleren van nieuwe informatie (Brewin et al. 2007; Scott et al. 2015). Patiënten met PTSS presteren op zowel onmiddellijke-reproductietaken als uitgestelde-reproductietaken gelijk. Ook blijkt dat patiënten met PTSS meer moeite hebben met het herinneren van verbale informatie als deze verstoord wordt door nieuwe of juist oude verbale informatie die ze hebben aangeleerd (*interferentie-effect*) (Vasterling en Brailey 2005). Het terughalen van informatie met behulp van hints of door herkenning lijkt patiënten met PTSS niet meer moeite te kosten dan individuen die geen last hebben van PTSS en/of geen traumatische gebeurtenissen hebben meegemaakt (Cohen et al. 2013; Vasterling en Brailey 2005).

7.2.2 Aandacht en concentratie

Naast problemen binnen het geheugendomein rapporteren patiënten met PTSS vaak concentratieproblemen. Het is aangetoond dat patiënten met PTSS een aandachtsvertekening vertonen met betrekking tot informatie over gevaar (Latack et al. 2017). In de meta-analyse van Latack en collega's kwam naar voren dat bij slachtoffers van seksueel geweld met PTSS de aandachtsbias voor seksuele dreiging sterker was dan bij individuen zonder PTSS die ook blootgesteld waren aan een vorm van seksueel geweld. Binnen het aandachtsdomein betreffende neutrale informatie laat onderzoek zien dat de aandachtsproblemen zich voornamelijk voordoen bij volgehouden aandacht (Vasterling et al. 2002). Ook meta-analyses en een systematische review tonen enige verslechtering in het domein van aandacht bij patiënten met PTSS aan (Horner en Hamner 2002; Scott et al. 2015). In deze analyses werd geen onderscheid gemaakt in de verschillende vormen van aandacht.

Binnen het aandachtsdomein van patiënten met PTSS blijkt tevens sprake te zijn van een gebrekkige responsinhibitie, zoals het onderdrukken van een eerder aangeleerde respons op geselecteerde stimuli.

7.2.3 Executieve functies

Onder de executieve functies vallen functies zoals plannen en organiseren, abstract redeneren, het vermogen om een probleem op te lossen en het werkgeheugen (Woon et al. 2017). Op basis van verschillende meta-analyses komt het beeld naar voren dat patiënten met PTSS slechter presteren op neuropsychologische tests die het executief functioneren meten, dan individuen die ook blootgesteld zijn aan ingrijpende gebeurtenissen, maar die geen PTSS hebben ontwikkeld of individuen die geen ingrijpende gebeurtenissen hebben meegemaakt (Polak et al. 2012; Scott et al. 2015; Woon et al. 2017). Deze verslechtering is licht van aard. Eén meta-analyse vond daarnaast dat bepaalde populaties, zoals veteranen met PTSS, meer executieve problemen ervaren in vergelijking met bijvoorbeeld patiënten met PTSS ontstaan door chronische seksuele mishandeling, die nauwelijks executieve problemen ondervonden (Polak et al. 2012).

7.2.4 Verwerkingssnelheid

Beperkingen in de snelheid van informatieverwerking bij patiënten met PTSS zijn nog niet uitvoerig onderzocht. Een meta-analyse van Scott en collega's (2015) vond enige beperkingen in de snelheid van informatieverwerking bij patiënten met PTSS. Daarnaast blijkt uit een studie van Cohen en collega's (2013) dat een grotere ernst van PTSS-symptomen gepaard gaat met meer verslechtering op het gebied van informatieverwerkingssnelheid. Wanneer er in de toekomst op dit gebied meer onderzoek beschikbaar komt, zullen er beter gefundeerde conclusies over het al dan niet verstoord zijn van de verwerkingssnelheid mogelijk worden.

7.2.5 Overige cognitieve domeinen

Over het algemeen worden er bij patiënten met PTSS geen problemen gevonden in het taaldomein (Vasterling en Brailey 2005). Wanneer er bij patiënten met PTSS wel taalproblemen worden gevonden, is dit verschil toe te schrijven aan de verslechtering van de executieve functies en verminderde verwerkingssnelheid. Ook in het domein van visuospatiële functies worden bij individuen met PTSS nauwelijks problemen waargenomen (Scott et al. 2015; Vasterling en Brailey 2005).

7.2.6 De invloed van comorbide psychische stoornissen

Naast kennis over het globale neuropsychologische beeld van PTSS is het belangrijk om rekening te houden met factoren die het neuropsychologische beeld van PTSS kunnen beïnvloeden en voor extra verslechtering kunnen zorgen. PTSS gaat regelmatig gepaard met een depressieve stoornis, de aandachtsdeficiëntie-/hyperactiviteitsstoornis (ADHD) en middelengerelateerde stoornissen (Antshel et al. 2014; Yehuda et al. 2015). Patiënten met zowel PTSS als een depressieve stoornis laten meer neuropsychologische verslechtering zien dan patiënten met alleen PTSS, bijvoorbeeld op het gebied van verbaal geheugen (Nijdam et al. 2013). Patiënten met zowel PTSS als ADHD presteren op uiteenlopende neuropsychologische taken slechter dan patiënten met alleen ADHD (Antshel et al. 2014). Patiënten met PTSS en een geschiedenis van alcoholafhankelijkheid of -misbruik presteren slechter op het aanleren van visuele informatie dan patiënten met PTSS die eerder in hun leven geen middelengerelateerde stoornissen hebben gehad (Samuelson et al. 2006). Hoewel het nog niet heel grondig is onderzocht, lijken middelengerelateerde stoornissen de overige aangedane neuropsychologische domeinen bij patiënten met PTSS, zoals het verbaal geheugen, niet extra te verslechteren (Samuelson et al. 2006; Scott et al. 2015). Tevens dient er rekening gehouden te worden met effecten van psychotrope medicatie. Zo gaat langdurig gebruik van benzodiazepines door patiënten met PTSS gepaard met een verslechtering in uiteenlopende cognitieve domeinen, zoals het psychomotorisch functioneren, visuospatiële functies en het visueel geheugen (Barker et al. 2004).

7.2.7 Samenvatting cognitieve domeinen die aangedaan zijn bij PTSS

Op basis van verscheidene meta-analyses (Brewin et al. 2007, Polak et al. 2012; Scott et al. 2015; Woon et al. 2017) kan geconcludeerd worden dat patiënten met PTSS duidelijke problemen ervaren met het aanleren van verbale informatie, het vasthouden van de aandacht, hun werkgeheugen en executieve functies. Daarnaast lijkt er sprake te zijn van verminderde snelheid van informatieverwerking. In termen van effectgroottes is de ernst van de cognitieve problemen bij patiënten met PTSS licht tot matig (zie ◘ tab. 7.1). Aangetoond is dat ook lichte cognitieve problemen in het dagelijks leven voor beperkingen zorgen op het gebied van werk en sociaal functioneren (Geuze et al. 2009). Het dagelijks leven is namelijk veel complexer dan neuropsychologische taken die in een gestructureerde omgeving zonder 'ruis' worden afgenomen. Het is daarom belangrijk om dit neuropsychologische beeld te kennen. Het volgen van een behandeling kan immers gezien worden als een grotere uitdaging dan het uitvoeren van onze dagelijkse taken.

Nu we weten hoe cognitieve problemen zich uiten bij individuen met PTSS, is de volgende stap om verder te begrijpen hoe deze cognitieve problemen ontstaan.

Tabel 7.1 Aangedane cognitieve domeinen bij patiënten met PTSS

cognitief domein	grootte van het gevonden verschil
geheugen	
– verbaal aanleren	middelgroot[a]
– verbaal geheugen	klein[a]
– visueel aanleren	klein[a]
– visueel geheugen	klein[a]
– aandacht/werkgeheugen	middelgroot[a]
executief functioneren	klein[a]
	klein[b]
	klein[b]
	klein[c]
	klein[c]
verwerkingssnelheid	middelgroot[a]
taal	klein[a]
visuospatiële functies	klein[a]

[a] Scott et al. 2015.
[b] Woon et al. 2017.
[c] Polak et al. 2012.

7.3 Betrokken neurobiologische systemen

Het onderzoek naar de neurobiologie van PTSS heeft zich voornamelijk gericht op het noradrenerg systeem en de hypothalamus-hypofyse-bijnier-as (*hypothalamic-pituitary-adrenal-axis*; HPA-as). De hypersensitiviteit van deze twee stresssystemen lijkt posttraumatische stresssymptomen goed te kunnen verklaren (bijv. sterke schrikreacties en hyperalert zijn op potentieel gevaar). Binnen deze stresssystemen spelen de amygdala, hippocampus, locus caeruleus en delen van de prefrontale cortex een belangrijke rol. Ook is er een rol weggelegd voor verschillende neurotransmitters, zoals serotonine, adrenaline en dopamine (Vermetten 2009). Door functionele beeldvorming richt onderzoek zich de laatste jaren meer op de corticale hersengebieden, zoals de mediale prefrontale cortex (mPFC), cortex cingularis anterior en de orbitofrontale cortex in plaats van de subcorticale gebieden (Elzinga et al. 2004).

In de klinische praktijk wordt er vaak gesproken over een stresssysteem dat constant actief is en niet meer goed kan inspelen op veranderde omstandigheden. Bij het meemaken van een potentieel trauma is er neurobiologisch waarschijnlijk sprake van een overmatige activatie van limbische structuren zoals de amygdala, terwijl de prefrontale cortex onvoldoende is geactiveerd (Inslicht et al. 2011). Als dit systeem niet goed gereset wordt, kunnen er PTSS-klachten ontstaan en kunnen deze blijven voortduren. Bij aanwezigheid van PTSS is het stress-systeem verstoord en hypersensitief (Vermetten 2009). De hypothalamus-hypofyse-bijnier-as en de sympathische bijniermerg-as (*sympathetic adrenal medullary axis*) zijn hierin hoofdrolspelers. Na langdurige blootstelling aan stressvolle prikkels wordt er bij patiënten met PTSS meer vrijgekomen noradrenaline gevonden (Vermetten en Lanius 2012). Dit wijst erop dat er bij patiënten met PTSS sprake is van een overgevoelig noradrenerg systeem, wat voornamelijk symptomen van arousal kan verklaren (bijv. prikkelbaarheid en slaapproblemen). De HPA-as, die verantwoordelijk is voor het volhouden van de stressreactie zolang dat nodig is en het uiteindelijk stoppen ervan, lijkt bij PTSS chronisch te zijn verstoord en niet goed in staat te reguleren. Zo vertonen patiënten met PTSS veranderde waarden van het corticotropine-*releasing* hormoon (CRH), het adrenocorticotroop hormoon (ACTH) en cortisol (zie ook Vermetten 2009; Meewisse et al. 2007).

7.3.1 Neuraal netwerk van angst en gevaar

In een bedreigende situatie reageert een mens (en een dier) automatisch door te vechten, te vluchten of te verstarren. Er zijn in zo'n situatie twee routes waar de potentieel bedreigende informatie kan worden verwerkt en op grond waarvan kan worden gehandeld (LeDoux 1996). Allereerst is er een hele snelle subcorticale route, waarbij de amygdala een belangrijke rol speelt. Een verzameling bedreigende stimuli (bijv. een overvaller met een wapen) wordt zintuiglijk waargenomen, bijvoorbeeld door het gezichtsvermogen of het gehoor. Deze sensorische prikkel komt binnen via de thalamus. Voor geuren geldt een uitzondering: geuren komen niet eerst binnen via de thalamus, maar gaan rechtstreeks naar de amygdala. Een zintuiglijke prikkel krijgt betekenis door deze te vergelijken met eerder opgedane herinneringen (hippocampus) en krijgt een emotionele lading door de amygdala. Op basis van deze evaluatie wordt er een handeling uitgevoerd, zoals vechten, vluchten of verstarren (Vermetten en Lanius 2012). Daarnaast is er een langzamere, maar veel preciezere corticale route waarbij de prefrontale cortex de hoofdrol speelt. Via deze route wordt een potentieel dreigende situatie nauwkeuriger ingeschat en wordt een meer afgewogen reactie ingezet.

7.3.2 Neurobiologische structuren

Bij PTSS spelen in de hersenen drie ventrale neurobiologische structuren een belangrijke rol, namelijk de hippocampus, de amygdala en de prefrontale cortex, die ook een belangrijke rol spelen in de neuropsychologische functies die verslechterd zijn bij PTSS. Bij patiënten met PTSS zijn er aanwijzingen voor een disfunctie van de hippocampus (Elzinga en Bremner 2002). De hippocampus heeft naast de geheugenfunctie, een belangrijke rol in het in stand houden van de emotionele lading van herinneringen, zoals bij een geconditioneerde angstreactie (Vermetten en Lanius 2012).

Verschillende onderzoeken laten zien dat bij patiënten met PTSS het volume van de hippocampus kleiner is dan bij individuen zonder PTSS. Het lijkt erop dat het verminderde volume van de hippocampus niet ontstaat door PTSS, maar dat dit wellicht een premorbide kwetsbaarheidsfactor is (Gilbertson et al. 2002). Sommige onderzoeken laten zien dat er een correlatie bestaat tussen het verminderde volume van de hippocampus en een verminderde prestatie op geheugentaken. Er zijn echter ook onderzoeken die dit effect niet kunnen repliceren (Scott et al. 2015).

Vlak voor de hippocampus ligt de amygdala, ook wel het emotionele brein genoemd, dat ervoor zorgt dat de mens in staat is om emotioneel te reageren. Daarnaast detecteert deze hersenstructuur gevaar (Vermetten et al. 2002). Bij patiënten met PTSS is de activiteit in de amygdala verhoogd. De amygdala wordt geactiveerd bij mogelijk dreigende stimuli, maar ook als een individu geconfronteerd wordt met traumatische herinneringen (Shin et al. 2005). De verhoogde activiteit van de amygdala kan een verklaring bieden voor het optreden van waakzaamheid en schrikreacties als onderdeel van de verhoogde arousalklachten bij patiënten met PTSS.

De derde ventrale neurobiologische structuur die een belangrijke rol speelt in het in stand houden van PTSS-klachten is de prefrontale cortex. De prefrontale cortex zorgt ervoor dat een mens in staat is zijn aandacht ergens op te richten en te houden en voor een goed functionerend werkgeheugen en het nemen van beslissingen. De prefrontale cortex bestaat uit verschillende delen, waaronder de mediale prefrontale cortex (mPFC). De mPFC is verantwoordelijk voor het remmen van de signalen van de amygdala en hiermee ook de reactie die wordt gegeven nadat de amygdala is geactiveerd, zoals de hartslag en de afgifte van het stresshormoon cortisol (Vermetten et al. 2002).

Bij patiënten met PTSS is er sprake van een hyperactieve amygdala en een verminderde activatie van de mPFC (Shin et al. 2005). Dit vormt een aannemelijke verklaring voor het optreden van een stress- en/of angstreactie bij traumagerelateerde prikkels. De mPFC is niet in staat om de reactie van de amygdala te remmen, waardoor individuen PTSS-klachten ervaren, zoals herbelevingen en arousalklachten. Ondanks dat patiënten met PTSS vaak in hun dagelijks leven blootgesteld worden aan de gevreesde, vaak overgegeneraliseerde prikkels (bijv. de plek van het trauma of een plek die lijkt op de plek waar de gebeurtenis heeft plaats gevonden), lukt het hun niet om de angstreactie te remmen (Elzinga et al. 2004). Naast deze disregulatie van het fronto-limbisch systeem kan het ook zo zijn dat er juist sprake is van een verhoogde activatie in de mPFC en een verminderde activatie van de amygdala, wat klachten zoals depersonalisatie, derealisatie en emotionele vervlakking kan verklaren (Lanius et al. 2010; Yehuda et al. 2015).

7.4 Impact van neuropsychologische problemen van PTSS op psychotherapie

Verschillende onderzoeken laten zien dat het neuropsychologisch beeld van PTSS prognostisch invloed heeft op een psychotherapeutische interventie. Bryant en collega's (2008b) toonden op basis van onderzoek met *magnetic resonance imaging* (MRI)-scans aan dat patiënten met PTSS die goed geprofiteerd hebben van traumagerichte cognitieve gedragstherapie een groter rostraal anterieure cingulate (rACC) volume hebben dan individuen met PTSS die klachten bleven houden na behandeling. Het rACC maakt onderdeel uit van de mPFC en is verantwoordelijk voor het onder controle houden van emoties. Een verminderd volume van de rACC leidt er mogelijk toe dat patiënten met PTSS tijdens *exposure* (onderdeel van traumagerichte cognitieve gedragstherapie) hun angst voor de traumatische herinneringen niet voldoende kunnen controleren en hierdoor onvoldoende van de behandeling profiteren. Tevens werd er op een *functional magnetic resonance imaging* (fMRI) -scan een hogere activatie van de amygdala aangetoond bij het zien van enge gezichten door patiënten met PTSS die onvoldoende profiteerden van traumagerichte cognitieve gedragstherapie (TG-CGT) (Bryant et al. 2008a). Door deze hyperactivatie van de amygdala wordt verondersteld dat het voor deze patiënten erg lastig is om hun angst tijdens traumagerichte CGT te reguleren, aangezien de therapie ook het angstnetwerk activeert. Hierdoor is de patiënt onvoldoende in staat om zijn angst te reguleren, waardoor de therapie mogelijk niet succesvol is.

Zowel bij TG-CGT als bij EMDR *(eye movement desensitization and reprocessing)* therapie of beknopte eclectische psychotherapie voor PTSS (BEPP; een vorm van traumagerichte CGT) worden er in de loop van de traumabehandeling veranderingen waargenomen op hersenniveau. Deze veranderingen spelen zich voornamelijk af in de prefrontale cortex, waarbij de corticale activatie in de orbitofrontale cortex verminderde of een genormaliseerde activiteit werd gevonden in de dorsolaterale prefrontale cortex (Pagani et al. 2015). Ook werd in sommige studies vermindering van de hyperactiviteit van verschillende limbische gebieden (bijv. amygdala) waargenomen (Lansing et al. 2005; Levin et al. 1999; Lindauer et al. 2005; Oh en Choi 2007). Deze bevindingen geven aanwijzingen dat de emoties die gepaard gaan met het meemaken van een traumatische gebeurtenis na een succesvolle behandeling meer zijn gereguleerd en dat de herinnering na succesvolle traumabehandeling is geïntegreerd en geconsolideerd in gebieden achter de orbitofrontale cortex.

7.4.1 Het neuropsychologisch beeld als voorspeller voor behandelsucces

Het neuropsychologisch functioneren van patiënten met PTSS voorafgaand aan een psychotherapeutische behandeling kan invloed hebben op het succes van de behandeling. Patiënten met PTSS die voor de behandeling slechter presteerden op verbale geheugentaken hielden na psychotherapie meer PTSS-klachten over (Haaland et al. 2016; Nijdam et al. 2015; Wild en Gur 2008). Betere prestaties op het aanleren van verbale informatie lijken dus een voorspeller van een betere behandeluitkomst en dit geldt voor diverse vormen van traumabehandeling (TG-CGT, EMDR en BEPP). Tijdens de behandeling is het daarom raadzaam om niet te veel informatie tegelijkertijd aan te bieden, het tempo van de behandeling af te stemmen op de geheugencapaciteit van de patiënt en om geheugensteuntjes mee te geven. Ook verslechtering van executieve functies zorgt er wellicht voor dat patiënten met PTSS minder goed kunnen profiteren van bepaalde psychotherapieën (Woon et al. 2017). In zo'n geval kan gedacht worden aan psychotherapieën die minder een beroep doen op het executief functioneren, zoals gedragstherapie.

Een andere interessante ontwikkeling is de komst van behandelingen die zich richten op het versterken van cognitieve functies om ervoor te zorgen dat PTSS-klachten verminderen. Patiënten met PTSS die werden getraind in het verbeteren van het ophalen van verbale informatie rapporteerden na de training minder symptomen van herbeleving dan patiënten die deze training niet volgden (Bomyea et al. 2015). Dit soort cognitieve trainingen leiden echter niet altijd tot klachtenvermindering. Zo bleef na een cognitieve training om de aandachtsbias te verminderen bij patiënten met chronische PTSS de bias onveranderd (Schoorl et al. 2013).

7.4.2 Neuropsychologische verbeteringen na behandeling

In bovenstaande onderzoeken worden interventies toegepast die specifiek gericht zijn op het verbeteren van cognitieve functies, waarbij ook PTSS-klachten afnamen. Een verbetering van het cognitief functioneren treedt echter ook secundair op bij interventies gericht op het verminderen van PTSS-klachten. In een onderzoek waarbij patiënten met PTSS voor een langere tijd paroxetine (selectieve serotonineheropnameremmer; SSRI) gebruikten, bleken PTSS-klachten verminderd en het verbale geheugen verbeterd (Vermetten et al. 2003).

Verbeteringen in de cognitieve functies werden ook gevonden na psychotherapie voor PTSS. Na behandeling met diverse vormen van traumagerichte psychotherapie werd een verbetering gevonden in de executieve functies (Walter et al. 2010). Ook zijn er verbeteringen aangetoond in het verbale geheugen en in inhibitie/switching bij vrouwelijke veteranen na verschillende vormen van CGT, waarbij alleen de verandering in inhibitie/switching samenhing met de mate van reductie van de PTSS-klachten (Haaland et al. 2016). Na EMDR en BEPP verbeterden zowel het verbale geheugen, als de executieve functies en de verwerkingssnelheid bij patiënten met PTSS (Nijdam et al. 2018). Studies naar dit soort veranderingen zijn nog schaars, maar wijzen erop dat behandeling voor PTSS ervoor zorgt dat patiënten erna beter irrelevante informatie kunnen onderdrukken, beter hun aandacht kunnen verdelen en dat hun vermogen om verbale informatie te leren en te onthouden toeneemt.

7.5 Conclusie

Patiënten met PTSS rapporteren vaak lichte tot matige cognitieve problemen, voornamelijk in het aanleren van verbale informatie, het vasthouden van de aandacht en het werkgeheugen (Brewin et al. 2007, Polak et al. 2012; Scott et al. 2015; Woon et al. 2017). Tevens werden verminderde prestaties aangetoond op het gebied van informatieverwerking en binnen het executief functioneren. Er is bij PTSS voldoende bewijs voor veranderde activiteit in hersengebieden die betrokken zijn bij deze neuropsychologische functies. Bij patiënten met PTSS werden disfuncties in het hippocampaal functioneren en een verhoogde reactiviteit van de amygdala vastgesteld (Elzinga en Bremner 2002; Shin et al. 2005; Yehuda et al. 2015). Daarnaast is er sprake van een relatief verminderde activatie van de mPFC. Er is vaker een hyperalertheid op gevaar en er lijkt weinig capaciteit 'over' te zijn voor dagelijkse taken, waardoor men snel afgeleid en vergeetachtig is. Stimulusgeneralisatie zorgt ervoor dat veel prikkels als potentieel gevaarlijk worden geïnterpreteerd, hetgeen weer bijdraagt aan een verder toegenomen hyperalertheid. Door de overgevoeligheid van de diverse stresssystemen lukt het patiënten met PTSS vaak niet goed om hun emoties te reguleren, en daardoor functioneren ze onder grote, vaak ook fysiek merkbare spanning. Verstoringen in de HPA-as en een overgevoelig noradrenerg systeem spelen daarbij een belangrijke rol (Vermetten 2009; Vermetten en Lanius 2012). Hoewel er veel biologische evidentie is, is voor de oorzaak van de neuropsychologische problemen nog geen sluitend bewijs. Er zijn aanwijzingen dat een reeds voor het trauma aanwezige cognitieve kwetsbaarheid een rol speelt (Gilbertson et al. 2002), maar ook is niet uitgesloten dat de blootstelling aan trauma's of het ontwikkelen van PTSS na een trauma invloed hebben op het cognitief functioneren (Nijdam et al. 2018).

Hoopvol is dat de cognitieve problemen bij PTSS niet onomkeerbaar blijken te zijn. Verschillende studies laten zien dat er door middel van exposure-based behandelingen verbeteringen kunnen plaatsvinden in cognitieve functies, zoals in het executief functioneren en het verbale geheugen (Haaland et al. 2016; Nijdam et al. 2018; Walter et al. 2010). Onderzoek toont daarnaast aan dat cognitieve problemen, zoals moeite met het aanleren van verbale informatie, een voorspeller kunnen zijn van het succes van behandeling (Nijdam et al. 2015; Wild en Gur 2008). Ook recent beschreven interventies gericht op het trainen van cognitieve functies lijken tot vermindering van PTSS-klachten te kunnen leiden (Bomyea et al. 2015). Het daadwerkelijke succes van deze interventies dient nog verder onderzocht te worden en de implementatie ervan moet nog worden afgewacht.

De lichte tot matige cognitieve verstoringen bij patiënten met PTSS hebben dus implicaties voor de behandelpraktijk. In traumagerichte psychotherapie wordt door middel van *imaginaire exposure* de herinnering (lees: het neurale netwerk waar de herinnering onderdeel van is) geactiveerd. Hierdoor wordt de herinnering labiel en kan er nieuwe informatie aan toegevoegd worden (bijv. 'dat was toen, nu ben ik veilig'), waardoor het oude geheugenspoor kan worden gewijzigd. Een traumatische herinnering wordt hierdoor geïntegreerd tot een samenhangende (verbale) herinnering, en patiënten met PTSS leren zo de traumatische gebeurtenis in de juiste context en tijd te plaatsen, bijvoorbeeld in een minder onveilige, angst-inducerende context. Bij *exposure* is het belangrijk om rekening te houden met verminderde werkgeheugenprestaties en mogelijke aandachtsproblemen. Het is daarom wijs om de duur van de sessies af te stemmen op de aandachtsspanne van de patiënt. Het toevoegen van *virtual reality* (VR) met reminders van de traumata in de therapie kan patiënten met PTSS mogelijk ook helpen, omdat dit het misschien makkelijker maakt om de traumatische herinnering (het oude geheugenspoor) op te roepen en het de vermijding doorbreekt (Gelderen et al. 2018). Door executieve en verbale geheugenproblemen wordt informatie, zoals een rationale of psycho-educatie, wellicht minder goed opgeslagen en dus ook niet goed geconsolideerd. Ook het omgaan met complexe informatie (hogere-orde denkvaardigheden) kan voor een individu met PTSS lastig zijn. Een behandelaar kan hier rekening mee houden door informatie beknopt te houden, via meerdere modaliteiten aan te bieden, zo nodig te herhalen en te controleren wat de patiënt heeft onthouden. Hierdoor sluit de therapie beter aan bij de patiënt, wat weer verder bij kan dragen aan een effectievere behandeling.

Literatuur

American Psychiatric Association (2013). *Diagnostic and statistical manual of mental disorders* (5th ed.). Washington, DC: American Psychiatric Pub.

Antshel, K. M., Biederman, J., Spencer, T. J., & Faraone, S. V. (2014). The neuropsychological profile of comorbid post-traumatic stress disorder in adult ADHD. *Journal of Attention Disorders, 20,* 1047–1055.

Barker, M. J., Greenwood, K. M., Jackson, M., & Crowe, S. F. (2004). Cognitive effects of long-term benzodiazepine use: A meta-analysis. *CNS Drugs, 18,* 37–48.

Bomyea, J., Stein, M. B., & Lang, A. J. (2015). Interference control training for PTSD: A randomized controlled trial of a novel computer-based intervention. *Journal of Anxiety Disorders, 34,* 33–42.

Brewin, C. R. (2008). What is it that a neurobiological model of PTSD must explain? In E. R. de Kloet, M. S. Oitzl & E. Vermetten (Eds.), *Stress hormones and post traumatic stress disorder* (pp. 217–228). Amsterdam: Elsevier.

Brewin, C. R., Kleiner, J. S., Vasterling, J. J., & Field, A. P. (2007). Memory for emotionally neutral information in posttraumatic stress disorder: A meta-analytic investigation. *Journal of Abnormal Psychology, 116,* 448–463.

Bryant, R. A., Felmingham, K., Kemp, A., Das, P., Hughes, G., Peduto, A., & Williams, L. (2008a). Amygdala and ventral anterior cingulate activation predicts treatment response to cognitive behaviour therapy for post-traumatic stress disorder. *Psychological Medicine, 38,* 555–561.

Bryant, R. A., Felmingham, K., Whitford, T. J., Kemp, A., Hughes, G., Peduto, A., & Williams, L. M. (2008b). Rostral anterior cingulate volume predicts treatment response to cognitive-behavioural therapy for posttraumatic stress disorder. *Journal of Psychiatry & Neuroscience, 33,* 142–146.

Cloitre, C. A., & Ford, J. D. (2016). *Treatment of complex trauma: A sequenced relationship- based approach*. New York: Guilford Press.

Cohen, B. E., Neylan, T. C., Yaffe, K., Samuelson, K. W., Li, Y., & Barnes, D. E. (2013). Posttraumatic stress disorder and cognitive function: Findings from the mind your heart study. *Journal of Clinical Psychiatry, 74,* 1063–1070.

Constans, J. I. (2005). Information-processing biases in PTSD. In J. J. Vasterling & C. R. Brewin (Eds.), *Neuropsychology of PTSD: Biological, cognitive and clinical perspectives* (p. 105–130). New York, NY: Guilford Press.

Ehlers, A., & Clark, D. M. (2000). A cognitive model of posttraumatic stress disorder. *Behaviour Research and Therapy, 38,* 319–345.

Elzinga, B. M., & Bremner, J. D. (2002). Are the neural substrates of memory the final common pathway in posttraumatic stress disorder (PTSD)? *Journal of Affective Disorders, 70,* 1–17.

Elzinga, B. M., Vermetten, E., & Hovens, H. (2004). Posttraumatische stress stoornis. In J. E. Hovens, L. Timmermans & A. J. M. Loonen (Red.), *Handboek neurobiologische psychiatrie* (pag. 269–284). Utrecht: de Tijdstroom.

Gelderen, M. J. van, Nijdam, M. J., & Vermetten, E. (2018). An innovative framework for delivering psychotherapy to patients with treatment-resistant posttraumatic stress disorder: Rationale for interactive motion-assisted therapy. *Frontiers in Psychiatry, 9,* 1–13.

Geuze, E., Vermetten, E., Kloet, C. S. de, Hijman, R., & Westenberg, H. G. (2009). Neuropsychological performance is related to current social and occupational functioning in veterans with posttraumatic stress disorder. *Depression and Anxiety, 26,* 7–15.

Gilbertson, M. W., Shenton, M. E., Ciszewski, A., Kasai, K., Lasko, N. B., Orr, S. P., et al. (2002). Smaller hippocampal volume predicts pathologic vulnerability to psychological trauma. *Nature Neuroscience, 5,* 1242–1247.

Haaland, K. Y., Sadek, J. R., Keller, J. E., & Castillo, D. T. (2016). Neurocognitive correlates of successful treatment of PTSD in female veterans. *Journal of the International Neuropsychological Society, 22,* 643–651.

Horner, M. D., & Hamner, M. B. (2002). Neurocognitive functioning in posttraumatic stress disorder. *Neuropsychology Review, 12,* 15–30.

Inslicht, S. S., Otte, C., McCaslin, S. E., Apfel, B. A., Henn-Haase, C., Metzler, T., et al. (2011). Cortisol awakening response prospectively predicts peritraumatic and acute stress reactions in police officers. *Biological Psychiatry, 70,* 1055–1062.

Lanius, R. A., Vermetten, E., Loewenstein, R. J., Brand, B., Schmahl, C., Bremner, J. D., et al. (2010). Emotion modulation in PTSD: Clinical and neurobiological evidence for a dissociative subtype. *American Journal of Psychiatry, 167,* 640–647.

Lansing, K., Amen, D. G., Hanks, C., & Rudy, L. (2005). High-resolution brain SPECT imaging and eye movement desensitization and reprocessing in police officers with PTSD. *The Journal of Neuropsychiatry and Clinical Neurosciences, 17,* 526–532.

Latack, J. A., Moyer, A., Simon, V. A., & Davila, J. (2017). Attentional bias for sexual threat among sexual victimization survivors: A meta-analytic review. *Trauma, Violence, & Abuse, 18,* 172–184.

LeDoux, J. E. (1996). *The emotional brain.* NY: Simon & Schuster.

Levin, P., Lazrove, S., & Kolk, B. van der (1999). What psychological testing and neuroimaging tell us about the treatment of posttraumatic stress disorder by eye movement desensitization and reprocessing. *Journal of Anxiety Disorders, 13,* 159–172.

Lindauer, R. J., Vlieger, E. J., Jalink, M., Olff, M., Carlier, I. V., Majoie, C. B., et al. (2005). Effects of psychotherapy on hippocampal volume in out-patients with post-traumatic stress disorder: A MRI investigation. *Psychological Medicine, 35,* 1421–1431.

Meewisse, M. L., Reitsma, J. B., Vries, G. J. de, Gersons, B. P., & Olff, M. (2007). Cortisol and post-traumatic stress disorder in adults. *The British Journal of Psychiatry, 191,* 387–392.

Nijdam, M. J., & Wittmann L. (2015). Psychological and social theories of PTSD. In U. Schnyder & M. Cloitre (Eds.), *Evidence based treatments for trauma-related psychological disorders* (pp. 41–61). Switzerland: Springer.

Nijdam, M. J., Gersons, B. P. R., & Olff, M. (2013). The role of major depression in neurocognitive functioning in patients with posttraumatic stress disorder. *European Journal of Psychotraumatology, 4,* 1–7.

Nijdam, M. J., Vries, G. J. de, Gersons, B. P. R., & Olff, M. (2015). Response to psychotherapy for posttraumatic stress disorder: The role of pretreatment verbal memory performance. *Journal of Clinical Psychiatry, 76,* 1023–1028.

Nijdam, M. J., Martens, I. J., Reitsma, J. B., Gersons, B. P., & Olff, M. (2018). Neurocognitive functioning over the course of trauma-focused psychotherapy for PTSD: Changes in verbal memory and executive functioning. *British Journal of Clinical Psychology, 57,* 1–17.

Oh, D. H., & Choi, J. (2007). Changes in the regional cerebral perfusion after eye movement desensitization and reprocessing: A SPECT study of two cases. *Journal of EMDR Practice and Research, 1,* 24–30.

Pagani, M., Lorenzo, G. di, Monaco, L., Daverio, A., Giannoudas, I., Porta, P. la, et al. (2015). Neurobiological response to EMDR therapy in clients with different psychological traumas. *Frontiers in Psychology, 6,* 1–12.

Polak, A. R., Witteveen, A. B., Reitsma, J. B., & Olff, M. (2012). The role of executive function in posttraumatic stress disorder: A systematic review. *Journal of Affective Disorders, 141,* 11–21.

Samuelson, K. W., Neylan, T. C., Metzler, T. J., Lenoci, M., Rothlind, J., Henn-Haase, C., et al. (2006). Neuropsychological functioning in posttraumatic stress disorder and alcohol abuse. *Neuropsychology, 20,* 716–726.

Schoorl, M., Putman, P., & Does, W. van der (2013). Attentional bias modification in posttraumatic stress disorder: A randomized controlled trial. *Psychotherapy and Psychosomatics, 82,* 99–105.

Schwabe, L., Nader, K., & Pruessner, J. C. (2014). Reconsolidation of human memory: Brain mechanisms and clinical relevance. *Biological Psychiatry, 76,* 274–280.

Scott, J. C., Matt, G. E., Wrocklage, K. M., Crnich, C., Jordan, J., Southwick, S. M., et al. (2015). A quantitative meta-analysis of neurocognitive functioning in posttraumatic stress disorder. *Psychological Bulletin, 141,* 105–140.

Shin, L. M., Rauch, S. L., & Pitman, R. K. (2005). Structural and functional anatomy of PTSD: Findings from neuroimaging research. In J. J. Vasterling & C. R. Brewin (Eds.), *Neuropsychology of PTSD: Biological, cognitive and clinical perspectives* (pp. 59–82). New York, NY: Guilford Press.

Stöfsel, M., & Mooren, T. (2011). *Complex trauma: Diagnostiek en behandeling.* Houten: Bohn Stafleu van Loghum.

Vasterling, J. J., & Brailey, K. (2005). Neuropsychological findings in adults with PTSD. In J. J. Vasterling & C. R. Brewin (Eds.), *Neuropsychology of PTSD: Biological, cognitive and clinical perspectives* (pp. 178–207). New York, NY: Guilford Press.

Vasterling, J. J., Duke, L. M., Brailey, K., Constans, J. I., Allain, A. N., Jr., & Sutker, P. B. (2002). Attention, learning, and memory performances and intellectual resources in Vietnam veterans: PTSD and no disorder comparisons. *Neuropsychology, 16,* 5–14.

Vermetten, E. (2003). Posttraumatische stress stoornis. Belang van een zorgvuldige diagnose. In G. E. van Maanen (Ed.), *De rol van het aansprakelijkheidsrecht bij de verwerking van persoonlijk leed* (pag. 61–84). Den Haag: Boom Juridische Uitgevers.

Vermetten, E. (2009). Stress, trauma en posttraumatische stressstoornis. *Tijdschrift voor Psychiatrie, 51,* 595–602.

Vermetten, E., & Lanius, R. A. (2012). Biological and clinical framework for posttraumatic stress disorder. In M. J. Aminoff, F. Boller & D. F. Swaab (Eds.), *Handbook of clinical neurology* (pp. 291–342). Amsterdam: Elsevier B.V.

Vermetten, E., Charney, D. S., & Bremner, J. D. (2002). Anxiety. In V. S. Ramachandran (Eds.), *Encyclopedia of the human brain – volume 1* (pp. 159–180). New York: Academic Press.

Vermetten, E., Vythilingam, M., Southwick, S. M., Charney, D. S., & Bremner, J. D. (2003). Long-term treatment with paroxetine increases verbal declarative memory and hippocampal volume in posttraumatic stress disorder. *Biological Psychiatry, 54,* 693–702.

Vries, G. J. de, & Olff, M. (2009). The lifetime prevalence of traumatic events and posttraumatic stress disorder in the Netherlands. *Journal of Traumatic Stress, 22,* 259–267.

Walter, K. H., Palmieri, P. A., & Gunstad, J. (2010). More than symptom reduction: Changes in executive function over the course of PTSD treatment. *Journal of Traumatic Stress, 23,* 292–295.

Wild, J., & Gur, R. C. (2008). Verbal memory and treatment response in posttraumatic stress disorder. *The British Journal of Psychiatry, 193,* 254–255.

Woon, F. L., Farrer, T. J., Braman, C. R., Mabey, J. K., & Hedges, D. W. (2017). A meta-analysis of the relationship between symptom severity of posttraumatic stress disorder and executive function. *Cognitive Neuropsychiatry, 22,* 1–16.

Yehuda, R., Hoge, C., McFarclane, A., Vermetten, E., Lanius, R., & Nievergelt, C. (2015). Post-traumatic stress disorder. *Nature Reviews Disease Primers, 10,* 1–22.

De somatisch-symptoomstoornis en verwante stoornissen: relevante neuropsychologische bevindingen voor de klinische praktijk

A. van Dijke, J.A.M. Vandermeulen en M.M.A. Derix

8.1 Inleiding – 108

8.2 De klinische presentatie van de somatisch-symptoomstoornis en verwante stoornissen: enkele aandachtspunten – 108

8.3 Neuropsychologische kenmerken en invloeden van stress bij de somatisch-symptoomstoornis en verwante stoornissen – 110

8.4 Bijdrage van de neuropsychologie en neurowetenschappen aan de psychotherapeutische behandeling van SomS en verwante stoornissen – 112

8.5 Conclusie – 113

Literatuur – 114

© Bohn Stafleu van Loghum is een imprint van Springer Media B.V., onderdeel van Springer Nature 2019
J. A. M. Vandermeulen, M. M. A. Derix en A. van Dijke (Red.), *De rol van neuropsychologie bij psychotherapie*,
https://doi.org/10.1007/978-90-368-2263-3_8

8.1 Inleiding

Dit hoofdstuk bespreekt de mogelijk belangrijke relaties tussen somatisch-symptoomstoornissen en verwante stoornissen en neuropsychologische aspecten daarvan. In de DSM-IV-TR (APA 2000) heetten ze nog somato*forme* stoornissen, omdat ze doen denken aan (ernstige) somatische ziekten en een dergelijke *vorm* aannemen, maar vooralsnog niet vanuit een somatisch perspectief verklaard kunnen worden. In de DSM-5 (APA 2013) heten deze stoornissen nu 'somatisch-symptoomstoornissen' (SomS) (Wineke en Dijke 2015).

Er zijn maatschappelijke veranderingen waar te nemen met betrekking tot het denken over ziekte en gezondheid. Gezondheid is het vermogen van mensen zich aan te passen en eigen regie te voeren, in het licht van fysieke, emotionele en sociale uitdagingen van het leven. Gezond zijn betekent zich kunnen aanpassen aan verstoringen, veerkracht hebben, een balans weten te handhaven of te hervinden zowel lichamelijk en geestelijk als maatschappelijk (Huber et al. 2011; zie ook ▶ H. 3). In deze tamelijk recente definitie van gezondheid ligt de nadruk op 'eigen regie voeren' en 'aanpassingsvermogen'. Eigen regie voeren en aanpassen aan de (intrinsieke en extrinsieke) omgeving zijn gedragingen waarin neuropsychologische functies een belangrijk rol spelen. Met name de executieve functies zijn betrokken bij het uitvoeren van complexe handelingen, het monitoren van succes en falen en het bijsturen van gedrag zodat de gewenste uitkomst gerealiseerd kan worden (Kolb en Whishaw 2015). Eigen regie voeren en aanpassen aan de (intrinsieke en extrinsieke) omgeving zijn ook de basiskenmerken van zelfregulatie, waar emotieregulatie een belangrijk onderdeel van is (Baumeister en Vohs 2016; Vohs en Baumeister 2016). Voor mensen met een SomS zijn zelfregulatie en emotieregulatie juist erg moeilijk of zelfs onmogelijk. In dit hoofdstuk wordt een poging gedaan bevindingen uit de neuropsychologie en gerelateerde neurowetenschappen met betrekking tot SomS en verwante stoornissen bijeen te brengen en de relevantie daarvan voor de psychotherapeutische behandeling ervan weer te geven.

8.2 De klinische presentatie van de somatisch-symptoomstoornis en verwante stoornissen: enkele aandachtspunten

Was in de DSM-IV-TR (APA 2000) een belangrijk criterium dat de medische klachten 'onverklaard' moesten zijn om een diagnose te kunnen stellen, in de DSM-5 (APA 2013) kunnen symptomen van de SomS *wel* en *niet* samen gaan met een medische ziekte. Daarnaast is in de DSM-5 het negatieve criterium van 'de afwezigheid van een lichamelijke oorzaak' losgelaten en is er een positief criterium geformuleerd: 'de somatische symptomen gaan gepaard met abnormale gedachten, gevoelens of gedragingen', ongeacht of er een lichamelijke oorzaak aanwijsbaar is. De categorie SomS en verwante stoornissen is een cluster met verschillende stoornissen zoals SomS, ziekteangststoornis (voorheen hypochondrie), conversiestoornis, psychische factoren die somatische aandoeningen beïnvloeden, en minder vaak voorkomende stoornissen als de nagebootste stoornis (pathomimie), andere gespecificeerde somatisch-symptoomstoornissen of verwante stoornissen (bijv. pseudokyesis (schijnzwangerschap)) en ongespecificeerde somatisch-symptoomstoornis in geval van onvoldoende informatie om een andere somatisch-symptoomstoornis vast te stellen. De somatoforme pijnstoornis valt in de DSM-5 onder de SomS (Mayou et al. 2008; Kroenke en Rosmalen 2006).

Voor een verdere uitleg en beschrijving van de SomS wordt verwezen naar de DSM-5 (APA 2013). Neuropsychologisch diagnostisch onderzoek kan een belangrijke bijdrage leveren aan het vaststellen of uitsluiten van een somatische of neurologische aandoening. Door de toevoeging van de kenmerken 'met abnormale gedachten, gevoelens of gedragingen' in de DSM-5 is het aan te raden – naast het neuropsychologisch onderzoek – ook instrumenten (bijvoorbeeld vragenlijsten, observatielijsten) in te zetten die zich richten op de aanwezigheid van abnormale gedachten, gevoelens of gedragingen (Dijke et al. 2016). Zo kan een geïntegreerd beeld worden verkregen van het functioneren van een patiënt. Dit beeld verschaft dan duidelijkheid met betrekking tot het neuropsychologisch functioneren, de persoonlijkheid, aanwezige klachten en (mogelijk afwijkende) cognities. De categorie SomS en verwante stoornissen is er bij uitstek een waar de klinische psychologie en de klinische neuropsychologie elkaar kunnen aanvullen.

Het verdient aanbeveling om naast neuropsychologisch diagnostisch onderzoek ook zorgvuldig te observeren hoe en wanneer de de neurocognitieve stoornissen zich voordoen en het beloop van de abnormale gedachten, gevoelens of gedragingen te laten monitoren door deskundige clinici. Uit onderzoek blijkt dat naast overeenstemming over klachten ook verschillen tussen de belevingen van patiënten en clinici gevonden worden die klinische relevantie hebben voor het opstellen van de casusconceptualisatie en het vaststellen van de behandeldoelen (Dijke et al. 2016). Vaak worden conversieklachten (ook) gevonden bij mensen met een (lichte) verstandelijke beperking of mensen met een disharmonisch profiel op intelligentietests. Het zorgvuldig onderzoeken van het algemeen intellectueel functioneren en van de verschillende neuropsychologische functies helpt bij de diagnostiek, indicatiestelling en behandeling van mensen met een conversiestoornis, en dat geldt uiteraard in algemene zin voor SomS. In de recent verschenen Zorgstandaard voor de conversiestoornis is te lezen dat nog veel onbekend is over de conversiestoornis in relatie tot de diversiteit van gemanifesteerde klachtenpresentaties. Een sectie over het neuropsychologisch diagnostisch onderzoek en de mogelijke consequenties voor de klinische praktijk ontbreekt helaas nog (Zorgstandaard Conversiestoornis 2017: ▶ ggzstandaarden.nl).

Het kan gebeuren dat bij SomS de klachten niet in verhouding staan tot de medische factoren die je verwacht te vinden. Er kan dan sprake zijn van aggraveren (erger maken dan het is) of 'malingeren' of veinzen. Het is erg belangrijk om – zeker bij intake en onderzoek – rekening te houden met deze verschijnselen. 'Malingeren' is het opzettelijk produceren van onechte of sterk overdreven lichamelijke of psychische symptomen, waarvoor externe motieven de aanleiding vormen (Rogers en Bender 2018). Het is een fenomeen dat wordt gezien bij patiënten met moeilijk te objectiveren syndromen en bij procederende patiënten, wat bij patiënten met SomS en verwante stoornissen soms het geval kan zijn (Wineke en Dijke 2015; Merten en Merckelbach 2013; Merten 2013). Vier veel gebruikte 'malingering tests', zoals de Test of Memory Malingering (TOMM) (Green 2011), de Word Memory Test (WMT) (Tomer et al. 2018), de Structured Inventory of Malingered Symptomatology (SIMS) (Smith 1997; Smith en Burger 1997) en de Amsterdamse Korte Termijn Geheugen test (AKTG) (Jelicic et al. 2003), blijken cognitief onderpresteren te kunnen meten, maar daarbij dient opgemerkt te worden dat er voorbij wordt gegaan aan de vraag *waarom* iemand onderpresteert. Zie voor meer informatie met betrekking tot onderpresteren het boek onder redactie van Rogers en Bender uit 2018: *Clinical assessment of malingering and deception*.

8.3 Neuropsychologische kenmerken en invloeden van stress bij de somatisch-symptoomstoornis en verwante stoornissen

In de diagnostiek van patiënten met een somatische symptoomstoornis of verwante stoornis komt vaak de vraag naar voren over 'de kip of het ei': cognitieve processen als aandacht en geheugen spelen een rol in de waarneming van lichamelijke sensaties; patiënten met SomS en verwante stoornissen rapporteren meer lichamelijke klachten doordat ze onbewust meer aandacht hebben voor lichamelijke signalen (Wineke et al. 2015), en deze signalen eerder waarnemen en ervaren dan gezonde mensen. Vervolgens worden deze signalen geïnterpreteerd als een symptoom van een ziekte en daardoor gerapporteerd als klacht (Brown 2004).

Het is opmerkelijk dat aandacht en geheugen beïnvloed kunnen worden door lichamelijke beleefde processen. Een verhoogde aandacht voor lichamelijke processen leidt tot een meer geactiveerd impliciet- ('automatisch', 'onbewust') geheugennetwerk voor ziekte-gerelateerde informatie. Er ontstaat een vicieuze cirkel als dit geheugennetwerk steeds meer geactiveerd wordt en steeds meer ziekte-gerelateerde informatie gaat bevatten, hetgeen uiteindelijk weer leidt tot het meer waarnemen van lichamelijke signalen en rapportage van klachten (Brown 2004).

Brosschot (2002) heeft gesuggereerd dat verhoogde aandacht en toegenomen geheugen voor ziekte-gerelateerde informatie uiteindelijk mogelijk leidt tot een sneller en versterkt doorgeven van lichamelijke signalen (sensitisatie). Het kan ook andersom werken: het versneld en versterkt doorgeven van lichamelijke signalen (sensitisatie) leidt uiteindelijk tot het gevoeliger worden van de aandacht en het geheugen voor ziekte-gerelateerde informatie (Meerman et al. 2013).

Angst voor pijn en angst voor beweging kan in de context van een SomS en verwante stoornissen leiden tot een fobie voor lichamelijke inspanning (kinesiofobie: een toestand/gedrag waarbij elke inspanning zo veel mogelijk vermeden wordt) (Niederstrasser et al. 2017). Uit onderzoek blijkt dat een *verminderd executief functioneren* bij deze patiënten uitdoving van de kinesiofobie in de weg zit. Zowel te weinig bewegen (hypo-executief gedrag) als te veel bewegen (een gedragspatroon van maar door blijven gaan en over de pijngrens heen te gaan: hyper-executief gedrag) blijken problematisch voor een succesvolle revalidatie. Executief functioneren en zelfregulatie zijn belangrijke aspecten van het kunnen overwinnen van lichamelijke problemen gekoppeld aan de SomS.

Het aantal neuropsychologische studies dat aandacht besteedt aan SomS is zeer beperkt (Lamberty 2008; Boone 2017). Het is voor de neuropsychologie evenwel van belang stil te staan bij zelfregulatie, omdat dit een onderdeel vormt van het executief handelen (Stuss en Knight 2014). Dat geldt in het bijzonder voor disfunctionele zelfregulatie. Deze kan in drie kwalitatief verschillende vormen voorkomen:

1. inhibitoire regulatie [I] (gedrag afremmen);
2. excitatoire regulatie [E] (blijven doorgaan met gedrag);
3. combinatie van inhibitoire- en excitatoire regulatie (IE) (combinatie van afremmen en doorgaan) (Dijke en Ford 2015; Dijke et al. in review).

Patiënten met SomS en verwante stoornissen vertonen vooral inhibitoire disfunctionele zelfregulatie. Daarnaast blijkt dat het rapporteren van deze inhibitoire zelfregulatieklachten moeilijk is voor patiënten met SomS. Ze hebben de neiging om neutrale situaties onnodig vaak als bedreigend te interpreteren of als pijnlijk te ervaren, en activeren hierdoor onnodig vaak de disfunctionele (gesomatiseerde) zelfregulatiesystemen (denk maar aan bewegingsangst of angst voor afwijzing door een arts) (Dijke et al. 2010; Dijke 2012).

Als de behandeling dreigt vast te lopen, kan dat bij patiënten met SomS en verwante stoornissen liggen aan het feit dat sensorische informatie niet geïntegreerd kan worden: dis-associatie. Dit kan leiden tot vervreemding van (delen van) het eigen lichaam (Blom 2016; Riva 2018). Een bijzondere vorm zijn de dissociatieve lichamelijke (somatoforme) klachten, die onderverdeeld kunnen worden in negatieve en positieve psychoforme symptomen die ook bij de conversiestoornis voorkomen (Río-Casanova et al. 2016). Positieve somatoforme dissociatieve symptomen zijn bijvoorbeeld: pijn, sensaties in lichaam en ledematen (bijv. rillingen, trillingen, speldenprikken voelen, spasmen, schokken), dysfonie (stoornis in de stemvorming) en tinnitus (oorsuizen). Negatieve somatoforme dissociatieve symptomen zijn: analgesie (geen pijngevoel), anesthesie (stoornis van de algehele gevoelswaarneming), verlammingen, verslapping, afonie (heesheid), tunnelvisie en dergelijke. Naast lichamelijke dissociatieve klachten kunnen ook mentale (psychoforme) dissociatieve klachten onderscheiden worden. Positieve psychoforme dissociatieve symptomen zijn: intrusies, herinneringen en dergelijke. Negatieve psychoforme dissociatieve symptomen zijn: aboulie (weinig wilskracht), depersonalisatie, derealisatie en dergelijke (Dijke 2013).

Naast deze vormen van dissociatie kunnen ook cognitieve dissociatie en bijbehorende 'neurocogniforme' symptomen onderscheiden worden, waarbij bij patiënten met SomS en verwante stoornissen vaak moeite met executief functioneren gevonden wordt. Deze neurocogniforme symptomen kunnen onderverdeeld worden naar negatieve en positieve symptomen. Negatieve neurocogniforme dissociatieve symptomen zijn: moeite met leren van nieuwe zaken, moeite met oriëntatie in de ruimte, vergeetachtigheid, zaken niet afmaken, amnesie en dergelijke. Positieve neurocogniforme dissociatieve symptomen zijn: dwangmatig aan schema's houden, perseveren/herhalen en dergelijke (Boone 2017).

In de neuropsychologische literatuur komen we het begrip agnosie vaak tegen in verschillende vormen en varianten (voor een uitvoerige uitleg, zie Kolb en Whishaw 2015). Zonder hier verder over uit te weiden, noemen we wel nog de affectieve agnosie (stoornis in het herkennen van emoties), affectieve anomie (problemen in het benoemen van emoties) en alexithymie (geen woorden hebben voor emoties) (Dijke 2018; Almeida et al. 2018). Als hulpverlener heeft men niet altijd oog voor deze fenomenen, maar het is wel belangrijk zich ervan bewust te zijn dat die kunnen voorkomen en dus in test- en behandelingssituaties van belang kunnen zijn (Lane et al. 2015; Dijke 2018).

Patiënten met SomS en verwante stoornissen kunnen een vervormde lichaamsrepresentatie en -waardering hebben. Ze zijn dan vervreemd van hun lichaam. Een integratie van sensorische en psychische informatie komt dan niet of onvoldoende tot stand. Het lichaamsgeheugen, zoals Riva (2018) het uitvoerig omschrijft, functioneert dan niet of onvoldoende. Dat heeft gevolgen voor de wijze waarop je naar je eigen lichaam kijkt en hoe je dat beleeft. Het lichaamsgeheugen is gevoelig voor negatieve ervaringen die op jonge of op oudere leeftijd ontstaan en daarmee gevoelig voor fysieke of psychische gebeurtenissen die men meemaakt. De visuele waarneming van het lichaam en het ontstaan van het lichaamsgeheugen en de lichaamsrepresentatie hangen nauw samen met het zelfbeeld. Verstoringen in de lichaamsrepresentatie leiden ook tot verstoringen van het zelfbeeld en het zelfbewustzijn, en tot depressie en stress (Riva 2018).

Een wezenlijke factor voor de neuropsychologie is stress. Stress kan op verschillende manieren invloed hebben op het lichaam (Río-Casanova et al. 2017). In wezen is het zenuwstelsel daartoe onder te verdelen in een sympathisch (zet aan tot actie) en een parasympathisch systeem (zet aan tot rust en herstel). Van der Kolk (1996, 2014) en Levine (2011) hebben uitvoerig beschreven wat stress kan doen met ons lichaam. In zijn boek uit 2014 omschrijft Van der Kolk het ontstaan van onverklaarbare lichamelijke klachten en wat de invloed daarvan is op het dagelijks handelen. De klachten leiden tot problemen in de concentratie en het werkgeheugen en tot executieve stoornissen die in een behandeling niet direct worden waargenomen. Dat geldt in sterke mate ook voor de emotionele reacties die het lichaam moet verwerken: de patiënt merkt zelf niet altijd dat neurocognitieve factoren aanwezig zijn. Het valt de hulpverlener wel op dat bijvoorbeeld opdrachten niet worden uitgevoerd, maar die geeft hier vaak een andere verklaring voor. Het is van belang in de behandeling van patiënten met SomS of verwante stoornissen aandacht te schenken aan deze – voor hen kenmerkende – neuropsychologische aspecten, die echter niet opgenomen zijn in de DSM-5 (Dijke 2013).

8.4 Bijdrage van de neuropsychologie en neurowetenschappen aan de psychotherapeutische behandeling van SomS en verwante stoornissen

Bij de SomS en verwante stoornissen gaan de somatische symptomen, of ze nu wel of niet somatisch verklaard kunnen worden of zijn, *gepaard met abnormale gedachten, gevoelens of gedragingen*. Een voordeel van deze verandering in de criteria voor de therapeutische relatie is dat cliënten of patiënten zich mogelijk minder snel afgewezen voelen, omdat het niet meer relevant is of de lichamelijke klachten al dan niet somatisch verklaard zijn. De verwachting is dat de vaak aanwezige weerstand tegen de psychologische behandeling hierdoor zal afnemen. Bovendien kan de therapeut vanuit een neuropsychologisch perspectief aansluiting vinden bij de patiënt en diens naasten, omdat de neuropsychologie meer gericht is op het neurocognitief functioneren.

Dat er 'iets in de hersenen anders gaat dan normaal' is voor patiënten gemakkelijker te accepteren dan dat het 'psychisch' is (Koelen en Kooiman 2012). Je kunt immers een goede aanvullende neuropsychologische verklaring geven. Die sluit beter aan bij CGT en varianten hierop, zoals het gevolgenmodel van Van Rood (Rood et al. 2018).

We weten dat stress een stevige invloed heeft op het dagelijks functioneren. Dat geldt ook voor het ontstaan en de instandhouding van SomS. Doordat de neuropsychologie meer inzicht biedt in stressreacties en de wijze van coping, kan men daar in het therapeutisch proces dan ook beter op inspelen. Lichaamsgerichte therapieën en sensomotorische psychotherapieën sluiten daar inhoudelijk op aan, want zij leggen onder meer een verband tussen stressvolle situaties en neuropsychologische verschijnselen (Kolk 2014; Ogden en Fisher 2017).

De recente opvattingen over aandachts- en geheugenproblemen en problemen door executieve stoornissen hebben hun weerslag op diverse therapieën. Dat zien we terug in het gebruik van *eye movement desensitization and reprocessing* (EMDR), een therapie die in Nederland door veel hulpverleners wordt ingezet. Als het geheugen van een patiënt niet goed functioneert, dan heeft dat gevolgen voor de behandelingen en kan het een regulier behandelingsprotocol doorkruisen. Volgens Damasio (2010) worden dan de geheugennetwerken onvoldoende geactiveerd. Voor het uitvoeren van EMDR is het bestaan van geheugenproblemen wel een belangrijk gegeven, nog even afgezien van de voorgeschiedenis van de patiënt. Bij hypnotherapie kan bij geheugenproblemen zelfs aandacht een rol spelen vanwege het feit dat gerichtheid op de behandeling bij conversie veel meer tijd vergt. Hierbij moeten we wel opmerken dat de invloed van deze factoren nog onvoldoende wetenschappelijk is onderzocht (Boone 2017).

Ten slotte vormt mentaliseren een aanknopingspunt voor hulp. Mentalisatie bevorderende therapie (MBT) of lichaamsgerichte mentalisatie bevorderende therapie (L-MBT) kunnen de behandeling ondersteunen (zie Luyten et al. 2013; Spaans et al. 2009). Een valkuil is echter zijn dat er onvoldoende rekening wordt gehouden met het lichaamsgeheugen, dat bij SomS aangedaan kan zijn. Er vindt dan wel een sensomotorische opname plaats, maar de verwerking en integratie kunnen wegvallen, omdat de signalen door de hersenen niet of onvoldoende verwerkt worden (Blanke et al. 2015). Dat kan dan weer van invloed zijn op de zelfregulatie, waardoor het behandelproces verstoord kan raken. Het herkennen van invloeden van buitenaf en het innerlijk verwerken daarvan komen dan onder druk te staan, omdat algehele integratie niet of onvoldoende tot stand komt.

8.5 Conclusie

SomS en verwante stoornissen komen in de klinische praktijk vaak voor. We weten relatief weinig over de behandeling van ernstige vormen ervan, waaronder de conversiestoornis. Vanuit verschillende invalshoeken werken wetenschappers en clinici aan een verbetering van de zorg voor patiënten met SomS en verwante stoornissen. Dit hoofdstuk geeft een beknopt beeld van de neuropsychologische aspecten van, en de relatie met stress, bij SomS en verwante stoornissen. Zij kunnen een rol spelen in de psychotherapeutische behandeling van patiënten met deze stoornissen. Dit hoofdstuk pretendeert geenszins volledig te zijn. Stoornissen van neurocognitieve functies als gevolg van SomS zijn: problemen met aandacht, concentratie, geheugen en executief functioneren. Deze functies en stoornissen daarvan spelen een belangrijke rol in de psychotherapie. Deze problemen kunnen interfereren met het psychotherapeutische proces. Ze zijn vaak te verklaren vanuit het klinisch beeld van de klachtenpresentatie van de patiënt en vanuit de in onderzoek gevonden stoornissen. Zeker voor hulpverleners die patiënten met SomS en verwante stoornissen behandelen, kan kennis over (verstoorde) informatieverwerking van lichaamssensaties, een gestoorde lichaamsrepresentatie en lichaamsmentalisatie belangrijk zijn. Praten over emoties in therapie kan moeilijk zijn voor deze patiënten, en dat kan vanuit de neuropsychologie verklaard worden als affectieve agnosie. De neuropsychologie kan hulpverleners relevante informatie bieden om de zorg aan patiënten met SomS en verwante stoornissen vorm en inhoud te geven in de dagelijkse klinische praktijk. Daar is de patiënt mee gebaat.

Literatuur

Almeida, V. M., Dijke, A. van, & Teixeira, R. J. (2018). Alexithymia and somatization in primary healthcare. In R. J. Teixeira, P. P. Moorman & B. Bermond (Eds.), *Current developments in alexithymia* (pp. 195–218). Nova: New York.

American Psychiatric Association (2000). *Diagnostic and statistical manual of mental disorders* (4th revised ed., international version). Washington, DC: APA.

American Psychiatric Association (2013). *Diagnostic and statistical manual of mental disorders* (5th ed.). Washington, DC: American Psychiatric Pub.

APA (2013). *Diagnostical and statistical manual of mental disorders* (5th ed.) [DSM-5]. Washington: APA.

Baumeister, R. F., & Vohs, K. D. (2016). Strenght model of self-regulation as limited resource: Assessment, controversies, update. *Advances in Experimental Psychology, 54*, 67–127.

Blanke, O., Slater, M., & Serino, A. (2015). Behavioral, neural and computational principles of bodily selfconsciousness. *Neuron, 88*(1), 145–166.

Blom, J. D. (2016). Alice in Wonderland syndrome: A systematic review. *Neurology: Clinical Practice, 6*(3), 259–270. ▶ https://doi.org/10.1212/CPJ.0000000000000251.

Boone, K. B. (2017). *Neuropsychological evaluation of somatoform and other functional somatic conditions*. New York: Routledge.

Brosschot, J. F. (2002). Cognitive-emotional sensitization and somatic health complaints. *Scandinavian Journal of Psychology, 43*(2), 113–121.

Brown, R. J. (2004). Psychological mechanisms of medically unexplained symptoms: An integrative conceptual model. *Psychological Bulletin, 130*(5), 793–812.

Damasio, A. (2010). *Self comes to mind; constructing the concious brain*. New York: Pantheon Books.

Dijke, A. van (2012). Dysfunctional affect regulation in borderline personality disorder and in somatoform disorder. *European Journal of Psychotraumatology, 3*, 19566. ▶ https://doi.org/10.3402/ejpt.v3i0.19566.

Dijke, A. van (2013). Differences and similarities between patients reporting somatoform disorders with and without co-morbid borderline personality disorder: Differentiating dysfunctional self-regulation. Congresboek COLK.

Dijke, A. van (2018). Alexithymia types in borderline personality disorder and somatic symptoms disorder patients. In R. J. Teixeira, P. P. Moorman & B. Bermond (Eds.), *Current developments in alexithymia* (pp. 237–259). New York: Nova.

Dijke, A. van, & Ford, J. D. (2015). Adult attachment and emotion dysregulation in borderline personality and somatofom disorders. *Borderline Personal Disorders Emotional Dysregulation, 2*, 6. Published online 2015 Mar 28. ▶ https://doi.org/10.1186/s40479-015-0026-9.

Dijke, A. van, Hart., O. van der, Ford, J. D., Son, M. J. M. van, Heijden, P. G. M. van der, & Bühring, M. (2010). Affect dysregulation and dissociation in borderline personality disorder and somatoform disorder: Differentiating inhibitory and excitatory experiencing states. *Journal of Trauma and Dissociation, 11*, 424–443.

Dijke, A. van, Hopman, J., & Ford, J. D. (in review). Association of childhood trauma and dissociation, emotion dysregulation, attachment with somatic symptoms disorder in Adulthood.

Dijke, A. van, Lenstra, S., Wineke, J., & Ford, J. D. (2016). Cognitive-emotional functionining in somatic symptom and related disorders: Self-reports versus oberver-rated findings. *Journal of Psychology & Psychotherapy, 6*, 3. ▶ https://doi.org/10.4172/2161-0487.1000271.

Literatuur

Green, P. (2011). Comparison between the Test of Memory Malingering (TOMM) and the Nonverbal Medical Symptom Validity Test (NV-MSVT) in adults with disability claims. *Applied Neuropsychology, 18*(1), 18–26. ▶ https://doi.org/10.1080/09084282.2010.523365.

Huber, M., Knottnerus J. A., Green, L., Horst, H. van der, Jadad, A. R., Kromhout, D., et al. (26 Jul 2011). How should we define health? *British Medical Journal, 343*, d4163. ▶ https://doi.org/10.1136/bmj.d4163.

Jelicic, M., Merckelbach, M., & Cima, M. (2003). Over het simuleren van cognitieve stoornissen. *Tijdschrift voor Psychiatrie, 11*, 687–696.

Koelen, J., & Kooiman, K. (2012). Gehechtheid en somatisatie. *Tijdschrift voor Psychotherapie, 38*(4), 291–309.

Kolb, B. E., & Whishaw, I. Q. (2015). *Fundamentals of human neuropsychology* (7th ed.). New York: Worth Publications.

Kolk, B. van der (1996). *Traumatic Stress*. New York: Guilford Press.

Kolk, B. van der (2014). *The body keeps the score*. New York: Viking.

Kroenke, K., & Rosmalen, J. G. M. (2006). Symptoms, syndromes, and the value of psychiatric diagnostics in patients who have functional somatic disorders. *Medical Clinics of North America, 90*, 603–626.

Lamberty, G. J. (2008). *Understanding somatization in the practice op clinical neuropsychology*. Oxford: Oxford University Press.

Lane, R. D., Weihs, K. L., Herringa, A., Hishawa, A., & Smith, R. (2015). Affective agnosia: Expansion of the alexithymia construct and a new opportunity to integrate and extend Freud's legacy. *Neuroscience and Biobehavioral Reviews, 55*, 594–611.

Levine, P. A. (2011). *De tijger ontwaakt*. Haarlem: Altimira.

Luyten, P., Houdenhove, B. van, Lemma, A., Target, M., & Fonagy, P. (2013). Vulnerability for functional somatic disorders: A contemporary psychodynamic approach. *Journal of Psychotherapy Integration, 23*, 250–262.

Mayou, R., Kirmayer, L., Simon, G., Kroenke, K., & Sharpe, M. (2008). Somatoform disorders: Time for a new approach in DSM-V. *American Journal of Psychiatry, 162*, 847–855.

Meerman, E. E., Brosschot, J. F., Togt, S. A. M. van der, & Verkuil, B. (2013). The effect of subliminal evaluative conditioning of cognitive self-schema and illness schema on pain tolerance. *International Journal of Behavioral Medicine, 20*(4), 627–635.

Merten, T. (2013). *Beschwerdenvalidierung*. Göttingen: Hogrefe.

Merten, T., & Merckelbach, H. (2013). Symptom validity testing in somatoform and dissociative disorders: A critical review. *Psychological Injury and Law, 6*, 122–137. ▶ https://doi.org/10.1007/s12207-013-9155-x.

Niederstrasser, N. G., Meulders, A., Meulders, M., Struyf, D., & Vlaeyen, W. (2017). Executive functions deficits impair extinction of generalization of fear of movement-related pain. *European Journal of Pain, 5*, 886–899. ▶ https://doi.org/10.1002/ejp.991.

Ogden, P., & Fisher, J. (2017). *Sensomotorische psychotherapie*. Eserveen: Mens.

Río-Casanova, L. del, Dijke, A. van, & González, A. (2017). Somatic symptoms and related disorders: Biological factors. In A. Wenzel (Ed.), *The SAGE encyclopedia of abnormal and clinical psychology* (pp. 3269–3270). Thousand Oaks: SAGE Publications. ▶ https://doi.org/10.4135/9781483365817.n1296.

Río-Casanova, L. del, González,A., Páramo, M., & Brenlla, J. (2016). Excitatory and inhibitory conversive experiences: Neurobiological features involving positive and negative conversion symptoms. *Reviews in the Neurosciences, 27*, 101–110. ▶ https://doi.org/10.1515/revneuro-2015-0022.

Riva, G. (2018). The neuroscience of body memory: From the self through the space to the others. *Cortex, 104*, 241–260.

Rogers, R., & Bender, S. D. (Red.). (2018). *Clinical assessment of malingering en deception* (4th ed.). New York: Guilford Press.

Rood, Y. van, Ravesteijn, H. van, Roos, C. de, Spinhoven, P., & Speckens, A. (2018). Protocol voor de diagnostiek en behandeling van patiënten met somatisch onvoldoende verklaarde lichamelijke klachten. Het gevolgenmodel. In G. Keijers, A. van Minnen & K. Hoogduin (Eds.), *Protocollaire behandelingen voor volwassenen met psychische klachten 2*. Amsterdam: Uitgeverij Boom.

Smith, G. P. (1997). Assessment of malingering with self-report instruments. In R. Rogers (Ed.), *Clinical assessment of malingering and deception* (pp. 351–370). New York: Guilford Press.

Smith, G. P., & Burger, K. P. (1997). Detection of malingering: Validation of the Structured Inventory of Malingered Symptomatology (SIMS). *Journal of the American Academy of Psychiatry and the Law, 25,* 180–183.

Spaans, J. A., Veselka, L., Luyten, P., & Bühring, M. E. F. (2009). Lichamelijke aspecten van mentalisatie; therapeutische focus bij ernstige onverklaarde lichamelijke klachten. *Tijdschrift voor Psychiatrie, 51*(4), 239–248.

Stuss, D. T., & Knight, R. T. (2014). *Principles of the frontal lobe function* (2nd ed.). Oxford: Oxford University Press.

Tomer, E., Lupu, T., Golan, L., Wagner, M., & Braw, Y. (2018). Eye tracking as a mean to detect feigned cognitive impairment in the Word Memory Test. *Applied Neuropsychology: Adult.* ► https://doi.org/10.1080/23279095.2018.1480483.

Vohs, K. D., & Baumeister, R. F. (Eds.). (2016). *Handbook of self-regulation; research, theory, and applications* (3rd ed.). New York: The Guilford Press.

Wineke, J., & Dijke, A. van (2015). Somatoforme stoornissen in de DSM-5. *De Psycholoog, 50,* 32–38.

Zorgstandaard Conversiestoornis (2017). ► https://www.ggzstandaarden.nl/zorgstandaarden/conversiestoornis.

E-health: zinvol toegepast in de praktijk

J.E.W.C. van Gemert-Pijnen en H. Kip

9.1 De zinvolle inzet van e-health – 118
9.1.1 Inleiding – 118
9.1.2 E-health in de gezondheidszorg: blended care – 118
9.1.3 Mogelijkheden en barrières van e-health – 119
9.1.4 Technologie voor neuropsychologie – 120

9.2 Methoden om mogelijkheden van e-health voor de praktijk in kaart te brengen – 121
9.2.1 Introductie – 121
9.2.2 Virtual reality – 122
9.2.3 Ontwikkeling van VR als blended care in de forensische geestelijke gezondheidszorg – 122
9.2.4 Contextual inquiry – 123
9.2.5 Value specification – 123

9.3 Aanbevelingen voor het gebruik van e-health in de praktijk – 124

9.4 Conclusie – 124

Literatuur – 125

© Bohn Stafleu van Loghum is een imprint van Springer Media B.V., onderdeel van Springer Nature 2019
J. A. M. Vandermeulen, M. M. A. Derix en A. van Dijke (Red.), *De rol van neuropsychologie bij psychotherapie*,
https://doi.org/10.1007/978-90-368-2263-3_9

9.1 De zinvolle inzet van e-health

9.1.1 Inleiding

E-health kan beschreven worden als het gebruik van digitale technologie om gezondheid, welzijn en de gezondheidszorg te ondersteunen (Gemert-Pijnen et al. 2018). Van belang hierbij is dat e-health geen opzichzelfstaand instrument of apparaat is dat zomaar ingezet kan worden in de behandeling van patiënten. Bij e-health gaat het om zorg die ondersteund wordt door technologie en daardoor ingrijpt op de huidige manier zorgverlening en de organisatie van zorgprocessen. Een positieve attitude en voldoende vaardigheden van hulpverleners zijn hierbij van belang (Gemert-Pijnen et al. 2013). Inmiddels worden steeds meer verschillende technologieën ingezet in de zorg: van mobiele apps en websites tot 'wearables' (sensortechnologie die verbonden kan zijn met een platform voor data-uitwisseling en gepersonaliseerde coaching) en virtual reality (het simuleren van een omgeving via een computer om een persoon via diverse zintuigen onder te kunnen dompelen in een ervaring). Concrete voorbeelden voor neuropsychologische behandelingen zijn te vinden in ►H. 15.

9.1.2 E-health in de gezondheidszorg: blended care

In de behandelpraktijk wordt e-health vaak gecombineerd met behandelingen waarbij patiënt en behandelaar zich in dezelfde ruimte bevinden. Deze combinatie wordt ook wel 'blended care' genoemd (Wentzel et al. 2016). De inzet van de 'blend', oftewel het samenvoegen van digitale e-health-technologie en traditionele, 'offline' zorgverlening, vergt een onderbouwde visie op de technologie. Van belang daarbij is dat deze technologieën (beeldbellen, online interventies, mobiele apps, etc.) zo veel mogelijk geïntegreerd zijn in de traditionele behandeling en dat er sprake is van een zinvolle bijdrage van e-health. Zo worden educatiemateriaal voor zelfhulp of oefeningen vaak via internet aangeboden, maar zonder terugkoppeling daarvan in de praktijk blijkt dit eerder te frustreren dan te motiveren (Vaart et al. 2014). In overleg tussen patiënt en behandelaar kan nagegaan worden welke 'blend' passend is. Heeft de patiënt voldoende (cognitieve) vaardigheden en motivatie om een blended behandeling te kunnen toepassen? Is het überhaupt mogelijk om een bepaalde technologie te gebruiken bij een specifieke aandoening? Realiseert de behandelaar zich voldoende dat door een dergelijke behandeling de zorgverlening interactief en dynamisch wordt en dat zijn of haar rol daardoor verandert?

Om de keuze voor een blended behandelproces te ondersteunen is door het eHealth Research van de Universiteit Twente het instrument Fit voor Blended Care ontworpen (Wentzel et al. 2016), dat te verkrijgen is via ►www.utwente.nl. Dit instrument ondersteunt behandelaar en patiënt bij het inzetten van blended care op maat. De invoering van het instrument bestaat uit vier onderdelen:

1. *Noodzakelijke voorwaarden*: voorwaarden waaraan voldaan moet worden om een blended behandeling te kunnen starten. Bijvoorbeeld: toegang tot internet, intellectuele vaardigheden en eventuele huidige crisis van de patiënt.
2. *Aandachtspunten*: vragen over mogelijk belemmerende factoren. Bijvoorbeeld: motivatie, crisisgevoeligheid en cognitieve problemen van de patiënt.

3. *Bevorderende factoren*: factoren die de blended behandeling kunnen bevorderen. Bijvoorbeeld: praktische voordelen, meer openheid in communicatie op afstand en aanwezige sociale steun van de patiënt.
4. *Advies*: een overzicht van belemmerende en bevorderende factoren waarmee gezamenlijk de afweging voor invulling van de blend gemaakt kan worden.

Patiënt en behandelaar beantwoorden voorafgaand aan een gesprek, bijvoorbeeld de intake, individueel vier vragen om te bepalen of er redenen zijn waarom een blended behandeling niet gestart kan worden. De overige vragen worden tijdens deze afspraak door patiënt en behandelaar samen besproken en beantwoord. Op deze manier kan gezamenlijk vastgesteld worden of en op welke wijze een blended behandeling ingezet kan worden (Wentzel et al. 2016).

9.1.3 Mogelijkheden en barrières van e-health

In de praktijk en uit onderzoek zijn meerdere voordelen van e-health naar voren gekomen (Gemert-Pijnen et al. 2013, 2018). We lichten er enkele voordelen uit die van belang zijn voor de behandelpraktijk. Ten eerste kan de toegang tot de zorg eenvoudiger en sneller worden gerealiseerd. Zo kan er zorg op afstand geleverd worden, onafhankelijk van plaats en tijd, en kan zorg direct toegankelijk zijn via internet of mobiele technologie. Zorg kan efficiënter en effectiever verleend worden, waardoor er kosten bespaard kunnen worden. Verder kunnen door online interventies of blended care meer mensen sneller geholpen worden, wat vooral relevant is wanneer de vraag naar zorg snel toeneemt, zoals het geval is in de ggz. Ook kan de behandeling beter afgestemd worden op vaardigheden en wensen van de patiënt. Dit bevordert de zelfredzaamheid en stimuleert ook de eigen verantwoordelijkheid voor keuzes wat betreft de eigen (mentale) gezondheid. Verder kan e-health de gezondheidszorg vernieuwen, bijvoorbeeld door een verplaatsing van institutionele zorg naar thuiszorg. Via wearables kunnen data verzameld worden over gezondheid, omgeving en gedrag, waardoor interveniëren op het juiste moment mogelijk is. Ook kan e-health bijdragen aan de behandelmotivatie. Dit kan bijvoorbeeld door de inzet van persuasieve digitale strategieën, zoals positieve feedback of het sturen van herinneringen die mensen stimuleren om bijvoorbeeld medicatie in te nemen, maar ook kan technologie de patiënt aanspreken en enthousiasmeren. Hierbij kun je denken aan virtual reality of aan 'serious games' (computerspellen met als voornaamste doel bijvoorbeeld iets leren of het verwerven van inzicht). Een bijkomend voordeel van bepaalde technologieën is dat er niet altijd gebruikgemaakt hoeft te worden van gesproken en geschreven tekst, waardoor het beter kan aansluiten bij patiënten die beperkt of verminderd cognitief functioneren.

Naast deze voordelen zijn er ook nadelen en beperkingen verbonden aan e-health, die hier kort besproken worden. Een belangrijk nadeel is de beperkte toegankelijkheid voor mensen zonder toegang tot internet of met onvoldoende vaardigheden en motivatie om met technologie om te gaan. Het gebrek aan e-health-vaardigheden is een serieus probleem, niet alleen onder ouderen, zoals nog weleens gedacht wordt. Dit vraagt om beleid ten aanzien van educatie over e-health en technologie in de leer- en werkomgeving. Een ander nadeel zijn de kosten. Op dit moment wegen de kosten niet altijd op tegen de voordelen, zeker niet wanneer technologie ondoordacht geïmplementeerd wordt in een omgeving die er niet rijp voor is. E-health grijpt in op de manier van werken of leefstijl van mensen. Dit wordt vaak onderschat, waardoor bij de implementatie van e-health weerstand of problemen optreden. Tevens is een goed onderzoek nodig om de werking en effecten van e-health te kunnen aantonen. Zo zijn procesmetingen van belang om inzicht te krijgen in het gebruik van e-health-programma's en zijn robuuste evaluaties nodig van de invloed op individueel gedrag, gezondheidszorg en maatschappij (van Gemert-Pijnen et al. 2013, 2018).

9.1.4 Technologie voor neuropsychologie

Om het gebruik van e-health te illustreren, geven we in dit deel van het hoofdstuk enkele voorbeelden. In ▶ H. 15 worden meerdere voorbeelden gegeven van hoe e-health ingezet kan worden in de neuropsychologische behandeling van patiënten met hersenschade. Kennis uit de neuropsychologie kan echter ook gebruikt worden voor de ontwikkeling en de inhoud van e-health-interventies in de behandeling van psychiatrische stoornissen. In dit deel zullen we daarom voorbeelden van technologieën geven waarin kennis uit de neuropsychologie wordt toegepast.

Een vanuit neuropsychologisch perspectief interessante ontwikkeling betreft het rechtstreeks corrigeren van onbewuste, automatische processen in de hersenen die het volhouden van gedragsverandering bij middelengebruik zo moeilijk maken. Computergestuurde, snelle associatietaken zijn in staat om deze in ons brein sterk verankerde denk- en gedragspatronen te 'hertrainen' (Wiers et al. 2013). Toegevoegd aan de gangbare, op cognitieve gedragstherapie gebaseerde behandeling opent dit ongekende mogelijkheden voor kortdurende, relatief eenvoudig uit te voeren technieken en interventies (bijv. Kakoschke et al. 2017; Bratti-Van der Werff et al. 2018). Onbewuste, associatieve processen spelen een rol bij veel aspecten van onze gezondheid. Zo wordt veel ongezond leefstijlgedrag sterk gedreven door impulsieve, automatische keuzes. Denk aan ongezond eten, maar ook aan smartphones en computergames, die ons voortdurend verleiden. Het is wenselijk om mensen hier beter weerbaar tegen te maken, en dezelfde slimme hertrainingstechnieken bieden kansen voor een grote groep patiënten, bijvoorbeeld patiënten met chronische psychiatrische aandoeningen (bijv. Mobini et al. 2013).

Een andere interessante ontwikkeling gaat hand in hand met de toename van het gebruik van mobiele telefoons, die we vaak 24 uur per dag bij ons hebben. Door middel van zo'n telefoon kunnen bepaalde factoren gedurende de dag gemonitord worden, bijvoorbeeld de gemoedstoestand, ondernomen activiteiten of de voeding. Dit wordt ook wel *ecological momentary assessment* (EMA) genoemd. Deze manier van dataverzameling is uitermate geschikt voor het in kaart brengen van neurocognitief functioneren en gezondheidsgedrag in het dagelijks leven en de werkomgeving. De data die verzameld worden, kunnen met behulp van *machine learning* geanalyseerd worden op de aanwezigheid van patronen. Dit kan de basis vormen voor het bieden van gepersonaliseerde, relevante feedback op het juiste gedrag en op het juiste moment. Zo kan bijvoorbeeld in kaart gebracht worden hoe iemands cognitief functioneren, gemoedstoestand en (sociale) activiteiten met elkaar samenhangen en hoe iemands dagelijks leven aangepast kan worden om tot een betere gemoedstoestand te komen.

Om bovenstaande wat verder te illustreren, geven we het volgende voorbeeld. Tijdens een behandeling voor alcoholverslaving valt gedurende de eerste honderd dagen na de start van de behandeling gemiddeld 70–80 % van de mensen terug in zijn verslaving. Via wearables kunnen lichamelijke signalen (hartslag en huidgeleiding), sociale activiteiten (bijvoorbeeld verjaardagen) en de ervaring (bijvoorbeeld de hoeveelheid ervaren 'trek' en stress) van mensen met een verslaving gevolgd worden tijdens deze cruciale honderd dagen (Lier et al. 2017). Met behulp van dit soort data kan worden nagegaan in hoeverre er samenhang bestaat tussen (neuro) fysiologie, verslavingsgedrag en ervaringen in het dagelijks leven. Hiermee kunnen kritieke drinkmomenten voorspeld worden door middel van data, gemeten met verschillende sensoren in bijvoorbeeld mobiele telefoons en smartwatches (Wijk-van Lier et al. 2018). Ook kan er hierdoor op tijd ingegrepen worden om mensen te ondersteunen in het omgaan met hun 'trek'.

Hoewel deze manier van het inzetten van technologie veel voordelen biedt, is het van belang stil te blijven staan bij mogelijke barrières en negatieve effecten. Ook is het essentieel om te onderzoeken hoe zulke innovatieve technologieën huidige behandelingen kunnen aanvullen. Daarnaast moet per patiënt vastgesteld worden hoe een technologie het best kan worden ingezet.

9.2 Methoden om mogelijkheden van e-health voor de praktijk in kaart te brengen

9.2.1 Introductie

In de praktijk worden keuzes voor e-health-technologieën vaak gemaakt op basis van wat gemakkelijk is of voor de hand ligt: de technologie is al aangeschaft door de instelling of andere instellingen gebruiken dezelfde digitale interventie. Zoals eerder aangegeven, is het echter van belang om ervoor te zorgen dat een technologie daadwerkelijk toegevoegde waarde heeft voor de behandeling. Er zijn verschillende methoden die gebruikt kunnen worden om vast te stellen hoe e-health zo veel mogelijk voordelen kan opleveren voor behandelaar, patiënt en instelling. Naast de praktische voorwaarden moet ook kritisch gekeken worden naar wat er speelt in de praktijk, wat de voorkeuren en vaardigheden van de patiënt en de behandelaar zijn, en hoe technologie het best ingezet kan worden.

Om een voorbeeld te geven van hoe dit aangepakt kan worden, laten we zien hoe de ontwikkeling van een technologie voor blended care binnen een specifieke setting in de ggz tot stand kan komen. De in dit hoofdstuk gepresenteerde casus richt zich op de ontwikkeling van een *virtual-reality*-toepassing (VR). Naast VR zijn er natuurlijk meerdere technologieën die uitermate geschikt zijn voor blended care. Omdat een uitgebreide bespreking van alle mogelijkheden echter niet het doel van dit hoofdstuk is, zal ingezoomd worden op VR, omdat deze technologie zich uitstekend leent voor blended care in de ggz. Ook ligt de nadruk niet op geschreven taal, wat VR tot een zinvolle technologie maakt voor de behandeling van vele soorten (neurologische) problematiek. In de casus wordt getoond hoe door middel van meerdere methoden onderzocht kan worden in welke vorm en op welke manier VR het best ingezet kan worden in een specifieke setting, in dit geval de forensische ggz (fggz).

In de fggz worden patiënten behandeld die seksueel of agressief grensoverschrijdend gedrag hebben vertoond, of dreigen te vertonen, waarbij ook sprake is van psychische problematiek. Uit onderzoek blijkt dat de patiëntenpopulatie van de fggz behoorlijk complex is: forensisch psychiatrische patiënten hebben vaak weinig motivatie voor hun vaak verplichte therapieën (Drieschner en Boomsma 2008), er is vaak sprake van comorbiditeit van psychiatrische stoornissen (Bloem et al. 2011; Goethals et al. 2008), en patiënten uit de fggz zijn relatief vaak arm, werkloos en laaggeletterd (Greenberg et al. 2007). Deze specifieke eigenschappen van de patiëntpopulatie kunnen het ontwikkelen en implementeren van een e-health-technologie bemoeilijken, maar bieden echter ook kansen voor technologie (Kip et al. 2018). VR is een veelbelovende technologie voor de fggz (Fromberger et al. 2014; Benbouriche et al. 2014).

9.2.2 Virtual reality

VR is een digitale technologie die de gebruiker in staat stelt om te interacteren met en ondergedompeld te zijn in een computer-gegenereerde omgeving (Schultheis en Rizzo 2001). Een unieke eigenschap van VR, die veel wetenschappers en zorgverleners aanspreekt, is de mogelijkheid om de gebruiker onder te dompelen in een gesimuleerde omgeving (Diemer et al. 2015). VR wordt inmiddels steeds vaker en op steeds meer gebieden ingezet. Net als bij andere technologieën heeft de recente populariteit onder consumenten een sterke toename van het gebruik van VR in de ggz tot gevolg gehad. De eerste VR-toepassingen waren vooral gericht op de behandeling van fobieën door middel van exposure-therapie, voornamelijk vanwege de mogelijkheid van VR om patiënten bloot te stellen aan bepaalde stimuli (Diemer et al. 2015). VR is inmiddels ook onderzocht in de behandeling van andere (neuro)psychiatrische problematiek, zoals autisme, obsessief-compulsieve stoornissen, aandachtstekortstoornis (ADD) en posttraumatische stressstoornis (North en North 2016; Turner en Casey 2014), en ook voor training van cognitieve functies bij patiënten met niet-aangeboren hersenletsel (NAH) (Verheul et al. 2016). Veel onderzoek heeft aangetoond dat VR erg veelbelovend is voor de ggz (Turner en Casey 2014). Dat VR veelbelovend is, betekent echter niet dat het klakkeloos ingezet kan worden voor elke patiënt en dat bestaande toepassingen ook zonder aanpassingen in andere settings gebruikt kunnen worden. In onderstaande casus laten we een aantal methoden zien die ingezet kunnen worden om meer inzicht te krijgen in behoeften van de praktijk en om uit te zoeken hoe technologie vormgegeven of aangepast moet worden om aan te sluiten op die behoeften. Deze methoden zijn bruikbaar bij de ontwikkeling van nieuwe e-health-technologieën, maar kunnen ook ingezet worden om vast te stellen welke bestaande e-health-interventies goed aansluiten op een specifieke behandelcontext.

9.2.3 Ontwikkeling van VR als blended care in de forensische geestelijke gezondheidszorg

Het gebruik van VR in de ggz mag geen doel op zich zijn, maar moet daadwerkelijk iets toevoegen aan bestaande behandelingen. Als behandelaren en patiënten die toegevoegde waarde niet zien en ervaren, is de kans op een succesvolle implementatie op grote schaal en lange termijn namelijk klein (Pieterse et al. 2018). De CeHRes Roadmap biedt handvatten voor de ontwikkeling, implementatie en evaluatie van e-health-technologieën die waarde toevoegen (Kip en Gemert-Pijnen 2018; Gemert-Pijnen et al. 2011, 2013). Hieronder geven we voorbeelden van de toepassing van methoden die gebruikt kunnen worden in het ontwikkelproces van een VR-toepassing voor de fggz.

Een allereerste stap in het hier beschreven project 'VooRuit met VR' was het samenstellen van een *multidisciplinair projectteam*, bestaande uit behandelaren, begeleiders, patiënten, een beleidsadviseur en onderzoekers uit de fggz. Dit multidisciplinaire projectteam coördineert het project: het neemt beslissingen, bepaalt wanneer andere stakeholders (belanghebbenden) bij het project betrokken worden en levert tussenproducten op.

9.2.4 Contextual inquiry

In de *contextual inquiry* (contextuele analyse) wordt de omgeving geanalyseerd waarin de technologie gebruikt zal worden en wordt gezocht naar verbeterpunten of problemen waar technologie iets toe kan voegen. Een volgende stap in dit project was een *systematisch literatuuronderzoek* naar het gebruik van VR in de fggz. Ook werd een *identificatie van stakeholders* uitgevoerd om in kaart te brengen welke personen, bedrijven en instellingen belang hebben bij de ontwikkeling van een VR-toepassing. Denk hierbij aan behandelaren en patiënten, directie, maar ook VR-ontwikkelaars, verzekeraars en andere fggz-instellingen. Parallel aan deze processen liep het in kaart brengen van de huidige behandelprocedures. Hiervoor is gebruik gemaakt van '*desk research*' (het verzamelen en analyseren van relevante, vaak niet-wetenschappelijke informatie) en interviews met behandelaren en teamleiders. Op basis van deze informatie kon een beeld gevormd worden van de context waarbinnen de technologie zal worden gebruikt. Belangrijk om te vermelden is dat het verzamelen van informatie over de context geen aparte stap is met een duidelijk eindpunt, maar een activiteit die gedurende het hele ontwikkelproces uitgevoerd wordt. Naast deze activiteiten zijn ook *semigestructureerde interviews* gehouden met behandelaren en patiënten. Deze interviews hadden twee doelen: ten eerste het in kaart brengen van de huidige behandelsituatie, en ten tweede het zoeken naar punten in de behandeling waar VR iets toe zou kunnen voegen.

9.2.5 Value specification

Na de grondige analyse van de huidige situatie en verbeterpunten werd in de *value specification* (specificatie van waardes) onderzocht welke behoeften, wensen en eisen er vanuit de stakeholders en de forensische context zijn. Dit wordt gedaan om te bepalen hoe een VR-toepassing er uit zou moeten zien om van toegevoegde waarde te zijn voor behandelaar, patiënt en instelling.

In deze fase werden *focusgroepen* georganiseerd met meerdere patiënten en behandelaren. In de focusgroepen werd participanten gevraagd om met ideeën voor mogelijke VR-toepassingen voor de fggz te komen. Op basis van de input van deze focusgroepen en de resultaten van de contextual inquiry heeft de multidisciplinaire projectgroep gedurende een *ideeëngeneratie* zes ideeën voor mogelijke VR-toepassingen ontwikkeld. Alle zes ideeën zijn uitgewerkt in zes korte filmpjes die middels een *online vragenlijst* voorgelegd werden aan patiënten, behandelaren en andere stakeholders door heel Nederland. Deelnemers aan deze vragenlijst werd gevraagd om over elk idee hun mening te geven en met eventuele suggesties te komen. Op basis van de uitkomsten van deze vragenlijsten en alle eerder verzamelde informatie zijn *values* oftewel waardes in kaart gebracht: uitspraken die omschrijven wat de technologie volgens gebruikers moet toevoegen aan de huidige situatie. Deze *values* kunnen op meerdere manieren gebruikt worden. Ten eerste kunnen ze dienen als input voor de verdere ontwikkeling van de VR-toepassing. Ten tweede kunnen ze gebruikt worden om de keuzes voor bestaande e-health-technologieën te vergemakkelijken: welke bestaande technologieën sluiten het best aan op de values en dus de behoeften uit de praktijk?

9.3 Aanbevelingen voor het gebruik van e-health in de praktijk

We sluiten dit hoofdstuk af door op basis van praktijk en literatuur enkele belangrijke aanbevelingen te doen voor de zinvolle inzet van e-health in de praktijk.
- Het is van belang dat zorgverleners beseffen dat e-health meer is dan een opzichzelfstaande applicatie of instrument: het gaat erom dat met behulp van technologie de zorgverlening en organisatie van de zorg geoptimaliseerd worden.
- Het is van belang dat e-health goed aansluit op de onderdelen van een behandeling en goed geïntegreerd wordt met bestaande therapieën. Dit vergt (vaak grote) veranderingen in de rol van de zorgverlener.
- Bij de inzet van blended care is er geen uniforme benadering die altijd voor alle patiënten werkt: het is belangrijk om per individu te onderzoeken wat goed past. Er moet goed nagedacht worden over hoe een technologie past bij een patiënt en bij diens behoeften, ziektebeeld, vaardigheden en sociale omgeving.
- Gezamenlijke besluitvorming is belangrijk: behandelaar en patiënt moeten samen bespreken wat de patiënt wel of niet wil en kan, en samen nadenken over hoe blended care vormgegeven moet worden (bijv. m.b.v. het in dit hoofdstuk beschreven instrument (Wentzel et al. 2016).
- Ten slotte is het essentieel dat zorgverleners niet al te veel aarzelen om technologie in de praktijk toe te passen. Een kritische blik is van belang om te bepalen wat de toegevoegde waarde kan zijn. Dit vraagt overigens wel om specifieke vaardigheden van zorgverleners, vaardigheden die niet altijd aangeleerd zijn tijdens de opleiding. Training in de toepassing van e-health is dan ook een belangrijk doel van bijscholing.

9.4 Conclusie

E-health heeft in potentie veel toegevoegde waarde, met name als er sprake is van een goede aansluiting tussen de technologie, de behandelaar, de patiënt en de context (waaronder de huidige behandeling). Er zijn veel technologieën die zich uitstekend lenen voor blended care. Afwegingen over welke digitale technologie geschikt is voor een specifieke situatie, moeten gemaakt worden op basis van precieze doelstellingen van de behandeling en eisen en wensen vanuit de context. Technologie is op zichzelf geen oplossing; er moet zorgvuldig gezocht worden naar de rol en bijdrage van deze technologie in een behandeltraject. Niet onderschat moet worden dat e-health ingrijpt in de praktijk en dat zowel patiënt als behandelaar over voldoende vaardigheden moeten beschikken om er adequaat en zinvol mee om te kunnen gaan.

Literatuur

Benbouriche, M., Nolet, K., Trottier, D., & Renaud, P. (2014). *Virtual reality applications in forensic psychiatry*. Paper presented at the proceedings of the 2014 Virtual Reality International Conference.

Bloem, O., Bulten, B., & Nijman, H. (2011). Psychopathologie onder gedetineerden. In H. Groen, et al. (Red.), *Handboek forensische geestelijke gezondheidszorg* (pag. 153–162). Utrecht: de Tijdstroom.

Bratti-van der Werf, M. K., Laurens, M. C., Postel, M. G., Pieterse, M. E., Allouch, S. B., Wiers, R. W., et al. (2018). Augmenting outpatient alcohol treatment as usual with online alcohol avoidance training: Protocol for a double-blind randomized controlled trial. *JMIR Research Protocols, 7*(3), e55.

Diemer, J., Alpers, G. W., Peperkorn, H. M., Shiban, Y., & Mühlberger, A. (2015). The impact of perception and presence on emotional reactions: A review of research in virtual reality. *Frontiers in Psychology, 6*, 26.

Drieschner, K. H., & Boomsma, A. (2008). The Treatment Motivation Scales for Forensic Outpatient Treatment (TMS-F) construction and psychometric evaluation. *Assessment, 15*(2), 224–241.

Fromberger, P., Jordan, K., & Müller, J. L. (2014). Anwendung virtueller realitäten in der forensischen psychiatrie. Ein neues paradigma? = Use of virtual reality in forensic psychiatry. A new paradigm? *Der Nervenarzt, 85*(3), 298–303.

Gemert-Pijnen, J. E. W. C. van, Peters, O., & Ossebaard, H. C. (Eds.). (2013). *Improving eHealth*. Den Haag: Eleven international publishing.

Gemert-Pijnen, J. E. W. C. van, Kip, H., Kelders, S. M., & Sanderman, R. (2018). Introducing eHealth. In J. E. W. C. van Gemert-Pijnen, S. M. Kelders, H. Kip & R. Sanderman (Eds.), *eHealth technology: Theory, development and evaluation*. Abingdon, UK: Routledge.

Gemert-Pijnen, J. E. W. C. van, Nijland, N., Limburg, M. van, Ossebaard, H. C., Kelders, S. M., Eysenbach, G., et al. (2011). A holistic framework to improve the uptake and impact of eHealth technologies. *Journal of Medical Internet Research, 13*(4), e111. ▶ https://doi.org/10.2196/jmir.1672.

Goethals, K. R., Vorstenbosch, E. C. W., & Marle, H. J. C. van (2008). Diagnostic comorbidity in psychotic offenders and their criminal history: A review of the literature. *International Journal of Forensic Mental Health, 7*(2), 147–156.

Greenberg, E., Dunleavy, E., & Kutner, M. (2007). *Literacy behind bars: Results from the 2003 national assessment of adult literacy prison survey. NCES 2007-473*. Jessup, MD: National Center for Education Statistics.

Kakoschke, N., Kemps, E., & Tiggemann, M. (2017). Approach bias modification training and consumption: A review of the literature. *Addictive behaviors, 64*, 21–28.

Kip, H., & Gemert-Pijnen, J. E. W. C. van (2018). Holistic eHealth development. In J. E. W. C. van Gemert-Pijnen, H. Kip, S. M. Kelders & R. Sanderman (Eds.), *eHealth technology: Theory, development and evaluation*. Abingdon, UK: Routledge.

Kip, H., Bouman, Y. H. A., Kelders, S. M., & Gemert-Pijnen, J. E. W. C. van (2018). eHealth in treatment of offenders in forensic mental health: A review of the current state. *Frontiers in Psychiatry, 9*, 42.

Lier, H. G. van, Oberhagemann, M., Stroes, J. D., Enewoldsen, N. M., Pieterse, M. E., Schraagen, J. M. C., et al. (2017). Design decisions for a real time, alcohol craving study using physio-and psychological measures. In P.W. de Vries, H. Oinas-Kukkonen, L. Siemons, N. Beerlage-de Jong & L. van Gemert-Pijnen (Eds.), *Persuasive technology: Development and implementation of personalized technologies to change attitudes and behaviors*. International conference on persuasive technology, 12th International Conference, PERSUASIVE 2017, Amsterdam, The Netherlands, April 4–6, 2017, Proceedings (pp. 3–15). Cham: Springer.

Mobini, S., Reynolds, S., & Mackintosh, B. (2013). Clinical implications of cognitive bias modification for interpretative biases in social anxiety: An integrative literature review. *Cognitive Therapy and Research, 37*(1), 173–182.

North, M. M., & North, S. M. (2016). *Virtual reality therapy. Computer-assisted and web-based innovations in psychology, special education, and health* (pp. 141–156). Amsterdam: Elsevier Inc.

Pieterse, M., Kip, H., & Cruz-Martínez, R. (2018). The complexity of eHealth implementation: A theoretical and practical perspective. In J. E. W. C. van Gemert-Pijnen, H. Kip, S. M. Kelders & R. Sanderman (Eds.), *eHealth technology: Theory, development and evaluation*. Abingdon, UK: Routledge.

Schultheis, M. T., & Rizzo, A. A. (2001). The application of virtual reality technology in rehabilitation. *Rehabilitation Psychology, 46*(3), 296.

Turner, W. A., & Casey, L. M. (2014). Outcomes associated with virtual reality in psychological interventions: Where are we now? *Clinical Psychology Review, 34*(8), 634–644.

Vaart, R. van der, Witting, M., Riper, H., Kooistra, L., Bohlmeijer, E. T., & Gemert-Pijnen, J. E. W. C. van (2014). Blending online therapy into regular face-to-face therapy for depression: Content, ratio and preconditions according to patients and therapists using a Delphi study. *BMC Psychiatry, 14*(1), 355.

Verheul, F. J. M., Spreij, L. A., Rooij, N. D., Claessen, M. H. G., Visser-Meily, J. M. A., & Nijboer, T. C. W. (2016). Virtual reality als behandeling in de cognitieve revalidatie. *Nederlands Tijdschrift voor Revalidatiegeneeskunde, 2*, 47–53.

Wentzel, J., Vaart, R. van der, Bohlmeijer, E. T., & Gemert-Pijnen, J. E. W. C. van (2016). Mixing online and face-to-face therapy: How to benefit from blended care in mental health care. *JMIR Mental Health, 3*(1), e9.

Wiers, R. W., Gladwin, T. E., Hofmann, W., Salemink, E., & Ridderinkhof, K. R. (2013). Cognitive bias modification and cognitive control training in addiction and related psychopathology: Mechanisms, clinical perspectives, and ways forward. *Clinical Psychological Science, 1*(2), 192–212.

Wijk-van Lier, E. van, Pieterse, M. E., Schraagen, J. M. C., Postel, M. G., Vollenbroek-Hutten, M. M. R., et al. (2018). Identifying viable theoretical frameworks with essential parameters for real-time and real world alcohol craving research: A systematic review of craving models. *Addiction Research and Theory, 26*(1), 35–51.

Deel III Overzicht: de praktijk II: niet-aangeboren hersenletsel

Hoofdstuk 10 Gesprekstherapie na hersenschade: enkele basisprincipes voor de psychotherapie – 129
N.H. Farenhorst

Hoofdstuk 11 Identiteit: over een veranderd zelf na hersenletsel – 145
N.H. Fahrenhorst

Hoofdstuk 12 Leven met emoties na CVA: veerkracht en kwetsbaarheid in het spanningsveld van de psychotherapeut – 163
P.G.T. Smits

Hoofdstuk 13 Psycho-educatie voor patiënten met een hersenaandoening en hun mantelzorgers – 181
C. Lafosse

Hoofdstuk 14 Een neurocognitieve stoornis: bijdrage van de neuropsychologie bij psychotherapeutische behandeling – 191
P.F.M. de Wit en M.C. Wolterink

Hoofdstuk 15 E-health in de behandeling van mensen met niet-aangeboren hersenletsel – 211
M. Blankestijn en M.E. Ford

Gesprekstherapie na hersenschade: enkele basisprincipes voor de psychotherapie

N.H. Farenhorst

10.1 Therapie is leren – 130

10.2 Gevolgen van hersenschade en implicaties voor de therapie – 131
10.2.1 Alertheid – 131
10.2.2 Tempo – 133
10.2.3 Aandacht – 134
10.2.4 Geheugen – 135
10.2.5 Waarneming en begrip – 136
10.2.6 Taal en communicatie – 138

10.3 Gedrag – 138

10.4 Emotionele gevolgen – 140

10.5 Conclusie – 141

Literatuur – 141

© Bohn Stafleu van Loghum is een imprint van Springer Media B.V., onderdeel van Springer Nature 2019
J. A. M. Vandermeulen, M. M. A. Derix en A. van Dijke (Red.), *De rol van neuropsychologie bij psychotherapie*,
https://doi.org/10.1007/978-90-368-2263-3_10

10.1 Therapie is leren

Een therapie kan worden opgevat als een leerproces. In neurologische termen komt dat er op neer dat er nieuwe neuronale verbindingen worden gelegd. Dit leren kan op verschillende niveaus verlopen. Een mogelijke indeling in de hersenen is die tussen corticale en subcorticale structuren (Kolb en Whishaw 2015). Het corticale gedeelte omvat de neocortex, waar de min of meer bewuste informatieverwerking en regulering van het gedrag plaatsvindt. Subcorticale structuren omvatten onder andere het limbisch systeem en de hersenstam. Hier wordt het door reflexen gestuurde, het geautomatiseerde en het emotiegestuurde gedrag geregeld (Cranenburgh 2016a). Deze indeling kan worden geassocieerd met verschillende manieren van leren. Op het lagere en het tussenniveau verlopen leerprocessen voornamelijk via conditionering (Cranenburgh 2016a). Op het niveau van de neocortex verloopt het leren meer via regels en complexere, veelal door taal gemedieerde, associaties (Cranenburgh 2016a; Morgan en Ricker 2018).

Hersenschade leidt vaak tot een beperking in, met name, het corticale leervermogen. Met deze beperking van de 'leerbaarheid' wordt doorgaans bedoeld dat de corticale leerprocessen beperkt zijn en dat men mogelijk meer van subcorticale leerprocessen gebruik moet maken, maar het laatste woord is hier nog niet over gezegd, temeer daar dit begrip nog weinig onderzocht is (Boosman et al. 2015). Voor verbale psychotherapeutische interventies zijn de hogere, corticale functies van groot belang. Zij stellen ons in staat te denken en met behulp van taal onszelf en de wereld te begrijpen. Zij maken het tevens mogelijk dat wij ons gedrag doelbewust reguleren. Wanneer hierop weinig of geen beroep meer gedaan kan worden, zal de regulering van het gedrag vooral met behulp van de omgeving plaats moeten vinden. Wanneer iemand nog in enige mate beschikt over het vermogen het eigen gedrag te reguleren, kan met behulp van conditionering en inslijpen nieuw gewenst gedrag worden aangeleerd (Cranenburgh 2017). Op neuronaal niveau hangt dit leervermogen samen met het feit dat de hersenen plastisch zijn. Dit betekent dat er nieuwe neuronale verbindingen kunnen worden aangelegd. Er ontstaan neuronale patronen en netwerken die het substraat vormen van nieuwe kennis en vaardigheden. Het hoogste niveau van leren betreft het zelf (al of niet met hulp) kunnen bedenken en uitvoeren van een strategie om problemen op te lossen. Men is dan in staat om op creatieve en flexibele wijze met nieuwe situaties om te gaan. Een regelmatig genoemde belemmering in het aanleren en toepassen van nieuwe vaardigheden bij mensen met hersenschade betreft het generaliseren. Dit houdt in dat mensen de nieuw geleerde kennis en vaardigheden niet toepassen in andere situaties dan die waarin zij die hebben aangeleerd. De patiënt maakt bijvoorbeeld wel aantekeningen of vraagt extra tijd in de therapiesessie, maar doet dit niet daarbuiten. In de therapie moet hier dan extra aandacht aan worden besteed. Dit kan door in verschillende situaties te oefenen en door aandacht te schenken aan het herkennen en onderscheiden van situaties waarin bepaald gedrag wel of niet adequaat is. Wanneer dat niet goed lukt, moet men zo veel mogelijk oefenen in de situatie waarin het geleerde in het dagelijks leven van de patiënt moet worden toegepast.

Hersenschade kan dus, samenhangend met cognitieve veranderingen, het leervermogen op verschillende manieren beperken. Een psychotherapeutisch leerproces vraagt daarom een zorgvuldig overwogen behandelplan, dat rekening houdt met de gevolgen van hersenschade.

10.2 Gevolgen van hersenschade en implicaties voor de therapie

Niet-aangeboren hersenletsel (NAH) kan verschillende gevolgen hebben voor informatieverwerkingsprocessen. In gesprekken met partners en familieleden van patiënten met hersenschade komt vaak de vraag naar voren of iemand iets niet meer kan of dat diegene het niet wil (Frischknecht et al. 2014). Dit illustreert hoe een gebrek aan kennis van de gevolgen van hersenschade tot onbegrip en misverstanden kan leiden. Kennis van de gevolgen van hersenschade is om verschillende redenen van belang voor de psychotherapie (zie kader).

> **Belang van kennis over hersenschade**
> - het gedrag en de beleving van de patiënt kunnen begrijpen en duiden;
> - de therapie laten aansluiten op de mogelijkheden van de patiënt door rekening te houden met specifieke beperkingen;
> - haalbare doelen te stellen.

De gevolgen van hersenschade kunnen erg complex en moeilijk te begrijpen zijn. Zeker wanneer men niet over een adequaat denkmodel en begrippenkader beschikt. Voor de (klinisch) neuropsycholoog zijn veel gevolgen bekend en vanzelfsprekend. Voor patiënten en hun omgeving, maar ook voor hulpverleners die weinig kennis van neuropsychologie hebben, zijn de gevolgen verwarrend en ongrijpbaar. Een groot verschil tussen aangeboren en later ontstane hersenschade is dat in het laatste geval mensen anders kunnen gaan reageren dan voor de schade. Hun gedrag is voor henzelf en anderen niet meer zo herkenbaar, vertrouwd en vanzelfsprekend. Zij zeggen vaak dat 'alles anders is'. En dat geldt ook voor gevallen van – in neurologisch opzicht – 'lichte' hersenschade. Patiënten begrijpen zichzelf en de ander niet altijd meer en voelen zich vaak onbegrepen. Dat kan leiden tot vervreemding en onzekerheid, en vaak ook tot sociaal isolement en eenzaamheid. Mensen moeten zichzelf, de ander en de wereld opnieuw leren begrijpen. Hier kan psycho-educatie en psychotherapie bij helpen.

Hieronder wordt kort een aantal veelvoorkomende gevolgen van hersenschade besproken. Steeds wordt stilgestaan bij de wijze waarop men hier tijdens de psychotherapie rekening mee kan houden. Uiteraard komen niet alle genoemde stoornissen bij iedereen of altijd voor. Een neuropsychologisch onderzoek kan duidelijk maken in hoeverre er sprake is van stoornissen met betrekking tot cognitie, emotie en gedrag.

10.2.1 Alertheid

Om te beginnen is er voor het bewust verwerken van informatie een zekere alertheid nodig. De mate van alertheid wordt onder andere geregeld door centra in de hersenstam (Lambrecht en Hermans 2015). In neurologische termen spreekt men van arousal. Schade in dit gebied kan leiden tot stoornissen in de regulering hiervan. Het betreft echter niet altijd uitsluitend de hersenstam; ook andere

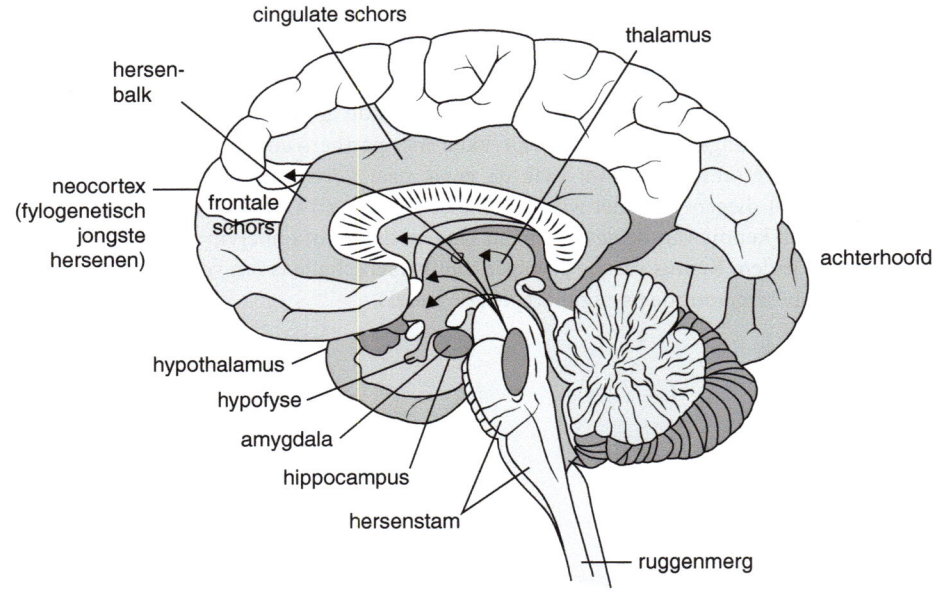

◘ **Figuur 10.1** Hersenstructuren (Bron: ► http://thewalsh.info)

structuren, zoals delen van de frontale cortex en dieper gelegen kernen als de amygdala, spelen een rol in de regulering van de arousal (Lambrecht en Hermans 2015) (◘ fig. 10.1).

Enerzijds kan er sprake zijn van verminderde alertheid (hypoarousal). In het extreemste geval is er sprake van een coma en in lichtere gevallen van slaperigheid of slaperige afwezigheid. Anderzijds kan de patiënt last hebben van overactivatie (hyperarousal), onrust of agitatie. Naast het gevolg van de feitelijke schade, bijvoorbeeld ten gevolge van een trauma, bloeding of tumor, kunnen een ontregeling van de persoonlijkheid, levensgebeurtenissen en leerprocessen een rol spelen. Verhoogde alertheid (hyperalertheid) vormt een onderdeel van de stressrespons, waarmee het zenuwstelsel reageert op signalen van gevaar (Ledoux 2017). Angst- en hechtingsstoornissen kunnen worden geassocieerd met een overactief of overgevoelig neurologisch waarschuwingssysteem. Men is voortdurend geactiveerd en op zijn hoede. Het is geen doelbewust gekozen waakzaamheid, maar eerder een ongeremde activatie door het autonome zenuwstelsel (Ledoux 2017). De alertheid en prikkelbaarheid, die symptomen van het posttraumatisch stresssyndroom (PTSS) vormen, worden ook geassocieerd met een overgevoeligheid van de amygdala. Hyperarousal kent dus zowel neurologische als psychologische aspecten. Een voortdurende hyperalertheid kost veel energie en kan uiteindelijk tot uitputting leiden (Feltz-Cornelis 2015).

Om effectief te kunnen functioneren is een adequate regulering van de activatie van belang. Men moet wakker zijn om te kunnen presteren, want bij te weinig activatie is men passief, traag en suf. Wanneer er echter sprake is van overactivatie gaat dit ook ten koste van het efficiënt en effectief handelen. De executieve functies zijn dan ontregeld. Men is te onrustig om na te denken en is geneigd tot impulsief en chaotisch handelen. De bekendste voorbeelden hiervan zijn paniek en blackout (Ledoux 2017). De mate van activatie kan dus te laag, te hoog of optimaal zijn.

10.2 · Gevolgen van hersenschade en implicaties voor de therapie

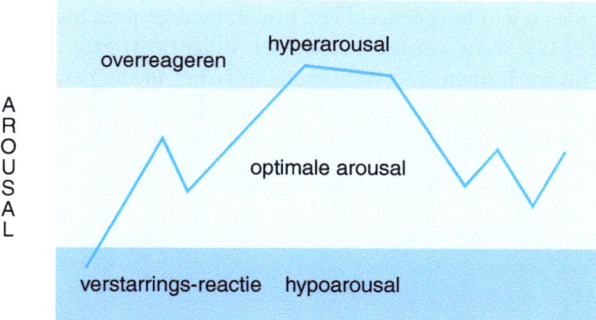

Figuur 10.2 Window of tolerance

De bandbreedte van optimale activatie wordt aangeduid als *'window of tolerance'* (Siegel 2012). Om effectief te kunnen reageren en handelen, moeten de hersenen dus in een optimale staat van activatie zijn (fig. 10.2).

Bij hersenschade zien we regelmatig dat het window of tolerance versmald is (Lindeboom 1980). Hersenschade leidt dikwijls tot een toename van stress en een afname van stressbestendigheid. Zeer regelmatig is de hulpvraag van patiënten dat zij rust willen ervaren. Men ervaart onrust. Die kan worden versterkt door een gevoel van onveiligheid (op basis van alle veranderingen), falen of de ervaring dat oude, bekende copingstrategieën nu niet meer mogelijk of minder effectief blijken te zijn. Het vraagt dus extra aandacht van de therapeut om ervoor te zorgen dat het therapiegesprek in vruchtbare aarde valt. In neurologische termen gaat het erom dat de hersenen voldoende actief zijn, maar niet te onrustig. Een belangrijke leervoorwaarde binnen de therapie is dat de patiënt zich in alle opzichten veilig voelt. De fysieke omgeving waar het therapiegesprek plaatsvindt, de plaats van het gesprek in de dagplanning, de therapeutische attitude van de psychotherapeut, de wijze van communiceren, het vermogen tot mentaliseren en de gestructureerdheid en het tempo van het gesprek kunnen hieraan een positieve bijdrage leveren.

Bij hypoarousal moet de therapeut de patiënt extra activeren ('aan het werk zetten') en ervoor zorgen dat die niet te lang hoeft te luisteren. Bij hyperarousal zal eerst aandacht en tijd besteed moeten worden aan het 'aankomen' in het hier en nu van de gesprekssituatie. In dit geval kan het nuttig zijn de sessie te starten met een korte ontlading, het vaststellen van het gespreksonderwerp, het doen van enkele ademhalingsoefeningen of een korte stilte.

10.2.2 Tempo

Een van de meest voorkomende gevolgen van hersenschade is een vermindering van de capaciteit tot informatieverwerking (Rasquin en van Heugten 2007). De hersenen hebben dan vaak meer tijd nodig voor cognitieve processen, en er kan niet te veel tegelijk worden verwerkt. Dit is soms wel, maar heel vaak ook niet, direct waarneembaar bij de patiënt. Als informatieverwerkingsprocessen meer tijd en energie kosten, moeten de hersenen als het ware harder werken om een functie uit te voeren. Dit leidt vaak tot vermindering van de mentale belastbaarheid.

Men is eerder mentaal moe en kan bijvoorbeeld een inspannend gesprek niet lang volhouden (Perbal-Hatif 2012). Soms worden mensen dan stiller of afwezig. Anderen kunnen geïrriteerd raken. Binnen de psychotherapie is het in dit geval van belang dergelijk gedrag niet te snel te duiden als weerstand. Beter is het dan om rekening te houden met het tempo van de informatieverwerking (zie kader).

Rekening houden met tempo van informatieverwerking

- een sessie niet te lang laten duren;
- eventueel regelmatig een korte pauze inlassen;
- een rustig tempo hanteren in de gesprekken.

De therapeut kan op deze manier de patiënt via 'modeling' ook uitnodigen het tempo te vertragen (hetgeen bij een hersenaandoening een belangrijke copingstrategie is).

10.2.3 Aandacht

Aandacht kan gezien worden als het selectief aanwenden van verwerkingscapaciteit (Lambrecht en Hermans 2015). Door veel irrelevante informatie weg te selecteren, kan de capaciteit efficiënt worden ingezet en wordt overbelasting voorkomen. Wanneer door hersenschade de capaciteit is afgenomen, wordt de noodzaak van het selectief richten van de aandacht nog groter. Helaas zien we vaak dat dit selectieproces na hersenschade ook verstoord is (Eling en Brouwer 1995). Er wordt vaak te weinig selectief waargenomen oftewel 'er komt te veel binnen'. Vaak wordt dit omschreven als 'het filter is kapot'. Dit trekt een zware wissel op de toch al afgenomen mentale belastbaarheid. Een gevolg is dat mensen slecht tegen drukte en prikkels kunnen. Deze prikkelgevoeligheid kan licht, geluid, tast en of aanraking betreffen. Deze verschijnselen worden ook wel aangeduid met de term intolerantieklachten (▶ www.hersenletsel-uitleg.nl). Mensen kunnen dan minder hebben. Zij raken snel overprikkeld en reageren prikkelbaar.

Een ander aspect van de aandacht is het vermogen om die flexibel te verplaatsen van het ene object of thema naar het andere (Eling en Brouwer 1995). Na hersenschade kunnen mensen daar moeite mee hebben. Ze zijn dan geneigd om erg lang bij een thema te blijven hangen. Dat is in dit geval geen neurotische vasthoudendheid, maar een neurologisch gefundeerde moeite met het omschakelen (Eling en Brouwer 1995). Het tegenovergestelde komt ook voor: patiënten die te makkelijk switchen, meer afleidbaar zijn en van de hak op de tak springen. In een aantal gevallen proberen mensen deze aandachtsregulatiestoornissen spontaan te compenseren. Dit houdt in dat de aandacht in plaats van automatisch nu meer bewust moet worden gereguleerd. Ook dit kost (weer) extra tijd en energie. Men kan hier rekening mee houden (zie kader).

> **Rekening houden met aandachtsregulatiestoornissen**
> - Doseren. Dit is een sleutelbegrip. In de neuropsychologie gaat het hier in *eerste instantie* om prikkeldosering op basaal niveau. Dat kan al betekenen dat de verlichting niet te fel moet zijn en dat de gespreksruimte rustig en overzichtelijk is. Maar ook vragen zijn op te vatten als belastende prikkels. Daarnaast kan een gesprek met meer dan één gesprekspartner als belastend worden ervaren. In *tweede instantie* gaat het om het doseren van de activiteitsduur, bijvoorbeeld wat betreft de duur van de therapiesessie en het aantal activiteiten (bijv. huiswerkopdrachten). Overigens is in de algemene psychotherapie doseren ook een bekend principe, bijvoorbeeld bij systematische desensitisatie.
> - Eén thema tegelijk bespreken. Een thema moet eerst duidelijk worden afgesloten, en de verandering van onderwerp moet expliciet worden aangegeven. Een duidelijke agenda voor een sessie geeft structuur en overzicht (zie voor meer informatie Miller en Rollnick 2014).
> - Alert zijn op afdwalen; zowel passief (afwezig zijn) als actief (niet 'to the point' zijn).
> - Soms even gericht de aandacht vragen (naam noemen), checken of de ander het gesprek volgt, of aankondigen wanneer men iets zeer wezenlijks gaat zeggen.
> - Patiënten aanmoedigen of de ruimte geven om prikkels te doseren, zoals zich even terugtrekken, oordopjes indoen of een zonnebril of pet op te zetten.

De laatste jaren wordt er in de revalidatie geëxperimenteerd met aandachtsoefeningen in de vorm van zogenaamde mindfulnesstrainingen (Spek et al. 2016). De resultaten hiervan zijn bemoedigend. In feite komt deze training voor een groot deel neer op het oefenen van de, in de neuropsychologische revalidatie reeds lang gehanteerde, principes van vertragen, één ding tegelijk doen (en de aandacht daarop richten) en het 'stop-denk-doe'-model. Ook de zogenaamde *Tension, Trauma en Releasing Exercises* (Bercelli 2016) lijken in dit kader goed te werken.

10.2.4 Geheugen

Geheugenproblemen behoren wellicht tot de bekendste cognitieve gevolgen van hersenschade. Tegelijkertijd bestaan er veel misverstanden over. Eigenlijk kun je nauwelijks spreken van 'het' geheugen. In feite gaat het om een verzameling processen van informatieverwerking (Wilson et al. 2017). Deze zijn onder andere afhankelijk van de in ▶ par. 10.2.1 t/m 10.2.3 genoemde aspecten (alertheid, tempo en aandacht). Het opnemen, opslaan en ophalen van informatie vraagt aandacht, tijd en energie. Bij sommige patiënten is vooral het opnemen van nieuwe informatie verstoord (het komt niet binnen en/of blijft niet hangen). Anderen hebben juist meer moeite met het opdiepen van eerder opgeslagen informatie (het zit er wel, maar is niet bereikbaar) (Blokhorst et al. 1994). Verder hebben stemming, emotionele lading, vermoeidheid en context veel invloed (Blokhorst et al. 1994). Er bestaan verschillende soorten geheugens en geheugenstoornissen (Lambrecht en

Hermans 2015). Deze kunnen te maken hebben met de duur van het trauma of de gebeurtenis (korte- en langetermijngeheugen), met het soort informatie (levensgebeurtenissen, feiten, procedures) of de modaliteit (verbaal, visueel, akoestisch). Soms wordt wel een gevoelsmatige betekenis onthouden (iets was fijn of juist bedreigend), zonder dat men nog precies weet wat het was.

Onthouden is dus geen alles-of-nietskwestie. Afhankelijk van de aard van de geheugen stoornissen kan hier op verschillende manieren rekening mee worden gehouden (zie kader).

Rekening houden met geheugenstoornissen

- Let op de in ▶ par. 10.2.1, 10.2.2 en 10.2.3 genoemde aspecten (alertheid, tempo en aandacht).
- Doseer nieuwe informatie en laat die zo nodig herhalen.
- (Laat) aantekeningen van de sessie maken en geef deze op schrift mee.
- (Laat) thema's die besproken zijn regelmatig samenvatten.
- Geef huiswerkopdrachten op schrift mee.
- Maak afspraken over eventuele hulp bij herinneren via mail, WhatsApp, sms en dergelijke.

10.2.5 Waarneming en begrip

Informatie die via de zintuigen binnenkomt, wordt in de hersenen geïnterpreteerd en daardoor herkend. Voor de psychotherapeutische praktijk kan een aantal waarnemingsstoornissen van belang zijn. Allereerst zijn er de stoornissen in de sociale cognitie (waarneming) (Spikman 2017). Dat houdt in dat sociale situaties niet goed kunnen worden ingeschat. Dit maakt het lastig om het eigen gedrag hierop af te stemmen. Het kan nuttig zijn de – doorgaans subtiele en impliciete – sociale codes en signalen expliciter te benoemen. Men 'ondertitelt' als het ware de situatie voor de patiënt. Ook kan het van belang zijn om duidelijk aan te geven wat er van de patiënt verwacht of gevraagd wordt (een impliciete hint, bijvoorbeeld dat het gesprek afgelopen is, wordt niet opgevat als een signaal om op te staan en weg te gaan). Regelmatig wordt, vooral door partners en naaste familieleden, opgemerkt dat patiënten met hersenschade veel met zichzelf bezig zijn en weinig aandacht meer schenken aan anderen. Dit kan door de omgeving worden opgevat als asociaal gedrag. Vanuit neuropsychologisch perspectief kan deze gedragsverandering samenhangen met verschillende fenomenen. Zo kan men door de beperking van de informatieverwerkingscapaciteit letterlijk weinig ruimte hebben voor een ander. In een poging om het overzicht in een moeilijk te begrijpen sociale wereld te behouden, blijft men dicht bij zichzelf. Mogelijk speelt ook een verandering in de zogenoemde spiegelneuronen een rol. Dit zijn zenuwcellen die reageren op (meedoen met) het gedrag van de ander en ons helpen die ander te begrijpen en aan te voelen (Ramachandran 2006). Soms kan de patiënt niet meer goed bedenken hoe iets voor de ander is of wat de ander wenselijk zou vinden Men zou kunnen spreken van 'neurologisch egocentrisme' om aan te geven dat dit een informatieverwerkingsstoornis betreft. In meer psychologisch opzicht kan de patiënt ook, min of meer regressief, een passieve, afhankelijke houding aannemen, die meer gericht is op aandacht vragen dan schenken. Partners zeggen vaak dat het is alsof zij 'er nog een kind bij hebben'.

Een andere vorm van waarneming is de kennis van het zelf en wat men wel of niet (meer) kan. In negatieve zin wordt dit wel beperkt of afwezig *ziekte-inzicht* genoemd. Men beseft niet dat men 'ziek' is oftewel beperkingen heeft. Een hypothese kan zijn dat de hersenen zelf niet goed in staat zijn hun eigen schade op te merken (Prigatano 1999). Het orgaan dat dit zou moeten waarnemen is zelf beschadigd. Een gevolg hiervan is dat mensen zichzelf overschatten en roekeloos lijken, en dat er verschil van mening ontstaat met anderen. In de neuropsychologie bestaat er sinds lang discussie over de vraag in hoeverre dit een direct gevolg van de hersenschade zelf is of dat er sprake is van ontkenning in de zin van een psychologisch afweermechanisme (Prigatano 1999). In de praktijk is dit onderscheid niet altijd gemakkelijk te maken, en het lijkt aannemelijk dat beide aspecten ook naast elkaar kunnen voorkomen. Doordat de gevolgen van hersenschade vaak complex en moeilijk te begrijpen zijn, is het niet zo vreemd dat het voor mensen een geruime tijd vergt om deze te herkennen en onder ogen te zien. Toch kan dit gebrek aan realiteitstoetsing soms dermate hardnekkig zijn dat er gesproken kan worden van een stoornis (Cranenburgh 2016b). Dit leidt er dikwijls toe dat de patiënt irreële therapiedoelen stelt of het idee heeft helemaal geen behandeling nodig te hebben. In sociale relaties kan dit verschil van inzicht erg verstorend zijn en gemakkelijk leiden tot conflicten of een breuk in de alliantie. Dit is vooral het geval wanneer patiënten zonder goede werkrelatie en vertrouwensbasis met hun beperkingen worden geconfronteerd. Vaak is het vruchtbaarder om de patiënt, begripvol en met validatie van de frustratie, geleidelijk mee te nemen in een gezamenlijke realiteitstoetsing (Prigatano 1999). Dit kan plaatsvinden aan de hand van de evaluatie van ervaringen of bijvoorbeeld videofeedback.

Ten slotte is er wat betreft de waarneming nog het moeilijk voorstelbare fenomeen dat aangeduid wordt met neglect (Cranenburgh 2016b; Kerkhoff en Schmidt 2018). Bij deze stoornis wordt zintuiglijke informatie aan de linker- of rechterzijde niet bewust waargenomen. Het fenomeen kan zowel als een aandachts- als als een waarnemingsstoornis worden gezien. Neglect kan een of meerdere zintuigen betreffen, maar het meest opvallend en relatief vaak voorkomend is het niet waarnemen van één zijde van het lichaam en/of één zijde van het visuele of motorische veld. Dit gedeelte lijkt in de beleving van de patiënt in feite niet te bestaan. In het eerste geval is de zelfzorg voor die niet waargenomen zijde vaak slecht. In het tweede geval worden mensen, voorwerpen en situaties niet opgemerkt. De patiënt is zich dit heel vaak niet bewust. Een gevolg kan zijn dat men niet reageert op personen die zich in het genegeerde visuele veld bevinden. Vooral als er meerdere personen aanwezig zijn (bijvoorbeeld bij systeem- of groepstherapie), kan dit voor verwarrende situaties en misverstanden zorgen. Van belang is te beseffen dat dit negeren niet opzettelijk en bewust gebeurt, maar dat het, in dit geval, samenhangt met een stoornis in de informatieverwerking. Men kan rekening houden met dit verschijnsel door ervoor te zorgen dat men zich in het veld bevindt dat wel bewust wordt waargenomen of expliciet de aandacht naar de genegeerde zijde te brengen. Voor gevallen van visueel neglect bestaan er speciale trainingen in bijvoorbeeld visuele-revalidatiecentra.

10.2.6 Taal en communicatie

Nauw aansluitend bij stoornissen van de waarneming en het begrip zijn de taal- en communicatiestoornissen. De bekendste is de *afasie*, een taalstoornis die zowel het begrijpen als het uiten kan betreffen (Manders 2016). In het geval van ernstige afasie zal verbale psychotherapie niet mogelijk zijn. Soms kan men, eventueel met behulp van gebaren, symbolen of tekeningen, toch communiceren. Minder bekend is de *aprosodie,* een stoornis in het herkennen of gebruiken van de 'melodie' van de taal (Leentjens et al. 1996). De manier waarop een woord of zin wordt uitgesproken, bepaalt veel van de betekenis. Bij een aprosodie wordt de intonatie niet meer juist begrepen en/of gehanteerd. Een voorbeeld is dat men boos klinkt zonder boos te zijn. Verder zijn er nog verschillende andere non- en (peri)verbale communicatiestoornissen (Dharmaperwira-Prins 2000). Daarbij gaat het bijvoorbeeld om stoornissen in het juiste gebruik van synoniemen (men gebruikt dan woorden met een andere emotionele lading, bijv. grover taalgebruik) en het begrijpen van dubbelzinnigheden, impliciete betekenissen of abstracties. Ook schat men soms niet juist in of iets als grapje bedoeld is of niet. Ten slotte kan de communicatie meer op gedragsniveau verstoord zijn. Men laat de ander bijvoorbeeld niet uitspreken of breekt te vaak in in een gesprek van anderen. Deze communicatiestoornissen kunnen ook samenhangen met de in ▶ par. 10.3 genoemde gedragsveranderingen, zoals ontremming en perseveratie. Hoewel de aard en ernst van de stoornissen zeer verschillend kunnen zijn, zijn er enkele algemene principes die de communicatie kunnen ondersteunen (zie kader).

Rekening houden met taal- of communicatiestoornissen

- Ga na of men de ander goed heeft begrepen en/of de ander jou begrepen heeft.
- Gebruik grammaticaal eenvoudige taal (echter niet kinderlijk, overmatig luid of traag) en korte zinnen.
- Stel zo nodig gesloten vragen.
- Gebruik meerdere modaliteiten (praten, tekenen, gebaren).
- Wees expliciter in de communicatie.
- Vermijd indirecte, abstracte, dubbelzinnige of ambigue taal.

Naast taalstoornissen kan er na hersenschade ook sprake zijn van spraakstoornissen (Peters et al. 2006). Hierdoor kan de indruk bestaan dat de taalverwerking verstoord is, maar ze vallen onder de motorische gevolgen. Een voorbeeld is de dysartrie, die zich uit in een moeizame articulatie en traag of hakkelend spreken. Het taalbegrip is hierbij echter normaal.

10.3 Gedrag

Alle in de vorige paragrafen in dit hoofdstuk genoemde factoren hebben een modificerende invloed op het gedrag. Veranderd gedrag na hersenletsel kan beter begrepen worden wanneer men rekening houdt met deze factoren. Dit is ook van belang bij het selecteren van probleem- en doelgedrag. Echter, gedrag kan niet los gezien worden van de context. Klassiek wordt gedragsverandering na hersenschade verklaard uit drie principes: *de hersenschade zelf, de reacties op het trauma zelf* (bijvoorbeeld copingpogingen) en *mogelijke versterking van reeds bestaande persoonlijkheidstrekken of een persoonlijkheidsstoornis* (Cranenburgh 2016b; Kolb en Whishaw 2015). Gedragsmatige reacties en handelingen kunnen opgevat worden als een uitingsvorm van het hierboven besproken informatieverwerkingsproces. Gedragsveranderingen betreffen in dit verband vaak de verminderde regulering van het doelbewuste gedrag (Spikman 2017). Gedragsregulerende functies worden in de neuropsychologie uitvoerende of executieve functies genoemd. We verstaan hieronder de hele keten van idee, planning, adequate uitvoering en controle van een handeling (Spikman 2017). Deze cyclus includeert het probleemoplossend vermogen, waarbij de term probleem in de meest brede zin moet worden opgevat. Veranderingen kunnen een of meerdere onderdelen van dit proces betreffen. Sommige patiënten kunnen geen ideeën meer genereren voor wat te doen. Anderen kunnen dit slechts zeer beperkt, zodat zij slechts één idee hebben en dat moeilijk kunnen aanpassen als de situatie verandert. Weer anderen hebben vooral moeite een idee te vertalen naar een plan (wat ga ik, wanneer, en in welke volgorde doen, en hoeveel tijd kost dit?). Het komt regelmatig voor dat mensen moeite hebben om met de uitvoering van een plan te beginnen. Dit duidt niet altijd op ongemotiveerdheid, recalcitrantie of een te strenge interne criticus, maar kan in dit geval samenhangen met een neurologisch onvermogen een handeling te initiëren. Weer anderen beginnen juist te snel. Zij handelen impulsief, zonder enig plan. In sommige gevallen kan er worden gesproken van 'ontremming'. In weer andere gevallen heeft men moeite om met een handeling of activiteit te stoppen. Men blijft ermee doorgaan (persevereren), ook al is de handeling niet meer zinvol. Ten slotte zien we dat mensen onvoldoende monitoren en controleren wat zij doen. Zij dwalen al handelend af *(goal drifting)*, zodat het handelen chaotisch wordt, en/of ze merken niet op dat zij fouten maken of afdwalen van hun plan. Deze fenomenen kunnen ook een rol spelen bij het spreken en denken. Mensen kunnen te lang op een thema blijven hangen, verliezen zich in details, zijn niet *to the point* of weiden enorm uit. Bij de controle van het handelen hoort ook de inschatting of de handeling of het praten passend is binnen een specifieke context (zie ook sociale gnosis (kennis nemen van sociale situaties en die kunnen inschatten en beoordelen) en communicatie). Een vaak genoemd kenmerk van het gedrag na hersenschade is inflexibiliteit en stereotypie, oftewel weinig variatie vertonen (Beeckmans en Michiels 2005). Dit kan gezien worden als een uiting van het gebrek aan capaciteit van de hersenen om zich flexibel aan een veranderende situatie aan te passen. In psychologisch opzicht kan het opgevat worden als een vorm van coping. Patiënten proberen meer grip te krijgen op de als onoverzichtelijk ervaren werkelijkheid door star vast te houden aan bekende patronen en structuren. Nieuwe situaties en keuzes worden vermeden. Dit dwangmatige gedrag wordt door de omgeving niet altijd als plezierig ervaren. Deze wijze van reageren kan echter gezien worden als een uiting van onvermogen, en ook gezien als copinggedrag moet het niet te snel als een pathologisch symptoom worden behandeld.

De stoornissen in het doelmatig handelen kunnen grote gevolgen hebben voor bijvoorbeeld het uitvoeren van huiswerkopdrachten, gedragsexperimenten en oefenen van nieuw gedrag en vaardigheden. Dergelijk gedrag roept makkelijk negatieve reacties op. Dit kan leiden tot toename van de arousal, die weer een verstorend effect op de executieve functies kan hebben.

In de psychotherapeutische praktijk kan men op een aantal manieren met het bovenstaande rekening houden (zie kader).

> **Rekening houden met gedragsveranderingen**
>
> - Soms is het van belang dat de therapeut meer directief helpt bij het genereren van ideeën, alternatieven en oplossingen. Dit geldt voor handelingen/gedrag, maar ook voor het bedenken van alternatieven voor conclusies en overtuigingen.
> - Het kan nodig zijn dat de therapeut hulp biedt bij het opstellen van een concreet uitgewerkt plan of planning. Hierin kunnen concrete start- en/of stopmomenten worden bepaald.
> - De initiatiefname kan ondersteund worden door zeer concreet beschreven opdrachten te geven en die te agenderen. Zo nodig moet in de sessie eerst gedrag worden geoefend alvorens dit als huiswerkopdracht mee wordt gegeven.
> - De therapeut werkt met een checklist of een uitgewerkt stappenplan.
> - Ondersteuning kan nodig zijn in het helpen begrenzen en *to he point* blijven. Bij het uitdagen van gedachten of een socratische dialoog kan de patiënt soms geneigd zijn te verdwalen of ontsporen.
> - Vaak is het van belang sessies korter en frequenter te plannen, waardoor de voortgang beter kan worden gevolgd, of gebruik te maken van mail/(beeld)chat en dergelijke.

10.4 Emotionele gevolgen

Naast de min of meer technische kant van de informatieverwerking, wordt informatie ook emotioneel gekleurd. Zij wordt geassocieerd met een plezierige of onplezierige beleving. Ook hier zien wij dat hersenschade verschillende gevolgen kan hebben. De werking van het zenuwstelsel is gebaseerd op activeren of remmen: meer of minder signalen. Een zenuwcel kan uiteindelijk maar twee dingen: vuren of niet. We zien dus bij schade zowel afname als toename van activiteit. Dat geldt ook voor emoties. Zowel een verhoogde als een verminderde emotionaliteit komen voor (Cranenburgh 2016b). Veel patiënten geven aan sneller geëmotioneerd te zijn. Maar ook snellere irritatie of frustratie komt voor. We zien daarnaast ook vaak depressieve reacties, die overigens niet altijd goed te differentiëren zijn van initatiefloosheid of vervlakking. Verder komt een meer eufore wijze van reageren voor, die vaak weer meer samenhangt met een impulsieve en chaotische handelwijze. Verwarrend is dat de beleving en de expressie min of meer losgekoppeld kunnen zijn en dat de expressie sterker is dan wordt bedoeld of beleefd. Belangrijkste voorbeelden hiervan zijn dwanghuilen en dwanglachen (Balen en Vaessen 2016). Hier zien we dat patiënten huilen of lachen zonder dat zij ervaren dat ze bijzonder verdrietig of blij zijn. Hoe meer aandacht de omgeving hieraan schenkt, hoe sterker de reactie vaak wordt. Het is in dit geval belangrijk om na te gaan of het huilen of lachen inderdaad met emoties samenhangt. Zo niet, dan kan men er vaak het best geen aandacht aan schenken. Dat voelt soms vreemd en asociaal, maar leidt uiteindelijk tot een congruentere communicatie. Ook een zekere, soms schijnbare, onverschilligheid komt voor (Cranenburgh 2016b). Patiënten geven dan aan eigenlijk weinig emotie meer te ervaren. In een aantal gevallen is men zich daarvan bewust. De een ervaart dat als gemis, de ander vindt het juist wel rustig. Soms is men wel in staat een bepaalde beleving te benoemen. Dat lijkt dan wellicht iets minder authentiek, maar het is wel een manier om de sociale interactie te onderhouden. Versterkte of verzwakte emotionele reacties kunnen in meer of mindere mate rechtstreeks worden verklaard door neurologische schade (Rasquin en Kootker 2016). Daarnaast kunnen deze voortkomen uit reacties op de gevolgen van hersenschade (Rasquin en Kootker 2016). De door cognitieve veranderingen verminderde grip op de realiteit kan gevoelens van onveiligheid, angst of wantrouwen oproepen. Dat zien we onder andere bij geheugenstoornissen, neglect of een stoornis in het inzichtelijk handelen. Patiënten geven vaak aan onzekerder te zijn geworden. Het ervaren verlies van mogelijkheden kan leiden tot somberheid of demotivatie. Agitatie, onrust en prikkelbaarheid komen vaak voor (Farenhorst en Ponds 2016). Deze kunnen samenhangen met de eerder genoemde veranderde arousalregulatie, ontremming en impulsiviteit. Daarnaast kunnen ze ook samenhangen met het mentaal overbelast of overvraagd worden, met zich onveilig en bedreigd voelen of met woede over het mislukken van handelingen die voorheen geen moeite kostten. Naarmate men beter met de gevolgen van de hersenschade om leert te gaan, wordt het emotionele beeld vaak rustiger.

10.5 Conclusie

De psychotherapeut die werkt met mensen met hersenschade dient bij de diagnostiek, indicatiestelling en behandeling rekening te houden met de specifieke gevolgen hiervan. Die gevolgen kunnen betrekking hebben op informatieverwerkingsprocessen, het emotioneel functioneren en het gedrag. Het is van belang om hiermee rekening te houden ter voorkoming van onjuiste interpretaties van gedrag en intenties. Tevens is dit van belang bij het plannen van het therapieproces, het stellen van doelen en het geven van adviezen en opdrachten. De gevolgen van hersenschade kunnen beperkingen met zich meebrengen met betrekking tot de haalbaarheid van doelen en het vermogen om actief het eigen gedrag te reguleren of te veranderen. Wanneer men echter rekening houdt met de gevolgen draagt dit bij aan een optimaal therapieresultaat.

Literatuur

Balen, E. van, & Vaessen, T. (2016). Behandeling van dwanghuilen. In P. Smits, R. Ponds, N. Farenhorst, M. Klaver & R. Verbeek (Red.), *Handboek neuropsychotherapie* (pag. 319–324). Amsterdam: Boom.

Beeckmans, K., & Michiels, K. (2005). *Leven met een hoofdprobleem. Neuropsychologische gevolgen van niet-aangeboren hersenletsel.* Antwerpen: Garant.

Bercelli, D. (2016). *Tension, Trauma en Releasing Exercises (TRE).* Leeuwarden: Elikser.

Blokhorst, M., Slot, L., & Winter, F. (1994). *Het brein de baas. Het zelf behandelen van geheugenproblemen.* Ede: Ruitenbergboek B.V.

Boosman, H., Heugten, C. M. van, & Visser-Meily, J. M. A. (2015). Leerbaarheid bij patiënten met hersenletsel: Veel besproken, weinig onderzocht. *Nederlands Tijdschrift voor Revalidatiegeneeskunde, 6,* 265–269.

Cranenburgh, B. van (2016a). *Neurowetenschappen, een overzicht*. Houten: Bohn Stafleu van Loghum.
Cranenburgh, B. van (2016b). *Neuropsychologie. Over de gevolgen van hersenbeschadiging* (2e druk). Houten: Bohn Stafleu van Loghum.
Cranenburgh, B. van (2017). *Neurorevalidatie, uitgangspunten voor therapie en training na hersenbeschadiging*. Houten: Bohn Stafleu van Loghum.
Dharmaperwira-Prins, R. I. I. (2000). *Communicatiestoornissen bij rechterhemisfeer-dysfunctie*. Houten: Bohn Stafleu van Loghum.
Eling, E., & Brouwer, W. (Red.). (1995). *Aandachtsstoornissen. Een neuropsychologisch handboek*. Lisse: Swets & Zeitlinger.
Farenhort, N., & Ponds, R. (2016). Behandeling van agitatie en agressie. In P. Smits, R. Ponds, N. Farenhorst, M. Klaver & R. Verbeek (Red.), *Handboek neuropsychotherapie* (pag. 299–318). Amsterdam: Boom.
Feltz-Cornelis, C. van der (2015). *Het stressbeeld. Over de samenhang tussen lichamelijke en psychische aspecten van stress*. Amsterdam: Nieuwezijds.
Frischknecht, E., Berger, T., Stalder-Lüthy, F., Znoj, H., & Hofer, H. (2014). OSCAR – Ein internetbasiertes Unterstützungsprogramm für Angehörige von Menschen mit einer Hirnverletzung: Pilotstudie. *Zeitschrift für Neuropsychologie, 25*(2), 77–88.
Kerkhoff, G., & Schmidt, L. (2018). *Neglect und assoziierte Störungen* (2e druk). Stuttgart: Hogrefe.
Kolb, B., & Whishaw, I. Q. (Eds.). (2015). *Fundamentels of human neuropsychology* (7th ed.). New York: Worth Publishers.
Lambrecht, W., & Hermans, N. (2015). *Breinzicht. Toegepaste neuropsychologie bij niet-aangeboren hersenletsel*. Gent: Academia Press.
Ledoux, J. (2017). *Angstig. Vrees en angst vanuit het brein begrijpen en behandelen*. Amsterdam: Nieuwezijds.
Leentjens, A. F. G., Wielaert, S. M., & Wilmink, F. W. (1996). Aprosodie, een onbekende oorzaak van communicatieproblemen. *Tijdschrift voor Psychiatrie, 38*(9), 69–72.
Lindeboom, J. (1980). Begeleiding van patienten met hersenletsel. In A. Jennekens-Schinkel, J. J. Diamant, H. F. A. Diesfeldt & R. Haaxma (Red.), *Neuropsychologie in Nederland* (pag. 332–347). Deventer: Van Loghum Slaterus.
Manders, E. (2016). *Handboek neurologische communicatiestoornissen*. Antwerpen: Garant-Uitgevers.
Miller, W. R., & Rollnick, S. (2014). *Motiverende gespreksvoering. Mensen helpen veranderen*. Ouderkerk aan den IJssel: Ekklesia.
Morgan, J. E., & Ricker, J. H. (2018). *Textbook of clinical neuropsychology* (2nd ed.). London: Taylor & Francis.
Peters, H., Bastiaanse, Y. R. M., Jansonius-Schultheiss, K., & Meulen, S. J. van der (2006). *Handboek stem-spraak-taalpathologie*. Houten: Bohn Stafleu van Loghum.
Perbal-Hatif, S. (2012). Neuropsychological approach to time estimation. *Dialogues in Clinical Neurosciences, 14*(4), 425–432.
Prigatano, G. P. (1999). *Neuropsychological rehabilitation*. New York/Oxford: Oxford University Press.
Ramachandran, V. S. (2006). *Mirror neurons and imitation learning as the driving force behind 'the great leap forward' in human evolution*. Edge Foundation. Geraadpleegd op 18 december op ▶ https://www.edge.org/conversation/mirror-neurons-and-imitation-learning-as-the-driving-force-behind-the-great-leap-forward-in-human-evolution.
Rasquin, S. M., & Heugten, C.M. van (2007). *Richtlijn cognitieve revalidatie niet-aangeboren hersenletsel*. Nijmegen: Consortium Cognitieve Revalidatie. Te vinden onder: ISBN: 978-90-8839-034-0.
Rasquin, S., & Kootker, J. (2016). Behandeling van stemmingsproblematiek. In P. Smits, R. Ponds, N. Farenhorst, M. Klaver & R. Verbeek (Red.), *Handboek neuropsychotherapie* (pag. 293–298). Amsterdam: Boom.
Siegel, D. J. (2012). *Pocket guide to interpersonal neurobiology: An integrative handbook of the mind*. New York: W. W. Norton & Company.

Spek, A., et al. (2016). Mindfulness. In P. Smits, R. Ponds, N. Farenhorst, M. Klaver & R. Verbeek (Red.), *Handboek neuropsychotherapie* (pag. 155–170). Amsterdam: Boom.

Spikman, J. (2017). Zelfregulatie en adaptatie: Over de prefrontale cortex en hersenschade. *Tijdschrift voor Neuropsychologie,12*(3), 161–176.

Wilson, B., Winegardner, J., Heugten, C. M. van, & Ownsworth, T. (2017). *Neuropsychological rehabilitation. An international handbook*. London: Taylor & Francis.

Identiteit: over een veranderd zelf na hersenletsel

N.H. Fahrenhorst

11.1 Proloog – 146

11.2 Inleiding – 146

11.3 Het veranderd zelf na hersenletsel – 147

11.4 Het verhaal van het 'zelf' – 151

11.5 Indicaties voor psychotherapeutische interventie – 154

11.6 Interventies – 155

11.7 Tot besluit – 161

Literatuur – 161

In dit hoofdstuk worden de begrippen hersenaandoening, hersenletsel en hersenschade als synoniem gebruikt. Het betreft altijd niet-aangeboren hersenletsel.

© Bohn Stafleu van Loghum is een imprint van Springer Media B.V., onderdeel van Springer Nature 2019
J. A. M. Vandermeulen, M. M. A. Derix en A. van Dijke (Red.), *De rol van neuropsychologie bij psychotherapie*,
https://doi.org/10.1007/978-90-368-2263-3_11

11.1 Proloog

Wanneer ik een ex-patiënt thuis opzoek voor een interview, zegt hij: 'Laat je tas nog even staan, ik wil je laten zien wie ik ben.' Hij wijst op twee foto's boven de kapstok. Een van decennia geleden naast een Volkswagen kever die tot crossauto is omgebouwd. De andere is van recenter datum. Hierop staat hij naast een prachtige Mercedes die hij uit Duitsland heeft gehaald. Het opknappen en onderhouden van auto's is nog steeds een hobby van hem. We lopen door naar de schuur. Op de werkbank ligt een eettafel die prachtig strak in de lak zit. Hij laat mij zijn machines zien. 'Iemand kan na een CVA best nog wel wat ...'

Meneer T. is in twee jaar tijd vier keer getroffen door een transiënte ischemische aanval (TIA)/'licht' cerebrovasculair accident (CVA). Hij vertelt dat hij de laatste keer gevoeld heeft dat er tijdens de aanval een stukje 'uit' ging. Hij probeerde iets te zeggen, maar er kwam iets onbegrijpelijks uit zijn mond.

Casus

'Ik voelde mij als een baby. De eerste weken ben je aan de goden overgeleverd en heb je geen idee wat je moet. Soms ben je bang om domme dingen te doen. Een deel voelde nog wel vertrouwd. Maar als ik probeerde na te denken was het een soep. Dan komt er een tijd dat je jezelf weer probeert terug te vinden. Wie ik was, wist ik nog wel, maar op de nieuwe ik is moeilijk grip te krijgen. Er is iets wezenlijks veranderd. Je bent een ander. Alsof je met vreemde kleren naar je werk gaat.'

'Je komt jezelf voortdurend tegen. Maar het lijkt wel een tweelingbroer: ben ik dat? Er zit een gat in je ziel. Sommige dingen blijk je plotseling niet meer te kunnen. Het voelt alsof je jezelf kwijt bent. Dat maakt verdrietig en soms boos. Je probeert het te bedenken. Weer grip te krijgen, te begrijpen hoe het zit, je zelf weer te begrijpen. De basisprogramma's zijn er nog wel. Maar het is of je werkgeheugen weigert. En een aantal files kun je niet terugvinden. Waar zijn mijn back-ups? Je onderzoekt nieuwe wegen op zoek naar jezelf. Je komt daarbij jezelf steeds tegen. Je kijkt naar je zelf en denkt: zo wil ik niet zijn. Het doet goed om anderen te ontmoeten met wie je kunt delen wat je is overkomen. Om te erkennen wat er is gebeurd en dat bij jezelf en anderen te herkennen. Je moet jezelf weer leren kennen. Om dat wat je kunt, te kunnen gebruiken. Al pratende met anderen en al doende ga je jezelf weer wat leren kennen. Niet alles wil meer zo als vroeger. Maar dat hoeft eigenlijk ook niet meer allemaal. Ze houden ook van mij zoals ik nu ben. Dat is acceptatie ...'

11.2 Inleiding

Ieder van ons heeft op de een of andere manier een idee van wie we zijn. Of wellicht beter gezegd: welke kanten of eigenschappen we hebben. In verschillende situaties maken we deze ideeën expliciet. Het is het verhaal dat we vertellen wanneer we een nieuwe liefde ontmoeten, wanneer we solliciteren of ons presenteren op sociale media. Maar in eerste instantie is dat verweven in onze gedachten en de manier waarop wij onszelf ervaren. Voor dit idee bestaan verschillende termen: zelfbeeld, identiteit, zelf-verhaal. Het is niet de bedoeling van dit hoofdstuk om deze begrippen op een min of meer filosofische manier uiteen te rafelen. Ze zullen hier als synoniem worden gebruikt. In simpel Nederlands staat identiteit voor de antwoorden op de vraag: 'wie ben ik en hoe waardeer ik mijzelf?' Het begrip heeft enige overlap met de term 'persoonlijkheid'. Persoonlijkheid is doorgaans een beschrijvende term voor datgene wat men van zichzelf laat zien: je masker. Het vormt een classificatie van de manier waarop een persoon beschreven kan worden. Identiteit duidt vooral de manier aan waarop men zichzelf ziet. Centraal in dit hoofdstuk staat de wisselwerking tussen dit identiteitsbesef en de gevolgen van hersenletsel.

> **Casus**
> In de documentaire *Ik* van Jona Honer (2013) – die destijds op internet terug te zien was, maar inmiddels verwijderd is – zien we een man die aan een hersentumor is geopereerd. Hij vertelt het verhaal over zijn dagelijkse belevenissen. Dat doet hij zeer uitgebreid en op gedetailleerde wijze, waarbij hij geen onderscheid maakt tussen hoofd- en bijzaken. In een gesprek met zijn vrouw aan de keukentafel weidt hij uit over allerlei triviale zaken. In blik, houding en reactie zien we hoeveel geduld er van de partner wordt gevraagd. Op enig moment beseft zijn vrouw wat er gebeurt: 'Je vindt je eigen leven opnieuw uit.' De man lijkt dit te herkennen: 'Ja, dat is waar ik mee bezig ben.' Hij lijkt al pratend het verhaal over de wereld, zijn leven en zichzelf weer op te moeten bouwen.

De uitdagende titel van het inmiddels zeer bekende boek van Dick Swaab, *Wij zijn ons brein* (2010), impliceert overduidelijk dat veranderingen in de hersenen veranderingen van ons zelf betekenen. Daarnaast suggereert de ontdekking dat ons brein plastisch is, en dus ons hele leven aan veranderingen onderhevig, dat 'wij' ons hele leven veranderen. We leren, en iedere ervaring verandert ons. Dat is wat wij ook in ons eigen leven zullen herkennen. Naast alles wat verandert, lijkt er toch ook iets min of meer constant aanwezig te zijn. Wanneer je stelt dat 'ik mijn brein ben', is het interessant waar dat bezittelijk voornaamwoord 'mijn' dan naar verwijst. Dan lijkt het er op dat 'ik' een brein 'bezit'. Het is logisch onmogelijk dat bezitter en eigendom samenvallen. Dan lijkt het dat de bewering 'ik ben een brein' beter vervangen kan worden door 'ik heb een brein'. In zijn boek *Waar blijft de ziel?* (2012) reageert Bert Keizer op het, in zijn ogen, te reductionistische standpunt dat brein en zelf synoniem zijn. Hij vraagt zich af waar datgene wat ons tot mens maakt nu 'zit'. Samen met vele anderen heeft hij moeite met de gedachte dat wij niets anders zijn dan neuronen, zenuwbanen en elektrochemische activiteit. Toch leert de ervaring dat hersenschade het besef van identiteit dramatisch kan doen veranderen.

11.3 Het veranderd zelf na hersenletsel

'Alles is anders' is een uitspraak die we vaak horen van mensen met een hersenaandoening, ook, en soms juist, na wat neurologisch 'licht' hersenletsel wordt genoemd. De continuïteit is verbroken. Anders dan bij perifeer letsel hebben hersenletselpatiënten vaak het idee meer in hun persoon getroffen te zijn. Men ervaart zichzelf als anders of wordt door de omgeving zo ervaren. Dit laatste verandert ook de interactie. Myles (2004) stelt dat veranderingen van het zelfbeeld zo algemeen zijn, dat zij kunnen worden opgevat als een *sine qua non* voor de gevolgen van hersenletsel. Velen maken onderscheid tussen de persoon die ze waren voor en na het letsel. Anderen kunnen niet goed beschrijven wat er precies anders is, maar ervaren dit wel als zodanig. Zo zijn er talloze voorbeelden van patiënten die aangeven 'zichzelf niet meer te zijn'. Het eigen lichaam en de eigen denkprocessen, gevoelens en gedragingen worden minder of niet meer ervaren als vertrouwd. Sommigen ervaren onrust, anderen vooral vermoeidheid en gebrek aan vitaliteit. Prigatano noemt 'verwarring' een van de kenmerkendste ervaringen van mensen na hersenletsel (symposium 'Understanding and treating disturbances of higher integrative brain functions', Amsterdam, 2013). Als een soort 'Alice in Wonderland' moeten mensen soms weer wennen aan anderen, zichzelf en de wereld om hen heen. Dit besef kan iemand soms plotseling overvallen. Maar het kan ook heel langzaam, stukje bij beetje, doordringen. Soms in een lange serie herhalingen. Een contusiopatiënte, opgenomen in een revalidatiecentrum, zei bijna dagelijks: 'Vandaag besef ik pas voor het eerst wat er met mij is gebeurd.' In veel gevallen duurt het jaren voor het besef min of meer geïntegreerd is. In een follow-upgesprek, vijf jaar na het ontstaan van zijn traumatisch hersenletsel, zei een man: 'Nu pas begrijp ik wat jullie destijds bedoelden toen jullie het hadden over de gevolgen van hersenletsel.'

Binnen de neuropsychologie worden verbanden gelegd tussen de hersenen en wat mensen denken, doen en voelen. Schade aan de hersenen leidt doorgaans tot veranderingen hierin. Juist het relatief stabiele patroon van denken, doen en gedragen is een praktische operationalisering van het begrip persoonlijkheid. Het maakt dat wij als persoon herkenbaar zijn. Het relatieve van deze stabiliteit is van belang, omdat we in wisselende situaties en interacties verkeren. Dit vergt een zekere mate van flexibiliteit. Wanneer het patroon van denken, doen en gedragen te stabiel is, kan dit ten koste gaan van de adaptiviteit. Er is dan sprake van stereotiep, dikwijls ongepast of niet adequaat gedrag. Als het patroon daarentegen te weinig stabiel is, maakt dat het reageren compleet onvoorspelbaar en onbetrouwbaar. Beide fenomenen, instabiliteit of inflexibiliteit, komen voor bij een niet-aangeboren hersenaandoening (NAH) en leiden tot onaangepast en inadequaat reageren, en daardoor ook dikwijls tot sociale vervreemding. Een klassiek voorbeeld van persoonlijkheidsverandering vinden wij in de door Harlow in 1895 beschreven casus van Phineas Gage, een Engelse spoorarbeider die tijdens zijn werkzaamheden een stalen stang door zijn schedel krijgt. Dit leidt tot schade aan de frontale hersenschors. De man overleeft dit en pakt zijn leven schijnbaar wonderwel weer op. Toch is zijn doen en laten daarna anders. Men zou kunnen concluderen dat hij 'Gage niet meer was'. Miller geeft zijn boek *Psychotherapy of the brain injured patient* (1993) als ondertitel: *Reclaiming the shatterd self*. Hiermee stelt hij dat het beschadigde 'zelf' een centraal thema is in de psychotherapeutische behandeling van personen met NAH.

In zeker zin kan men zeggen dat alle ingrijpende levenservaringen en ernstige ziekten blijvende veranderingen teweegbrengen. Maar bij hersenschade lijkt dit nog op een andere wijze sterker het geval te zijn. Het gaat hierbij zowel om neurologische en psychologische als om sociale veranderingen en de interactie hiertussen. Vandaar dat men kan spreken van een biopsychosociaal model van persoonlijkheidsverandering (Yeates et al. 2008). Dit model omvat:

- *Lichamelijke veranderingen*: Hersenletsel leidt tot motorische, sensorische, fysiologische en morfologische veranderingen. Het lichaam voelt anders en/of beweegt anders. Er kunnen verlammingen, spasmen, krachts- of conditieverlies of coördinatiestoornissen voorkomen. Soms is er pijn of ongemak (bijvoorbeeld incontinentie). Vanuit het perspectief dat het lichaam het vertrekpunt van alle ervaringen en emoties is, leiden lichamelijke veranderingen tot een andere beleving van het zelf. Men voelt zich anders, en in de spiegel ziet men een ander lichaam of iemand met een andere houding of blik. Mimiek en spraak, zaken die vaak als heel persoonlijk worden ervaren, kunnen veranderd zijn.
- *Cognitieve veranderingen*: Processen van informatieverwerking veranderen ten gevolge van hersenletsel. Zintuiglijke informatie kan versterkt of verzwakt worden waargenomen. Door een vermindering van de informatieverwerkingscapaciteit en verminderde prikkelselectie raken sommigen snel overprikkeld of ervaren stimuli als storend of vertekend. Bij anderen dringen prikkels juist niet of minder in het bewustzijn door (neglect, afwezig zijn). Soms beleeft men dingen anders. Zo kan de geur of de smaak veranderd zijn. Ten gevolge van gnostische stoornissen kan het proces van interpreteren van wat men waarneemt verstoord zijn. Men begrijpt de wereld dan niet altijd meer. Hetzij omdat deze nu te snel lijkt te gaan en/of doordat men de taal en tekens niet meer begrijpt. Anderzijds voelt men zich zelf onbegrepen. Niet zelden zitten mensen met een NAH meer vast in hun perspectief. De term egocentrisme of empathieverlies wordt vaak genoemd. In dit opzicht is het opmerkelijk dat Luoma et al. (2007) schrijven dat je 'om een gevoel van "ik" te kunnen hebben ook een gevoel van "jij" (moet) hebben. Om te kunnen zien dat je door jouw ogen ziet, moet je zien dat anderen door hun ogen kijken' (pag. 201). Dat impliceert dat het neurologisch egocentrisme er niet alleen toe leidt dat men zich weinig in de ander verplaatst, maar ook dat men zich minder bewust is van het eigen standpunt en dit minder relativeert. Communicatiestoornissen kunnen talig, maar ook non- of periverbaal van origine zijn. De zogenaamde pragmatische taalstoornissen zijn vaak lastig te herkennen. Bij een aprosodie (een stoornis in het emotionele taalgebruik; het ontbreken van o.a. toonverschillen, nadruk en ritme) treden gemakkelijk misverstanden op en ontstaat er verwarrende communicatie: 'Ik reageer zo, maar ik bedoel het niet zo.' De patiënt vraagt zichzelf af waarom hij nu op deze manier communiceert. Wanneer dit vaak optreedt, kan dat zijn weerslag hebben op het zelfbeeld: 'Laat ook maar, ik zal het toch wel weer verkeerd doen.' Haperingen in het geheugen verstoren de rode draad in het verloop van levensgebeurtenissen en van het autobiografische zelf (Damasio 1999). Geheugenstoornissen doorkruisen een besef van continuïteit. Vooral gaten in het episodisch geheugen worden soms ervaren als 'stukken van mijzelf kwijt zijn'. Het zelf-verhaal is incompleet geworden. Singer en Salovey (1993) spreken hier van een verstoring in *'self-defining memories'*. Ten gevolge van executieve stoornissen ervaart men dat men minder efficiënt kan handelen of meer moeite heeft met het oplossen van problemen. Oude, bekende vaardigheden blijken geheel of gedeeltelijk verloren te zijn gegaan. Bekende manieren van coping lijken niet meer te werken. Gebeurtenissen en situaties worden meer als overspoelend ervaren.

Omdat deze gevolgen zo onbegrijpelijk en ongrijpbaar zijn, resulteren ze vaak in het verwarrende idee zichzelf niet meer te kennen. Al deze factoren bij elkaar kunnen leiden tot wat men kan benoemen als 'zelf-agnosie': zichzelf anders waarnemen en herkennen.

Het begrip 'cognitief' wordt in de psychotherapie doorgaans anders opgevat dan in de neuropsychologie en verwijst vooral naar de inhoud van onze gedachten, overtuigingen en evaluaties. In dit verband spelen cognities vooral een rol bij de zelfwaardering. De invloed van hersenletsel hierop kan divers zijn. Wat betreft de informatieverwerking kan men moeite hebben de eigen gedachten te ordenen en er daardoor in verdwalen. Wat betreft het beoordelen en interpreteren leidt hersenletsel vaak tot een negatiever oordeel over het zelf. Cognitieve vermogens, vooral opgevat als onze intelligentie, worden in onze cultuur hoog gewaardeerd. Een afname van deze vermogens leidt daarom vaak tot een afname in de zelfwaardering. Opmerkingen als 'Ik voel mij dom' worden vaak geuit.

- *Emotionele veranderingen*: Verworven hersenschade kan tot een veranderde emotieregulatie leiden. Emoties worden dan versterkt, wisselend of juist verminderd ervaren. Omdat we emoties als een wezenlijk deel van ons 'zelf' ervaren, leiden veranderingen hierin vaak tot een veranderd zelfbesef. Een aantal patiënten geeft aan angstig te zijn. Dit kan samenhangen met neurologische hyperarousal en onrust. Afhankelijk van persoonlijke aanleg kan dit 'angst' worden genoemd. Het gevoel van vervreemding draagt hieraan bij; eigen of omgevingssignalen worden niet of veranderd waargenomen of geïnterpreteerd. Anderen geven aan eigenlijk niets meer te voelen. Zij reageren vlak en gelaten. Ook dit kan heel vervreemdend zijn ('Zo ken ik mijzelf niet') of een afstand teweegbrengen tussen hoe men doet en zou willen doen ('Ik zou zo graag een keer willen huilen'). Agitatie, frustratie en prikkelbaarheid treden vaak op, enerzijds vanwege een beperking van prikkeltolerantie, vermoeidheid en overbelasting, anderzijds soms samenhangend met een verlies van vertrouwen en een toegenomen gevoel van onveiligheid. Niet alleen het ervaren van de emoties, maar ook de expressie ervan kan veranderd zijn. Stoornissen in executieve functies en gedragsregulering leiden ertoe dat men anders reageert dan men zichzelf kent of dan men bedoelt.
- *Sociale veranderingen*. Onbegrip en sociaal isolement zijn veelvoorkomende gevolgen van hersenletsel. Men begrijpt de ander vaak niet meer en voelt zich niet meer begrepen. Men is zijn plaats in het sociale systeem kwijt. Vaak verliest men rollen en taken. Voorbeelden zijn verlies van werk, verlies van sociale functies en soms van vrienden of de partner. Men voelt zich niet meer herkend en gekend. Een afname van het empathisch vermogen, die regelmatig voorkomt, resulteert in een soort egocentrisme waardoor men minder op de ander betrokken is. Dit leidt tot veranderde sociale interacties. Ook een verminderd besef van sociale codes en gezichtsexpressie (sociale gnosis) veroorzaakt een vorm van sociale vervreemding.

Dit geheel van veranderingen geeft de complexiteit weer van wat bedoeld wordt met 'persoonlijkheidsverandering' na hersenletsel. De patiënt beleeft zichzelf in meer of mindere mate anders. Dit kan uiteenlopen van het opmerken dat de smaak of interesses zijn veranderd tot bijvoorbeeld de manier waarop men zichzelf ziet als man of vrouw. Ook sekserollen, je zelf al of niet aantrekkelijk voelen of jezelf aangetrokken voelen tot een ander, zijn een wezenlijk onderdeel van de identiteit. Hersenletsel kan op veel verschillende manier het seksuele beleven en functioneren beïnvloeden. (Farenhorst 2010). Naast de beleving van de seksuele identiteit speelt het zelfbeeld met betrekking tot de eigen zelfstandigheid of juist onafhankelijkheid een rol. In onze westerse cultuur is 'onafhankelijk zijn' een belangrijke waarde. Het afhankelijk zijn van anderen vindt men daarom vaak erg moeilijk te verdragen.

> **Ervaring**
> In een, met eigen schilderijen geïllustreerd, verslag beschrijft Van Rijswijk (2000) hoe zij haar CVA beleefde. Zij begint met:
> *'Boem', daar lig je dan*
> *Hulpeloos als een pasgeboren*
> *baby, maar in wezen een*
> *volwassen vrouw, die*
> *hopeloos de weg kwijt is.*
> *Emoties die plotseling én fel*
> *ontstaan en ongecontroleerd*
> *naar buiten komen.*
> *Alle in het leven opgebouwde*
> *barrières zijn in één klap*
> *geslecht ... Weg!*
> *Hoe leef je met zo'n*
> *gegeven?*
> Later ontstaat er heel langzaam een begin van een nieuw evenwicht:
> *Duidelijk wordt dat er een*
> *nieuwe mens aan het ontstaan*
> *is uit de chaos; eerst nog*
> *binnen de bescherming van*
> *een soort ei om niet op*
> *voorhand ten onder te gaan.*
> Om uiteindelijk weer voldoende vertrouwen te hebben:
> *Vanuit een stabieler 'ik' weer naar buiten*
> *kunnen kijken en geloven in een toekomst.*

11.4 Het verhaal van het 'zelf'

Het besef van een zelf, van wie-ik-ben, kan opgevat worden als een verhaal; een samenhangend geheel van gedachten, opvattingen, herinneringen, meningen en verklaringen. Het verhaal van het zelf bestaat uit een verzameling zelfuitspraken over wat ik kan of niet kan, wat ik wil en belangrijk vind, hoe anderen mij zien en hoe ik mijzelf waardeer. Het verhaal van het zelf is van belang voor zingeving en betekenisverlening. Bohlmeijer (2007) spreekt van een narratieve grondstructuur. Deze dient voldoende coherent te zijn om houvast te bieden en voldoende flexibel om op veranderende omstandigheden te reageren.

Het concept van 'zelf' kan op vele manieren worden benaderd. Het perspectief van het 'zelf als verhaal' wordt gehanteerd in de narratieve psychologie. Gedurende onze levensloop is dit verhaal opgebouwd. Het verhaal is grotendeels impliciet en vanzelfsprekend, maar het bepaalt op de achtergrond ons denken, doen en voelen. We zijn er vertrouwd mee geraakt. Het biedt houvast. We nemen het in het algemeen aan als 'waar'. Het is een deel van onze werkelijkheid. Meestal zodanig dat we het niet meer ter discussie stellen. In het verhaal wordt ook de relatie uitgedrukt die men met zichzelf en anderen heeft. Staan we positief waarderend tegenover onszelf en de ander?

Een onderdeel van het zelf-verhaal betreft de manier waarop wij ons tot anderen verhouden. Deze verhouding kan worden uitgedrukt in twee dimensies: de Samen-Tegen-dimensie en de Boven-Onder-dimensie. De eerste verwijst naar de vraag: 'Ben je vóór mij of ben je tegen mij? Ben je vriend of vijand?' Het antwoord op deze vraag bepaalt in hoeverre we ons veilig en op ons gemak voelen bij een ander of ons juist bedreigd voelen. De Boven-Onder-dimensie duidt aan in hoeverre we ons zelf en de ander als dominant of juist afhankelijk ervaren. Wanneer beide dimensies op een x- en y-as worden geplaatst, ontstaan er vier kwadranten waarin ervaren interacties kunnen worden weergegeven. De figuur die hierdoor ontstaat, wordt wel de 'Roos van Leary' genoemd (Leary 2004). In interactionele termen zegt het zelf-verhaal iets over de posities waarin we staan ten opzichte van de ander; zijn we leider of volger, zijn we voor of tegen de ander? Dit verhaal is sterk affectief gekleurd. Het is een ervaren en beleefd verhaal. Voor de psychotherapie interessant is de visie op het zelfconcept binnen de *acceptance and commitment therapy* (ACT) (A-Tjak 2008; Hayes et al. 2006). Hierbij wordt het zelf op drie manieren benaderd: het zelf als inhoud, het zelf als proces en het zelf als context. Sommigen beschrijven deze driedeling als lagen van het zelf (Jansen en Batink 2014). Het zelf als inhoud of het 'geconceptualiseerde zelf' valt in grote lijnen samen met ons verhaal van het zelf. Het is de wijze waarop we over onszelf denken en oordelen. Het kan opgevat worden als de verzameling van zinnen die beginnen met 'Ik …' In het alledaagse denken wordt het 'ik' hier vaak mee geïdentificeerd: ik ben wat ik denk, ik ben wat ik voel of ik ben wat ik doe. We vallen samen met ons verhaal; dat is wie we zijn. Je identificeren met het geconceptualiseerde zelf is in de sociale context praktisch. Mensen herkennen ons hieraan en zullen ons gedrag kunnen plaatsen, voorspellen en begrijpen. Wanneer in dit zelf-verhaal iets verandert, ervaren we dit dus als een verandering van ons zelf. Als dit beeld van onszelf wordt bedreigd of bekritiseerd voelen we ons zelf aangevallen. Een tweede laag van het zelf komt voort uit het besef dat wat we doen, denken en voelen voortkomt uit informatieverwerkingsprocessen. Het zelf als proces of het 'actuele zelfbewustzijn' duidt het bewustzijn van onze gedachten, gevoelens en handelen aan. We kunnen dit voortdurend aan verandering onderhevige proces opmerken zonder er ons mee te vereenzelvigen. Dit leidt naar de derde laag: het zelf als context. Deze waarnemerspositie impliceert een perspectief van waaruit we naar onze beleving van onszelf kijken. Dit perspectief, dat men metaforisch bijvoorbeeld achter de ogen of in het hart kan plaatsen, blijft ons leven lang hetzelfde. Het praktische nut van het onderscheid tussen het geconceptualiseerde zelf en het zelf als context is onder andere dat men 'cliënten kan helpen contact te maken met een zelfbewustzijn dat continu, veilig en consistent is en vanwaaruit zij alle – steeds veranderde – ervaringen kunnen observeren en accepteren' (Luoma et al. 2007, pag. 198). In de paragraaf over interventies zal hier verder op worden ingegaan.

11.4 · Het verhaal van het 'zelf'

Hersenletsel stelt het verhaal van het zelf ter discussie. Het lijkt niet meer te werken. Het klopt niet meer. Een eerste voor de hand liggende reactie is om dit verhaal te herstellen, het terug te vinden, zodat het weer wordt zoals het was. Het moet weer kloppen. Een niet-kloppend verhaal maakt onzeker. Het kan daarom ontkend worden ('Ik ben niet veranderd') of angstig maken ('Hoe moet dat nu verder?'). Omdat het brein slecht tegen niet-kloppende verhalen lijkt te kunnen, worden er cognitieve pogingen ondernomen om actuele ervaringen toch in het verhaal te passen. In de psychologie spreekt men van het oplossen van cognitieve dissonantie. Dit kan leiden tot interpretaties die niet met de omgeving worden gedeeld. Dit geldt regelmatig ook voor het zelf-verhaal. Anderen blijken dan een ander verhaal te hebben, en zo ontstaan er discussies over welk verhaal 'waar' is. In neuropsychologische termen spreken we van 'inzicht' of 'awareness' (zie ▶H. 12), in psychiatrische termen van realiteitstoetsing.

Het veranderd zijn van het zelfverhaal kan als een verlies worden ervaren. Het bekende, vertrouwde is weggevallen. Binnen het rouwtakenmodel van Worden (1992) is het erkennen van de realiteit van het verlies een eerste taak. Het houdt in dat men verschillen tussen het oude en het nieuwe verhaal eerst moet kennen. Men moet dus weten wat de gevolgen van het letsel zijn en welke impact deze zullen hebben. Gezien de complexiteit van deze gevolgen kan het geruime tijd duren voordat deze kennis zich gevormd heeft. Daarnaast gaat het niet alleen om objectieve feiten, maar ook om de betekenis die deze gevolgen voor betrokkene hebben. Het erkennen van die specifieke betekenissen voor het zelfbeeld gaat onvermijdelijk gepaard met emoties. Begrijpelijkerwijs wordt het pijnlijke besef van verlies zowel cognitief als emotioneel en gedragsmatig vermeden. Vaak is er sprake van een wisselende mate van toelaten of vermijden van deze emoties. Carroll en Coetzer (2011) vonden in hun onderzoek dat patiënten na hersenletsel het actuele zelfconcept doorgaans als negatiever ervaren dan het premorbide. Zij concluderen tevens dat met name rouw om het verlies van de persoonlijke identiteit na hersenletsel bijdraagt aan depressieve gevoelens en een laag gevoel van eigenwaarde. Er is sprake van een positief verband tussen de mate van veranderd identiteitsbesef en depressie. Een andere rouwtaak is de aanpassing aan het verlies en de draad van het leven weer oppakken. In dit verband gaat het om het weer opbouwen van een nieuw, aangepast zelf-verhaal. Liefst een verhaal dat vruchtbaar en constructief is, en een basis biedt voor een nieuw levensperspectief. Een verwerkingsproces kan gezien worden als voltooid wanneer men de huidige realiteit erkent en deze gebruikt om nieuwe realistische toekomstplannen op te baseren. De veranderingen en het verlies zijn opgenomen in het zelf-verhaal. In de nieuwe identiteit is een besef van de huidige mogelijkheden en beperkingen geïntegreerd en heeft men opnieuw een positie ingenomen ten opzichte van zichzelf, de ander en het leven.

Nochi (2000) deed onderzoek naar de wijze waarop personen na hersenletsel hun zelf-verhaal op een geslaagde wijze hebben gereconstrueerd. Hij concludeerde dat men in dat geval niet slechts het verlies van het oude zelf aanvaarde, maar dat men het zelf-verhaal, als onderdeel van de coping, op een specifieke wijze had herschreven. Uit het onderzoek kwamen vijf categorieën naar voren.

- '*The self better than others*': Hierin staat de gedachte centraal dat het allemaal erger had gekund. Men vergelijkt zich met anderen die er slechter aan toe zijn.
- '*The grown self*': Hierbij concludeert men dat de ervaring iets positiefs heeft gebracht. Men heeft dingen geleerd en is in zekere zin een beter mens geworden.

- '*The recovering self*': Hierbij speelt de hoop en verwachting op verder herstel en groei een grote rol. 'Ik ben nog niet de oude (d.w.z. mijn ware ik), maar ik ben onderweg.'
- '*The self here and now*': Men baseert de eigenwaarde niet op vergelijken met de vroegere ik. Wat normaal is, wordt gerelativeerd. 'Ik ben die ik nu ben.'
- '*The protesting self*': In deze reconstructie wordt vooral het feit benadrukt dat de wereld en de anderen veranderd zijn. Ook de wijze waarop de maatschappij tegenover mensen met hersenletsel staat, wordt hierbij betrokken.

In alle gevallen is bij de reconstructie van het zelf-verhaal van belang dat men zin en waarde toekent aan het eigen leven. Een verschil met mensen met uitsluitend een fysieke beperking is dat deze soms geneigd zijn om het geestelijke boven het lichamelijke te gaan waarderen. Hersenletsel verstoort echter juist vaak dit geestelijke, mentale of intellectuele aspect van het zelf. Dat kan het formuleren van nieuwe waarden en het herwinnen van eigenwaarde bemoeilijken. In de verschillende reconstructies onderscheidt Nochi (2000) tevens een zelfbeeld *ondanks* of *dankzij* het letsel. In het eerste geval gaat men uit van een 'waar' zelf dat ondanks alles onveranderd is. Het letsel hoort in dit verhaal dus eigenlijk niet thuis. In het tweede geval wordt het letsel als aanleiding voor groei opgenomen in het levensverhaal.

11.5 Indicaties voor psychotherapeutische interventie

Ponds (2013) stelt dat het verwerven van een nieuwe identiteit de belangrijkste taak is voor een patiënt met een hersenaandoening. Psychotherapie kan helpen om het zelf al pratend en ervarend weer op te bouwen. Een indicatie voor psychotherapeutische interventie kan zijn dat iemand vastloopt in de reconstructie van het nieuwe zelf-verhaal. Men zit met vragen als 'Hoe moet ik verder?' of 'Ik weet het niet meer, ik kom er niet uit'. Dit leidt gemakkelijk tot passiviteit, angst en vermijding.

Een andere reden voor interventie is dat het nieuwe verhaal het huidige lijden te zeer versterkt. Dit is bijvoorbeeld het geval bij blijvende verbittering, verongelijktheid of somberheid. Een veelgenoemde valkuil (Carrol en Coetzer 2011) is dat mensen na hersenletsel veel negatieve zelfuitspraken doen, hetgeen de ervaren kwaliteit van leven doet dalen. Zeker wanneer mensen hier min of meer in verstrikt raken, kan een verwijzing zinvol zijn. Lorenz (2010) wijst er op dat vanuit een medisch denkmodel veel aandacht wordt besteed aan geïsoleerde stoornissen en beperkingen, maar voor het opbouwen van een nieuwe identiteit en een nieuw leven zijn vooral iemands mogelijkheden, strevingen en waarden van groot belang. Ook Ylvisaker (2008) vindt het opvallend dat de veranderde identiteit binnen veel reguliere revalidatiesettings relatief weinig aandacht krijgt. Bij het stellen van relevante doelen en het opbrengen van motivatie is het van groot belang dat deze bij het zelfbeeld passen ('Dit past bij mij', 'Dit heb ik te doen'). Hij spreekt van '*identity oriented goal setting*'. Daarmee wordt identiteitsreconstructie een centraal thema binnen de revalidatie. Informatie, ook feitelijke, die niet past in het geheel van zelfovertuigingen wordt niet opgenomen (bijvoorbeeld als de therapeut zegt: 'U kunt niet meer ...'). Vaardigheden generaliseren niet en worden niet toegepast wanneer ze niet passen in het nieuwe zelfbeeld. Mensen zullen bijvoorbeeld pas compensatiestrategieën gebruiken wanneer dit past in een aanvaardbaar nieuw zelfbeeld. De opbouw van een nieuwe identiteit gaat verder dan inzicht en afweer. In een positieve, opbouwende context kan men via gedragsexperimenten tot realiteitstoetsing komen. Centraal hierbij staat steeds de vraag wat maakt dat iemand diens leven weer als zinvol kan ervaren. Het zijn juist deze persoonlijke waarden die een belangrijk onderdeel zijn van de identiteit en die bij het stellen van revalidatiedoelen richtinggevend zijn.

11.6 Interventies

Wanneer we in een intakegesprek vragen in hoeverre iemand zich weer de oude voelt, horen we meestal iets over de verschillen die iemand ervaart tussen zijn vroegere en huidige 'ik'. In de terminologie van dit hoofdstuk staat de patiënt voor de taak om de huidige ervaringen, inclusief het besef van de gevolgen van de hersenaandoening en de noodzakelijke aanpassingen, te integreren in de zelfrepresentatie: er dient weer een nieuw verhaal te ontstaan over wat iemand bij zich vindt passen en wat niet (meer). Hiertoe is het belangrijk om, al experimenterend, nieuwe ervaringen op te doen. Om niet in de valkuil van frustratie en gepieker te vervallen kan professionele ondersteuning bij dit proces gewenst zijn. Het nieuwe verhaal dient georiënteerd te zijn op nieuwe acties, die passen bij de huidige mogelijkheden. Het nieuwe verhaal kan helpen om zelf-devaluatie en depressie te verminderen of te voorkomen. De mate waarin de oude en de nieuwe identiteit compatibel zijn, of waarin de nieuwe identiteit geassimileerd kan worden, blijkt cruciaal te zijn voor de aanpassing en het welbevinden (Jetten et al. 2011).

Net als in alle andere vormen van psychotherapie vormen de therapeutische relatie en de attitude van de therapeut het fundament. Van de patiënt wordt gevraagd te erkennen dat hij anders doet, denkt en voelt. Dat is een pijnlijke, zware taak. De therapeut heeft aandacht voor rouwreacties die het besef van verlies van het zelf met zich meebrengt. Deze kunnen de vorm hebben van verdriet, boosheid, frustratie, wanhoop, angst of vermijding. Het afscheid nemen van het oude zelf en het reconstrueren van het nieuwe vragen veel herhaling, experimenteren en expliciteren, frustratie, tijd en geduld. Het eerste doel van een therapie is dat de therapeut erkent in welk stadium en welke positie de patiënt nu is. Van de therapeut wordt gevraagd om zonder vooroordelen – en in eerste instantie zonder te willen corrigeren – te luisteren naar het verhaal van de patiënt. Van de therapeut wordt steun, houvast en begrip verwacht in deze verwarrende situatie. Een soort gids die de patiënt helpt om de weg terug te vinden, een coach in de verwarring en chaos, die steun biedt bij het overzicht houden en het aanbrengen van structuur, en de patiënt leert hoofd- en bijzaken van elkaar te onderscheiden. Het is iemand die begrijpt wat de gevolgen van hersenletsel kunnen inhouden en weet – of probeert te begrijpen – wat dat betekent in het dagelijks leven. De therapeut is geen betweter, ook al omdat deze doorgaans geen ervaringsdeskundige is. De therapeut is verantwoordelijk voor het scheppen van een veilig therapeutisch klimaat, waarin de patiënt uitgenodigd wordt niet-werkende overtuigingen en gedragingen los te laten en op zoek te gaan naar kenmerken van de actuele, veranderde situatie. Het is voortdurend van belang dat de therapeut naar het verhaal van de patiënt luistert en probeert dit te kaderen en te interpreteren binnen de context van de hersenschade.

De therapeut geeft hierover specifieke, voor de patiënt op dat moment relevante, informatie. Een veelvoorkomende valkuil voor de patiënt is dat hij/zij, zijn/haar naaste omgeving en de therapeut de veranderingen allemaal anders inschatten. In het extreemste geval gaat dat om een neurologisch defect, waarbij de patiënt onvoldoende inzicht in of besef van zijn ziekte en de gevolgen daarvan heeft. Er wordt dan gesproken van een verstoord ziekte-inzicht of anosognosie (zie ook ▶H. 12). In veel andere gevallen gaat het om het gegeven dat het moeilijk te bevatten is wat de veranderingen zijn. Het verschil in inzicht kan de communicatie en de therapeutische relatie verstoren. Het is de professionele verantwoordelijkheid van de therapeut om dit niet te laten escaleren in een contraproductieve werkrelatie. Voorwaarde is steeds dat de therapeut moeite doet om de patiënt te begrijpen en als het ware door de ogen van de patiënt probeert te kijken. Vanuit die positie kan gezocht worden naar aanknopingspunten voor verdere interventies.

In het algemeen is een logisch begin een inventarisatie van de huidige situatie van de patiënt en hoe hij deze beleeft. Wat ervaart hij nu? Hoe denkt hij over de huidige situatie? Wat is er in de ogen van de patiënt wel of niet veranderd? Er kan worden gevraagd naar zelfbeschrijvingen: hoe was het thuis, hoe was het recent, en hoe is het nu? Levensgebeurtenissen kunnen op een tijdlijn worden gezet. Op deze manier krijgt men een globale indruk van de levensloop van de patiënt. Het kan helpen hierbij ook anderen uit de omgeving van de patiënt te betrekken (partner, ouders, kinderen).

Naast het gegeven dat er veel is veranderd ten gevolge van de hersenaandoening, kan het besef dat er ook een deel hetzelfde is gebleven houvast bieden in een onzekere periode. Vanuit het perspectief van zelf als context (zie boven) is er een 'ik' dat onveranderd is. Sterker nog, juist *het feit dat we beseffen dat we veranderd zijn, impliceert een constant perspectief*. Een klassieke ervaringsoefening binnen ACT is 'De waarnemer' (Hayes et al. 2006, blz. 201), waarbij de patiënt wordt gevraagd om stil te staan bij verschillende perioden van het leven. Hij beschrijft herinneringen uit de basisschoolperiode, de adolescentie et cetera. De patiënt vertelt bijvoorbeeld wat hij deed, wat hij dacht en wat hem bezighield. Vervolgens beschrijft hij zichzelf in het nu. Ten slotte kan de therapeut samen met de patiënt concluderen dat er veel is gebeurd en veel is veranderd, maar dat er een deel is dat er altijd is geweest en altijd zal zijn. Of om met een metafoor te spreken: de persoon achter die ogen is nog hetzelfde, ook al doet, denkt en voelt deze nu anders. In het verlengde hiervan kan men een oefening doen waarbij men stilstaat bij alles wat men op dit moment ervaart: wat men voelt en denkt en wat men waarneemt aan fysieke prikkels, zoals de ademhaling. Na dit enig tijd te hebben gedaan wordt de vraag gesteld wie de persoon is die dit allemaal opmerkt. Dit punt van waaruit men alles opmerkt, kan gezien worden als een altijd blijvend deel van het 'ik'.

Om de patiënt behulpzaam te zijn bij het reconstrueren van een nieuw zelfverhaal kunnen verschillen technieken worden gebruikt:
- schrijfopdrachten: beschrijf je zelf nu en toen; eventueel hoe je jezelf in de toekomst ziet;
- eigen tekeningen, stripverhalen, collages of schilderijen laten maken of laten meebrengen die een beeld geven van de situatie en hoe de patiënt zich hierin ziet;
- gedichten, boeken, liedjes, muziekstukken, films en/of documentaires aandragen en bespreken waarin de patiënt iets van zichzelf herkent;

- een folder of vignet (bijv. zoals in een contactadvertentie) van zichzelf laten maken;
- een videoboodschap laten maken waarin de patiënt zichzelf presenteert en eventueel beelden van zijn leven laat zien;
- waardenassessment (zie hieronder) invullen en bespreken;
- ervaringsoefeningen;
- een 'enquête' houden/navraag doen hoe anderen de patiënt nu ervaren;
- ten slotte heel fundamenteel: het bespreken van dagelijkse ervaringen; hierin structuur aanbrengen en deze plaatsen in de context van de gevolgen van het hersenletsel. Op deze wijze kan men *nieuwe ervaringen integreren in het zelf-verhaal*.

Een voorbeeld van een uitgewerkte therapie wordt beschreven door Lorenz (2010). Zij vond het bij haar werk met hersenletselpatiënten van belang dat zij een nieuwe identiteit opbouwen uit een combinatie van het nieuwe zelf met hersenletsel, het oude zelf (met resterende krachten/mogelijkheden) en het zelf dat betekenisvolle activiteiten onderneemt. Zij gebruikte hiertoe een methode (photovoice) waarbij zij de patiënt foto's liet maken van dingen die kenmerkend zijn voor zijn leven en identiteit. Aan de hand van deze foto's interviewde zij hem. Dit interview analyseerde zij met behulp van methoden uit de zogenoemde narratieve analyse. In een narratieve analyse bestudeert men verhalen die mensen vertellen of opschrijven. Men probeert zich hierdoor een beeld te vormen van de ervaringen, opvattingen of boodschappen van de persoon. Deze analyse leidt tot compacte zelf-verhalen met verschillende subtitels. De verschillende beelden representeren onderdelen van een verhaal van verschillende 'zelven'. Deze samen vormen een *'multiplicity of self-definitions'* die de nieuwe identiteit representeren.

Ylvisaker (2000, 2008) maakt gebruik van zogenoemde *'identity maps'*. Hij ontwikkelde een techniek, *methaphoric identity mapping*, die zowel gebruikt kan worden om iemands opvattingen en motieven beter te leren kennen als om realistische en betekenisvolle doelen te bepalen die passen bij een nieuw zelfbeeld. Bij deze methode om een zelfbeeld te reconstrueren bepaalt men een betekenisvolle metafoor, bijvoorbeeld een persoon, een symbool of beeld. Metaforen zijn verweven met cognitieve schema's (bijvoorbeeld overlever, vechter, slachtoffer), waarmee verschillende opvattingen en associaties worden samengevat in één enkel beeld. Een identity map is een tekening met in het centrum de identificatiefiguur (metafoor) en daaromheen feiten, emoties, doelen, contacten/interacties en gedragingen die hierbij passen. Het hele beeld staat voor 'dit ben ik/wil ik zijn'. Bij het bepalen van de metafoor is het belangrijk om realistisch te zijn. De therapeut kan hierbij zo nodig doorvragen of feedback geven. Tijdens het proces van identiteitsreconstructie is het van belang succeservaringen op te doen bij betekenisvolle activiteiten, waarbij men gebruikmaakt van strategieën die in overeenstemming zijn met het nieuwe, positieve zelfbeeld. Pas dan wordt de nieuwe identiteit ervaren en in de belevingswereld opgenomen. Voor veel mensen zijn beroepsmatige, huishoudelijke of recreatieve activiteiten betekenisvol.

Ylvisaker betoogt overigens dat een metafoor juist bij patiënten met hersenletsel bruikbaar is, omdat het de informatieverwerkingscapaciteit weinig belast. De metafoor staat voor een compleet beeld van wat men doet of ziet. Metaforen beïnvloeden volgens Ylvisaker onbewust een groot deel van ons denken en dus ook van onze emoties en handelingen. Hoewel soms gedacht wordt dat metaforen vanwege hun abstractieniveau moeilijk te bevatten zijn voor mensen met cognitieve beperkingen, blijken juist bekende en persoonlijke metaforen eenvoudiger te bevatten te zijn dan een complete verzameling concepten en opvattingen. Vanwege hun compactheid belasten zij het werkgeheugen minder.

Andere voorbeelden van therapeutisch werken aan identiteitsverandering na hersenletsel zijn groepsbijeenkomsten gebaseerd op neuropsychologische behandelprogramma's zoals ontwikkeld door Ben-Yishay en Diller (2011) en Prigatano (1999). Naast psycho-educatie en het opdoen van ervaringen, krijgt men de opdracht zichzelf aan de groep te presenteren, eventueel bijgestaan door een therapeut als buddy. De groep stelt vragen of geeft feedback. Op deze wijze kan de patiënt zichzelf spiegelen en toetsen aan de groep. In een later stadium houdt men tegenover uitgenodigde familie of vrienden een korte voordracht over zichzelf. Dit verhaal kan gezien worden als een (voorlopige) reconstructie.

In het algemeen is het van belang dat het ons zelf-verhaal in zekere mate gedeeld wordt door onze sociale omgeving. Hoewel ieder van ons kanten heeft die anderen niet kennen, is het gewenst dat er in grote lijnen overeenstemming bestaat tussen hoe ik mijzelf zie en hoe anderen mij zien. In geval van NAH kan hiertussen een schrijnende discrepantie ontstaan. Het zelf-verhaal bevat zelfbeschrijvingen, overtuigingen en evaluaties. Het is zo eigen dat we denken dat we dit verhaal 'zijn'. Het is wie we zijn en het is onze waarheid. Dit verhaal geeft houvast en we zijn geneigd ons eraan vast te houden. Omdat we het als eigen ervaren, zullen we een aantasting van het verhaal ook zien als een aantasting van ons zelf. Een aanval op ons zelf-verhaal ervaren we als een aanval op onszelf (Ownsworth 2014). Hieraan zitten twee kanten. Als we ons te weinig identificeren met dit verhaal wordt ons zelfbeeld instabiel en valt het gemakkelijk uiteen. We hebben dan 'geen idee' wie we zijn en kunnen daar niet op reflecteren. Als we rigide vasthouden aan het verhaal kan dat ertoe leiden dat we niet bereid of in staat zijn ons zelf-verhaal aan te passen wanneer de situatie ons daartoe aanzet.

Zowel binnen de *acceptance and commitment therapy* (ACT) (A-Tjak 2008) als in verschillende andere therapie- en begeleidingsmodellen staan waarden centraal. Waarden (Hayes et al. 2006) zijn begrippen of concepten die staan voor datgene wat men belangrijk vindt. Het zijn de zaken die het leven de moeite waard maken en – als het goed is – het leven richting geven. Metaforisch kunnen zij worden opgevat als een kompas waarmee men zijn keuzes bepaalt. Omdat het zelfgekozen waarden betreft, reflecteren zij een belangrijk aspect van de eigen identiteit: 'Dit vind ik belangrijk.' Waarden hebben ook betrekking op zingeving. Zij zijn richtinggevend en bepalen mede de gevoelsbeleving. Zij bepalen wat weer belangrijk wordt in het leven. Het expliciteren van waarden, bijvoorbeeld met behulp van een waardenassessment (◘ fig. 11.1), kan helpen bij het hervinden van het zelf en bij het (opnieuw) bepalen wat het leven zinvol maakt.

Een onderdeel van het zelf-verhaal of het zelf als inhoud is hoe we ons tot onszelf verhouden. In hoeverre zijn we tevreden of ontevreden over onszelf? Zijn we erg kritisch en veroordelend voor onszelf of mild en vriendelijk? De verhouding tot ons zelf is van grote invloed op het welzijn en de kwaliteit van leven. Bovendien is dit het vertrekpunt voor de relatie met anderen. Een sterk veroordelende of verbitterde attitude draagt bij aan sociaal isolement en depressie, die veel voorkomen na hersenletsel. Binnen de psychotherapeutische relatie kan gestreefd worden naar

Waardenassessment-formulier

Scoor voor elk waardendomein hoe *belangrijk* dit voor u is op een schaal van 1 tot 10 (10 = zeer belangrijk; 1 = zeer onbelangrijk).
Scoor vervolgens hoeveel aandacht (tijd en energie) u hier *nu* aan besteedt (0 = geen; 10 = alle).
Tot slot geeft u aan hoeveel aandacht (tijd en energie) u hier de *komende tijd* aan wilt besteden.

domein	belangrijk	aandacht nu	aandacht komende tijd
huwelijk/relatie			
ouderschap			
familie			
sociale contacten/ vrienden etc.			
werk/taken/ huishouding			
opleiding/ ontwikkeling			
recreatie/hobby			
spiritualiteit/ levensovertuiging			
gezondheid/ fysiek welzijn			
....			
....			

◻ **Figuur 11.1** Waardenassessment-formulier

een meer aanvaardende attitude van de patiënt tegenover de huidige situatie. De therapeut is het model voor een niet-oordelende houding. De patiënt kan zo nodig opmerkzaam gemaakt worden op de eigen kritische zelfboodschappen, onrealistische verwachtingen en negatief geladen conclusies. Wanneer deze met hulp van de therapeut expliciet gemaakt zijn, kunnen ze uitgedaagd en geherformuleerd worden. Deze benadering wordt doorgaans binnen de cognitieve gedragstherapie (CGT) gehanteerd. Daarnaast kan de patiënt uitgenodigd worden om meer aandacht te hebben voor kanten van het zelf-verhaal waar hij tevredener over is. Een andere, in ACT gehanteerde, benadering is om aandacht te schenken aan het feit dat we vaak geneigd zijn gedachten te serieus en te veel voor waar aan te nemen. Op deze manier smelten we als het ware samen met onze gedachten (in ACT 'fusie' genoemd). Door de patiënt uit te nodigen om als het ware vanaf een afstand naar de eigen gedachten te kijken, probeert men te bewerkstelligen dat hij deze gaat zien als 'slechts' gedachten, zodat ze als minder knellend worden ervaren of minder als werkelijk worden gezien. Dit proces wordt ook wel omschreven als 'defusie'. In dit verband gaat het met name over negatieve gedachten als onderdeel van het zelf-verhaal. Men erkent dat die gedachten er weliswaar zijn, maar laat ze minder het gevoel en het gedrag bepalen. Een voorbeeld hiervan is de oefening 'Overtuigingen herkennen' die wordt beschreven door Jansen en Batink (2014, pag. 194). Hierbij nodigt men patiënten uit aan te geven welke negatieve gedachten zij over zichzelf hebben. De therapeut kan ook een aantal voorbeelden aanreiken en vragen welke de patiënt bij zichzelf herkent. De belangrijkste overtuigingen worden op een vel papier geschreven. De patiënt wordt uitgenodigd hier drie minuten naar te kijken en vervolgens de regels herhaaldelijk (gedurende ongeveer anderhalve minuut) hardop te lezen. Vervolgens kan uitgelegd worden hoe we in de loop van ons leven dusdanig geprogrammeerd worden dat we de regels als absoluut waar gaan beschouwen (zie uitleg 'Hoe overtuigingen ontstaan' op ▶ www.timetoact.nl).

Een zelf-verhaal ontstaat in interactie met de omgeving. Vanwege de eerdergenoemde sociale gevolgen van hersenletsel helpt samenwerking met partner en gezinsleden, maar ook met lotgenoten bij het reconstrueren van de nieuwe identiteit (Nochi 2000).

Van Rijswijk (2000) schrijft in haar boekje

Familieleden en vrienden zijn onnoemelijk belangrijk en onmisbaar, maar ook zo moeilijk en confronterend. Ze kennen je anders dan je op dit moment bent en dan je jezelf kent ...
Weer zoeken, zoeken, zoeken naar een plaats in je persoonlijkheid van de nieuwe gewaarwording binnen jezelf door het 'wegslaan' van de in de loop van je leven opgebouwde bruggen en muren. Het gaat dus om bewustwording van veranderingen die in de persoon plaatsvinden waarbij het verleden moet worden losgelaten, wat voor gezinsleden niet gemakkelijk is.

In het gezin moeten rollen en taken opnieuw worden verdeeld, passend bij de veranderde identiteit. Personen die de patiënt langer kennen, kunnen helpen bij het realistisch herinneren van de vroegere situatie. Zij zijn ook van belang bij het reconstrueren van de persoonlijke geschiedenis en het ervaren van continuïteit van die aspecten die zijn behouden. Zo kan er een balans ontstaan tussen het herwinnen van de oude en het opbouwen van de nieuwe identiteit. Ten slotte speelt de sociale omgeving een rol bij de acceptatie van het nieuwe zelf-verhaal. Wanneer anderen het nieuwe verhaal verwerpen of niet begrijpen, wordt het voor de patiënt moeilijk om het vol te houden. Dat is een van de redenen waarom de sociale omgeving betrokken moet worden bij psycho-educatie over de gevolgen van hersenletsel en het belang van compensatoire aanpassingen. Uiteindelijk is het van belang dat zowel de patiënt als diens omgeving de patiënt steeds minder gaan vergelijken met vroeger en de nieuwe persoon waarderen zoals die nu is.

11.7 Tot besluit

In dit hoofdstuk staat het herwinnen van een nieuw, aangepast identiteitsbesef na een hersenaandoening centraal. Dit proces wordt in veel revalidatie- en begeleidingstrajecten niet expliciet gemaakt. Omdat de zelf ervaren identiteit van belang is voor het welbevinden en de kwaliteit van leven (Ownsworth 2014), wordt ervoor gepleit te overwegen dit thema in behandelprogramma's op te nemen. Interventies betreffen een combinatie van het opdoen en bespreken van ervaringen, het reflecteren op conclusies en voorspellingen die hieruit voortvloeien, en uiteindelijk het integreren van de nieuwe situatie in de reconstructie van een realistisch zelfbeeld. De veronderstelling is dat patiënten na een hersenaandoening in veel gevallen baat kunnen hebben bij hulp bij dit complexe proces.

Literatuur

A-Tjak, J. (2008). *Acceptance & commitment therapy: Een praktische inleiding voor hulpverleners.* Houten: Bohn Stafleu van Loghum.
Ben-Yishay, Y., & Diller, L. (2011). *Handbook of holistic neuropsychological rehabilitation.* New York: Oxford University Press.
Bohlmeijer, E. (2007). *De verhalen die we leven. Narratieve psychologie als methode.* Amsterdam: Boom.
Carroll, E., & Coetzer, R. (2011). Identity, grief and self-awareness after traumatic brain injury. *Neuropsychological Rehabilitation, 21*(3), 289–305.
Damasio, A. R. (1999). *The feeling of what happens.* San Diego, CA: Harcourt.
Farenhorst, N. H. (2010). Seksualiteit en intimiteit na hersenletsel. In Ponds, R. et al. (Red.), *Neuropsychologische behandeling* (pag. 340–360). Amsterdam: Boom.
Hayes, S. C., Strosahl, K. D., & Wilson, K. G. (2006). *ACT: Een experiëntiële weg naar gedragsverandering.* Amsterdam: Harcourt.
Jansen, G., & Batink, K. (2014). *Time to ACT!* Zaltbommel: Thema.
Jetten, J. J., Aslam, C., & Aslam, S. A. (Eds.). (2011). *The social cure: Identity, health and well-being.* New York: Taylor & Francis.
Lorenz, L. S. (2010). Discovering a new identity after brain injury. *Sociology of Health & Illness, 32*(6), 862–879.
Luoma, J. B., Hayes, S. C., & Walser, R. D. (2007). *Leer ACT! Vaardigheden voor therapeuten.* Houten: Bohn Stafleu van Loghum.
Keizer, B. (2012). *Waar blijft de ziel?* Rotterdam: Lemniscaat.
Leary, T. (2004). *Interpersonal diagnosis of personality.* Eugene: Wipf and Stock Publishers.
Miller, L. (1993). *Psychotherapy of the brain-injured patiënt. Reclaiming the shatterd self.* New York: Norton.
Myles, S. M. (2004). Understanding and treating loss of sense of self following brain injury: A behavior analytic approach. *International Journal of Psychology and Psychological Therapy, 4*(3), 487–504.
Nochi, M. (2000). Reconstructing self-narratives in coping with traumatic brain injury. *Social Science & Medicine, 51,* 1795–1804.
Ownsworth, T. (2014). *Self-identity after brain injury.* London/New York: Psychology Press.
Ponds, R. (2013). *Neuropsychotherapie: Een aparte kunde?* Lezing tijdens het hersenletselcongres 2013 in de Reehorst te Ede.
Prigatano, G. P. (1999). *Principles of neuropsychological rehabilitation.* New York/Oxford: Oxford University Press.
Prigatano, G. P. (2013). Symposium 'Understanding and treating disturbances of higher integrative brain functions and advances in the field of anognosia, with clinical implications, including neuropsychotherapy'. Amsterdam: Expertisecentrum Neurorevalidatie Reade.

Rijswijk, I. van (2000). *Zoektocht naar mezelf na een CVA*. Eigen beheer.
Singer, J. A., & Salovey, P. (1993). *The remembered self: Emotion and memory in personality*. New York: Free Press.
Swaab, D. (2010). *Wij zijn ons brein*. Amsterdam: Contact.
Yeates, G. N., Gracey, F., & McGrath, J. C. (2008). A biopsychosocial deconstruction of 'personality change' following acquired brain injury. *Neuropsychological Rehabilitation, 18*(5/6), 566–589.
Ylvisaker, M. (2000). Reconstruction of identity after brain injury. *Brain Impairment, 1*, 12–28.
Ylvisaker, M., et al. (2008). Metaphoric identity mapping: Facilitating goal setting and engagement in rehabilitation after traumatic brain injury. *Neuropsychological Rehabilitation, 18*(5/6), 713–741.
Worden, J. W. (1992). *Verdriet en rouw. Gids voor hulpverleners en therapeuten*. Amsterdam/Lisse: Swets en Zeitlinger.

Leven met emoties na CVA: veerkracht en kwetsbaarheid in het spanningsveld van de psychotherapeut

P.G.T. Smits

12.1 Inleiding – 164

12.2 Taxatie van kwetsbaarheid en veerkracht – 164

12.3 Cognitieve gevolgen van een CVA die van invloed zijn op emoties binnen de therapie – 166

12.4 Hoe krijg je grip op emoties na een CVA; waar richt je je op in psychotherapie? – 170

12.5 Bevorderen van veerkracht – 171

12.6 Leven tussen hoop en vrees – 172

12.7 Angst voor een recidief – 175

12.8 Tot besluit – 177

Literatuur – 177

© Bohn Stafleu van Loghum is een imprint van Springer Media B.V., onderdeel van Springer Nature 2019
J. A. M. Vandermeulen, M. M. A. Derix en A. van Dijke (Red.), *De rol van neuropsychologie bij psychotherapie*,
https://doi.org/10.1007/978-90-368-2263-3_12

12.1 Inleiding

Het doormaken van een cerebrovasculair accident (CVA) betekent voor de meeste mensen een plotselinge bedreiging en verandering van hun gezondheidstoestand. Een bedreiging van de gezondheid roept vanzelfsprekend emoties op. Daarbij kunnen, als gevolg van schade in de hersenen, de emoties of de emotionele beleving zijn veranderd. De beschadigde hersenen, die bijvoorbeeld gevoeliger geworden zijn voor stress, reageren dan vaak heftig. Of men is emotioneel vervlakt dan wel ontremd door beschadigingen in de frontale delen van het hersenen. Ten slotte zal het (verder) leven met de gevolgen van een CVA veel mensen emotioneel niet onberoerd laten. Mensen verliezen regelmatig belangrijke activiteiten zoals werk of hobby's en ook sociale rollen kunnen veranderen. Dromen en verwachtingen worden opeens onrealiseerbaar (Bost et al. 2005). Kortom, het doorgemaakt hebben van een CVA doet een groot beroep op iemands aanpassingsvermogen en veerkracht. Hiervoor wordt regelmatig de hulp van een psycholoog/psychotherapeut ingeroepen, meestal omdat een (negatieve) interactie tussen bovengenoemde factoren een rol speelt. De volgende vragen kunnen dan gesteld worden:

- Wat heeft psychotherapie te bieden?
- Hoe moet de neuropsychologische dynamiek, de relatie tussen hersenen, emotie en gedrag, met betrekking tot de hulpvraag worden geduid?
- Hoe gebruikt men de veerkracht die mensen ondanks alles toch ook regelmatig vertonen?
- Wat zijn (dan) passende en effectieve interventies?

Dit hoofdstuk gaat over hoe men met al deze factoren rekening kan houden om de behandeling zo goed mogelijk bij de hulpvraag of het probleem van de patiënt te laten aansluiten. Aan het einde van dit hoofdstuk wordt ingegaan op specifieke onderwerpen die regelmatig bij CVA-patiënten tot een hulpvraag leiden, zoals het leven tussen hoop en vrees, en angst voor een recidief.

12.2 Taxatie van kwetsbaarheid en veerkracht

In de eerste periode na een CVA staan meestal vooral de fysieke en cognitieve problemen op de voorgrond. Deze krijgen in de (revalidatie)behandeling dan ook de meeste aandacht (Ponds en Smits 2016). Iemand moet weer leren lopen, praten en zichzelf verzorgen. Naarmate het herstel vordert en de patiënt in zijn eigen leefomgeving weer meer activiteiten ontplooit, komen blijvende veranderingen nadrukkelijker aan de oppervlakte, vaak, vrijwel onvermijdelijk, in vergelijking met het vroegere functioneren. Bovendien verlopen veel zaken in het dagelijks leven anders dan verwacht of gehoopt. Wordt dit niet door de patiënt zelf opgemerkt, dan zeker wel door zijn omgeving. Te denken valt aan een veranderde belastbaarheid, subtiele verstoringen in de executieve functies en gedrags- of karakterveranderingen. De vreugde of opluchting over het aanvankelijke herstel kan gemakkelijk omslaan in teleurstelling. In de fase die dan aanbreekt, bemerkt een patiënt vaak duidelijk dat er geen grote vooruitgang meer te verwachten valt en het (toekomstige) leven ingrijpend veranderd is. Een langdurig aanpassingsproces begint, dat hopelijk leidt

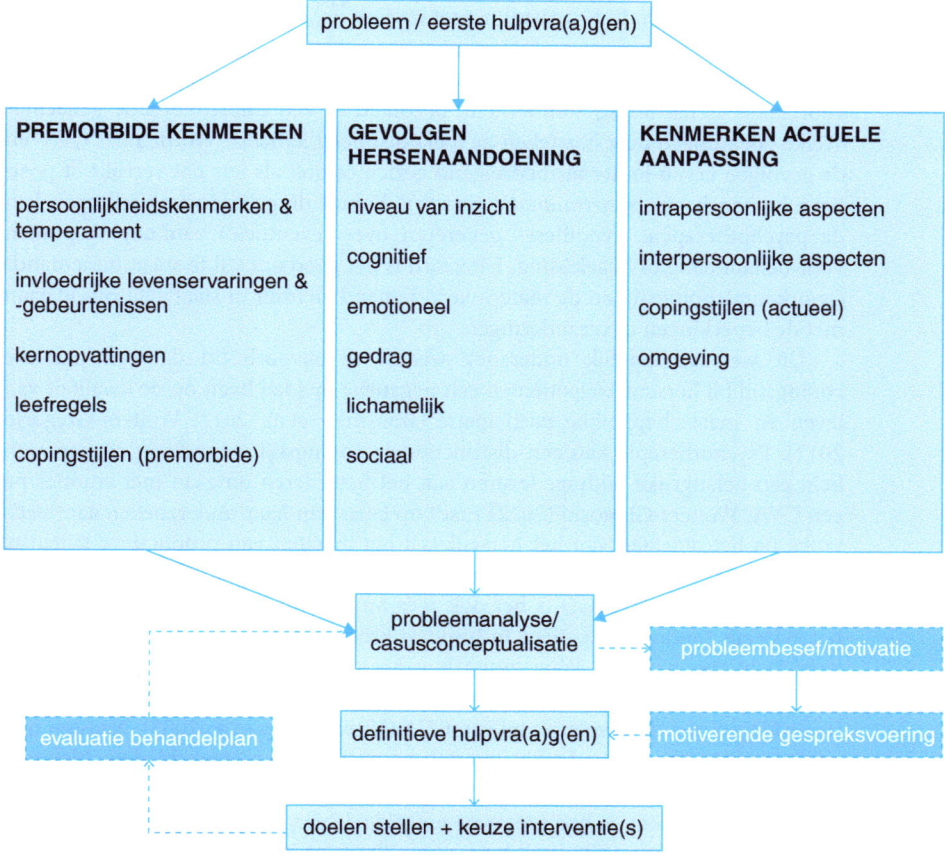

 Figuur 12.1 Schematische weergave van de onderdelen van een neuropsychologische probleeminventarisatie en casusconceptualisatie in neuropsychotherapie (Smits en Ponds 2016, pag. 47–70)

tot een situatie waarin de patiënt (weer) met de gevolgen van het CVA kan leven. Wat maakt nu dat de ene persoon daar beter in slaagt dan de andere? Eigenlijk weten we dat niet goed. De weg die wordt bewandeld tijdens zo'n aanpassingsproces kent namelijk vele voetangels en klemmen, en ook reageert ieder individu hier anders op. Hulp bij een stagnerend aanpassingsproces staat of valt met een zorgvuldige taxatie van factoren die hierin (mogelijk) een rol spelen.

Bij deze taxatie is het natuurlijk allereerst van belang om scherp te krijgen wat nu precies het (aanpassings)probleem van de patiënt is. Betreft het een problematische emotie, problematisch gedrag en/of problematische situaties? En hoe beïnvloedt dit het dagelijks leven van de patiënt (en/of zijn omgeving)?

Vervolgens is het nuttig om een aantal factoren in kaart te brengen. Het betreft, naast de (directe) gevolgen van het CVA, de premorbide (patiënt)kenmerken en kenmerkende actuele aanpassingsreacties. Tal van aandachtspunten vallen hieronder (zie fig. 12.1). Zie voor een uitgebreide beschrijving van alle afzonderlijke factoren: Smits en Ponds (2016).

In het kader van dit hoofdstuk wordt in deze paragraaf wel wat uitvoeriger stilgestaan bij kenmerken van actuele aanpassingsreacties. Het is belangrijk om na te gaan wat iemand (nu) kwetsbaar maakt. Welke emotionele reactie overheerst bijvoorbeeld? Is dat angst, somberheid, boosheid of een catastroferende gedachte? Welke opvattingen over herstel en de toekomst heeft iemand? Worden het CVA en de gevolgen ervan louter als bedreigend gezien of ook als iets dat verrijkt of positieve kanten heeft (*post-traumatic growth*)? Vanuit dergelijke vraagstellingen kan de psychotherapeut hypotheses genereren over (eventuele) aanknopingspunten voor behandeling of begeleiding. Uiteraard is het goed om stil te staan bij iemands (voorkeurs)copingstijl en de mate waarin iemand zichzelf in staat acht om te gaan met de beperkingen of veranderingen.

Uit wetenschappelijk onderzoek weten we bijvoorbeeld dat een passieve copingstijl bij hersenletselpatiënten een negatieve invloed heeft op de kwaliteit van leven en maatschappelijke participatie (Boosman et al. 2017; Wolters-Gregorio 2012). Psychotherapie kan een disfunctionele copingstijl veranderen en kan wellicht een belangrijke bijdrage leveren aan het beter leren omgaan met emoties na een CVA. Wolters-Gregorio (2012) raadt op basis van haar onderzoeken aan reeds vroeg na het ontstaan van het hersenletsel het inzetten van productieve stijlen te stimuleren, zodat de ongunstige veranderingen in de coping worden voorkomen.

Niet in de laatste plaats is het ook zeer nuttig om de aanpassingsreacties van het systeem rondom de patiënt in beeld te krijgen. Hoe zit het met de draag- en veerkracht van naasten? Waar zitten hun kwetsbaarheden? Uit onderzoek weten we dat dit in combinatie met de (ervaren) draaglast medebepalend is voor het (leren) leven met de gevolgen van een CVA (Visser-Meily et al. 2005). Naasten met voldoende draag- en veerkracht kunnen bescherming en steun bieden. Mayo en collega's (2013) toonden bijvoorbeeld aan dat hoe groter de sociale ondersteuning van een CVA-patiënt is, hoe groter de emotionele gezondheid van die persoon zal zijn. Het tegenovergestelde geldt helaas ook (Smits en Ponds 2016).

Het volledige taxatieproces doorloopt men bij voorkeur samen met de patiënt, ongeacht de uitgebreidheid, grootte en ernst van het hersenletsel.

12.3 Cognitieve gevolgen van een CVA die van invloed zijn op emoties binnen de therapie

Hoewel er door patiënten en hun omgeving vaak een beroep wordt gedaan op een psychotherapeut en/of psycholoog vanwege emotionele problemen en die in de behandeling ook de focus zullen zijn, moet niet uit het oog worden verloren dat tijdens het werken met emoties de cognitieve gevolgen van het CVA regelmatig een interfererende rol spelen. Het kunnen (herkennen en) verwoorden van de eigen emoties is vaak een voorwaarde om emoties uiteindelijk te kunnen reguleren (Rijn et al. 2012). Psychotherapie is daarbij een middel. Inherent spelen taal en alle daarbij behorende cognitieve processen een belangrijke rol. Problemen hiermee vormen voor een therapie bij CVA-patiënten een potentiële valkuil. Het kan zijn dat de patiënt de therapeut niet begrijpt en daardoor niet begrijpt wat de therapeut van hem vraagt. Het omgekeerde komt ook voor: de behandelaar raakt de patiënt kwijt. Als het goed is, heeft de therapeut in de taxatiefase, al dan niet door middel van neuropsychologisch onderzoek, een beeld gekregen van de cognitieve gevolgen van het CVA. Het vertalen van die bevindingen naar de invloed ervan op een individuele therapeutische behandeling kan nog zeer lastig zijn. Er zijn in de literatuur zeker veel bruikbare *practice-based* aanpassingsstrategieën op het gebied van hersenletsel en psychotherapie te vinden (Verbeek 2016; Ownsworth 2014); een overzicht hiervan wordt weergegeven in ◘ tab. 12.1.

De psychotherapeut krijgt ook vaak te maken met subtielere uitdagingen, namelijk de invloed van neurologische veranderingen en cognitieve stoornissen als gevolg van een CVA op de emotieperceptie en -regulatie en op de emotionele of gedragsmatige reacties van de patiënt. Op basis van een overweldigende hoeveelheid onderzoek naar emotionele problemen, zoals stemmingsstoornissen, angst en agressie, is er inmiddels weinig discussie meer over de wederkerige relatie tussen cognitie en emotie (Eling et al. 2013). Cognitieve functies, zoals waarneming, aandacht, (werk)geheugen en executieve-controle- en -regulatieprocessen, spelen hierin een voorname rol (Eling et al. 2013; Ruff en Chester 2014). Het is in geval van emotionele of aanpassingsproblemen bij een CVA-patiënt logisch om te veronderstellen dat cognitieve beperkingen of stoornissen, zoals verminderde controle over (executieve) aandachtsprocessen, zorgen voor een toegenomen kwetsbaarheid in het omgaan met alle veranderingen in het dagelijks leven. Men kan bijvoorbeeld vatbaarder raken voor gepieker – een veelvoorkomend symptoom bij angst en depressie –, omdat het niet meer goed lukt om zich los te maken van negatieve informatie (bijvoorbeeld falen in een alledaagse activiteit, eigen tekortkomingen) of het beredeneren van probleemoplossingen tekortschiet. Na letsel kunnen bovendien verschillende neuronale circuits en systemen uit balans raken. Een disbalans kan leiden tot een verhoogde gevoeligheid of overactiviteit van deze circuits, waarbij na blootstelling aan (omgevings)stress een heftiger, moeilijk af te remmen emotionele reactie ontstaat. Emotionele disregulatie blijkt in ieder geval een belangrijke factor in de behandeling en deze is gerelateerd aan psychische problemen en stress na hersenletsel (Shields et al. 2016). Ten slotte heeft emotionele disregulatie regelmatig weer een negatief effect op het cognitief functioneren. Hierdoor vermindert het vermogen om emotionele impulsen te remmen of cognitief 'grip' te krijgen op problemen en (dagelijkse) gebeurtenissen. Daardoor kan gemakkelijk een vicieuze cirkel ontstaan.

Deze logica laat zich echter niet gemakkelijk vertalen naar de spreekkamer. Bevindingen uit neuropsychologisch onderzoek geven bijvoorbeeld geen uitsluitsel over de precieze invloed van de aandachtsstoornis op het gepieker of er worden geen cognitieve stoornissen gevonden, terwijl er wel sprake is van ruminatie (herhaaldelijk, langdurig denken over gevoelens en problemen). Ook medische informatie op basis van beeldvormend onderzoek over de aard, omvang en locatie van de schade in de hersenen laat zich regelmatig niet goed vertalen naar de emotionele problemen. Kortom, de complexiteit van de hersenen en emoties speelt een rol in de therapie. In dit spanningsveld is het wellicht handiger om in de spreekkamer terug te grijpen op de essentiële functie van emoties en onze kennis over meer basale of primaire emotieregulatiesystemen. Deze essentiële systemen zijn na een CVA zelden volledig aangedaan. Ook verstoorde hersenen reageren – nog steeds – met emoties (en gedrag) op 'stimuli' (situaties) uit de leefomgeving of belevingswereld (eigen gedachten) van de patiënt. Dit gebeurt vooral bij nieuwe, onzekere, ambigue en/of bedreigende situaties of ervaringen. Dat dergelijke situaties na een CVA aan de orde van de dag zijn vraagt weinig voorstellingsvermogen.

◘ **Tabel 12.1** Mogelijke aanpassingen of interventiestrategieën voor cognitieve problemen, o.a. gebaseerd op beschrijvingen van Verbeek (2016) en Ownsworth (2014)

cognitieve problemen	aanpassing of interventiestrategie
verminderd tempo van informatieverwerking, verminderde aandacht en concentratie, vermoeidheid	Verkort in overleg de sessieduur en/of las pauzes in. Zorg voor een gespreksomgeving met zo min mogelijk afleiding. Vat regelmatiger samen of herhaal wat is besproken. Werk met een vaste gespreksagenda; maak afspraken over de indeling van de sessie. Gebruik dit bij afleiding of onderbreking (pauze) als kapstok om de sessie aan op te hangen.
geheugen en problemen met leerbaarheid	Maak gebruik van (gespreide) herhaling van belangrijke punten uit de sessie. Laat de patiënt hulpmiddelen gebruiken zoals (tussentijds) aantekeningen of geluidsopnamen maken of foto's van het whiteboard/de flap-over. Maak aan het einde van elke sessie een samenvatting en start de volgende sessie hiermee. Betrek naasten bij de therapie om het vasthouden van informatie en inzichten uit een sessie thuis (opnieuw) te versterken.
problemen met verbale expressie	Laat de patiënt gebruikmaken van andere communicatiemiddelen, zoals tekeningen, foto's of pictogrammen. Maak (tevoren) met de patiënt afspraken over welke rol de therapeut kan innemen in de communicatie: rustig afwachten, suggesties doen, proberen aan te vullen.
problemen met verbaal begrip	Spreek langzaam en rustig, in korte zinnen en/of met eenvoudige bewoordingen. Gebruik tekeningen of plaatjes ter illustratie van een interventie.
problemen met abstract redeneren/concreet denken	Werk meer met problemen/emoties die zich *tijdens* de sessie aandienen en werk toe naar het (leren) koppelen van dan optredende lichamelijke reacties (signaalfunctie) aan emoties. Vergroot de herkenbaarheid door het vastleggen/beschrijven van probleemsituaties uit het dagelijks leven.
problemen met planning en organisatie	Maak (meer) gebruik van een gespreksagenda (inclusief tijdinschattingen en -indeling van het gesprek) en laat de patiënt hierin een steeds grotere rol spelen. Neem ruim voldoende tijd voor het goed/realistisch plannen van huiswerkopdrachten die moeten worden uitgevoerd tussen sessies. Bespreek hierbij ook wat er 'organisatorisch' voor nodig is.
problemen met sociale cognitie	Bevorder door je manier van vragen de perspectiefname (verplaatsen in de ander).

12.3 · Cognitieve gevolgen van een CVA die van invloed zijn op emoties

◘ **Tabel 12.1** Mogelijke aanpassingen of interventiestrategieën voor cognitieve problemen, o.a. gebaseerd op beschrijvingen van Verbeek (2016) en Ownsworth (2014) (vervolg)

verminderde emotionele reactiviteit (mimiek, intonatie of initiatiefname) in gesprek	Vraag concreet naar gevoelens en gedachten. Bekrachtig (direct) emotionele uitingen/reacties in de sessie.
problemen met ziekte-inzicht en/of niet volledig kunnen inschatten van de consequenties van het CVA	Ondersteun de patiënt door middel van 'guided discovery' bij het reflecteren over de verandering als gevolg van het CVA. Kom niet te snel met adviezen en voorlichting over de gevolgen van het CVA, tenzij de patiënt hier zelf (expliciet om) vraagt. Bekrachtig uitspraken die blijk geven van probleembesef of -herkenning en van bezorgdheid over de huidige situatie of de toekomst. Valideer het emotionele leed (distress) en de frustraties waar iemand mee te maken krijgt, maar bekrachtig niet opvattingen die duiden op gebrekkig inzicht. Respecteer het 'recht' op hoop. Vermijd confronterende of kritische feedback vanuit een 'expert'-positie. 'Milde' confrontatie (feedback gecombineerd met socratische dialoog) is vaak een effectieve insteek. Bespreek hoe je de patiënt feedback kan/mag geven, en leg uit wat jouw (therapeutische) bedoeling met de feedback is en welke waarde die zou kunnen hebben. Gebruik bij feedback de 'sandwich'-methode: noem positieve of sterke aspecten van (het gedrag van) de patiënt voor en na problematisch gedrag. Doe ook verbetersuggesties. Maak gebruik van gedragsexperimenten om de accuraatheid van de zelfperceptie te onderzoeken. Maak gebruik van videofeedback.

Voortdurend doen patiënten faalervaringen op en moeten zij (nieuwe) aanpassingen bedenken in het omgaan met symptomen, klachten (bijv. vermoeidheid, seksuele problemen, bijwerkingen medicatie) of verloren vaardigheden. Moeilijkheden in het alledaagse leven gaan daarmee regelmatig iemands persoonlijke of externe sociale (hulp)bronnen te boven en zorgen daarmee voor stress en emotionele reacties.

Het kan zeer belangrijk zijn om deze kennis voorafgaand aan een psychotherapeutische interventie gericht op het (emotionele) aanmeldprobleem met de patiënt te delen in de vorm van psycho-educatie. In *The Brain Injury Rehabilitation Workbook* laat Longworth Ford (2017) heel mooi zien hoe men, ondersteund door tekeningen, laagdrempelig informatie kan geven over de hersenen en emoties en over emotionele reacties en -systemen. Zij gaat verder met patiënten na wat bijvoorbeeld hun vlucht-, vecht- of verstarringsreacties (vormen van coping) op alledaagse stressoren zijn.

12.4 Hoe krijg je grip op emoties na een CVA; waar richt je je op in psychotherapie?

In de voorgaande paragraaf is beschreven dat er na een CVA regelmatig emotionele en gedragsmatige reacties ontstaan naar aanleiding van tijdelijke, actuele en/of aanhoudende bedreigingen *(threats)*. Maar ziet de patiënt dat helder in? En op welke 'bedreigingen' moet de behandelaar zich met de patiënt richten? Levack et al. (2010) identificeren in een kwalitatieve metasynthese, gebaseerd op 23 studies, een drietal stressoren na hersenletsel: verlies van verbinding met en/of controle over eigen lichaam en hersenen, de breuk met de premorbide identiteit en een veranderde positie in de eigen sociale leefwereld. Met name deze laatste twee blijken een sterke negatieve invloed te hebben op het welbevinden op langere termijn (Haslam et al. 2008; Jones et al. 2011). Deze bevindingen geven duidelijk richting aan de thema's waar een psychotherapeutische behandeling zich vooral op zou kunnen richten, namelijk: het opbouwen van een nieuwe identiteit (zie ook ▶ H. 11) en het hervinden van een plek in de sociale leefwereld. Meestal worden (of zijn) de problemen als gevolg van een verlies van verbinding met en controle over eigen lichaam en hersenen al behandeld in de revalidatie, bijvoorbeeld door middel van fysiotherapie, ergotherapie en neuropsychologische revalidatie. Een emotioneel probleem als gevolg van verlies van controle over eigen lichaam en hersenen dat overigens wel frequent wordt gemeld aan de psychotherapeut of psycholoog betreft de angst voor een recidief. Hierover later in dit hoofdstuk meer.

Om binnen een psychotherapeutisch behandeling gerichter te kunnen werken aan problematische emoties en/of gedrag kan het helpen om, samen met de patiënt, situaties en/of opvattingen die hiertoe aanleiding geven te onderzoeken. Welke 'bedreigingen' worden daarbij ervaren? Wat zorgt ervoor dat het emotionele alarmsysteem in de hersenen afgaat? Neuropsychologen Ownsworth (2014) en Gracey (Gracey et al. 2009; 2015) leggen – afzonderlijk van elkaar – met hun theoretische modellen een praktisch zeer bruikbare verbinding tussen de 'bedreigingen' na hersenletsel, emoties, probleemcoping en de sociale (leef)omgeving van een patiënt. Zij conceptualiseren de 'bedreigingen' aan de hand van het zelf(beeld) van de patiënt. Met name de verandering die of het verlies (van het zelf) dat veel patiënten hierin ervaren, alsook de discrepanties met het vroegere of ideale zelf(beeld) en de stress die hierdoor ontstaat, worden volgens hen opgevat als bedreigend. De volgende situaties worden daardoor 'bedreigend': het oppakken van (oude) activiteiten, het omgaan met andere mensen (er niet meer bij horen, negatieve feedback van anderen) en confrontaties met beperkingen, faalervaringen en situaties waarin de persoonlijke veiligheid in het geding kan komen (bijvoorbeeld: vallen en een recidief). Disfunctionele coping, zoals vermijding, terugtrekken en weinig steun vragen, versterkt regelmatig de druk op het zelfbeeld. Er ontstaat een vicieuze cirkel. Een voorbeeld hiervan is te zien in ◘ fig. 12.2. Het elegante van deze theoretische modellen is dat ze in hun eenvoud heel goed aansluiten bij de belevingswereld van de patiënt en de emoties voor de patiënt begrijpelijker maken. En een dergelijke conceptualisatie van emotionele problematiek vertalen deze neuropsychologen bovendien naar psychotherapeutische interventies, die, niet geheel verrassend, gericht zijn op het opbouwen van een nieuwe identiteit en het hervinden van een plek in de sociale leefwereld. Maar waar haalt de patiënt hiervoor de veerkracht vandaan, en hoe ontwikkelt men veerkracht bij de patiënt als die deze niet heeft?

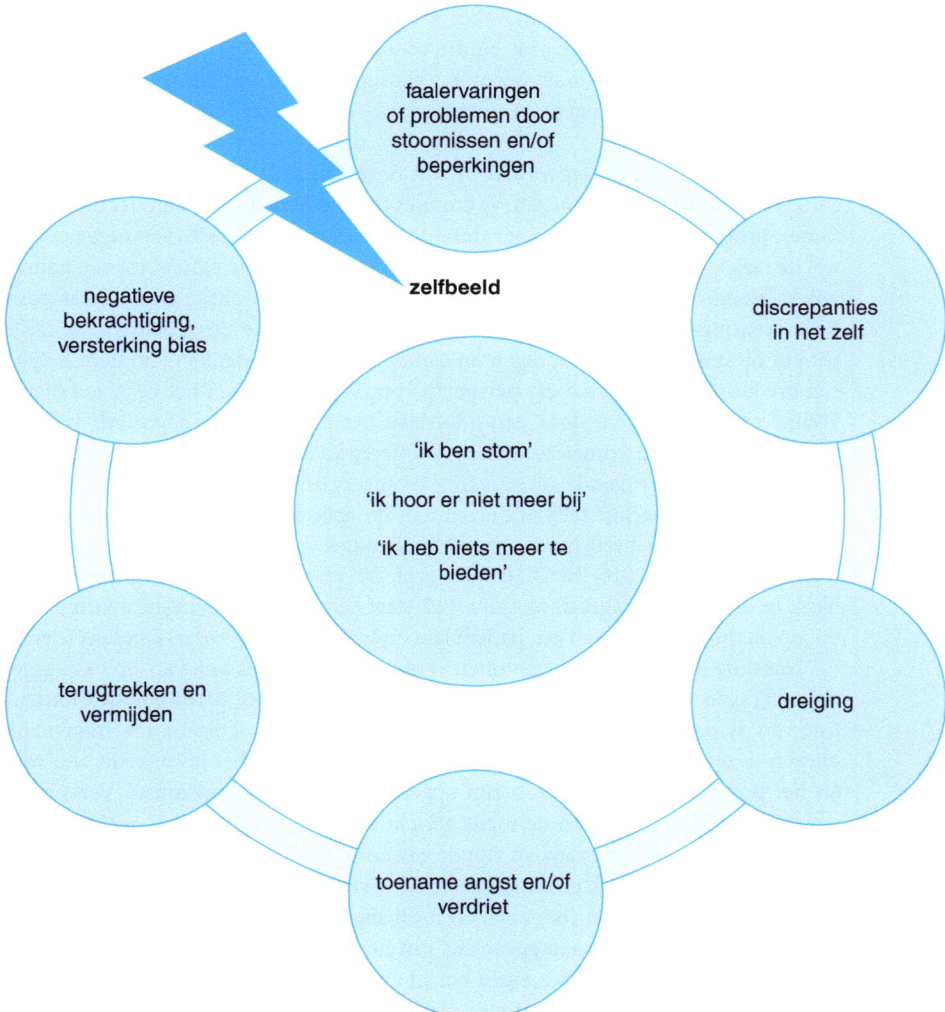

◻ Figuur 12.2 Vicieuze cirkel van (zelf)evaluatie, angst en vermijding en de impact op het zelfbeeld (Ownsworth 2014)

12.5 Bevorderen van veerkracht

Er zijn veel aanwijzingen dat veerkracht een belangrijke ondersteunende rol kan spelen bij het leren leven met de gevolgen van een CVA (Neils-Strunjas et al. 2017). Dit geldt overigens niet alleen voor mensen die een CVA hebben doorgemaakt, maar speelt eveneens bij veel (chronische) lichamelijke aandoeningen (Stewart en Yuen 2011) en psychische en psychiatrische aandoeningen (zie ▶ H. 3). Er zijn gelukkig aanwijzingen dat een grote groep patiënten met hersenletsel, ondanks alle moeilijkheden, hun situatie ook als verrijkend kunnen zien of daarvan positieve kanten ervaren (*post-traumatic growth*) (Grace et al. 2015). In de spreekkamer krijgt men desondanks wellicht vaker te maken met een CVA-patiënt die vooral benadrukt wat er niet meer gaat en die voortdurend emotionele reacties vertoont vanuit een preoccupatie met verloren vaardigheden of sociale rollen. Hoe kom je als behandelaar in plaats van *'fixing what's wrong'* naar *'building what's strong'* (Evans 2011)?

Als een patiënt heel erg vastzit in zijn negatieve kijk op het CVA is het uiteraard van belang eerst deze negatieve emoties te valideren. Tevens kan het nuttig zijn samen proberen te begrijpen waar deze perceptie vandaan komt. Vervolgens is het wel de taak van de psychotherapeut om te onderzoeken of de patiënt tot een andere kijk te brengen is. Dit kan men doen door bijvoorbeeld gericht te vragen naar positieve ervaringen in het omgaan met (andere) moeilijke levensgebeurtenissen. De patiënt op deze manier uitnodigen en aanmoedigen na te denken kan hem helpen een breder of minder eenzijdig perspectief op de gevolgen van het CVA te krijgen. Wellicht kan de patiënt door een affectieve herwaardering (*reappraisal*) van het CVA en de gevolgen komen tot betere emotieregulatie. Door het CVA bijvoorbeeld te zien als een verrijkende of leerzame levenservaring wordt het minder bedreigend. Het kan mogelijk zelfs bijdragen aan de opbouw van een nieuwe identiteit, omdat patiënten zichzelf gaan ervaren als iemand die met tegenslag kan omgaan (Kuenemund et al. 2016; Neils-Strunjas et al. 2017), wat niet onbelangrijke is zoals bleek in de vorige paragraaf. In tab. 12.2 staat een aantal hulpvragen waarmee een therapeut de veerkracht van een patiënt kan onderzoeken en (verder) kan bevorderen.

Naast de in tab. 12.2 opgenomen vragen kan het toepassen van 'oplossingsgerichte' vragen vanuit de oplossingsgerichte therapie (Klaver 2016) ook de blikrichting van de patiënt veranderen ten aanzien van zijn kernprobleem. De vragen zijn binnen deze methodiek in eerste instantie gericht op hoe het leven eruit zou zien als het probleem voldoende zou zijn opgelost, de 'gewenste toekomst'. Vervolgens wordt middels open vragen de focus gericht op de krachten van de patiënt, tekenen van vooruitgang ten aanzien van de gewenste toekomst en wat, van hetgeen de patiënt heeft geprobeerd, geholpen heeft. Men richt zich daarmee op het potentieel dat de patiënt al bezit en (ongemerkt) heeft ingezet. Een dergelijke insteek draagt volgens Klaver (2016) bij aan gevoelens van hoop en *empowerment* (d.w.z. het vinden en vergroten van iemands eigen kracht en capaciteiten).

Ook interventies uit de positieve psychotherapie (Rashid 2015), een nog relatief jonge psychotherapeutisch stroming gebaseerd op de positieve psychologie (Seligman et al. 2005), kunnen wellicht worden benut om veerkracht bij CVA-patiënten te bevorderen (Ashworth et al. 2017). Deze methodiek richt zich op het leren herkennen en (opnieuw) benutten van sterke eigenschappen en het oppakken van betekenisvolle activiteiten. Ook is er binnen deze vorm van psychotherapie veel aandacht voor relaties met anderen en de sociale leefwereld. De eerste bevindingen bij hersenletselpatiënten zijn bemoedigend (Karagiorgou et al. 2017; Cullen et al. 2018). Meer onderzoek naar de werkelijke effecten moet echter nog plaatsvinden.

12.6 Leven tussen hoop en vrees

Na het doormaken van een CVA dienen er zich voortdurend periodes aan waarin de patiënt tussen hoop en vrees leeft. Er dringen zich bij de patiënt bijvoorbeeld vragen op met betrekking tot herstel of terugkeer naar het werk en die komen op

Tabel 12.2 *Bevorderen van veerkracht; gebaseerd op interviewvragen in artikel van Neils-Strunjas et al. (2017)*

sterke persoonlijke kwaliteiten/ eigenschappen	Vertel me eens over momenten dat je ergens succesvol in was. Welke persoonlijke kwaliteiten/eigenschappen hebben je toen geholpen? Welke doelen heb je voor jezelf in het leven? Wat is een sterke kant/eigenschap van jou en hoe heb je die eerder in je leven gebruikt/ingezet?
positieve ervaringen met moeilijke (levens)gebeurtenissen	Geloof jij dat tegenslag of moeilijke of stressvolle situaties mensen soms sterker kunnen maken? Indien ja: Ken je een voorbeeld van iemand uit jouw omgeving die (dezelfde) problemen of tegenslag heeft overwonnen? Kun je me enkele voorbeelden geven uit jouw eigen leven waarin je dat zo hebt ervaren? Hebben er door het CVA ook positieve veranderingen in je leven plaatsgevonden? Ben je het leven na het CVA anders gaan waarderen?
ondersteunende relaties	Welke relatie/vriendschap geeft je steun? Wat maakt dat je je ondersteund voelt door die ander? Wat doet hij/zij precies?
gevoel van controle	Hoeveel controle of invloed heb je voor je gevoel om deze situatie verbeteren? Heb je het gevoel dat je de problemen aankunt die het CVA met zich meebrengt? Dat je ermee om kunt gaan? Wat gaf je in het verleden het gevoel dat je controle had over een moeilijke situatie? Heb je het gevoel dat je weinig controle hebt over je leven of dat je leven wordt bepaald door het lot? Beheerst het CVA je leven?
levenswaarden	Wat geeft betekenis aan je leven? Wat zijn voor jouw belangrijke waarden of levensovertuigingen? Wat maakt een levenservaring betekenisvol voor jou? Hoe beïnvloeden spirituele of godsdienstige overtuigingen/ideeën de betekenis van jouw leven?

die manier ook de spreekkamer van de therapeut binnen, zowel in de vorm van onzekerheid, als in de vorm van hoop. De hoop is vaak gericht op vooruitgang of verbetering waardoor een terugkeer naar het leven van voor het CVA weer mogelijk wordt. De hoop ondersteunt de patiënt (en naasten) in het vermogen en de motivatie om zich in te zetten voor een (revalidatie)behandeling of door te zetten bij tegenslag, en biedt wellicht enige bescherming tegen somberheid. Hoop is belangrijk, want hoop doet leven. Hoop is niet geheel ongerechtvaardigd, want soms is er nog vooruitgang mogelijk. Hoop kan daarmee ook een positieve bijdrage leveren aan het welslagen van een psychotherapeutische behandeling. Desondanks volgt, in het kielzog van hoop, regelmatig onzekerheid. Onzekerheid of het allemaal wel zal lukken. Daarmee komen ook ingewikkelde vragen van de patiënt op de behandelaar af, meestal hoopvol gericht op onzekerheidsvermindering. Vragen over de (medische) prognose op verbetering, de ervaring van de therapeut met het herstel van andere CVA-patiënten en diens persoonlijke inschatting of er verbetering mogelijk is. Kortom, vragen waarop vaak moeilijk antwoord te geven is. Enerzijds omdat behandelaren het vaak niet precies weten, anderzijds omdat een 'negatief' antwoord van een expert iemand de hoop en daarmee ook veerkracht kan ontnemen. Bovendien heeft elke psycholoog of psychotherapeut die regelmatig werkt met patiënten met hersenletsel ervaren dat zijn inschatting van de mogelijkheid op herstel (meer dan) eens gelogenstraft is. Patiënten hebben ons vaak versteld doen staan in wat ze uiteindelijk nog kunnen bereiken. Ook de paradigmaverschuiving wat betreft herstel door de kennis over hersenplasticiteit noopt wellicht tot bescheidenheid, hoewel men nog niet precies weet hoe we dit proces in klinische praktijk kunnen stimuleren of welke rol de patiënt daarin zelf kan vervullen (Spikman en Fasotti 2012; Doidge 2015). Hoe kan een therapeut dan met dergelijke situaties om gaan? Het is raadzaam om niet mee te gaan in de zoektocht naar een duidelijk antwoord, maar om de patiënt en de omgeving te helpen om de onzekerheid in de komende periode te leren verdragen.

Het kan nuttig zijn om (in het antwoord) dicht bij deze overwegingen te blijven. Dit kan door aan de patiënt uit te leggen dat je op basis van ervaringen met andere patiënten hebt geleerd je bescheiden op te stellen als het gaat om uitspraken over herstel, vooruitgang of verbetering. Ook kan de therapeut aangeven dat zowel de hoop als onzekerheid over het herstellen van een CVA belangrijk zijn voor het leren leven na een CVA. Hoop geeft richting aan waar de patiënt naar toe wil en bepaalt diens doelen. De ervaren onzekerheid maakt duidelijk wat de patiënt moeilijk denkt te gaan vinden in het leven met de gevolgen van een CVA. Dat kan aanleiding zijn om hierover met patiënt het gesprek aan te gaan en te onderzoeken hoe hij effectief (of anders) met deze moeilijkheden om kan gaan. Belangrijk is wel dat de therapeut feedback geeft als de hoop van de patiënt zijn vooruitgang belemmert (door overbelasting). Dit is ook nodig wanneer preoccupatie met vooruitgang en het continue streven naar (onhaalbaar) volledig of succesvol herstel ten koste gaat van dierbaren (partner, kinderen) of het leven van alledag vergeten wordt. Dit kan de therapeut doen door in zo'n gesprek over hoop en vrees de mate van herstel aan te kondigen en de patiënt (nu al) 'toestemming' te vragen om dit bespreekbaar te maken met diens partner, kinderen, familie en dergelijke.

12.7 Angst voor een recidief

In de praktijk komt bij CVA-patiënten regelmatig angst voor een recidief voor. In het contact met deze patiënten is gebleken dat zij hiervan behoorlijk veel last kunnen hebben. Het bijzondere aan deze angst is dat deze niet 'irrationeel' is zoals bij normale angststoornissen, die per definitie gepaard gaan met irrationele verwachtingen en/of cognities. Sterker nog, het is misschien zelfs wel heel normaal om bij een 'onvoorspelbare' gezondheidsbedreiging gespannen, onzeker of angstig te worden. Soms is de angst zelfs heel nuttig, omdat die motiveert voor gewenste gedragsveranderingen die het risico op hart- en vaatziekten verlagen, zoals stoppen met roken, verliezen van overgewicht of meer bewegen.

Desondanks kan de angst voor een recidief van het CVA de vorm aannemen van een serieuze angststoornis als er sprake is van irrationele kenmerken en/of van veiligheidsgedrag of vermijding die het dagelijks functioneren van de patiënt belemmeren. Uit de literatuur met betrekking tot angst voor terugkeer van kanker (Lee-Jones et al. 1997) kunnen de volgende belangrijke symptomen of kenmerken worden afgeleid: chronische bezorgdheid, ruminatie, excessief controleren van het (functioneren van het) lichaam, vermijding van ziekte-'reminders', indringende gedachten of beelden, en verminderde toekomstgerichtheid (minder tot geen plannen maken voor toekomstige activiteiten). Het is het voor de behandelaar vaak een lastig te behandelen angst, omdat veel patiënten zoeken naar iets wat niet bestaat: honderd procent zekerheid/veiligheid! Dit is wel heel begrijpelijk, maar niet haalbaar! Hoe kan een therapeut samen met de patiënt dan toch grip krijgen op deze angst?

Het conceptualiseren van deze angst met behulp van een model (zie ◘ fig. 12.3), dat is gebaseerd op het Fear of Cancer Recurrence-model (FCR-model) (Lee-Jones et al. 1997), kan heel vruchtbaar zijn. Lee-Jones en collega's baseerden hun model op Leventhals *Self-Regulation of Illness-model* (Leventhal et al. 1984). Er wordt in het model een grote rol toegekend aan interne (lichamelijke sensaties) en externe stimuli (zoals medisch onderzoek, berichten in de media, verhalen van familieleden e.d.) die gerelateerd zijn aan de aandoening. Verondersteld wordt dat deze stimuli fungeren als een *'reminder'* die cognitieve en emotionele responsen activeert. De geactiveerde angstige verwachtingen zetten vervolgens aan tot gedrag als excessieve lichaamscontrole, overmatig aandacht besteden aan (neutrale) lichamelijke sensaties en vermijding. Door de angst zelf ontstaan ook allerlei fysiologische reacties, die mogelijk verkeerd worden geïnterpreteerd. Kortom, de gedragsmatige, emotionele en/of fysiologische reacties kunnen direct en indirect zorgen voor het in stand houden van de angst. Het FCR-model vertoont ook overeenkomsten met het *Health-Anxiety-model* van Warwick en Salkovskis (1990) wat betreft de invloed die wordt toegeschreven aan de interne *'cues'*. Angst voor een recidief beperkt zich echter bij CVA-patiënten, in tegenstelling tot ziektevrees, vooral tot de aandoening die al heeft plaatsgevonden en betreft niet de algemene gezondheid. De angst is bovendien (deels) gerelateerd aan concrete ervaringen met betrekking tot de aandoening. In het geval van onze patiënten, het CVA.

Met behulp van het model kan men de uitlokkende factoren, disfunctionele cognities, emotionele, gedragsmatige reacties en de gevolgen daarvan in kaart brengen, maar het model kan ook bij psycho-educatie dienen voor uitleg over deze specifieke angst. Als het model te abstract is, kan de angstproblematiek soms nog

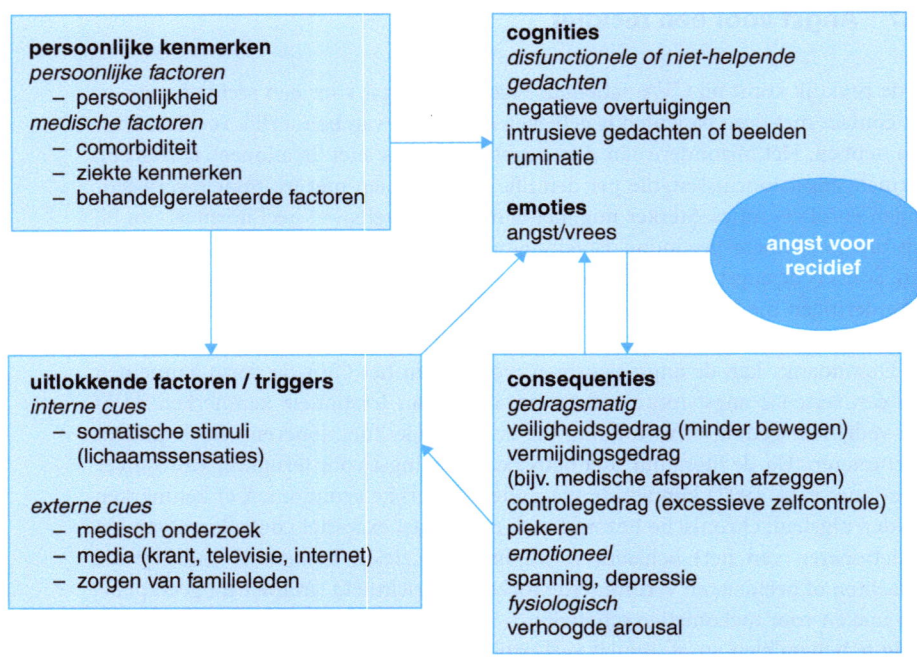

Figuur 12.3 Angst voor een recidief en/of verdere achteruitgang; een theoretisch model (gebaseerd op Lee-Jones et al. 1997)

inzichtelijker worden gemaakt met behulp van de metafoor van 'beren en tijgers op de weg'. De 'tijger' (het CVA) heeft men al eens eerder in zijn dreigende bek gekeken, maar daaraan is men – weliswaar met enige verwondingen – toch ontsnapt. Met behulp van deze metafoor kan de therapeut eenvoudig uitleggen dat 'beren en tijgers op de weg' (ook al staan ze in de verte) simpelweg angst oproepen en daarmee ook automatisch lichamelijke reacties en de neiging tot vluchten, vechten of verstarren. Dat 'beren' (symptomen die lijken op een nieuw CVA) toch echt anders zijn dan 'tijgers' (het CVA), terwijl ze allebei evenveel angst inboezemen. Dat alleen al het denken aan (piekeren over) 'beren' en 'tijgers', dus zonder ze daadwerkelijk te zien, angst kan oproepen. Zeker als men denkt of heeft gehoord (van anderen, de arts, media) dat de 'tijger' nog best ergens rond kan lopen. Dat deze 'beren en tijgers op de weg' de route van A naar B (toekomstplannen) kunnen versperren.

Deze metafoor brengt de therapeut ook tot belangrijke vragen aan de patiënt, namelijk: Hoe wil hij reageren op uitlokkers van deze angst? Hoeveel ruimte mag deze angst innemen in zijn leven? Hoe wil hij zich verhouden tot deze mogelijke toekomstige 'gebeurtenis'? Nadenken over deze vragen helpt de patiënt mogelijk de motivatie te vinden om 'gewoon' te leven met deze angst. Informatie over de risicofactoren, bij voorkeur gegeven in samenwerking met een medisch specialist, huisarts of CVA-(nazorg)verpleegkundige, kan aanleiding zijn voor een gesprek over het verkleinen van een of meerdere risicofactoren. Samen met de patiënt kan dan worden vastgesteld wat hij hier nu al aan doet of worden bepaald welke preventieve maatregelen de patiënt nog kan nemen (bijvoorbeeld: verandering van leefgewoonten, verbeteren van lichamelijke conditie) en welke begeleiding hierbij passend is. Tevens kan psycho-educatie worden gegeven over welke symptomen onschuldig zijn en welke om actie vragen. Patiënten kunnen zichzelf hierdoor mogelijk beter geruststellen. Ook cognitief-gedragstherapeutische interventies kunnen bijdragen aan het verminderen van de invloed van de angst, bijvoorbeeld door middel van cognitieve interventies zoals het uitpluizen van alle consequenties als iemand naar honderd procent veiligheid streeft. Vragen die dan gesteld kunnen worden zijn: Betekent dit dat je moet leven onder constant medisch toezicht? Hoe ziet je leven er dan uit? Weet je dan zeker dat je niet een recidief krijgt in het bijzijn van een arts? Met behulp van een kosten-batenanalyse kan worden nagegaan wat het de patiënt waard is om constant onder medisch toezicht te moeten leven. Hopelijk leidt dit tot een realistischer gedachte zoals 'er is geen honderd procent zekerheid te krijgen, wat ik er ook voor wil inleveren in mijn leven'. Ook met behulp van *acceptance and commitment therapy* (ACT) en mindfulness kan men leren meer afstand te nemen van de eigen gedachten. ACT kan ook bijdragen aan het versterken van zingevingsgeoriënteerde 'coping' (het leven naar je waarden, ondanks de angst voor een recidief). In de praktijk is gebleken dat angstige verwachtingen (en *flashforwards*) met betrekking tot existentiële thema's (bijvoorbeeld doodgaan) (soms) kunnen worden aangepakt met *eye movement desensitization reprocessing* (EMDR). Deze laatste methodiek kan ook een optie zijn als de angst voor een recidief ook wordt aangejaagd door traumatische ervaringen als gevolg van het bewust doormaken van een CVA. Die kunnen zelfs leiden tot kenmerken van een posttraumatische stressstoornis, die een eigen psychodynamiek hebben en ook om een op die dynamiek gerichte aanpak vragen.

12.8 Tot besluit

Een psychotherapeut of psycholoog kan bij problemen met emoties of gestoorde emoties na een CVA veel betekenen! Er zijn, ondanks alle kwetsbaarheden en restgevolgen van het CVA, voldoende aangrijpingspunten. Belangrijk daarbij is wel dat men samen met de patiënt belemmerende veranderingen en factoren inzichtelijk en hanteerbaar maakt en ondersteunende coping en veerkracht bevordert. Naast een neuropsychologische blik kan het gedragstherapeutische denkkader hierbij zeer ondersteunend zijn. Dit vraagt naast kennis regelmatig ook om optimisme, creativiteit en vindingrijkheid van de therapeut.

Literatuur

Ashworth, F., Evans, J., & McLeod, H. (2017). Third wave cognitive behavioural therapies: Compassion focussed therapy, acceptance and commitment therapy, and positive psychology for people with brain injury. In B. A. Wilson, J. Winegardner, C. M. van Heugten & T. Ownsworth (Eds.), *Neuropsychological rehabilitation: The international handbook* (pp. 327–339). London: Routledge.

Boosman, H., Winkens, I., Heugten, C. M. van, Rasquin, S. M., Heijnen, V. A., & Visser-Meily, J. M. (2017). Predictors of health-related quality of life and participation after brain injury rehabilitation: The role of neuropsychological factors. *Neuropsychological Rehabilitation, 27*(4), 581–598.

Cullen, B., Pownall, J., Cummings, J., Baylan, S., Broomfield, N., Haig, C., et al. (2018). Positive PsychoTherapy in ABI Rehab (PoPsTAR): A pilot randomised controlled trial.

Neuropsychological Rehabilitation, 28(1), 17–33. ▶ https://doi.org/10.1080/09602011.2015.113 1722.

Doidge, N. (2015). *The brain's way of healing*. New York: Penguin.

Eling, P., Aleman., A., & Krabbendam, L. (Red.). (2013). *Cognitieve neuropsychiatrie: Een procesbenadering van symptomen*. Amsterdam: Boom.

Evans, J. (2011). Positive psychology and brain injury rehabilitation. *Brain Impairment, 12*(2), 117–127.

Grace, J. J., Kinsella, E. L., Muldoon, O. T., & Fortune, D. G. (2015). Post-traumatic growth following acquired brain injury: A systematic review and meta- analysis. *Frontiers in Psychology, 6*, 1162. ▶ https://doi.org/10.3389/fpsyg.2015.01162.

Gracey, F., Evans, J. J., & Malley, D. (2009). Capturing process and outcome in complex rehabilitation interventions: A 'Y-shaped' model. *Neuropsychological Rehabilitation, 19*(6), 867–890.

Gracey, F., Longworth, C. E., & Psaila, K. (2015). A provisional transdiagnostic cognitive behavioural model of post brain injury emotional adjustment. *Neuro-Disability and Psychotherapy, 3*(2), 154–185.

Haslam, C., Holme, A., Haslam, S. A., Iyer, A., Jetten, J., & Williams, W. H. (2008). Maintaining group memberships: Social identity continuity predicts well-being after stroke. *Neuropsychological Rehabilitation, 18*, 671–691. ▶ https://doi.org/10.1080/09602010701643449.

Jones, J. M., Haslam, S. A., Jetten, J., Williams, W. H., Morris, R., & Saroyan, S. (2011). That which doesn't kill us can make us stronger (and more satisfied with life): The contribution of personal and social changes to well-being after acquired brain injury. *Psychological Health, 26*, 353–369. ▶ https://doi.org/10.1080/08870440903440699.

Karagiorgou, O., Evans, J. J., & Cullen, B. (2017). Post-traumatic growth in adult survivors of brain injury: A qualitative study of participants completing a pilot trial of brief positive psychotherapy. *Disability and Rehabilitation, 40*, 655–659. ▶ https://doi.org/10.1080/09638288. 2016.1274337.

Klaver, M. (2016). Oplossingsgerichte therapie. In P. Smits, R. Ponds, N. Farenhorst, M. Klaver & R. Verbeek (Red.), *Handboek neuropsychotherapie* (pag. 171–188). Amsterdam: Boom.

Kuenemund, A., Zwick, S., Rief, W., & Exner, C. (2016). (Re-)defining the self – Enhanced posttraumatic growth and event centrality in stroke survivors: A mixed-method approach and control comparison study. *Journal of Health Psychology., 21*(5), 679–689.

Lee-Jones, C., Humphris, G., Dixon, R., & Hatcher, M. B. (1997). Fear of cancer recurrence: A literature review and proposed cognitive formulation to explain exacerbation of recurrence fears. *Psycho-Oncology, 6*, 95–105.

Levack, W. M. M., Kayes, N. M., & Fadyl, J. K. (2010). Experience of recovery and outcome following traumatic brain injury: A metasynthesis of qualitative research. *Disability and Rehabilitation, 32*(12), 986–999. ▶ https://doi.org/10.3109/09638281003775394.

Leventhal, H., Nerenz, D., & Steel, D. (1984). Illness representations and coping with health threats. In A. Baum, S. Taylor & J. Singer (Eds.), *Handbook of psychology and health* (pp. 219–252). Hillsdale: Erlbaum.

Longworth Ford, C. (2017). Mood. In R. Winson, B. A. Wilson & A. Bateman (Eds.), *The brain injury rehabilitation workbook* (pp. 204–234). New York, NY: Guilford Press.

Mayo, N. E., Scott, S. C., Bayley, M., Cheung, A., Garland, J., Jutai, J., et al. (2013). Modeling health-related quality of life in people recovering from stroke. *Quality of Life Research, 13*, 283–298.

Neils-Strunjas, J., Paul, D., Clark, A. N., Mudar, R., Duff, M. C., Waldron-Perrin, B., et al. (2017). Role of resilience in the rehabilitation of adults with acquired brain injury. *Brain Injury, 31*(2), 131–139. ▶ https://doi.org/10.1080/02699052.2016.1229032.

Ownsworth, T. (2014). *Self-identity after brain injury*. Hove: Psychology Press.

Ponds, R., & Smits, P. (2016). Neuropsychotherapie: Een plaatsbepaling. In P. Smits, R. Ponds, N. Farenhorst, M. Klaver & R. Verbeek (Red.), *Handboek neuropsychotherapie* (pag. 23–44). Amsterdam: Boom.

Rashid, T. (2015). Positive psychotherapy: A strength-based approach. *Journal of Positive Psychology, 10*(1), 25–40.

Rijn, S. van, Wout, M. van 't, & Spikman, J. (2012). Emotie en sociale cognitie. In R. Kessels, P. Eling, R. Ponds, J. Spikman & M. van Zandvoort (Red.), *Klinische neuropsychologie* (pag. 267–290). Amsterdam: Boom.

Ruff, R. M., & Chester, S. K. (2014). *Effective psychotherapy for individuals with brain injury*. New York: Guilford Press.

Seligman, M. E. P., Steen, T. A., Park, N., & Peterson, C. (2005). Positive psychology progress: Empirical validation of interventions. *American Psychologist, 60*(5), 410–421.

Shields, C., Ownsworth, T., O'Donovan, A., & Fleming, J. (2016). A transdiagnostic investigation of emotional distress after traumatic brain injury. *Neuropsychological Rehabilitation, 26*(3), 410–445. ▶ https://doi.org/10.1080/09602011.2015.1037772.

Smits, P., & Ponds, R. (2016). Neuropsychologische probleemanalyse en casusconceptualisatie. In P. Smits, R. Ponds, N. Farenhorst, M. Klaver & R. Verbeek (Red.), *Handboek neuropsychotherapie* (pag. 45–74). Amsterdam: Boom.

Stewart, D. E., & Yuen, T. (2011). A systematic review of resilience in the physically ill. *Psychosomatics, 52,* 199–209.

Spikman, J., & Fasotti, L. (2012). Herstel en behandeling. In R. Kessels, P. Eling, R. Ponds, J. Spikman & M. van Zandvoort (Red.), *Klinische neuropsychologie* (pag. 124–146). Amsterdam: Boom.

Bost, G. van, Lorent, G., & Crombez, G. (2005). Aanvaarding na niet-aangeboren hersenletsel. *Gedragstherapie, 38,* 245–262.

Verbeek, R. (2016). De therapeutische relatie. In P. Smits, R. Ponds, N. Farenhorst, M. Klaver & R. Verbeek (Red.), *Handboek neuropsychotherapie* (pag. 75–90). Amsterdam: Boom.

Visser-Meily, J. M. A., Post, M., Schepers, V., & Lindeman, E. (2005). Spouses quality of life 1 year after stroke: Prediction at the start of de clinical rehabilitation. *Cerebrovascular Diseases, 20*(6), 443–448.

Warwick, H. G. M., & Salkovskis, P. M. (1990). Hypochondriasis. *Behaviour Research and Therapy, 28,* 105–117.

Wolters-Gregório, G. H. T. (2012). *Coping after acquired brain injury: Road to adaptation*. Amsterdam: NeuroPsych Publishers.

Psycho-educatie voor patiënten met een hersenaandoening en hun mantelzorgers

C. Lafosse

13.1 Inleiding – 182

13.2 Uitgangspunten van psycho-educatie – 182

13.3 Psycho-educatie tijdens het revalidatietraject – 184

13.4 Hoe de methodiek van psycho-educatie kan zorgen voor een psychologisch onderbouwde educatieve en begeleidingsgerichte ondersteuning – 185

13.5 Conclusie – 189

Literatuur – 189

© Bohn Stafleu van Loghum is een imprint van Springer Media B.V., onderdeel van Springer Nature 2019
J. A. M. Vandermeulen, M. M. A. Derix en A. van Dijke (Red.), *De rol van neuropsychologie bij psychotherapie*,
https://doi.org/10.1007/978-90-368-2263-3_13

13.1 Inleiding

Mensen met een hersenaandoening doorlopen in hun verwerkingsproces verschillende fases. De patiënt en de naaste mantelzorger(s) zijn in de beginfase vaak gefixeerd op het functieverlies en het herstel hiervan, en staan nog niet open voor bespreking van de te verwachten langetermijnbeperkingen op psychologisch en sociaal vlak. In de maanden en jaren daarna probeert men weer zo veel mogelijk het levensritme te hervatten. Vaak openbaart zich voor de patiënt en zijn naaste(n) dan pas de daadwerkelijke omvang van de emotionele en cognitieve beperkingen en gedragsveranderingen ten gevolge van de hersenaandoening. Ook bij de ogenschijnlijk lichamelijk volledig herstelde patiënten treden deze aspecten vaak pas op termijn op de voorgrond. Veel van de gevolgen zijn ook niet direct zichtbaar voor de buitenwereld, wat leidt tot misverstanden en verkeerde verwachtingen (Idema en Fasotti 2010). Het venijn zit hem echter in de staart. Er is vaak sprake van blijvende beperkingen in het uitvoeren van activiteiten en problemen om weer aan het maatschappelijk leven deel te nemen. Deze beïnvloeden niet alleen het leven van de patiënt zelf, maar ook dat van de naast betrokkenen in hun directe omgeving. *Daarom is het een belangrijke taak van het behandelingsproces om patiënt en mantelzorger voor te bereiden op die langetermijnrealiteit. Psycho-educatie speelt hierbij een essentiële rol.*

De basis van een goede neuropsychotherapeutische behandeling wordt immers gevormd door een uitgebreide psycho-educatie (Ponds en Smits 2016). De mantelzorger moet niet alleen de ernstige gevolgen van het hersenletsel voor de patiënt gaan verwerken, maar hij/zij moet ook de eigen emoties (zoals verbijstering, boosheid, verdriet en wanhoop) onder controle krijgen. Patiënten en mantelzorgers kunnen een onacceptabel hoge belasting ervaren, hetgeen kan leiden tot isolement en uitputting (Visser-Meily en Heugten 2004; Wilson et al. 2017). Goede informatie over en inzicht in de gevolgen na een hersenaandoening en de manier waarop hiermee kan worden omgegaan, zowel voor de patiënt als de familie en andere naast betrokkenen, is dus zeer belangrijk (Fasotti 2005).

13.2 Uitgangspunten van psycho-educatie

Het betrekken van zowel patiënt als mantelzorger bij de behandeling in de vorm van het geven van informatie, educatie en begeleiding heeft een belangrijke meerwaarde voor het voorbereiden van de omgeving op en het leren omgaan met de realiteit (Lafosse 2006). Dit betekent dat de patiënt en zijn omgeving geïnformeerd, begeleid en ondersteund moeten worden om zich aan de gevolgen van een hersenaandoening aan te passen of ermee om te leren gaan. Dit vermindert de negatieve psychosociale impact van de aandoening (bijvoorbeeld financiële situatie, tijdsbesteding, sociale relaties) en het risico van stagnatie bij overgangen in de levenscyclus van een gezinssysteem of familie (bijvoorbeeld rolveranderingen in het gezinssysteem en de maatschappij) (Klonoff en Prigatano 1987; Livingston en Livingston 1990; Rosenthal en Muir 1983; Bowen et al. 2010).

Het doel van het geven van psycho-educatie komt neer op:
1. het geven van informatie over de gevolgen van een hersenaandoening en de manier waarop hiermee omgegaan kan worden (*voorlichting*);
2. het geven van inzicht in (*educatie*) en het leren omgaan met de gevolgen van hersenletsel, met als doel het leren en herleren, en het zo lang mogelijk leren behouden, van functies en vaardigheden door het stimuleren van situationeel handelen en het leren voorkomen van complicaties of gedragsmatige escalaties. De educatie is er ook op gericht de familie te leren omgaan met de persoon met hersenletsel en hen te leren zich aan te passen aan de gevolgen hiervan. In hoeverre dit lukt, is steeds afhankelijk van de leerbaarheid (Boosman et al. 2015).
3. het bevorderen van het verwerkingsproces dat de patiënt en diens familie moeten doorlopen (Kavanaugh 1974; Visser-Meily en Heugten 2004) door *begeleiding* en emotionele ondersteuning.

Voorlichting is het overdragen van feitelijke gegevens over de gevolgen van een hersenaandoening, mogelijke behandelingen en/of voorzieningen binnen en buiten de zorg (Idema en Fasotti 2010). Meestal gaat het dan om meer algemene psycho-educatie, bijvoorbeeld over de rol van de executieve functies.

Met *educatie* helpt men de patiënt en mantelzorger bij het zich eigen maken van de informatie, waardoor zij meer inzicht krijgen in de gevolgen van een hersenaandoening. Dit is een noodzakelijke voorwaarde voor het leren beter met deze gevolgen om te gaan. Hier gaat het dus meer om patiëntspecifieke psycho-educatie, bijvoorbeeld over hoe de beperktere capaciteit van het werkgeheugen de uitvoering van specifieke taken beïnvloedt. Theoretische inzichten moeten dan voor patiënt en omgeving worden vertaald in begrijpelijke taal en beelden (Ponsioen en Brink 2014).

Bij *begeleiding* krijgt men emotionele ondersteuning in het dragen van de psychologische belasting die de gevolgen van het hersenletsel met zich meebrengen (Idema en Fasotti 2010). Meer controle krijgen over de invloed van de eigen gedachten, gevoelens en verlangens op het gedrag begint met te begrijpen hoe verschillende gevolgen na hersenletsel samenhangen (Ponsioen en Brink 2014).

Dit samenspel van informatie, educatie en begeleiding geven noemen we '*psycho-educatie*'. Het gaat dus een stap verder dan het louter geven van voorlichting, omdat het patiënten en mantelzorgers leert omgaan met de gevolgen van een hersenaandoening en een mogelijke gedragsverandering tot stand wil brengen door:
- kennis over de biologische en psychosociale aspecten van een hersenletsel te vergroten om zo de gevolgen beter te kunnen begrijpen;
- diverse vaardigheden en copingstrategieën aan te leren;
- inzicht te vergroten in de eigen houding, gevoelens, gedachten en gedrag, en deelnemers bewust te maken van de wijze waarop ze met de gevolgen omgaan en hoe ze deze verwerkingsstrategieën effectief kunnen gebruiken.

Psycho-educatie gaat in op al deze aspecten van het leren omgaan met de gevolgen van niet-aangeboren hersenletsel (NAH). Zij is immers een combinatie van educatie en therapie, en bevat ingrediënten als voorlichting en advies geven, praten, ervaringen uitwisselen, oefeningen doen en opdrachten uitvoeren. Een psycho-educatief programma reikt een variëteit van copingsstrategieën aan, die zowel cognitieve als affectieve en gedragsmatige aspecten van het omgaan met de gevolgen van een hersenaandoening betreffen.

13.3 Psycho-educatie tijdens het revalidatietraject

De patiënt en zijn naaste omgeving hebben in het algemeen veel behoefte aan voorlichting. In eerste instantie is deze meestal medisch van aard, in een latere fase bestaat vaak een grotere behoefte aan informatie over hoe men kan omgaan met de vele veranderingen. Hiervoor is het krijgen van *inzicht* in het probleem belangrijk. In de context van een revalidatietraject heeft psycho-educatie de volgende doelen:

1. *meer steun van de mantelzorger voor de patiënt tijdens zijn revalidatietraject*: Hoe beter de mantelzorger de sterke en zwakke kanten van de patiënt begrijpt, hoe beter deze in staat is om de patiënt emotioneel te steunen tijdens zijn revalidatietraject (residentieel of ambulant). Daarnaast kan het voor de partner of familie angstreducerend werken als hij/zij begrijpt waardoor de patiënt zo reageert (Ylvisaker 1987; Bowen et al. 2010).
2. *verbeteren van de communicatie tussen patiënt, mantelzorger en hulpverleners en het bepalen van gemeenschappelijke doelstellingen*: Psycho-educatie leidt (direct of indirect) tot meer kennis bij de patiënt over zijn gezondheid, ziekte of aandoening, behandeling, alternatieven, risico's en toekomstperspectief, waardoor hij actief kan participeren in de zorg en keuzes kan maken. De patiënt ervaart minder angst en stress, wat een positieve impact heeft op de effectiviteit van de gezondheidszorg (onder andere een kortere verblijfsduur).
Psycho-educatie heeft echter niet enkel voordelen voor de patiënt, ook ziekenhuizen en zorgverleners profiteren ervan. Goed geïnformeerde patiënten zijn tevredener, volgen getrouwer de therapie en hebben een betere relatie met hun zorgverlener(s). De betrokkenheid van de patiënt resulteert in betere klinische resultaten en gezondheidseffecten, en een kortere ziekenhuisopname.
3. *verbeteren van de communicatie met de omgeving van de patiënt*: Goede informatie is voor de patiënt ook belangrijk om aan anderen uit te kunnen leggen wat de veranderingen en problemen zijn na een hersenaandoening (Smits et al. 2016). Men voelt zich vaak onbegrepen door de omgeving of men bespeurt daar zelfs onwil. Hierdoor is er een risico op sociaal isolement (Smits et al. 2016).
4. *versterken van de generalisatie van de revalidatiesetting naar de thuissituatie*: Generalisatie van nieuw aangeleerde vaardigheden (bijvoorbeeld geleerde transfers thuis toepassen) vindt niet altijd automatisch plaats bij hersenletselpatiënten. De patiënt heeft vaak hulp nodig om de overeenkomsten in situaties te herkennen. De partner of mantelzorger kan hierbij een belangrijke rol spelen, doordat deze de vaardigheden op een gelijke wijze kan toepassen in de thuissituatie. Andersom kan de partner of mantelzorger de hulpverleners informeren over de thuissituatie, zodat deze de oefensituatie zo veel mogelijk daarop kan laten aansluiten om de kans op generalisatie te vergroten.

13.4 Hoe de methodiek van psycho-educatie kan zorgen voor een psychologisch onderbouwde educatieve en begeleidingsgerichte ondersteuning

Dammekens en Lafosse (2014) ontwikkelden een psycho-educatieprogramma voor mantelzorgers van een persoon met dementie, gebaseerd op een integratief conceptueel model waarin negatieve aspecten van de zorgsituatie, zoals zorgbelasting, worden aangevuld met beschermende factoren en de positieve aspecten van de zorgsituatie.

De gevolgen op langere termijn voor het functioneren van personen met hersenschade blijken veelal ingrijpend te zijn. Er zijn heel wat *negatieve aspecten* van de zorgsituatie zoals de zorglast of zorgbelasting. De kwaliteit van leven van de patiënten kan minder worden, en de problemen zijn chronisch. Daarnaast loopt de mantelzorger vaak het risico dat de draaglast zijn of haar draagkracht overstijgt. Dit wordt veelal veroorzaakt door de zorgbehoefte van de patiënt, de cognitieve en persoonlijkheidsveranderingen (gedragsveranderingen), het langzaam doordringende besef dat de veranderingen blijvend zijn en de veranderingen in de psychosociale situatie, zoals afname van de sociale contacten of de arbeidsongeschiktheid van de patiënt. Dit leidt tot een hoge zorglast of -belasting (Visser-Meily en Heugten 2004; Exel et al. 2004; Bugge et al. 1999; Heuvel et al. 2001). Veel onderzoekers benadrukken daarbij het belang van psycho-educatie voor patiënt en mantelzorger tijdens en na de revalidatie (Klonoff en Prigatano 1987; Livingston en Livingston 1990; Rosenthal en Muir 1983).

De ervaren last wordt nog groter door onvoldoende kennis over de veranderingen (wat is er aan de hand, hoe moet ik dat plaatsen, hoe moet ik ermee omgaan?), het toegenomen takenpakket (door de zorg voor de patiënt en het overnemen van taken die deze voorheen deed), het kwijtraken van een volwaardige partner of familielid, de verminderde familiale, sociale en professionele contacten, de beperkte vrijetijdsbesteding, de verminderde financiële draagkracht, de emotionele belasting en het bijna ondoordringbare doolhof van regelgeving, aanvragen en formulieren (Wyller et al. 2003). Om hulp te bieden is er behoefte aan een helder referentiekader voor de verschillende vragen die zich aan de patiënten en vooral ook de mantelzorgers opdringen (Dammekens en Lafosse 2014) hoog.

Een aantal psychologische modellen geven belangrijke aanknopingspunten voor psycho-educatie. Lazarus en Folkman stelden in 1984 hun '*transactional model of stress and coping*' voor. Zij beschreven coping als een dynamisch proces in reactie op stress. De wijze van coping is hierbij geen vaststaand gegeven, maar afhankelijk van de inschatting van de situatie en de fase van confrontatie met de stressfactor. Dit model diende als basis voor het 'stress-gezondheidsmodel', aanvankelijk voorgesteld door Pearlin en collega's (Pearlin et al. 1990) en in andere publicaties van onder andere Campbell (Campbell 2009). Vervolgens is de focus verschoven naar het dyadische proces tussen de mantelzorger en de persoon met een hersenaandoening en naar de kwaliteit van de zorgrelatie als een bepalende factor. In onderzoek met mantelzorgers voor personen met dementie (Spruytte et al. 2002) wordt in dergelijke psychologische modellen de zorglast of -belasting gezien als een multidimensionaal fenomeen, dat bestaat uit vier grote domeinen:

- typering van de zorgsituatie en zorgrelatie (waaronder kenmerken van de mantelzorger, verwantschapsrelatie tussen de persoon met een hersenaandoening en de mantelzorger, en sociale steun);

- belastende omstandigheden in de zorgsituatie (primaire en secundaire stressfactoren);
- karakteristieken van de mantelzorger (waaronder de organisatie van de zorg, copingstrategieën, zoals de wijze waarop de mantelzorger de moeilijke situaties inschat en hierop reageert in gedrag en emoties e.d.)
- de gevolgen van het zorgen voor de persoon met dementie (voor de mantelzorger en de persoon met een hersenaandoening).

In heel wat onderzoeken wordt gekeken naar de samenhang tussen overbelasting en deze kenmerken. Het risico van overbelasting van de partner blijkt positief te correleren met de ernst van de lichamelijke en cognitieve gevolgen (met inbegrip van gedragsmatige veranderingen) na veranderingen in de hersenfuncties (Exel et al. 2004; Bugge et al. 1999; Heuvel et al. 2001; Scholte op Reimer et al. 1998). Maar, ook persoonsgebonden kenmerken van de mantelzorger zelf spelen een rol, zoals leeftijd, gezondheidsproblemen, sombere stemming, gebrek aan een goede copingstrategie, ontevredenheid over de sociale steun, en het aantal verschillende 'zorg'-taken dat de partner moet uitvoeren (hoe groter het aantal, hoe groter het risico van overbelasting).

Vanuit deze stress-gezondheidsmodellen is wetenschappelijk onderzoek gedaan naar de effectiviteit van een psycho-educatieve groepsinterventie voor stress (Daele 2013). Een *matched control design* toonde aan dat deelnemers een geleidelijke, lineaire daling van stress en depressieve symptomen vertoonden. Deze verbetering was merkbaar tot anderhalf jaar na de interventie, en in die periode realiseerde zowat dertig procent van de deelnemers een klinisch significante en betrouwbare verandering.

Naast de hierboven genoemde negatieve aspecten van de zorgsituatie, zoals zorglast of zorgbelasting, beschrijven Dammekens en Lafosse (2014) ook *positieve en beschermende aspecten* die bijdragen aan een gezonde balans tussen de ervaren zorglast en draagkracht. Deze balans is bij partners eveneens een wezenlijk uitgangspunt en zij hebben vaak behoefte aan contact met andere mantelzorgers (Frischknecht et al. 2014). Onderzoek naar de beleving van mantelzorgers van personen met een dementie (Audenhove en Declercq 2007) toont aan dat de zorg naast belasting ook voldoening, fierheid (trots) en gevoelens van tevredenheid, verbondenheid en wederkerigheid bij de mantelzorger oproept. De zorgervaring is een gelegenheid voor persoonlijke groei. De mantelzorger maakt zich nieuwe vaardigheden eigen en ontdekt een diepere zin in het leven. Het zorgen voor de partner kan een middel zijn om emotionaliteit en liefde uit te drukken. We kunnen naast zorglast en -belasting dus ook spreken van kansen en mogelijkheden (Audenhove en Declercq 2007).

Het is niet zo dat deze positieve aspecten zich helemaal aan het andere eind van het continuüm bevinden, tegenover de ervaren stress. Het is eerder zo dat deze positieve aspecten een andere dimensie van de zorgervaring weerspiegelen (Boerner et al. 2004; Kramer 1997). Het ervaren van belasting en het ervaren van positieve aspecten van de zorgsituatie zijn twee onafhankelijke elementen van de zorgervaring, met elk een eigen specifieke invloed op het welbevinden van de mantelzorger. Positieve zorgervaringen kunnen het welbevinden verhogen ondanks de ervaren zorglast (Lawton et al. 1991; Carbonneau et al. 2010). Positieve aspecten van zorg zouden daarom moeten meetellen wanneer men mantelzorgers wil helpen en om de positieve aspecten van de rol als mantelzorger te benadrukken en te vergroten (Lévesque et al. 2002; Louderback 2000).

De afgelopen jaren heeft men veel meer inzicht gekregen in hoe mantelzorgers en patiënten met een hersenziekte het proces beleven. Naast inzicht in de draaglast is er meer inzicht in de draagkracht gekomen. De verschillende beschermende factoren en positieve aspecten van de zorgsituatie hangen daarmee samen. De vraag hoe sterk dat verband is of in welke richting zich een causaal verband voordoet, is tot op heden nog niet beantwoord in wetenschappelijk onderzoek. Toch lijkt het voor een psycho-educatieprogramma nuttig om uit te gaan vaneen model dat de positieve aspecten van de zorg expliciet benoemt. Dammekens en Lafosse (2014) baseren zich in hun psycho-educatieprogramma voor mantelzorgers van een persoon met dementie op een integratief conceptueel model van de negatieve en positieve aspecten van de zorg, gebaseerd op de modellen van Carbonneau et al. (2010) en Cheng en medewerkers (2012). In dit integratieve model zijn zowel de beschermende factoren en de positieve aspecten als de zorgbelasting opgenomen. Hoewel bepaalde verbanden nog verdere definiëring en onderzoek vragen, zijn er zeker aspecten die van belang zijn bij het ontwikkelen van begeleidingsondersteunde psycho-educatieve interventies voor mantelzorgers. Op die manier kan de methodiek van psycho-educatie zorgen voor een psychologisch onderbouwde educatieve en begeleidingsgerichte ondersteuning. In ◘ fig. 13.1 wordt dit schematisch weergegeven in een conceptueel model van de positieve aspecten van de zorg.

Centraal in dit model staat de eigen interpretatie van de gebeurtenis door de mantelzorger. Die wordt beïnvloed door de verschillende vormen van belasting: taakbelasting, financiële belasting, emotionele belasting en belasting van het sociale, professionele en familiale leven. Als de belasting hoog is, leidt dit tot een moeilijke zorgsituatie. Vervolgens spelen de vaardigheden in het omgaan met de zorg en de probleemgerichte coping een rol. Deze beïnvloeden de zorgsituatie.

In hun conceptuele modellen stellen Carbonneau et al. (2010) en Cheng et al. (2012) dat een positieve zorgervaring bijdraagt tot een positief welbevinden van de mantelzorger. Positieve zorgervaringen (naast negatieve) zouden ook een beschermend effect hebben op de ervaren zorglast en -belasting enerzijds en op depressie anderzijds.

In hun psycho-educatiepakket 'Dementie en nu' zetten Dammekens en Lafosse (2014) in op emotiegerichte coping, probleemgerichte coping en op de positieve aspecten van de zorg. Elke sessie levert een bijdrage tot enkele van deze elementen.

Recentelijk is ook het pakket 'Kop op!' van De Schaepmeester en Lambrecht (2017) verschenen. Het is een groepsprogramma met psycho-educatie en opdrachten voor mensen met NAH. Het biedt hun handvatten om te leren omgaan met sociale en emotionele veranderingen na het oplopen van NAH. Dit pakket kwam er omdat men vaak zag dat hulpverleners tijdens de revalidatie na een hersenletsel aanvankelijk vooral oog hadden voor de fysieke en cognitieve gevolgen. Dat is terecht, maar daarnaast is er vrijwel altijd sprake van sociale en emotionele veranderingen. Mensen voelen zich niet meer dezelfde en reageren anders. Ze klagen over blijvende vermoeidheid en krijgen te maken met stemmingsproblemen. Dit alles heeft een grote invloed op het dagelijks leven. Tot nu toe bestonden er in ons taalgebied geen specifiek uitgewerkte behandelpakketten om dergelijke problemen te proberen voorkomen of ermee om te gaan. Het psycho-educatiepakket 'Kop op!' brengt hier verandering in.

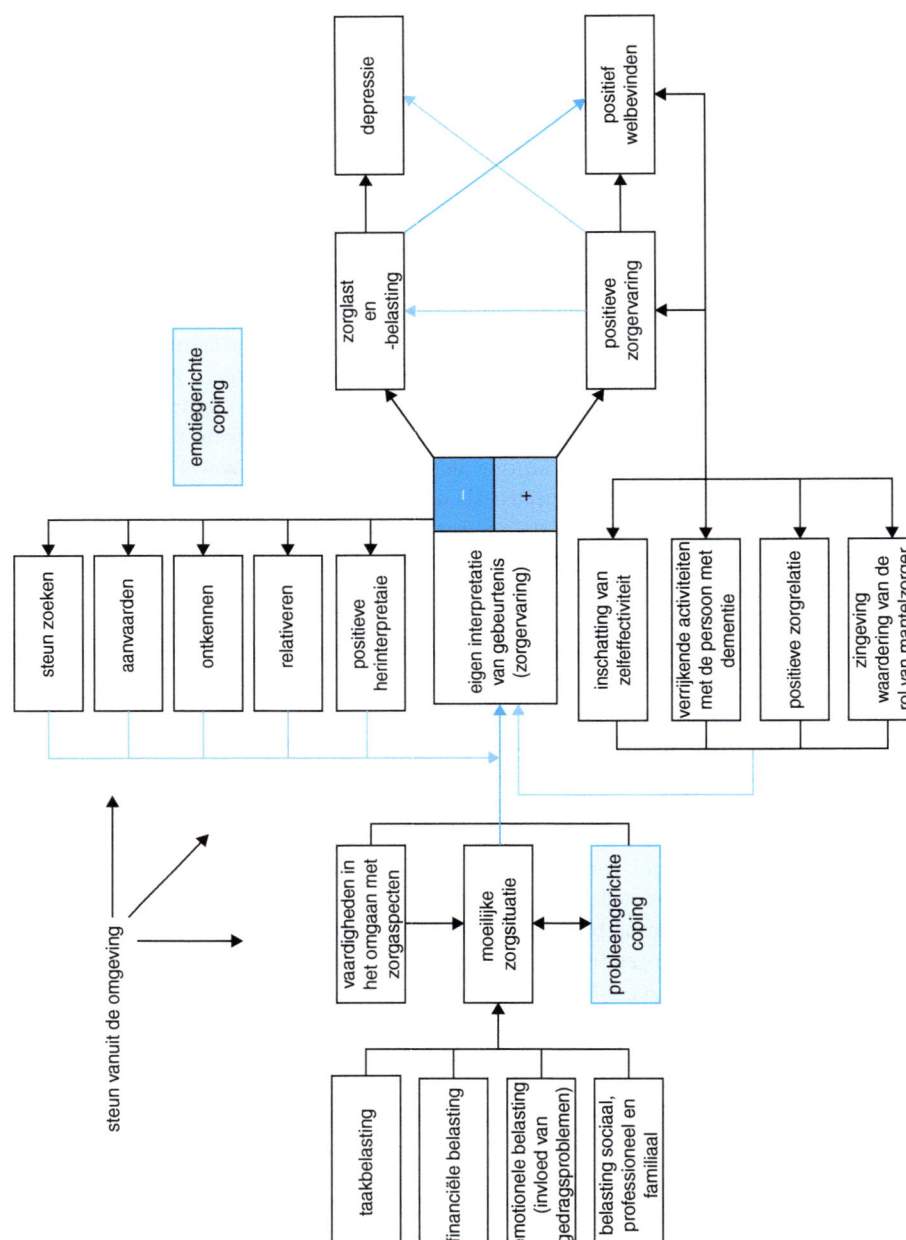

• **Figuur 13.1** Een conceptueel model van de positieve aspecten van de zorg, gebaseerd op de conceptuele modellen van Carbonneau et al. (2010) en Cheng et al. (2012)

13.5 Conclusie

Een van de belangrijke doelgroepen in de gezondheidszorg van de toekomst, waarin wij verwachten dat het uitbouwen van een educatief en begeleidingsgericht zorgprogramma zijn nut zal bewijzen, zijn mensen met blijvende restverschijnselen als gevolg van NAH. Er is een groot tekort aan maatschappelijke kennis over deze groep en een nijpend gebrek aan geschikte woon-, werk- en onderwijsmogelijkheden.

Aandacht voor de patiënt, de partner en de mantelzorger is van groot belang. Het is essentieel dat hulpverleners in de gezondheidszorg geschoold zijn op het gebied van NAH en dat het medisch model eindelijk geïntegreerd wordt in een psychosociaal model. Hierdoor ontstaat meer begrip voor zowel de patiënt als zijn of haar partner en de familie. Dit kan het evenwicht in draagkracht en draaglast bevorderen.

Ondertussen vindt een gestage groei plaats van het aantal door NAH getroffen mensen. Op alle vlakken is het uitgangspunt: *gestructureerd en onderbouwd werken met patiënt, familie en omgeving, waardoor het functioneren van mensen met niet-aangeboren hersenletsel sterk kan verbeteren.*

Literatuur

Audenhove, C. van, & Declercq, A. (2007). De mantelzorg: Over zorglast, veerkracht en het belang van een goede relatie. *Welzijnsgids: Gezondheidszorg en Welzijnszorg, 65,* 1–19.

Boerner, K., Schulz, R., & Horowitz, A. (2004). Positive aspects of caregiving and adaptation to bereavement. *Psychology and Aging, 19*(4), 668–675.

Boosman, H., Heugten, C. M. van, & Visser, J. M. A. (2015). Leerbaarheid bij patienten met hersenletsel: Veel besproken, weinig onderzocht. *Nederlands Tijdschrift voor Revalidatiegeneeskunde, 6,* 265–269.

Bowen, C., Yaetes, G., & Palmer, S. (2010). *A relational approach to rehabilitation.* London: Karnac.

Bugge, C., Alexander, H., & Hagen, S. (1999). Stroke patients' informal caregivers: Patient, caregiver, and service factors that affect caregiver strain. *Stroke, 30,* 1517–1523.

Campbell, J. (2009). A model of consequences of dementia caregivers' stress process: Influence on behavioural symptoms of dementia and caregivers behavior-related reactions. *Research and Theory for Nursing Practice, 23*(3), 181–202.

Carbonneau, H., Caron, C., & Desrosiers, J. (2010). Development of a conceptual framework of positive aspects of caregiving in dementia. *Dementia, 9*(3), 328–353.

Cheng, S. T., Lau, R. W., Mak, E. P., Ng, N. S., Lam, L. C., Fung, H. H., et al. (2012). A benefit-finding intervention for family caregivers of persons with Alzheimer disease: Study protocol of a randomized controlled trial. *Trials, 2*(13), 98.

Daele, T. van (2013). *A psychoeducational approach to stress management: An implementation and effectiveness study.* Doctoraatsproefschrift. Leuven: K.U.

Dammekens, E., & Lafosse, C. (2014). *Het psycho-educatiepakket 'Dementie en nu'. Handleiding en leidraad voor de coach.* Uitgave van het ExpertiseCentrum Dementie vzw Vlaanderen en de Vlaamse Alzheimer Liga vzw. Brussel: Politeia.

Exel, N. van, Scholte op Reimer, W., Brouwer, W., Berg, B. van den, Koopmanschap, M., & Bos, G. van den (2004). Instruments for assessing the burden of informal care giving for stroke patients in clinical pratice: A comparison of CSI, CRA, SCQ and self-rated burden. *Clinical Rehabilitation, 18*(2), 203–214.

Fasotti, L. (2005). *Cognitieve revalidatie: Varen zonder kompas?* Inaugurale rede. Nijmegen: Radboud Universiteit.

Frischknecht, E., Berger, T., Stalder-Lüthy, F., Znoj, H., & Hofer, H. (2014). OSCAR – Ein internetbasiertes Unterstützungsprogramm für Angehörige von Menschen mit einer Hirnverletzung: Pilotstudie. *Zeitschrift für Neuropsychologie, 25*, 77–88.

Heuvel, E. van den, Witte, L. de, Schure, L., Sanderman, R., & Meyboom-de Jong, B. (2001). Risk factors for burnout in caregivers of stroke patients, and possibilities for intervention. *Clinical Rehabilitation, 15*, 669–677.

Idema, K., & Fasotti, L. (2010). Psycho-educatie. In R. Ponds, C. van Heugten, L. Fasotti & E. Wekking (Red.), *Neuropsychologische behandeling* (pag. 295–315). Amsterdam: Boom.

Kavanaugh, M. (1974). In R. L. Morgan, J. C. Morgan & L. Geluk (Red.), *Om de dooie dood: Een inleiding tot de psychologie van dood en sterven*. Den Haag: VUGA.

Klonoff, P., & Prigatano, G. P. (1987). Reactions of family members and clinical intervention after traumatic brain injury. In M. Ylvisaker & E. M. R. Gobble (Eds.), *Community re-entry for head injured adults*. Boston/Toronto/San Diego: Little, Brown and Company.

Kramer, J. G. (1997). Gain in caregiving experience: Where are we? What Next? *Gerontologist, 37*(2), 218–232.

Lafosse, C. (2006). Educatieve en begeleidingsgerichte zorg bij families van patiënten met een niet-aangeboren hersenletsel. *Tijdschrift Klinische Psychologie, 36*(1), 15–29.

Lawton, M. P., Moss, M., Kleban, M. H., Glicksman, A., & Rovine, M. (1991). A two-factor model of caregiving appraisal and psychological well-being. *Journal of Gerontology, 46*(4), 181–189.

Lazarus, R. S., & Folkman, S. (1984). *Stress, appraisal, and coping*. New York: Springer.

Lévesque, L., Gendron, G., Vézina, J., Hébert, R., Ducharme, F., Lavoie, J.-P., et al. (2002). The process of a group for caregivers of demented persons living at home: Conceptual framework, components, and characteristics. *Aging & Mental Health, 6*(3), 239–247.

Livingston, M. G., & Livingston, H. M. (1990). Family management in the rehabilitation of patients with severe head injury. In E. Vakil, D. Hoofien & Z. Grosswasser (Eds.), *Rehabilitation of the brain injured person: A neuropsychological perspective*. London: Freund Publishing.

Louderback, P. (2000). Elder care: A positive approach to caregiving. *Journal of the American Academy of Nurse Practitioners, 12*(3), 97–99.

Pearlin, L. L., Mullan, J. T., Semple, S. J., & Skaff, M. M. (1990). Caregiving and the stress process: An overview of concepts and their measures. *Gerontologist, 30*(5), 583–594.

Ponds, R., & Smits, P. (2016). Neuropsychotherapie: Een plaatsbepaling. In P. Smits, R. Ponds, N. Farenhorst, M. Klaver & R. Verbeek (Red.), *Handboek neuropsychotherapie* (pag. 23–44). Amsterdam: Boom.

Ponsioen, A., & Brink, E. ten (2014). *Zelfregulatie: Diagnostiek en behandeling van executieve functies bij kinderen*. Tielt: LannooCampus.

Rosenthal, M., & Muir, C. A. (1983). Methods of family intervention. In M. Rosenthal, E. R. Griffith, M. R. Bond & J. D. Miller (Eds.), *Rehabilitation of the head injured adult*. Philadelphia: F.A. Davis Company.

Schaepmeester, C. de, & Lambrecht, W. (2017). *Kop op! Interventiepakket NAH*. Gijzegem: SIG vzw.

Scholte op Reimer, W., Haan, R. de, Rijnders, P., Limburg, M., & Bos, G. van den (1998). The burden of care giving in partners of long-term stroke survivors. *Stroke, 29*, 1605–1611.

Smits, P., Ponds, R., Farenhorst, N., Klaver, M., & Verbeek, R. (Red.). (2016). *Handboek neuropsychotherapie*. Amsterdam: Boom.

Spruytte, N., Audenhove, C. van, Lammertyn, F., & Storms, G. (2002). The quality of the caregiving relationship in informal care for older adults with dementia and chronic psychiatric patients. *Psychology & Psychotherapy, 75*, 295–311.

Visser-Meily, A., & Heugten, C. van (2004). *Zorg voor de mantelzorg*. Den Haag: Nederlandse Hartstichting.

Wilson, B. A., Winegardner, J., Heugten, C. M. J. van, & Ownsworth, T. (2017). *Neuropsychological rehabilitation*. London: Routledge.

Wyller, T., Thommessen, B., & Sodring, K. (2003). Emotional well-being of close relatives of stroke survivors. *Clinical Rehabilitation, 17*, 410–417.

Ylvisaker, M. (1987). *Head injury rehabilitation: Children and adolescents*. London: College-Hill Press.

Een neurocognitieve stoornis: bijdrage van de neuropsychologie bij psychotherapeutische behandeling

P.F.M. de Wit en M.C. Wolterink

14.1 Inleiding – 192

14.2 Cognitieve probleemsignalering – 193

14.3 Observatie: wat valt op en doet de behandeling stagneren? – 194

14.4 Observatiepunten bespreken: wanneer en hoe? – 196

14.5 Diagnostiek – 199

14.6 Bij twijfel: second opinion – 201

14.7 Behandelmogelijkheden – 204

14.8 Conclusie – 206

Literatuur – 208

© Bohn Stafleu van Loghum is een imprint van Springer Media B.V., onderdeel van Springer Nature 2019
J. A. M. Vandermeulen, M. M. A. Derix en A. van Dijke (Red.), *De rol van neuropsychologie bij psychotherapie*,
https://doi.org/10.1007/978-90-368-2263-3_14

14.1 Inleiding

Soms loopt een psychologische of psychotherapeutische behandeling niet zoals verwacht. Uiteraard kan dit het gevolg zijn een van de vele obstakels die onderdeel zijn van het behandelproces zelf. Er kan echter ook sprake zijn van onvoorziene belemmeringen, zoals cognitieve stoornissen bij de patiënt. Dit kunnen subtiele cognitieve problemen zijn, die weliswaar merkbaar zijn in het contact, maar het therapeutisch proces niet significant beïnvloeden. Het is echter ook mogelijk dat deze problemen het therapeutisch proces laten stagneren of zelfs niet tot stand laten komen. Deze ongewenste situatie kan tot (toenemende) onzekerheid bij behandelaar en patiënt leiden.

Soms zijn cognitieve problemen te verklaren, bijvoorbeeld wanneer ze passen bij de leeftijd van de patiënt, secundair zijn aan de psychische problematiek of het gevolg zijn van een comorbide somatische aandoening als diabetes of hartfalen. Wanneer de behandeling wordt aangepast aan de beperkingen van de patiënt, hoeft deze problematiek de therapeutische voortgang niet te belemmeren. Een valkuil is om cognitieve problemen te snel als 'goedaardig' of als passend bij de leeftijd te bestempelen. Wat als deze cognitieve problemen niet het gevolg zijn van een – bij de behandelaar bekende – psychiatrische of somatische problematiek, maar zich voordoen in het kader van een heel vroeg begin van een sluipend en geleidelijk ontstaan van een uitgebreide neurocognitieve stoornis (dementiesyndroom)? Dat is weliswaar het andere uiterste, maar het is belangrijk te weten wanneer men hier aan kan denken om zo de grenzen en mogelijkheden van de patiënt en dus het gewenste therapeutisch effect in te kunnen schatten.

Een beeld van geobjectiveerde lichte cognitieve stoornissen, zoals dat bij neuropsychologisch onderzoek naar voren kan komen, voldoet vaak nog niet aan de criteria van een uitgebreide neurocognitieve stoornis of dementiesyndroom, maar kan in sommige gevallen wel wijzen op het allereerste begin daarvan. In de DSM-5 (APA 2014) wordt getracht dit grijze gebied te verhelderen door dit te benoemen als een 'beperkte neurocognitieve stoornis'. Deze beperkte neurocognitieve stoornis uit de DSM-5 kan in grote lijnen vergeleken worden met de nu nog gangbaardere diagnostische term *'mild cognitive impairment'* (MCI) (Winblad et al. 2004). De termen beperkte neurocognitieve stoornis en MCI betekenen concreet dat er een reële kans bestaat dat sprake is van een vroeg begin van een degeneratieve hersenziekte, die in de loop van de tijd zal overgaan in een dementiesyndroom (Winblad et al. 2004; Visser et al. 2006).

In de DSM-5 wordt de term dementiesyndroom niet gebruikt, maar omschreven als 'uitgebreide neurocognitieve stoornis' (APA 2014). In de recente *Richtlijn Diagnostiek en Behandeling van Dementie* van de Nederlandse Vereniging voor Klinische Geriatrie (NVKG 2014) wordt de term dementiesyndroom nog wél gebruikt. Zowel de termen dementiesyndroom als MCI zijn nog niet door alle vakverenigingen vervangen door de – voor het eerst in de DSM-5 gebruikte – begrippen beperkte en uitgebreide neurocognitieve stoornis. Waar wij in dit hoofdstuk deze laatste twee begrippen gebruiken doelen wij op de concepten MCI en dementiesyndroom.

Wanneer sprake is van een negatieve invloed van mogelijke cognitieve problemen op het proces van de psychologische of psychotherapeutische behandeling kan worden besloten om de patiënt tot een diagnostisch traject te motiveren om meer duidelijkheid te krijgen. De behandeling kan daarbij *on hold* gezet worden.

Het toekomstperspectief voor de behandeling wijzigt ingrijpend wanneer sprake blijkt te zijn van een beperkte, en zeker van een uitgebreide neurocognitieve stoornis. Wat houdt dit diagnostisch proces in, en door wie wordt het geïnitieerd? En wat kan de behandelaar precies verwachten nadat dit traject is afgerond?

In dit hoofdstuk worden handvatten geboden die kunnen helpen om door middel van observatie een eerste beoordeling te maken van aard en ernst van de cognitieve problemen. De betekenis en criteria van de begrippen beperkte en uitgebreide neurocognitieve stoornis beschrijven we inhoudelijk in ▶ par. 14.5 (Diagnostiek). Daarna ligt de nadruk op welke wijze de therapeut op zorgvuldige wijze en in overleg met zijn patiënt en zo mogelijk een belangrijke naaste vervolgstappen kan zetten. De beschreven handvatten en adviezen zijn veelal gebaseerd op klinische ervaring van de auteurs en waar mogelijk aangevuld met literatuur en casuïstiek.

14.2 Cognitieve probleemsignalering

Om enige grip te krijgen op welke observaties tijdens therapie leiden tot het vermoeden van een neurocognitieve stoornis, volgt eerst een casus. Deze casus zal in dit hoofdstuk nog een aantal keren terugkomen.

> **Casus**
>
> De heer M. (65 jaar) is enkele jaren bekend met de ziekte van Parkinson. Via de Medisch Psychiatrische Unit, waar patiënt zich meldt met angst- en paniekklachten, wordt hij verwezen voor een angstbehandeling bij de afdeling Medische Psychologie in het ziekenhuis. Na de intake wordt in een adviesgesprek het behandelplan besproken met patiënt en zijn partner. De focus zal liggen op angstreductie middels cognitieve gedragstherapie. Gedurende de behandeling valt op dat hoe meer informatie patiënt aangeboden krijgt, hoe moeizamer hij deze kan structureren en ophalen. Hij heeft er moeite mee hetgeen hem aangeleerd wordt in zijn geheugen vast te leggen en om de geleerde vaardigheden in zijn dagelijks leven toe te passen.

De setting waarin een hulpverlener werkzaam is (eerstelijnspraktijk, instelling voor geestelijke gezondheidszorg, ouderenzorg, ziekenhuis, etc.) kan van invloed zijn op het al dan niet (snel) herkennen van cognitieve problemen.

In deze casus is neuropsychologische expertise op deze afdeling gemakkelijk toegankelijk, bijvoorbeeld door een collega met deze specifieke kennis in de wandelgangen 'aan te schieten'. In eerstelijnspraktijken is dergelijke kennis vaak niet aanwezig, maar ook in een tweedelijns ggz-instelling moet soms eerst contact gelegd worden met een collega die werkzaam is op een andere locatie en niet direct beschikbaar is.

De ziekte van Parkinson kan meestal relatief snel vastgesteld worden door een medisch specialist, onder andere omdat er sprake is van uiterlijke kenmerken zoals motorische rigiditeit en tremoren. Vaak komen in het verloop van deze ziekte lichte cognitieve stoornissen voor (Muslimović et al. 2005). De ziekte van Parkinson hoeft echter niet per definitie tot de ontwikkeling van een uitgebreide neurocognitieve stoornis te leiden, maar doet dit in een aantal gevallen wel (Pennaerts 2015).

De casus illustreert dat cognitieve problematiek niet altijd gemakkelijk herkenbaar is wanneer deze mogelijk een minder vaak voorkomende oorzaak heeft dan bijvoorbeeld – een beginnend of zeer vroeg stadium van – de ziekte van Alzheimer. Bij de uitgebreide neurocognitieve stoornis van het type alzheimer, waarbij al in een vroeg stadium geheugenstoornissen kenmerkend zijn (Scheltens et al. 2009), zullen beperkingen sneller opvallen.

14.3 Observatie: wat valt op en doet de behandeling stagneren?

Tekenen van cognitieve problemen kunnen al zichtbaar zijn voordat de patiënt in de spreekkamer zit. Het is zinvol om het gedrag van een patiënt buiten de spreekkamer te observeren. Kijkt hij bijvoorbeeld wat ongemakkelijk om zich heen? Kan hij de koffieautomaat bedienen? Laat hij spullen achter in de wachtkamer als hij geroepen wordt voor zijn afspraak? Ook tijdens het gesprek kunnen bepaalde gedragingen opvallen, zoals: in herhaling vallen, afwachtend zijn tijdens het gesprek of de lijn van het gesprek kwijtraken.

Natuurlijk kunnen deze observaties passend en herkenbaar zijn op grond van de aanmelding in het kader van een eerder gediagnosticeerde psychiatrische of somatische stoornis (zie bijvoorbeeld het hoofdstuk over stemmingsstoornissen van Zyto en Jabben (2015) en over diabetes mellitus van Van den Berg en Brands (2015)). Bijvoorbeeld wanneer de betreffende patiënt wordt behandeld in het kader van een depressieve stoornis kunnen klachten op het gebied van het geheugen en de concentratie gerapporteerd worden of opvallen tijdens het gesprek. Het is nuttig om deze gedragingen te noteren en/of eventueel ter sprake brengen wanneer deze vaker opvallen, zodat later in het proces meer puzzelstukjes op hun plaats kunnen vallen.

De lopende behandeling zal in een ander licht komen te staan wanneer duidelijk wordt dat de cognitieve stoornissen passen bij een beperkte of zelfs mogelijk een uitgebreide neurocognitieve stoornis. De behandelaar doet er verstandig aan om bij een groeiende verdenking hiervoor voorzichtig te werk te gaan. Als je te snel suggereert dat er sprake zou kunnen zijn van een neurocognitieve stoornis, kan dat emotioneel schokkend zijn voor de patiënt, en dat is bijzonder vervelend wanneer uiteindelijk blijkt dat het toch niet het geval is. Het kan weerstand oproepen bij de patiënt, en dan is het misschien niet langer mogelijk om de behandeling in het kader van de oorspronkelijke hulpvraag voort te zetten. Wanneer aan de andere kant een patiënt afhaakt en er toch sprake blijkt te zijn van een neurocognitieve stoornis kan hij uit beeld raken, met het risico dat niet tijdig de juiste zorg wordt verleend.

In het contact met patiënt kunnen we de verschillende domeinen van het cognitief functioneren onderzoeken zonder direct expliciet anamnestische vragen te stellen. Hieronder wordt een leidraad beschreven voor doelgerichte observatie op cognitieve domeinen zoals geheugen, oriëntatie, aandacht en concentratie, executief functioneren, taalvaardigheid en praxis, en op een aantal relevante gedragsaspecten.

Wat betreft het geheugen kun je kijken of de patiënt in herhaling valt, bijvoorbeeld door dezelfde vragen te stellen of door een verhaal meerdere keren te vertellen. Let op de tijd die tussen deze momenten zit. Het kan zijn dat patiënt binnen eenzelfde gesprek of pas tijdens een volgende sessie in herhaling valt, bijvoorbeeld door een gebeurtenis helemaal opnieuw te vertellen. De therapeut kan er voor kiezen om hem hiermee te confronteren. Herinnert de patiënt zich dan dat hij deze vraag eerder heeft gesteld of het verhaal de vorige keer al heeft verteld, óf zegt hij met een wat onzekere blik in de ogen: 'O ja, dat is waar ook' of is er zelfs helemaal geen herkenning?

Om de oriëntatie in tijd te toetsen zonder dat daar meteen een screeningsinstrument voor nodig is, kan men de patiënt vragen naar zijn daginvulling en ook hoe zijn week geweest is. Observeer of de weergave daarvan chronologisch en gedetailleerd is. Om de oriëntatie in plaats te toetsen is het nuttig om na afloop van het gesprek op te letten of patiënt gemakkelijk de weg naar de uitgang van de instelling kan vinden.

Bij de aandachtsfuncties kan men observeren of de patiënt zijn aandacht kan richten op het gesprek of afgeleid raakt door bijvoorbeeld voetstappen op de gang of een afbeelding of voorwerp in de kamer. Is de patiënt in staat om daarna het gesprek weer op te pakken? Een afname van tonische alertheid is vaak goed zichtbaar wanneer in de loop van het gesprek de kwaliteit van het oogcontact vermindert.

Problemen in het executieve domein kunnen zich uiten bij de planning of uitvoering van een taak of bij het houden van overzicht. Executieve problemen kunnen ook bij het plannen van vervolgafspraken en bij het plannen of zelfs begrijpen van huiswerkafspraken opvallen. De patiënt heeft dan bijvoorbeeld duidelijk moeite met het verkrijgen en behouden van overzicht en/of met het rekening houden met de tijd die afspraken in beslag nemen. Hierbij kan men erop letten of de patiënt zelf structuur kan aanbrengen of hierin afhankelijk is van de therapeut en/of zijn omgeving.

Voor wat betreft de taalvaardigheid kunnen woordvindproblemen opvallen. Bij woordvindproblemen ligt het woord meestal op het 'puntje van de tong', maar de patiënt spreekt het niet uit. Soms gebruikt hij dan een synoniem of probeert een omschrijving te geven, of hij maakt een fout (hij kiest het verkeerde woord, dat bijvoorbeeld wel in de buurt van het gezochte woord zit). Wanneer dit herhaaldelijk voorkomt, dient men alert te zijn. Woordvindproblemen komen vaak voor bij vermoeidheid, kunnen een leeftijdsgebonden fenomeen zijn of passen bij depressie. Ze zijn echter ook een veelvoorkomend symptoom bij dementie (Scheltens et al. 2009). Wanneer de patiënt herhaaldelijk een voorwerp omschrijft als 'ding' of 'dinges' is er zeker reden tot alertheid. Woordvindproblemen verdienen aandacht als ze structureel voorkomen in het contact met de patiënt. In dat geval kan de behandelaar zijn observatie met de patiënt delen, vragen of hij het probleem herkent, en zo ja, verder exploreren of de patiënt er eventueel hinder van ondervindt. Om alvast een idee te krijgen van de mate van inzicht in de geobserveerde problemen kan de behandelaar aan de patiënt vragen of hij zich hier zorgen over maakt.

Er kunnen ook problemen voorkomen in de praxis (d.w.z. het kunnen uitvoeren van alledaagse handelingen). In het therapeutisch contact zullen subtiele praxisproblemen niet direct opvallen. Observaties zijn mogelijk bij het aan- of uittrekken van de jas. Let ook op signalen die wijzen op verminderde zelfzorg, bijvoorbeeld: heeft de patiënt zich (goed) geschoren, of hoe nauwkeurig heeft patiënte haar lippenstift aangebracht? Andere mogelijke observatiemomenten zijn: hoe bedient patiënt de koffieautomaat en/of gaat het openen van een zakje suiker of melk onhandig?

Het is ook belangrijk om te letten op mogelijke gedragsveranderingen (Amstrong en Morrow 2012). Is er sprake van emotionele vervlakking, is de patiënt minder opmerkzaam of minder geïnteresseerd in zijn omgeving, lijkt hij apathisch en/of is hij ontremd of vertoont hij decorumverlies (bijv. seksueel getinte opmerkingen maken, slordig uiterlijk)? Verbloemt patiënt zijn cognitieve onvermogen?

Bij geconstateerde cognitieve en/of gedragsproblemen is het van belang om in de gaten te houden of het incidenten betreffen of dat sprake is van een structureel patroon van 'missers' en veranderingen. In het laatste geval is de kans aanzienlijk groter dat deze voorkomen in het kader van een beginnende degeneratieve hersenziekte die tot een uitgebreide neurocognitieve stoornis leidt. Het is van belang om het verloop van de cognitieve problemen en eventuele gedrags- en emotionele veranderingen gedurende de behandeling in de gaten te houden.

Cognitieve problemen die inherent zijn aan psychische problematiek verbeteren vaak wanneer de behandeling van de betreffende problematiek succesvol is. Bij een somatische aandoening is dit overigens niet het geval (Wit en Derix 2014; Armstrong en Morrow 2012). Bij diabetes is bijvoorbeeld vaak sprake van blijvende geheugenproblemen en/of aandachtsproblemen en mentale traagheid, maar zelden op stoornisniveau (McCrimmon et al. 2012). Deze zullen door de therapeut vaak niet of slechts in beperkte mate geobserveerd worden (Wit en Derix 2014). Bij een te lage bloedsuikerwaarde kunnen zich forse fluctuaties in het cognitief functioneren voordoen, maar deze kunnen – wanneer ze geobserveerd worden – middels (herhaalde) meting van de bloedsuikerwaarde worden nagegaan. Een diabetespatiënt kan echter wel last hebben van deze 'goedaardige' cognitieve beperkingen en dat kan een punt van aandacht zijn in de behandeling. Tips hiervoor staan beschreven in ▶ par. 14.7 (Behandelmogelijkheden).

14.4 Observatiepunten bespreken: wanneer en hoe?

Als terugkerende cognitieve 'missers' en eventuele gedragsveranderingen de therapie negatief beïnvloeden en waarschijnlijk niet passen bij een normaal therapeutisch proces, zoals (functionele) geheugenproblematiek in het kader van vermijdingsgedrag, is het verstandig om een neurologische aandoening als differentiaaldiagnose prioriteit te geven en verder te exploreren. Wanneer er sprake is van een neurocognitieve stoornis, heeft die waarschijnlijk ook al een belemmerende invloed op het dagelijks leven van de patiënt en diens naasten. De behandelaar kan zelf enkele diagnostische mogelijkheden overwegen en deze – voor zover dat in zijn vermogen ligt – zelf toetsen door ze met de patiënt te bespreken. Het is van belang dit op een dusdanige wijze te doen dat het niet leidt tot beschadiging van de behandelrelatie. Bemerkt de behandelaar dat de lopende behandeling door de geobserveerde cognitieve problematiek en eventuele gedragsveranderingen stagneert, dan is het de kunst om de patiënt te motiveren tot een diagnostisch traject.

Wat het juiste moment is om de observaties te bespreken, hangt af van de mate waarin de therapeut een voldoende goede behandelrelatie met de patiënt heeft kunnen opbouwen. Als dat nog niet het geval is, is het verstandig om die bespreking uit te stellen en het contact eerst nog verder te verstevigen.

14.4 · Observatiepunten bespreken: wanneer en hoe?

Wanneer de geobserveerde problematiek bespreekbaar lijkt te zijn, kan men er samen met de patiënt voor kiezen om hier expliciet aandacht aan te schenken. Men kan de patiënt bijvoorbeeld voorstellen om er de partner of een andere belangrijke naaste (primaire informant) bij te betrekken. Dit kan vaak relevante informatie opleveren, en wanneer die tot ingrijpende wijzigingen in het gezichtspunt van de behandelaar leidt, is het zeer vaak een aanwijzing dat de cognitieve en eventuele andere problemen ernstiger zijn dan aanvankelijk ingeschat.

Zoals eerder vermeld is het belangrijk om na te gaan of de observaties incidenteel zijn of dat ze in de loop van de tijd een patroon laten zien. Ook is het van belang stil te staan bij het ziekte-inzicht van de patiënt. Hoe oordeelt deze zelf over eventuele beperkingen in zijn functioneren? Of bestaat er een discrepantie tussen de visie van de patiënt en de primaire informant op de aanwezigheid of ernst van de cognitieve beperkingen en eventuele gedrags- en emotionele veranderingen? Belemmeren deze de patiënt en interfereren ze met zijn dagelijks leven? Komen de problemen alleen voor in zijn werksituatie, of spelen ze ook in de thuissituatie? Bij dit soort vragen lijkt neuropsychologisch onderzoek dan gewenst. De overweging om de lopende behandeling *on hold* te zetten en over te gaan tot (verwijzing voor) neuropsychologische diagnostiek dient een zorgvuldige transitie in het behandelproces te zijn.

Casus

In de contacten met de heer M. vallen gedurende de sessies steeds meer cognitieve problemen op. Patiënt weidt uit in het gesprek, raakt de draad ervan kwijt en steunt steeds meer op het geheugen van zijn echtgenote. Als hem gevraagd wordt informatie over zijn klachten en de omgang hiermee te geven, dan lukt hem dit niet goed. Dit is opvallend, want het maakt duidelijk dat hij de klachten waarmee hij aanvankelijk werd aangemeld nu niet meer goed overziet. Zelf wijt de heer M. dit aan de vele afspraken die hij al heeft staan in het ziekenhuis, waardoor een en ander nogal chaotisch voor hem wordt en hij zaken door elkaar gaat halen.

Wat een geschikt moment is om de observaties te bespreken, hangt behalve van de behandelrelatie ook af van de mate van ziekte-inzicht van de patiënt. Bij een beperkt inzicht in de cognitieve, gedragsmatige en/of emotionele veranderingen kan er weerstand bestaan tegen verwijzing voor een diagnostisch traject. Voor de behandelaar wordt het dan moeilijk om hierop door te vragen. Immers, problemen die patiënt zelf niet zo opmerkt, leiden af van de focus van de 'behandeling', en patiënt zal mogelijk protesteren dat hij ergens anders voor kwam. Wanneer deze weerstand niet doorbroken kan worden, zal er niet veel anders opzitten dan het zorgvuldig en met compassie afronden van het therapiecontact en een duidelijke afsluitende brief te sturen naar de verwijzer (medisch specialist of huisarts).

Ook als de patiënt wel inzicht heeft in zijn cognitieve beperkingen en eventuele andere veranderingen in het functioneren, kan er weerstand zijn tegen het bespreekbaar maken hiervan, mogelijk voortkomend uit schaamte of angst dat er bij verdere diagnostiek daadwerkelijk 'wat gevonden wordt'. Een benadering waarin deze thema's met empathie en geduld worden besproken kan dan veel opleveren. In een dergelijke situatie doet de therapeut er verstandig aan om nog niet al te zeer van het oorspronkelijke behandelplan af te wijken, maar wel in overleg met de patiënt een sessie te gebruiken om expliciet eventuele zorgen over de (geobserveerde) problematiek te bespreken.

Het niet tijdig onderkennen van een vroeg stadium van een neurocognitieve stoornis en het blijven vasthouden aan een psychologische verklaring voor de klachten, de cognitieve en de eventuele gedrags- en emotionele problemen, kan sterk negatieve gevolgen hebben voor patiënt en familieleden. De mogelijkheden van de patiënt worden dan vaak overschat, en het risico bestaat dat hij steeds kritischer wordt bejegend en/of wordt overvraagd. Dit alles kan angst en onzekerheid in de hand werken, zowel bij de patiënt als bij belangrijke naasten. Wanneer cognitieve problemen geen neurologische, maar een psychologische oorzaak hebben, bergt het suggereren of benoemen van een neurologische oorzaak een risico op iatrogene effecten in zich.[1] Negatieve effecten van onterechte suggesties over een mogelijke diagnose beperkte of uitgebreide neurocognitieve stoornis moeten niet onderschat worden. Een praktijkvoorbeeld van een van de auteurs is hier illustratief (zie kader).

Praktijkvoorbeeld

Een 55-jarige man maakte zich zorgen over zijn geheugenklachten en werd door zijn huisarts naar de geheugenpolikliniek van het ziekenhuis verwezen. In het ziekenhuis vertelde deze patiënt jaren geleden betrokken te zijn geweest in de oorlogssituatie in voormalig Joegoslavië, waar hij ernstig traumatiserende gebeurtenissen meemaakte. Hij gebruikte al enige tijd veel alcohol. Het was niet moeilijk om in te zien dat zijn geheugen- en concentratieproblemen pasten bij posttraumatische-stressklachten en wellicht ook bij een overmatige alcoholconsumptie. Een uitgebreide neurocognitieve stoornis kon worden uitgesloten. Patiënt werd verwezen naar een gespecialiseerde ggz-instelling; hier kreeg hij een behandeling voor de aan (oorlogs)veteranen gerelateerde problematiek.

De noodzaak van een initiële verwijzing naar de geheugenpolikliniek, waar patiënt een dag lang onderzoeken onderging gericht op het uitsluiten van een uitgebreide neurocognitieve stoornis, was in dit geval discutabel. Patiënt en zijn partner hadden gedurende het traject in de geheugenpolikliniek veel zorgen gehad over dementie. Deze zorgen hadden veel eerder weggenomen kunnen worden door een uitgebreider gesprek – in de eerste lijn – naar aanleiding van zijn klachten met ook enige aandacht voor zijn voorgeschiedenis, waarin negatieve effecten van een posttraumatische stressstoornis en overmatige alcoholconsumptie op het cognitief functioneren als bekend verondersteld mogen worden. Uitleg hierover had patiënt al veel eerder inzicht kunnen verschaffen, en hij had eerder kunnen worden verwezen naar het centrum voor oorlogstrauma's.

---

1 Iatrogeen effect: de wetenschappelijke term voor 'onbedoeld veroorzaakt door medische handelingen'.

Samengevat: wanneer de psychotherapeut of behandelend psycholoog consequent geen directe relatie tussen cognitieve problemen en eventuele emotionele- en gedragsverandering en de medische en psychologische voorgeschiedenis van patient kan vinden, terwijl de geobserveerde problematiek een sterk negatief effect op de behandeling heeft, is het sterk aan te raden een specialistisch diagnostisch traject te initiëren.

14.5 Diagnostiek

Onderzoek naar een beperkte of uitgebreide neurocognitieve stoornis wordt vaak verricht in de geheugenpolikliniek van een algemeen of academisch ziekenhuis of in een ggz-instelling. Allereerst is het goed te beseffen dat de prevalentie van de uitgebreide neurocognitieve stoornis bij 'jonge' ouderen laag is (< 1 % tussen 60–65 jaar), bij personen boven de 65 is die 8 %, en de prevalentie neemt verder sterk toe bij vorderen van de leeftijd tot ruim 25 % bij personen ouder dan 80 tot ruim 40 % bij personen die ouder zijn dan 90 jaar (Alzheimer Nederland 2017). Bij 10–20 % van de patiënten met een uitgebreide neurocognitieve stoornis wordt tevens voldaan aan de criteria voor een depressieve stoornis (NVKG 2014). De lezer die geïnteresseerd is in specifieke klinische verschijnselen van verschillende neurocognitieve stoornissen bij relatief jonge patiënten (65−) willen wij graag wijzen op het uitstekende onderzoeksartikel van Snowden et al. (2011).

Tijdens onderzoek binnen de geheugenpolikliniek zullen allereerst een aantal vragen aan de patiënt worden gesteld. Medisch specialisten, zoals een neuroloog, klinisch geriater, internist ouderenzorg of een klinisch (neuro)psycholoog die veel ervaring hebben met dementiediagnostiek, beschikken daarnaast over instrumenten voor screeningsonderzoek en hebben veel ervaring met specifieke observaties waarmee zij al snel een indruk krijgen van de aard en ernst van het cognitief disfunctioneren, emotionele- en gedragsveranderingen en de mate van ziekte-inzicht.

In het algemeen wordt gevraagd of de partner of een andere primaire informant de patiënt op de eerste onderzoeksdag kan en wil vergezellen. Een heteroanamnese is onmisbaar bij diagnostisch onderzoek in verband met een mogelijke neurocognitieve stoornis. Daarbij zal getoetst worden in hoeverre de klachten beperkend zijn in het dagelijks leven van de patiënt en ook in hoeverre deze problemen opleveren voor zijn omgeving. Het voordeel van in de geheugenpolikliniek geïntegreerde neuropsychologische en zo mogelijk ook psychiatrische expertise is dat er bij het uitsluiten van een neurocognitieve stoornis meestal een alternatieve verklaring gegeven kan worden voor de cognitieve klachten. Deze verklaring kan nieuwe handvatten bieden voor de behandelend psycholoog of psychotherapeut.

In veel geheugenpoliklinieken in algemene en academische ziekenhuizen worden – indien dat aan de orde is – nog de termen MCI en dementie(syndroom) gebruikt. In ggz-instellingen past men meestal de terminologie van de DSM-5 toe.

De DSM-5 (APA 2014) houdt rekening met een continuüm van cognitieve problemen. De beperkte neurocognitieve stoornis wordt gekenmerkt door lichte achteruitgang ten opzichte van het vroegere functioneren op een of meerdere cognitieve domeinen, waarbij deze achteruitgang geen belemmering vormt voor het (onafhankelijk) functioneren. Dit laatste mag wel een grotere inspanning vergen. De uitgebreide neurocognitieve stoornis wordt gedefinieerd als een significante achteruitgang ten opzichte van het vroegere functioneren op een of meerdere cognitieve domeinen, waarbij deze achteruitgang een belemmering vormt voor het (onafhankelijk) functioneren. Wat houdt een 'lichte en significante achteruitgang' precies in? Het meten van cognitieve stoornissen door middel van een neuropsychologisch onderzoek kan hier enige helderheid in verschaffen. Hierbij wijst een score die één tot twee standaarddeviaties onder het gemiddelde ligt op een lichte achteruitgang, en die kan passen bij een beperkte neurocognitieve stoornis. Scores die twee of meer standaarddeviaties onder het gemiddelde liggen, wijzen op een significante achtergang, en die kan passen bij een uitgebreide neurocognitieve stoornis.

Een neurocognitieve stoornis conform de DSM-5 mag niet het gevolg zijn van een andere psychiatrische stoornis, zoals een depressie. Tevens dient een delirium uitgesloten te zijn voordat een neurocognitieve stoornis gediagnosticeerd mag worden.

Casus

De behandelend psycholoog besluit om de geobserveerde cognitieve problemen bespreekbaar te maken in het contact met dhr. M. en zijn partner. Bij navraag wordt het vermoeden van cognitieve problemen bevestigd. In overleg met dhr. M. en zijn partner wordt besloten om een neuropsychologisch onderzoek aan te vragen. De onderzoeksbevindingen laten afwijkende prestaties zien die passen bij een beperkte neurocognitieve stoornis.

In het kader 'Vormen van neurocognitieve stoornis' worden enkele van de meest voorkomende vormen van de neurocognitieve stoornis beschreven, met speciale aandacht voor het tijdsbeloop. Ook traumatisch hersenletsel, sommige soorten medicatie, een hiv-infectie of prionziekte (d.w.z. BSE (boviene spongiforme encefalopathie) oftewel de 'gekkekoeienziekte') kunnen leiden tot een beperkte en later uitgebreide neurocognitieve stoornis (APA 2014).

Vormen van neurocognitieve stoornis

Beperkte of uitgebreide neurocognitieve stoornis door de ziekte van Alzheimer
Er is sprake van een geleidelijk/sluipend ontstaan van cognitieve problemen met progressief verloop in een of meer cognitieve domeinen kenmerkend voor een dementie van het alzheimertype (Scheltens et al. 2009).

Beperkte of uitgebreide vasculaire neurocognitieve stoornis
Deze stoornis kent eveneens een geleidelijk progressief beloop, maar begint soms ook acuut en kent dan een stapsgewijs verloop in de tijd. Bij een vasculaire dementie worden vaak geheugenproblemen gerapporteerd, maar verlies van overzicht, mentale traagheid en executieve stoornissen zijn in dat ziektebeeld in de vroege fasen vaak prominenter aanwezig (Vandenberge 2009).

Beperkte of uitgebreide neurocognitieve stoornis met Lewy-lichaampjes
Bij dementie met Lewy-lichaampjes (DLB) past een geleidelijk ontstaan met een progressief, sterk fluctuerend verloop van het cognitief functioneren,

dat kan verschillen per dag of zelfs per uur. Een parkinsondementie vertoont een geleidelijk progressief tijdsverloop en kan bij aanvang moeizaam te onderscheiden zijn van de ziekte van Parkinson, aangezien symptomen, zoals concentratieproblemen, overlappen. Het klinische beeld en de onderliggende pathologie vertonen bij beide ziektebeelden een sterke verwantschap (Leenders 2009).

Beperkte of uitgebreide neurocognitieve stoornis door frontotemporale stoornis
Dit ziektebeeld gaat in het begin met name gepaard met gedragsveranderingen (ontremd gedrag, apathie, dwangmatigheid, hyperoraliteit) en een achteruitgang van de sociale cognitie (d.w.z. een onvermogen om intenties, emoties en gedachten bij anderen te herkennen en het eigen gedrag daarop af te stemmen). Pas in een later stadium vallen cognitieve problemen duidelijk op. Naast de gedragsvariant is er ook een taalvariant, die begint met een opmerkelijke achteruitgang van de taalvaardigheid in het benoemen van woorden, de grammatica, woordbegrip of de spraakmotoriek (Snowden et al. 2011).

14.6 Bij twijfel: second opinion

Als de stappen in het hiervoor beschreven proces doorlopen zijn, inclusief onderzoek in een reguliere geheugenpolikliniek, is dat nog geen garantie voor een eenduidige diagnose inclusief prognose en advies. In dergelijke gevallen zullen professionals die binnen een geheugenpolikliniek werkzaam zijn zelf vervolgstappen nemen voor een *second opinion* bij een gespecialiseerd centrum. Wanneer dit niet gebeurt en de behandelend psycholoog of psychotherapeut vindt dat hij geen duidelijk beeld heeft gekregen op grond waarvan hij zijn behandeling voort kan zetten of moet beëindigen, kan hij uiteraard met toestemming van de patiënt contact opnemen met de neuropsycholoog en/of medisch specialist die betrokken was bij het onderzoek. Wanneer er sprake is van een dergelijke onduidelijkheid gaat dit overigens meestal over 'jongere' patiënten.

Uitgebreide neurocognitieve stoornissen, zoals bij de ziekte van Alzheimer en de frontotemporale variant van de neurocognitieve stoornis, kunnen zich al voor het 65ste levensjaar manifesteren (Snowden et al. 2011).

In het bijgaande kader wordt een nieuwe casus geïntroduceerd, van de heer C. Deze casus zal in het verdere verloop van dit hoofdstuk vervolgd worden; hij laat zien dat een adequate diagnostiek bij 'jongere' patiënten niet eenvoudig is.

Casus

Een vijftigjarige man, dhr. C., wordt door de huisarts verwezen naar de neuroloog. De verwijzing werd geïnitieerd door de psycholoog die dhr. C. behandelt in verband met angst- en somberheidklachten in het kader van verlies van werk. Dhr. C. had door een reorganisatie zijn managementfunctie verloren. De behandelaar bemerkte geheugenstoornissen welke begonnen te interfereren met de behandeling.

Patiënt wordt door de neuroloog verwezen voor een neuropsychologisch onderzoek. Bij kennismaking blijkt patiënt een goed verzorgde en geklede man te zijn, die een intelligente indruk maakt en in het gesprek zeer adequaat vertelt over zijn klachten. Hij zegt dat hij dingen veel minder goed kan onthouden dan vroeger. Het valt op dat zijn vertelwijze emotioneel vlak is. Hij maakt geen sombere indruk, uit zijn zorgen over het niet hebben van een baan, maar vertelt volop te solliciteren. Op basis van de anamnese en observatie daarbij verwacht de neuropsycholoog dat het testonderzoek geen afwijkende prestaties zal laten zien. Tot zijn verrassing zijn er op alle afgenomen geheugentests toch evident afwijkende prestaties. De taalvaardigheden, intellectuele vaardigheden en executieve functies zijn goed en conform verwachting.

De kans is groot dat een beperkte neurocognitieve stoornis bij een 'jongere' patiënt (leeftijd van 40–65 jaar) zoals deze niet het gevolg is van een vroeg stadium van een degeneratieve hersenziekte en zich derhalve niet zal ontwikkelen naar een uitgebreide neurocognitieve stoornis. Een tien jaar durend follow-uponderzoek van Visser et al. (2006) laat zien dat de 'jongere' patiënten met een beperkte neurocognitieve stoornis vaker stabiel blijven dan patiënten in de oudere leeftijdsgroep (65+). Het gaat dan bij de 'jongere' groep om personen die om onverklaarde redenen cognitieve klachten hebben (Visser et al. 2006). Helaas is er weinig geschreven over mogelijke verklarende mechanismen van cognitieve problemen bij deze groep patiënten. Wel wordt een *phenocopy frontotemporale dementie* beschreven. Deze patiënten hebben een aantal kenmerken gemeen met personen met frontotemporale dementie (zoals gedragsveranderingen en gebrekkig inzicht), maar bij hen worden niet de neuropathologische kenmerken gevonden (Kipps et al. 2010). Over het behandelen van deze patiëntengroep is in de literatuur weinig te vinden. Patiënten met onbegrepen cognitieve klachten kunnen, indien er sprake is van inzicht en motivatie om hulp te aanvaarden, soms verwezen worden naar gespecialiseerde afdelingen in de ggz.

Casus

Tijdens het uitslaggesprek met dhr. C. is, op verzoek van de neuropsycholoog, zijn partner meegekomen. Zij onderschrijft het beeld dat uit het testonderzoek naar voren komt en uit hierover grote bezorgdheid. In overleg met beiden neemt de neuropsycholoog contact op met de behandelend psycholoog. Deze therapeut laat weten de cognitieve problemen toch toe te willen schrijven aan vermijdende persoonlijkheidskenmerken.

In geval van twijfel of er daadwerkelijk sprake is van een (beginnende) neurodegeneratieve aandoening kan een aanvullend diagnostisch traject in een specialistisch centrum (d.w.z. verbonden aan een academisch ziekenhuis) als second opinion hopelijk meer duidelijkheid verschaffen. Indien bij het eerste onderzoek een neurodegeneratieve aandoening onwaarschijnlijk lijkt, maar de patiënt wel ernstig lijdt onder zijn cognitieve klachten, kan een second opinion onderzoek worden aangevraagd bij een gespecialiseerde neuropsychiatrische afdeling in de ggz.

De negatieve impact van het ten onrechte stellen van een psychiatrische diagnose bij een patiënt die later toch een degeneratieve hersenziekte blijkt te hebben is groot, maar ook het omgekeerde brengt risico's met zich mee. De auteurs bemerken in hun praktijk dat het belangrijkste risico is dat patiënten die ten onrechte geloven dat zij aan een (neurodegeneratieve) hersenziekte lijden, zich steeds meer terugtrekken en passief worden. Wanneer zowel zij zelf als personen in hun directe omgeving er toch steeds meer van overtuigd raken dat er wel sprake is van een dergelijke aandoening kan een vicieuze cirkel ontstaan.

> **Casus**
>
> Bij dhr. C. wijst de diagnostische informatie uit de verschillende bronnen (autoanamnese, heteroanamnese, observatiegegevens, informatie van de therapeut en de neuropsychologische bevindingen) niet eenduidig op een beginnend dementiesyndroom. Maar omdat vooral de partner – die bij het uitslaggesprek naar aanleiding van het neuropsychologisch onderzoek aanwezig is – zich veel zorgen maakt, wordt besloten tot verwijzing voor een second opinion. Zowel de neuropsycholoog als de neuroloog in het ziekenhuis zijn er door de heldere informatie die deze partner hierover geeft niet van overtuigd dat de klachten door een psychiatrische stoornis of persoonlijkheidsproblematiek verklaard kunnen worden. Hoewel de behandelend psycholoog in de eerste lijn denkt aan vermijdende persoonlijkheidstrekken als verklaring voor de geheugenproblemen, maakt zij zich – na telefonisch overleg met de neuropsycholoog – toch ook zorgen dat een dementiesyndroom over het hoofd wordt gezien. De second opinon wordt uitgevoerd in een Alzheimercentrum van een academisch ziekenhuis. Bij dit expertiseonderzoek worden met behulp van neurologische (biomarker) onderzoeken evidente aanwijzingen gevonden dat er sprake is van het begin van de ziekte van Alzheimer.

Bij ouderen (d.w.z. personen van 65 jaar en ouder) is het hier beschreven dilemma meestal minder groot. Een beperkte neurocognitieve stoornis is bij hen vaker dan bij 'jongeren' het gevolg van het begin van een daadwerkelijke degeneratieve hersenziekte leidend tot een dementiesyndroom (Visser et al. 2006). Omdat ouderen vaak minder maatschappelijke verantwoordelijkheden dragen kan in een aantal gevallen worden volstaan met afwachtend beleid. Deze patiënten worden daarbij laagfrequent gevolgd en bij signalen van verdere achteruitgang opnieuw neurologisch en neuropsychologisch onderzocht.

De media kunnen een rol spelen in bezorgdheid over mogelijke cognitieve achteruitgang. Denk bijvoorbeeld aan de programma's over dementie op televisie en de bias die hierna ontstaat bij personen jonger dan 65 over de verhoogde geschatte kans op het hebben van een uitgebreide neurocognitieve stoornis. Officiële cijfers zijn bij de auteurs niet bekend, maar in hun eigen geheugenpolikliniek worden steeds vaker personen jonger dan 65 jaar aangemeld die vertellen zich na een dergelijk programma zorgen te maken. Wanneer een neurocognitieve stoornis kan worden uitgesloten, kunnen gerichte adviezen worden gegeven over een eventueel vervolgtraject bij huisarts en/of (behandelend) psychotherapeut of psycholoog.

Wanneer sprake is van een beperkte neurocognitieve stoornis, zijn er inmiddels verschillende behandelmogelijkheden (Joosten-Weyn Banningh et al. 2010; Hendriks en Kessels 2010). Indien sprake is van een dementiesyndroom wordt vaak doorverwezen naar een casemanager.

14.7 Behandelmogelijkheden

Wanneer middels het diagnostisch traject meer zicht is op het kader waarin de cognitieve problemen zich voordoen, kan bekeken worden welke behandeling daarbij het best aansluit.

Casus

Bij dhr. C. werd verdere behandeling geboden door de klinisch neuropsycholoog van het ziekenhuis. Hierbij werd – met toestemming van dhr. C. – diens partner betrokken. In de loop van de maanden bleek patiënt weinig te profiteren van deze gesprekken. Mogelijke oorzaken hiervan waren een verminderd ziekte-inzicht én het niet goed kunnen overzien van de inhoud van de gesprekken doordat de geheugencapaciteit te beperkt was. De oorspronkelijk psychologische behandeling in de eerste lijn werd in de individuele context met dhr. C. zelf geleidelijk afgerond. Uiteindelijk werden laagfrequent gesprekken met de echtgenote afgesproken en werd daarnaast casemanagement ingezet.

Als er sprake is van een beperkte neurocognitieve stoornis, is er een aantal behandelmogelijkheden. Zo zijn er protocollair beschreven evidence based compensatiestrategietrainingen (Hendriks en Kessels 2010). Hierbij richt de training zich niet op de specifieke gestoorde functie zelf, maar op het hanteren van hulpmiddelen om de door de stoornis veroorzaakte beperkingen in het dagelijks functioneren te boven te komen en/of te omzeilen. Een voorbeeld is een training in het leren gebruiken van een agenda. Het klinkt voor de hand liggend, maar in de praktijk blijkt dat patiënten hier in hun dagelijks leven veel profijt van kunnen hebben. Er zijn ook bruikbare protocollen wanneer sprake is van mentale traagheid (Winkens en Fasotti 2010), executieve stoornissen (Boelen en Spikman 2010) en geheugenstoornissen (Hendriks en Kessels 2010). Compensatietraining kan worden aangeboden wanneer de patiënt nog actief is in zijn arbeidssituatie, huishouden en/of andere dagelijkse activiteiten, zodat hij handvatten krijgt aangereikt die er aan bijdragen dat hij zo lang mogelijk autonoom blijft. Het gaat vooral om het aanleren van strategieën om de cognitieve problemen beter op te kunnen vangen en er mee te leren omgaan.

Joosten-Weyn Banningh et al. (2010) hebben een groepsbehandeling ontwikkeld voor patiënten met een beperkte neurocognitieve stoornis en hun partners (of kinderen). In deze groepsbehandeling komen in een aantal sessies verschillende onderwerpen aan bod. Het programma bestaat uit psycho-educatie en voor de patiënten ook het aanleren van geheugenstrategieën en copingstrategieën. Deze behandeling wordt aangeboden in een plenair programma en een programma waarin de patiënten en hun partner of kind afzonderlijk van elkaar in groepen de verschillende onderwerpen bespreken. Onderzoek laat zien dat patiënten na deze groepsbehandeling hun neurocognitieve klachten beter accepteren (Joosten-Weyn Banningh et al. 2010). Ter ondersteuning van deze behandeling is een gids geschreven voor de patiënten, met daarin opgenomen een verwijzing naar een website waarop beeldmateriaal gevonden kan worden over alledaagse situaties die een patient met een beperkte neurocognitieve stoornis en zijn partner en/of kinderen kunnen tegenkomen (Joosten et al. 2008).

Casus

Het resultaat van het neuropsychologisch onderzoek van dhr. M. wijst op een beperkte neurocognitieve stoornis. Hij en zijn echtgenote zijn – op de afdeling Medische Psychologie van het ziekenhuis – gaan deelnemen aan de groepsbehandeling 'omgaan met geheugenstoornissen' (Joosten-Weyn Banningh et al. 2010). Beiden ervaren veel herkenning. Dhr. M. omdat in zijn behandelgroep een andere patiënt zit met een soortgelijke diagnose en dito problematiek. De echtgenote vindt ruimte om de zorglast die zij ervaart met andere partners te delen en zegt profijt te hebben van de tips en adviezen die zij krijgt van de groepsleiders en de andere partners. De cognitieve klachten, de problemen die die geven in het dagelijks leven en de emotionele onzekerheid die deze met zich meebrengen worden voor beiden beter te dragen.

Bij duidelijke aanwijzingen voor het bestaan van een uitgebreide neurocognitieve stoornis is verwijzing naar een hierin gespecialiseerde polikliniek en/of centrum noodzakelijk. Uiteindelijk zal in veel gevallen in de behandeling de nadruk liggen op ondersteuning van de omgeving om zo de zorg voor de patiënt goed te kunnen inrichten (NVKG 2014). Wanneer de patiënt weinig ziekte-inzicht heeft en/of die in de loop van de tijd (verder) afneemt, zal de behandelfocus zich verplaatsen naar de mantelzorger(s). Een casemanager speelt in dergelijke situaties een belangrijke rol. Deze persoon kan ondersteuning bieden aan patiënt en mantelzorger(s) door middel van gesprekken, maar kan ook noodzakelijke zorg inzetten en coördineren wanneer die nodig wordt in het (voortschrijdende) proces van cognitieve en eventuele gedragsmatige achteruitgang van de patiënt. Wanneer er sprake is van een comorbide depressieve stoornis, zijn hier meestal ook behandelmogelijkheden voor. Het bieden van plezierige en zinvolle activiteiten is bijvoorbeeld ook bij dementiepatiënten – net als bij patiënten met alleen een depressie – een belangrijk onderdeel van de behandeling. Ook wordt bij deze patiënten vaak een antidepressivum voorgeschreven (NVKG 2014).

Patiënten met een uitgebreide neurocognitieve stoornis zijn vaak niet meer in staat om deze activiteiten zelf te initiëren en hebben daarbij hulp nodig van hun partner of een andere mantelzorger en vaak van een zorgprofessional. Het is meestal goed deze activiteiten aan te bieden in het kader van dagbehandeling.

Casus

Tijdens de periode van deelname aan de behandelgroep voor personen met een beperkte neurocognitieve stoornis en daarna blijkt dhr. M. cognitief verder achteruit te gaan. Na een bepaalde periode wordt hij opnieuw neuropsychologisch onderzocht en wordt verdere cognitieve achteruitgang geobjectiveerd, nu passend bij een dementiesyndroom of – in termen van de DSM-5 – een uitgebreide neurocognitieve stoornis. Vooral de geheugenfunctie is verder achteruitgegaan. Dit kan passen bij een uitgebreide cognitieve stoornis in het kader van de ziekte van Alzheimer. Dit laatste is waarschijnlijker dan parkinsondementie, omdat bij die vorm van dementie vooral een toename van executieve en visuoconstructieve stoornissen verwacht wordt (Pennaerts 2015).

Wanneer er geen cognitieve stoornissen worden geobjectiveerd, maar toch subjectief worden beleefd, dan kunnen aanpassingen in de lopende psychologische of psychotherapeutische behandeling uitkomst bieden om deze beter te laten aansluiten bij het functioneren van de patiënt en het uiteindelijke doel van de behandeling.

In het kader worden puntsgewijs handvatten beschreven die toepasbaar zijn bij de behandeling van patiënten met een psychische (psychiatrische) stoornis en cognitieve problemen.

Handvatten

- meer aandacht voor psycho-educatie en uitleg over de rationale van de behandeling;
- meer aandacht voor motivatieverhogende technieken;
- het gebruik van leer- en geheugensteuntjes;
- meer zittingen dan gebruikelijk in bestaande protocollen voor cognitieve gedragstherapie (CGT) (voor jongere volwassenen);
- wekelijks telefonisch contact met de therapeut tussen de zittingen waarin geïnformeerd wordt naar het huiswerk;
- het gebruik van minder beladen of minder complexe termenm, bijvoorbeeld 'spanning' in plaats van 'angst', 'cursus' in plaats van 'psychotherapie';
- het inschakelen van de partner of andere belangrijke personen uit de omgeving van de patiënt;
- het eventueel aanbieden van extra hulpmiddelen bij exposure-oefeningen.

Verder kan de duur van de sessies verkort worden wanneer vermindering van de volgehouden aandacht beperkingen oplegt. Andere mogelijkheden zijn: veel herhaling laten plaatsvinden, bondig en stapsgewijs informatie aanbieden, teksten/uitleg visueel maken, sessies opnemen en/of de patiënt notities laten maken. Voor wat betreft dit laatste kan de psycholoog ook zelf notities maken aan het einde van de sessie en deze meegeven aan de patiënt. Tot slot is het van belang om het tempo aan te passen aan de patiënt.

14.8 Conclusie

Dit hoofdstuk beschrijft waar een psycholoog of psychotherapeut op kan letten wanneer tijdens de behandeling van een patiënt het vermoeden rijst van een neurocognitieve stoornis. Er is aandacht voor de mogelijke stappen om eventueel over te gaan tot een gerichte verwijzing voor diagnostisch onderzoek, en dit onderzoek wordt kort toegelicht. In grote lijnen wordt het complexe gebied van de beperkte en de uitgebreide neurocognitieve stoornis beschreven, met aandacht voor verschillende neurodegeneratieve aandoeningen en hun manifestaties. Doel hiervan is dat therapeuten die niet primair met deze patiënten werken, begrijpen waarom zij – bij het vastlopen van de behandeling door mogelijke cognitieve problemen – op specifieke aspecten in het gedrag van de patiënt kunnen gaan letten en hoe zij hiernaar kunnen handelen.

Als diagnostisch onderzoek – waaronder neuropsychologisch onderzoek – aanwijzingen voor een beperkte of een uitgebreide neurocognitieve stoornis oplevert, dan zal de behandelfocus (moeten) verschuiven. Het wil niet zeggen dat er geen behandeling meer plaats kan vinden voor de (oorspronkelijke) psychische klachten van de patiënt. Het is dan echter niet waarschijnlijk dat het reguliere psychotherapeutische traject wordt voortgezet. Voor een dergelijk – regulier – psychotherapeutisch traject moet een patiënt over het algemeen beschikken over redelijke tot goede cognitieve capaciteiten en reserves. Een geslaagde psychotherapie vraagt in ieder geval om een goed mentaliserend vermogen (Bateman en Fonagy 2012), een term die door neuropsychologen vaak vertaald wordt naar sociale cognitie.

Het is echter niet zo dat cognitieve stoornissen de lopende behandeling altijd doen stagneren. Wanneer een beperkte neurocognitieve stoornis wordt vastgesteld, hoeft dit er niet (altijd) toe te leiden dat een behandeling voor bijvoorbeeld een depressie of een posttraumatische stressstoornis (PTSS) zal vastlopen. Wel is het van belang om te overwegen gebruik te maken van de in ▶ par. 14.7 (Behandelmogelijkheden) beschreven aanpassingen. Hoewel deze nog niet evidence based zijn, worden de laatste tijd zelfs voorbeelden genoemd van geslaagde behandelingen met *eye movement desensitization reprocessing* (EMDR) in het kader van PTSS bij patiënten met een comorbide uitgebreide neurocognitieve stoornis (Jongh 2013). Verder wetenschappelijk onderzoek naar de effectiviteit van dergelijke behandelingen kan in de toekomst leiden tot een gedegen implementatie van dergelijke behandelmethoden in de klinische praktijk bij patiënten met een beperkte of uitgebreide neurocognitieve stoornis.

Behandeling van psychische en psychiatrische klachten bij patiënten met een beperkte neurocognitieve stoornis is, vaak in een andere setting, meestal mogelijk en in een aantal gevallen noodzakelijk. Steunend structurerende benaderingen, vooral met een accent op het zorgsysteem, en eventueel medicamenteuze behandeling zijn aangewezen indien sprake is van een uitgebreide neurocognitieve stoornis.

Bij een beperkte neurocognitieve stoornis zijn er psychotherapeutische mogelijkheden die zich specifiek richten op de cognitieve beperkingen en daarmee gepaard gaande problemen die worden ervaren in het dagelijks leven. Een mogelijkheid is een gestructureerde groepsgewijze behandeling, waarbij de partner of kinderen intensief betrokken worden (Joosten-Weyn Banning et al. 2010). Een alternatieve mogelijkheid vormt strategietraining, waarbij ook betrokkenheid van een partner zinvol is (Boelen en Spikman 2010; Hendriks en Kessels 2010; Winkens en Fasotti 2010).

Wanneer diagnostisch onderzoek onvoldoende aanwijzingen geeft voor het bestaan van een mogelijke (beginnende degeneratieve) hersenziekte, maar de (ervaren) cognitieve problemen wel een negatieve rol in de behandeling spelen, kan besloten worden om de lopende behandeling zo veel mogelijk volgens het oorspronkelijke behandelplan voort te zetten en daarin aanpassingen aan te brengen die rekening houden met de cognitieve beperkingen van de patiënt. Hiervoor worden in dit hoofdstuk handvatten gegeven.

Literatuur

APA (2014). *DSM-5 Handboek voor de classificatie van psychische stoornissen*. (Nederlandse vertaling van het Diagnostic and Statistical Manual of Mental Disorders). Amsterdam: Boom.

Armstrong, C. L., & Morrow, L. (Eds.). (2012). *Handbook of medical neuropsychology*. New York: Springer Verlag.

Bateman, A. W., & Fonagy, P. (Eds.). (2012). *Handbook of mentalizing in mental health practice*. London: APA.

Berg, E. van der, & Brands, I. (2015). Diabetes mellitus. In J. A. M. Vandermeulen & M. M. A. Derix (Red.), *Neuropsychologische casuïstiek: Verdieping en praktijkgerichte gevalsbeschrijvingen* (pag. 81–93). Houten: Bohn Stafleu van Loghum.

Boelen, D., & Spikman, J. (2010). Stoornissen in de executieve functies en aandachtsprocessen. In R. Ponds, C. van Heugten, L. Fasotti & E. Wekking (Red.), *Neuropsychologische behandeling* (pag. 205–230). Amsterdam: Boom.

Factsheet Cijfers en feiten over dementie (2017). *Alzheimer Nederland*. Geraadpleegd op 18 december 2018 op ▶ https://www.alzheimer-nederland.nl/dementie/feiten-cijfers.

Hendriks, M. P. H., & Kessels, R. P. C. (2010). Geheugenstoornissen. In R. Ponds, C. van Heugten, L. Fasotti & E. Wekking (Red.), *Neuropsychologische behandeling* (pag. 162–204). Amsterdam: Boom.

Jongh, A. de (2013). EMDR bij dementie: Doen! *EMDR Magazine, 1*(3), 46–47.

Joosten, J., Berg, S. van den, & Teunisse, J. P. (2008). *Help me even herinneren, een gids voor mensen met milde geheugenproblemen en hun naasten*. Houten: Bohn Stafleu van Loghum.

Joosten-Weyn Banningh, L. W., Prins, J. B., Vernooij-Dassen, M. J., Wijnen, H. H., Olde Rikkert, M. G., & Kessels, R. P. (2010). Group therapy for patients with mild cognitive impairment and their significant others: Results of a waiting-list controlled trial. *Gerontology, 57*, 444–454.

Kipps, C. M., Hodges, J. R., & Hornberger, M. (2010). Nonprogressive behavioural frontotemporal dementia: Recent developments and clinical implications of the 'bvFTD phenocopy syndrome'. *Current Opinion in Neurology, 23*, 628–632.

Leenders, K. L. (2009). Parkinson en Lewy-body-dementie. In C. Jonker & J. P. J. Slaets (Red.), *Handboek dementie: Laatste inzichten in diagnostiek en behandeling* (pag. 231–242). Houten: Bohn Stafleu van Loghum.

McCrimmon, R. J., Ryan, C. M., & Frier, B. M. (2012). Diabetes and cognitive dysfunction. *Lancet, 379*, 2291–2299.

Muslimović, D., Post, B., Speelman, J. D., & Schmand, B. A. (2005). Cognitive profile of patients with newly diagnosed parkinson disease. *Neurology, 65*, 1239–1245.

Nederlandse Vereniging voor Klinische Geriatrie (NVKG) (2014). *Richtlijn diagnostiek en behandeling van dementie*. Utrecht: de Tijdstroom.

Pennaerts, H. (2015). De ziekte van Parkinson. In J. A. M. Vandermeulen & M. M. A. Derix (Red.), *Neuropsychologische casuïstiek* (pag. 115–133). Houten: Bohn Stafleu van Loghum.

Scheltens, Ph., Flier, W. M. van der, Rozemuller, A. M., & Pijnenburg, Y. A. L. (2009). Ziekte van Alzheimer. In C. Jonker & J. P. J. Slaets (Red.), *Handboek dementie: Laatste inzichten in diagnostiek en behandeling* (pag. 197–209). Houten: Bohn Stafleu van Loghum.

Snowden, J. S., Thompson, J. C., Stopford, C. L., Richardson, A. M. T., Gerhard, A., Neary, D., et al. (2011). The clinical diagnosis of early-onset dementias: Diagnostic accuracy and clinicopathological relationships. *Brain, 134*, 2478–2492.

Vandenberge, R. (2009). Vasculaire dementie. In C. Jonker & J. P. J. Slaets (Red.), *Handboek dementie: Laatste inzichten in diagnostiek en behandeling*. Houten: Bohn Stafleu van Loghum.

Visser, P. J., Kester, A., Jolles, J., & Verhey, F. R. J. (2006). Ten-year risk of dementia in subjects with mild cognitive impairment. *Neurology, 67*, 1201–1207.

Winblad, B., Palmer, K., Kivipelto, M., Jelic, V., Fratiglioni, L., Wahlund, L. O., et al. (2004). Mild cognitive impairment: Beyond controversies, towards a consensus. Report of the international working groep on mild cognitive impairment. *Journal of Internal Medicine, 256*, 240–246.

Winkens, I., & Fasotti, L. (2010). Mentale traagheid. In R. Ponds, C. van Heugten, L. Fasotti & E. Wekking (Red.), *Neuropsychologische behandeling* (pag. 143–161). Amsterdam: Boom.

Wit, P. F. M. de, & Derix, M. M. A. (2014). In M. P. H. Hendriks, R. P. C. Kessels, M. Gorissen-van Eenige, B. Schmand & A. A. Duits (Red.), *Neuropsychologische diagnostiek: De klinische praktijk* (pag. 293–312). Amsterdam: Boom.

Zyto, S., & Jabben, N. (2015). Stemmingsstoornissen. In J. A. M. Vandermeulen & M. M. A. Derix (Red.), *Neuropsychologische casuïstiek: Verdieping en praktijkgerichte gevalsbeschrijvingen* (pag. 61–78). Houten: Bohn Stafleu van Loghum.

E-health in de behandeling van mensen met niet-aangeboren hersenletsel

M. Blankestijn en M.E. Ford

15.1 E-health geïntegreerd in de neuropsychologische behandeling en neuropsychotherapie – 212
15.1.1 Inleiding – 212
15.1.2 Definitie en plaatsbepaling e-health – 212

15.2 Informatie en psycho-educatie over ziekte en aandoening – 213

15.3 Diagnostiek – 215
15.3.1 Diagnostiek van cognitieve stoornissen – 215
15.3.2 Diagnostiek van emotie en gedrag – 216

15.4 Behandeling – 217
15.4.1 Cognitie – 217

15.5 Terugvalpreventie – 221

15.6 E-health, eigen regie en zelfmanagement – 223

15.7 E-health en kwaliteit van zorg: aandachtspunten bij hersenletsel – 224

15.8 Conclusie – 224

Literatuur – 225

Nawoord – 227

© Bohn Stafleu van Loghum is een imprint van Springer Media B.V., onderdeel van Springer Nature 2019
J. A. M. Vandermeulen, M. M. A. Derix en A. van Dijke (Red.), *De rol van neuropsychologie bij psychotherapie*,
https://doi.org/10.1007/978-90-368-2263-3_15

15.1 E-health geïntegreerd in de neuropsychologische behandeling en neuropsychotherapie

15.1.1 Inleiding

> **Casus**
>
> Meneer Ouden is verminderd belastbaar ten gevolge van een beroerte, waardoor hij vaak lang moet bijkomen van het gesprek bij de psycholoog en de reis ernaartoe.
> Mevrouw Wittenveen heeft sinds haar hersentumor last van geheugenproblemen, waardoor ze thuis nog wel kan navertellen dat het gesprek bij de psycholoog interessant was, maar wat er besproken is, is ze kwijt.
> Meneer Loenen geeft aan dat hij gelukkig geen gevolgen ervaart van zijn hersentrauma, hoewel zijn gezin aangeeft dat hij sinds het ongeluk heel prikkelbaar is.

Psychotherapie bij mensen met hersenletsel is een behoorlijke uitdaging. Om deze doelgroep effectief te kunnen behandelen, zal de psycholoog goed op de hoogte moeten zijn van de specifieke gevolgen van het letsel op het algeheel functioneren en de therapie hierop creatief moeten aanpassen. E-health kan hieraan ons inziens een grote bijdrage leveren. E-health ondervangt een aantal problemen in het fysiek, cognitief en gedragsmatig functioneren die voor mensen met hersenletsel belemmerend kunnen zijn voor het volgen en profiteren van therapie. Iemand hoeft niet meer fysiek aanwezig te zijn in de behandelkamer en therapie kan in eigen tempo in 'behapbare brokjes' gevolgd worden. Informatie kan op een smartphone eindeloos herhaald worden en in een lastige situatie kan iemand direct ondersteuning krijgen in de gewenste richting.

15.1.2 Definitie en plaatsbepaling e-health

E-health is het gebruik van informatie- en communicatietechnologie om gezondheid en gezondheidszorg te ondersteunen of te verbeteren (Krijgsman en Klein-Wolterink 2012). E-health is een containerbegrip: het gaat om verschillende technologische toepassingen die ter ondersteuning of vervanging van de gangbare behandeling en het zorgproces ingezet kunnen worden. Dit hoofdstuk beschrijft de inzet van e-health bij de behandeling van mensen met hersenletsel volgens de ordening van de International Classification of Functioning, Disability and Health (*ICF* 2002). Dit model wordt gebruikt om iemands gezondheidstoestand te ordenen, waarbij de behandeling zich kan richten op verschillende domeinen, zoals het fysiek en mentaal functioneren, activiteiten en participatie. ◘ Figuur 15.1 geeft een overzicht van hoe e-health in al die verschillende domeinen kan bijdragen aan de behandeling van mensen met hersenletsel. Dit overzicht is niet compleet, wat gezien de snelle ontwikkelingen ook niet mogelijk is, maar geeft een goede indruk van de brede toepasbaarheid van e-health. Persoonlijke en externe factoren kunnen daarbij ondersteunend of belemmerend werken. Een belangrijke factor is de

15.2 · Informatie en psycho-educatie over ziekte en aandoening

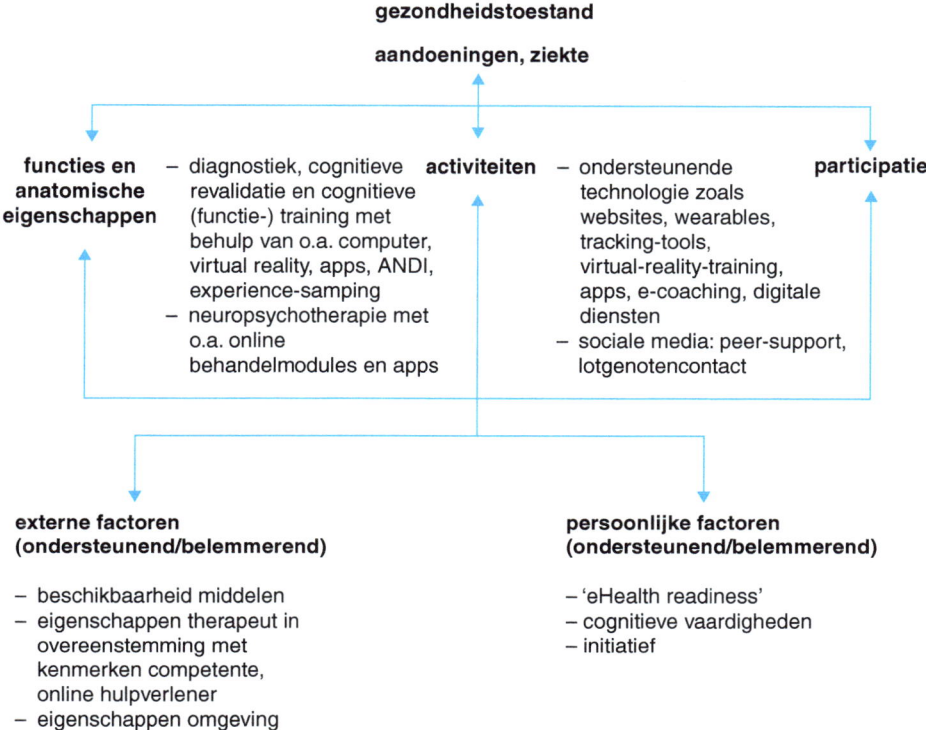

■ **Figuur 15.1** ICF-model (2002) aangevuld met voorbeelden van e-health-toepassingen en ondersteunende en belemmerende factoren per domein. Toepassingen worden verder in het hoofdstuk toegelicht

'*eHealth-readiness*' van zowel cliënt als behandelaar. Het gaat hierbij om ICT-vaardigheden (informatie- en communicatietechnologie) en in hoeverre iemand op de hoogte is van de mogelijkheden en beperkingen van e-health, maar ook om (online) taal- en communicatievaardigheden, een neutrale of positieve houding ten aanzien van online hulpverlening en het om kunnen gaan met veranderde regie en meer transparantie in de gezondheidszorg (Delespaul et al. 2016). De laatste twee vaardigheden zullen waarschijnlijk meer aanpassing van behandelaren vragen dan van de cliënt. Voor de cliënt met hersenletsel kunnen ook verminderde initiatiefname of cognitieve problemen van invloed zijn, hoewel e-health die problemen juist ook kan ondervangen.

15.2 Informatie en psycho-educatie over ziekte en aandoening

Veel mensen zoeken informatie over hun gezondheidstoestand online. Waar volgens het oude medische model de behandelaar de deskundige is, zijn cliënten nu steeds beter geïnformeerd. Het gaat hierbij dan meestal om voorlichting, in de definitie van Idema en Fassoti (2010): 'Informatie met als doel dat mensen dingen begrijpen.' Over hersenletsel is op internet veel goede informatie te vinden, steeds vaker ook in begrijpelijke taal en met visuele ondersteuning. Helaas zet Google niet de betrouwbaarste bronnen bovenaan, waardoor de informatie over het ziektebeeld en de behandelmogelijkheden die cliënt en zijn systeem hebben mogelijk niet klopt of van toepassing is. Het is goed om je hier als behandelaar bewust van te zijn en actief te vragen naar de informatie die mensen al hebben gevonden en je eigen voorlichting hierop af te stemmen. Daarbij is het goed om te beseffen dat slechts een beperkt deel wordt onthouden van wat er in de spreekkamer gezegd wordt. Communiceren met mensen met cognitieve stoornissen na hersenletsel vergt daarnaast extra afstemming op de mogelijkheden van de betreffende cliënt. Belangrijke aandachtspunten voor communicatie met mensen met hersenletsel zijn al in 1999 geformuleerd door Judd, zoals: stem je tempo af, herhaal informatie regelmatig, formuleer concreet en helder en in begrijpelijke taal met visuele ondersteuning, en structureer de werkwijze en gespreksvoering (Judd 1999). E-health voldoet alleen al door zijn vorm aan deze kenmerken.

Een online psycho-educatie-module over niet-aangeboren hersenletsel (NAH) gaat een stap verder dan voorlichting, door naast informatie ook de mogelijkheid te bieden om door middel van vragen de informatie actief te verwerken, eigen verwachtingen over diagnose en behandelingen te noemen en alvast na te denken over behandeldoelen, waardoor informatie ook tot gedragsverandering kan leiden. Deze educatie kan zowel op de persoon met hersenletsel als op zijn omgeving gericht zijn.

App Breinstraat
Dit is een mooi voorbeeld van een gebruiksvriendelijke, gratis app, gebaseerd op de *Zorgstandaard Traumatisch Hersenletsel voor Kinderen en Jongeren*. In de app wordt uitgelegd wat je in het ziekenhuis, revalidatiecentrum, thuis en op school te wachten staat. Ook biedt de app de mogelijkheid om een hersenletselpaspoort aan te maken, met informatie over wat jou overkomen is en wat de gevolgen hiervan zijn. Dit paspoort kan gemakkelijk gedeeld worden met familie, vrienden, klasgenoten, leraren of andere geïnteresseerden, waardoor de jongere niet elke keer opnieuw zijn verhaal hoeft te vertellen. (De applicatie is ontwikkeld door IT4WEB, in opdracht van de Hersenstichting).

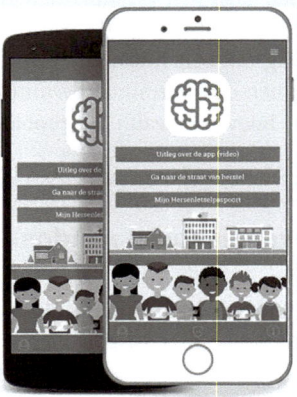

15.3 Diagnostiek

Bij elke psychotherapeutische en psychologische behandeling zal de therapeut starten met diagnostiek en een uitgebreide analyse van de klacht. Neuropsychologische diagnostiek bestaat uit een anamnese, heteroanamnese, neuropsychologische tests en vragenlijsten over de klacht, coping en de persoonlijkheid. Zie voor meer informatie de richtlijnen *Neuropsychologisch onderzoek* (NIP 2003), *Neuropsychiatrische gevolgen van niet-aangeboren hersenletsel* (VRA 2017) en *Neuropsychologische revalidatie* (Heugten et al. 2017).

15.3.1 Diagnostiek van cognitieve stoornissen

Technologische ontwikkelingen hebben de afgelopen jaren bijgedragen aan betere neuropsychologische diagnostiek. Bij testafname middels de computer zijn stimuluspresentatie, scoring en normering volledig gestandaardiseerd, wat de kans op menselijke fouten en kleine meetafwijkingen verkleint. Daarnaast biedt de technologie aanvullende mogelijkheden om adaptief te testen, verschillende stimuli multimediaal te presenteren, extra observaties zoals reactietijd mee te nemen, en om normatieve data te genereren (o.a. Feenstra et al. 2017). Ook biedt technologie mogelijkheden om normscores sneller te berekenen en om de gegevens van meerdere tests met elkaar te combineren. Een mooi voorbeeld van dit laatste is de Advanced Neuropsychological Diagnostics Infrastructure (ANDI), een online infrastructuur voor neuropsychologische diagnostiek met een grote database met normgegevens van neuropsychologische tests en de mogelijkheid om op deze normgegevens multivariate statistische technieken toe te passen (zie ▶ www.andi.nl; Schmand et al. 2017). Daarnaast zijn er volledig gecomputeriseerde testbatterijen ontwikkeld, die thuis of op de smartphone afgenomen kunnen worden. Een voordeel van een volledig gecomputeriseerde testbatterij is de besparing van tijd en kosten. Groot nadeel is dat de klinische testobservatie gemist wordt en het (nog) niet mogelijk is om op basis van de uitkomst de testbatterij flexibel aan te passen. Daarnaast zijn de psychometrische aspecten nog niet voldoende onderzocht. Dit maakt de volledig gecomputeriseerde testbatterij minder geschikt voor de klinische populatie.

> **Virtuele supermarkt**
> In de virtuele supermarkt vindt de diagnostiek van cognitieve klachten na hersenletsel op een vernieuwende manier plaats. Mensen krijgen de opdracht om een aantal producten te kopen in de supermarkt. Vaardigheden als de route vinden en zoekstrategieën worden nauwkeurig in kaart gebracht. Door het meten van oogbewegingen kunnen bijvoorbeeld de aandachtsfuncties en zoekstrategieën worden geobjectiveerd. Er kan heel precies worden gemeten wat goed gaat of wat minder sterk is en wanneer in de tijd of bij welke mate van afleiding (andere winkelende mensen, extra geluiden) er problemen ontstaan.

Bron: ontwikkeld door het Kenniscentrum Revalidatiegeneeskunde Utrecht (samenwerking tussen UMC Utrecht en De Hoogstraat Revalidatie) in samenwerking met de Universiteit Utrecht en Atoms2bits)

Na gedegen neuropsychologische diagnostiek kunnen betrouwbare en valide uitspraken over stoornissen en mogelijk onderliggende ziektebeelden worden gedaan. De ecologische validiteit van een groot deel van de neuropsychologische tests is echter beperkt. Het is lastig om op basis van de testuitslag een betrouwbare voorspelling te doen over iemands functioneren in het dagelijks leven. Is iemand met zijn geheugenprobleem in staat om zijn eigen boodschappen te doen? Kan iemand weer veilig op de fiets naar het werk? Om het dagelijks functioneren beter te kunnen voorspellen, is het belangrijk dat de neuropsychologische taak goed aansluit bij de complexiteit van het dagelijks leven. Het gebruik van virtual reality (VR), waarbij binnen een virtuele omgeving een gestandaardiseerde testsituatie gecreëerd wordt, lijkt hiervoor veelbelovend. De afgelopen jaren zijn verschillende virtuele omgevingen ontwikkeld. In een meta-analyse van 18 onderzoeken wordt geconcludeerd dat een testafname middels VR sensitief is voor het vaststellen van cognitieve tekorten (Negut et al. 2016).

15.3.2 Diagnostiek van emotie en gedrag

Er zijn steeds meer zelftests beschikbaar via websites of apps, waarmee mensen kunnen nagaan of hulp voor hun psychische problemen gewenst is. Op basis van de score wordt een advies gegeven of behandeling aangeboden. De onderbouwing van zo'n advies en de psychometrische kwaliteit van deze tests zijn niet altijd transparant of betrouwbaar (Kool et al. 2014). Ook bieden verschillende platforms een complete testbatterij aan, met gedigitaliseerde versies van gevalideerde en genormeerde vragenlijsten voor diagnostiek, indicatiestelling en effectmeting. Deze programma's werken met beslisbomen, waarbij de vragenlijsten op basis van de uitkomst op eerder ingevulde lijsten automatisch geselecteerd worden. Daarnaast wordt de *Routine Outcome Monitoring* (ROM) in de ggz ook steeds vaker digitaal afgenomen, met een koppeling naar het elektronisch patiëntendossier.

Groot voordeel van het op grote schaal verzamelen van gegevens in een digitaal bestand is dat er analyses kunnen worden gemaakt van de doelgroep, de samenhang van klachten en de effectiviteit van programma's. De algemene vragenlijsten die online worden gebruikt, lenen zich echter niet altijd voor toepassing bij mensen met hersenletsel. Om meer zicht te krijgen op de interactie van een persoon met zijn omgeving kan gebruikgemaakt worden van de *experience-sampling*-methode (Delespaul et al. 2016). Dit is een gestructureerde dagboektechniek, waarbij op meerdere momenten verschillende factoren in het dagelijks leven, zoals stemming, sociale context en activiteiten, in kaart worden gebracht. De app Psymate is hier een mooi voorbeeld van (zie ◘tab. 15.2) en blijkt ook bruikbaar voor mensen met hersenletsel (Lenaert et al. 2018).

15.4 Behandeling

Bij mensen met hersenletsel is vaak sprake van een complexe interactie tussen cognitieve, emotionele en gedragsmatige stoornissen, waardoor de behandelaar bestaande protocollen op maat zal moeten aanpassen. Cognitieve stoornissen kunnen het bijvoorbeeld lastig maken om goed te profiteren van de interventies. Het gebruik van e-health kan bijdragen aan succesvolle neuropsychologische behandeling door goed gebruik te maken van bestaande kennis over leren, generalisatie en motivatie. Voor algemene kennis over neuropsychologische behandeling wordt verwezen naar de richtlijn *Neuropsychologische revalidatie* (Heugten et al. 2017) en bestaande behandelprotocollen die te downloaden zijn op ▶www.neuropsychologischebehandeling.nl of na te lezen in het bijbehorende boek (Ponds et al. 2010).

15.4.1 Cognitie

'Ik ben hard aan het oefenen op een app, zodat mijn geheugen weer beter wordt.'
'Ik heb ergens gelezen dat je met training nieuwe verbindingen in je hersenen aan kunt leggen, dus ik kan toch weer beter worden?'

In de behandeling van cognitieve stoornissen kan een onderscheid gemaakt worden tussen functie-, vaardigheids- en strategietraining. Vaak ligt de nadruk op vaardigheidstraining en het aanleren van cognitieve compensatiestrategieën. Iemand met een geheugenstoornis kan dan training volgen in het gebruik van interne geheugenstrategieën, zoals het aanleren van ezelsbruggetjes, of externe strategieën, zoals het gebruik van de smartphone om informatie op te slaan. Bij het aanleren van specifieke vaardigheden, zoals koffiezetten of een route leren, kan middels foutloos leren en veel herhalen uiteindelijk de vaardigheid beklijven (Bertens et al. 2015).

De laatste jaren is er ook veel aandacht voor behandeling gericht op herstel van de cognitieve stoornis zelf, de zogenaamde functietraining. Nieuwe inzichten in neuroplasticiteit hebben bijgedragen aan een toenemende populariteit van computertrainingen gericht op cognitieve stoornissen (Heugten 2017). De verwachtingen van de cliënt en zijn omgeving zijn vaak hoog, aangezien gesuggereerd wordt dat computertraining de cognitieve functie verbetert en daarmee ook het functioneren in het dagelijks leven. In de richtlijn van 2017 (Heugten et al. 2017) voor neuropsychologische revalidatie wordt computertraining gericht op tempo van informatieverwerking afgeraden. Ten aanzien van het geheugen lijkt computertraining op de korte termijn bij te dragen aan een verbetering van de geheugenfuncties. Het effect op lange termijn van geheugentraining en de generaliseerbaarheid naar niet-getrainde cognitieve domeinen en het dagelijks functioneren is echter niet aangetoond (Heugten et al. 2017).

Samenvattend is het bewijs voor de effectiviteit van cognitieve training middels computerprogramma's gering; meestal verbetert alleen wat getraind wordt binnen de trainingssituatie: als iemand oefent met het onthouden van cijfers, dan zal hij daarin beter worden, maar niet in het onthouden van bijvoorbeeld boodschappen. De getrainde functie generaliseert niet naar vaardigheden in het dagelijks leven. Met behulp van VR kan beter aangesloten worden bij het dagelijks leven, waarbij vaardigheden op een veilige, gecontroleerde manier herhaaldelijk geoefend kunnen worden. In de afgelopen tien jaar zijn verschillende virtuele omgevingen ontwikkeld, met taken zoals pinnen, veilig oversteken in situaties met oplopende moeilijkheidsgraad, de bus nemen en boodschappen doen, navigeren in een nieuwe omgeving of het uitvoeren van administratieve vaardigheden. In een overzichtsartikel concluderen Verheul en collega's (2016) dat er aanwijzingen zijn dat trainen in een virtuele wereld kan bijdragen aan een verbetering van cognitieve functies en het algemene dagelijks functioneren van cliënten met een cerebrovasculair accident (CVA) of traumatisch hersenletsel. Hoewel veelbelovend is de methodologische kwaliteit van de onderzoeken helaas beperkt en zijn de virtuele interventies nog niet breed beschikbaar.

Tools om cognitie te ondersteunen

Technologie maakt een steeds groter onderdeel uit van ons dagelijks leven. Een smartphone bijvoorbeeld kan voor iemand met hersenletsel bijdragen aan meer zelfstandig handelen en grotere participatie, zonder het nadeel van stigmatisering, omdat vrijwel iedereen een smartphone heeft. In de behandeling van mensen met cognitieve problematiek kan technologie dan ook ter ondersteuning laagdrempelig ingezet worden, zoals het voorbeeld in het kader laat zien.

> **Voorbeeld**
>
> Meneer Klaassen ligt na een motorongeluk met forse geheugenstoornissen en een gestoord ziekte-inzicht op een klinische afdeling. Dagelijks raakt hij in paniek, doordat hij niet weet waarom hij opgenomen is. Ook begrijpt hij niet waarom hij behandeling nodig heeft. Alleen als zijn vrouw zijn ziektegeschiedenis aan hem uitlegt, wordt hij rustiger, maar zij kan niet elk moment aanwezig zijn. Het verplegend personeel heeft haar uitleg opgenomen, zodat die elk moment op een tablet bekeken kan worden. Aangezien meneer Klaassen hier goed op reageert, worden ook zijn behandeldoel en vorderingen opgenomen, met aanmoedigingen van zijn familie. Dit helpt hem om rustig en gemotiveerd zijn behandeling te volgen.

15.4 · Behandeling

Tabel 15.1 E-health ter ondersteuning van het cognitief functioneren (zie ▶ www.revalidatieapps.nl/ ▶ www.verdermethersenletsel.nl/ ▶ www.hersenletsel-uitleg.nl voor meer voorbeelden specifiek voor mensen met hersenletsel/ ▶ www.werkenmethersenletsel.nl)

cognitief domein	suggesties
ziekte-inzicht	– filmopnames met informatie van experts en bekenden over ziektebeeld – filmopnames eigen handelen om te zien wat wel en niet goed gaat
geheugen	– opname van belangrijke informatie, zoals voorlichting, instructie, gesprek arts – foto's van informatie om te onthouden, zoals uitleg op whiteboard of belangrijke levensgebeurtenissen – een slimme ijskast die bijhoudt welke boodschappen op zijn
executieve functies	– gebruik van instructiefilms om handelingen te verbeteren – herinneringen op een smartphone voor taken en afspraken – verschillende ondersteunende apps, zoals Datemate gericht op dagstructuur en de Werkapp om de dagelijkse gang naar het werk te ondersteunen met onder andere geheugensteuntjes voor vertrek, spullen die niet vergeten moeten worden en hulp bij de juiste route
ruimtelijke oriëntatie	– *global positioning system* (GPS) ter ondersteuning – foto-route op smartphone
taal	– verschillende apps en programma's voor mensen met afasie om zelf mee te oefenen en ter ondersteuning van de communicatie; kijk hiervoor bijvoorbeeld op ▶ logo-apps.nl of ▶ afasienet.nl

In ◘tab. 15.1 staat een aantal voorbeelden hoe e-health laagdrempelig ingezet kan worden om het cognitief functioneren te ondersteunen. Ondersteunende middelen zijn nog volop in ontwikkeling, waarbij het effect op zelfstandigheid en participatie nog onderzocht moet worden. Bij het inzetten van hulpmiddelen voor ondersteuning blijft het belangrijk om de totale problematiek goed in het oog te houden, zoals de casus in het kader laat zien.

Casus

Mevrouw Ahmadi heeft sinds haar beroerte last van een geheugenstoornis. Zij onthoudt niet goed of zij de deur wel goed op slot heeft gedaan en wat ze op een dag gedaan heeft. 's Avonds in bed kan ze hierover liggen piekeren en valt ze moeilijk in slaap. Voor de beroerte was mevrouw Ahmadi al iemand die hield van controle en regelmatig extra controleerde of ze alles wel goed had afgesloten, zonder dat dit haar overigens hinderde. In haar cognitieve revalidatie is haar aangeraden om foto's te maken van de zaken die ze niet wil vergeten, zoals het juist afsluiten van de deur. Mevrouw Ahmadi vindt dit een goede tip en maakt elke avond foto's van de afgesloten deur, zodat ze die foto herhaaldelijk kan controleren als ze in bed ligt. Het foto's maken en controleren heeft echter het tegenovergestelde effect: ze wordt steeds onzekerder, waardoor haar neiging tot controleren toeneemt. Langzaam maar zeker ontwikkelt ze een obsessieve-compulsieve stoornis. In dit geval was het beter geweest om het controleren al vroeg te begrenzen en om mevrouw te leren om enige onzekerheid over de al dan niet juist afgesloten deur te leren verdragen.

Emotie en gedrag

Behandelaar: 'Ik had niet verwacht dat Miriam zo goed in staat was om haar eigen klacht te verwoorden, maar zij blijkt schriftelijk veel beter in staat te zijn om zich te uiten dan mondeling. Toen ik dit met haar besprak, gaf ze aan dat zij schriftelijk meer tijd had om haar gedachten te ordenen en goed te formuleren. Voor het letsel kon zij dit ook mondeling goed, maar nu gaat een gesprek vaak te snel voor haar, omdat ze niet goed meer op woorden komt en niet kan reflecteren op wat ze vertelt.'

De heer Vrijmoet heeft minder controle over zijn emoties. Hij kan minder hebben dan vroeger en er zijn thuis regelmatig uitbarstingen. Hij denkt dat dit komt omdat hij niet lekker in zijn vel zit. Van een vriendin krijgt hij het advies om zo'n gratis e-health-module om stress te verminderen te volgen. Zij heeft daar zelf veel baat bij gehad.

Er komen steeds meer (gratis) online behandelmodulen op de markt voor veelvoorkomende psychische problemen, zoals angst- en stemmingsklachten, stress en piekeren. Deze zijn vaak te algemeen en daardoor minder geschikt voor mensen met hersenletsel. Wanneer hiermee toch begonnen wordt, bijvoorbeeld in het kader van zelfmanagement of *stepped care* (stapsgewijs behandelen met lichte interventies als het kan, zwaardere interventies als het nodig is), kan een risico ontstaan op onderbehandeling (omdat iemand niet de juiste zorg krijgt), uitstel van zorg (omdat later alsnog de juiste behandeling moet worden ingezet) of het uitblijven van de juiste zorg (bijvoorbeeld omdat de motivatie verminderd is om nóg een keer een behandeling tegen stemmingsklachten te volgen).

Voor mensen met hersenletsel en hun naasten zijn verschillende specifieke behandelmodulen beschikbaar, met aandacht voor de relatie tussen klacht en letsel en mogelijke cognitieve problemen. Een deel van de modulen wordt momenteel onderzocht op effectiviteit, zoals de behandeling van slaap-waakproblemen bij hersenletsel (NTR 2018) en CARE4carer gericht op ondersteuning van de partners van mensen met hersenletsel (Cox et al. 2018). Onderzoek uit het buitenland laat zien dat partners na online behandeling minder draaglast en minder angst- en depressieve klachten ervaren (Frischknecht et al. 2014). Bij online behandeling wordt vaak gebruikgemaakt van een digitaal behandelplatform, zoals Therapieland, Minddistrict of Jouw Omgeving. Deze platforms bieden naast online behandelmodulen ook functionaliteiten als beveiligde mailfuncties, dagboekregistraties, chatfuncties, videobellen of een 'online community'. Deze online behandelmodulen kunnen zowel begeleid als onbegeleid aangeboden worden. Bij complexere problematiek wordt bij voorkeur *blended* behandeld: met een afwisseling tussen online en face-to-facesessies. Hoewel het digitaliseren van bestaande protocollen voor een deel 'oude wijn in nieuwe zakken' is, heeft het online behandelen een aantal voordelen. Zo kan informatie zowel visueel als auditief aangeboden worden, waarbij tekst, beeld en filmfragmenten elkaar afwisselen. Middels gebruikersvriendelijke apps kunnen ernst en beloop van de klachten gemakkelijk bijgehouden worden.

Zo krijgen de gebruiker en de behandelaar (op afstand) goed zicht op het verloop van een klacht gedurende een bepaalde periode. Aangezien er in het digitale dagboek automatisch een grafiek verschijnt en deze informatie gemakkelijk gekoppeld kan worden aan relevante informatie uit het dagboek, kost het de behandelaar minder moeite om de interventie goed af te stemmen op het klachtverloop. Ook kan de online informatie gemakkelijker teruggelezen of gedeeld worden. In de behandeling van iemand met hersenletsel zal nog meer dan bij iemand met psychiatrische problemen gekeken moeten worden naar een aanpassing van het protocol naar behandeling-op-maat, aangezien het behandelen volgens protocol bij hersenletsel vaak lastiger is door de problematiek in meerdere domeinen. Hoewel er vaak verondersteld wordt dat bewezen effectieve behandelmethoden in de spreekkamer ook online effectief zullen zijn, zal dit de komende jaren meer onderzocht moeten worden.

Tools gericht op emotie en gedrag

Naast het digitaliseren van bestaande evidence based behandelprotocollen biedt e-health ook nieuwe mogelijkheden voor behandeling. Zo zijn er verschillende apps ontwikkeld gebaseerd op cognitieve-bias-modificatie (zie Moodmint, ◘tab. 15.2) en *serious games,* waarbij in een computerspel bijvoorbeeld cognitief-gedragstherapeutische technieken speels geoefend worden (zoals op snelheid niet-helpende gedachten 'vangen' en vervangen) of het aangaan van exposure in een virtuele wereld. In ◘tab. 15.2 worden enkele voorbeelden genoemd. Ook zijn er steeds meer apps of technologische hulpmiddelen die gebruikmaken van de principes van operant conditioneren: directe feedback op gewenst gedrag als bekrachtiger.

> **Meneer Oppen**
> Meneer Oppen heeft sinds zijn beroerte last van slaapapneu. De behandeling met het 'slaapmasker' (CPAP) ervaart hij als vervelend en onnodig. Zelf heeft hij het idee dat het allemaal wel meevalt met de apneus. Sinds hij op advies van zijn arts gebruikmaakt van een app die in de ochtend aangeeft hoeveel apneus hij afgelopen nacht heeft gehad, krijgt hij meer zicht op zijn slaapapneu én het effect van behandeling. Dit motiveert hem om zijn gedrag aan te passen en de behandeling trouw te volgen.

Hoewel therapie in spelvorm of via apps aantrekkelijk en motiverend klinkt, zal deze vorm van e-health nog verder ontwikkeld en onderzocht moeten worden voor mensen met hersenletsel.

15.5 Terugvalpreventie

Een digitale behandeling, met daarin alle informatie en oefeningen die kunnen helpen, heeft als voordeel dat de gehele inhoud bij terugval opnieuw bekeken kan worden. Indien gewenst kan iemand uit de omgeving of de eerste lijn hierbij ondersteuning bieden. Daarnaast zijn er met name vanuit de ggz apps beschikbaar die ingezet kunnen worden om terugval te voorkomen. Hierbij wordt vaak

◘ **Tabel 15.2** Voorbeelden van e-health gericht op de stemming en verschillende aspecten van gedrag

domein	voorbeelden
stemming	– Moodmint, een app gebaseerd op cognitieve-bias-modificatie, waarin getraind wordt om de automatische aandacht voor negatieve of bedreigende stimuli te verminderen. Deze is vooral onderzocht bij stemmings-, angsten en verslavingsproblematiek (MacLeod 2012), maar nog niet bij hersenletsel – verschillende apps om inzicht te krijgen in stemming en factoren die hierop van invloed zijn, zoals iMood en Daybook Be Happy – iAct: app die ondersteunt bij het ondernemen van meer betekenisvolle activiteiten ten behoeve van de stemming – PsyMate, een app om gedachten, gevoelens en gedrag in kaart te brengen. De app geeft op meerdere willekeurige momenten per dag een seintje met het verzoek om een aantal vragen in te vullen over wat iemand denkt, doet en voelt, om zo na verloop van tijd inzicht te krijgen in de samenhang tussen activiteiten en gevoelens. Deze feedback blijkt op zichzelf al een therapeutisch effect te hebben (voorbeeld van de experience-sampling-methode: Delespaul et al. 2016)
angst en stress	– verschillende (gratis) mindfulness-apps en apps die een ontspannen ademhaling ondersteunen, zoals In Balanz
overprikkeling en vermoeidheid	– de 'Schakelaar': een mobiele game waarin deelnemers op visuele, tactiele (trillen) en auditieve prikkels moeten focussen of deze juist moeten negeren, gericht op verbetering van taakconcentratie en overprikkeling. De eerste (voorlopige) resultaten van een kleine groep deelnemers (n = 6) laten geen vooruitgang zien op neuropsychologische tests, maar de deelnemers rapporteren wel enige vooruitgang met betrekking tot het subjectief functioneren, waarbij ze zich na vier weken dagelijks oefenen met de game langer in prikkelrijke omgevingen durven te begeven (Bertens et al. 2018). – verschillende apps om inzicht in de klacht en de energiebalans te vergroten, zoals Pocket Energy of de Activiteitenweger waarin je bijhoudt wat je doet, hoeveel energie dit kost en welke klachten je hebt
agressie	– inzet van 'wearables' (kleding en accessoires die op het lichaam worden gedragen en met een computer zijn verbonden), zoals een 'smartwatch' of een kledingstuk dat informatie geeft over de hartslag en om inzicht in het stressniveau te vergroten, en Biofeedback, zoals EmWave2, een draagbaar biofeedbacksysteem voor de hartslag, zodat de emotionele toestand beter herkend en gereguleerd kan worden. Bevindt zich nog in onderzoeksfase (o.a. O'Neill en Findlay 2014).
sociale participatie	– ondersteunende websites om het eigen verhaal of de ziektegeschiedenis te delen, zoals ▶ mijnverhaal.org – lotgenotencontact via sociale media – empowerment-app SACZO ter ondersteuning van jonge mantelzorgers

gebruikgemaakt van (een combinatie van) dagboekregistraties om klachten te monitoren en (eigen) tips en oefeningen die automatisch in beeld komen bij dreigende terugval, al dan niet gekoppeld aan risicosituaties in een digitale agenda zoals *Google-calendar*.

15.6 E-health, eigen regie en zelfmanagement

De heer Cremer

De heer Cremer heeft sinds zijn hersentumor meer moeite met het verwerken en onthouden van ingewikkelde informatie. Hij overziet situaties en problemen minder goed en heeft meer moeite met het nemen van beslissingen. Met de oncoloog bespreekt hij regelmatig zijn behandeling. De heer Cremer gebruikt een keuzehulp-app om alle informatie te ordenen en met zijn vrouw door te nemen. Hij begrijpt daardoor beter wat zijn opties zijn, kan zich beter voorbereiden op het gesprek met zijn arts en ervaart meer controle over het proces.

E-health kan een bijdrage leveren aan zelfmanagement. Zelfmanagement is een breed begrip met verschillende definities en interpretaties. Het heeft zowel betrekking op het omgaan met en aanpassen aan de gevolgen van een aandoening als op de mate van eigen regie daarbij. Het begrip is de laatste jaren erg populair, maar niet geheel nieuw. Nieuw is wel dat er door technische ontwikkelingen steeds meer middelen zijn die iemand daarbij zelfstandig kan gebruiken, zonder tussenkomst van een professional. De van oudsher hiërarchische relatie tussen zorgvrager en zorgverlener wordt hiermee gelijkwaardiger, maar, zeker voor iemand met hersenletsel, ook complexer.

Zelfmanagement doet een beroep op vaardigheden die voor mensen met hersenletsel (nog) lastiger kunnen zijn dan voor mensen met andere (chronische) aandoeningen. Informatie opzoeken, lezen, beoordelen en onthouden; je (digitale) persoonlijk gezondheidsdossier (PGD) goed bijhouden; je situatie overzien; problemen tijdig signaleren en oplossingen bedenken; samenwerken en communiceren met zorgverleners: voor wie kampt met verminderde energie of cognitieve stoornissen is het allemaal ingewikkelder. E-health kan een deel van de problemen ondervangen. Maar ook het gebruik van e-health vraagt vaardigheden. Alleen al het opzoeken van informatie op internet kan bij iemand met hersenletsel ongewenste effecten hebben.

Mevrouw Wilnis

Mevrouw Wilnis wordt aangemeld met angstklachten. Zij heeft twee maanden geleden een CVA doorgemaakt. Een van de gevolgen is dat ze minder controle heeft over haar emoties. Eenmaal thuis uit het ziekenhuis zoekt ze informatie op internet. Door wat ze leest ontstaat bij haar de overtuiging dat ze vasculaire dementie heeft. Hierdoor ontwikkelt ze vervolgens een angststoornis.

De verwachting is dat zelfmanagement leidt tot een hogere kwaliteit van leven, betere zorg en een lagere zorgconsumptie (Grady en Gough 2014; CBO 2014). Er zijn verschillende studies waaruit blijkt dat zelfmanagementinterventies ook bij mensen met hersenletsel effectief kunnen zijn (Lennon 2013; Fryer et al. 2016). Het is echter nog niet duidelijk wat de werkzaamste ingrediënten van de onderzochte programma's zijn. Bovendien kunnen zelfmanagementinterventies ook negatieve effecten hebben. Verder onderzoek hiernaar en naar de rol van e-health hierbij is dus nodig (zie onder andere Trappenburg et al. 2014).

15.7 E-health en kwaliteit van zorg: aandachtspunten bij hersenletsel

Voor het gebruik van e-health gelden kwaliteitscriteria, die in verschillende publicaties beschreven staan, waaronder effectiviteit, doelmatigheid en gebruiksvriendelijkheid (Ossebaard et al. 2017). Het Trimbos-instituut heeft een website ontwikkeld met een overzicht van goedgekeurd online hulpaanbod, zie ▶www.onlinehulpstempel.nl. De kwaliteitscriteria zijn ook van toepassing in de zorg voor mensen met hersenletsel, maar, zoals ook bij zelfmanagement, wel met een aantal aandachtspunten. Een goed voorbeeld is het criterium veiligheid en privacy. Patiënten moeten erop kunnen vertrouwen dat met hun gegevens zorgvuldig wordt omgegaan. Dat de informatie die ze verstrekken via gesprekken, vragenlijsten en onderzoeken, betrouwbaar verkregen, verwerkt en veilig bewaard wordt. Dat die informatie alleen beschikbaar is voor henzelf of voor wie zij daar toestemming voor geven. En dat zij die informatie ook kunnen vernietigen als zij dat willen. Deze rechten zijn wettelijk geregeld. In de nabije toekomst is iedereen eigenaar van eigen data en worden persoonlijke zorgomgevingen gevormd (Schippers en Rijn 2014; Delespaul et al. 2016). Dat is mooi, maar brengt ook risico's met zich mee. Het kost energie en behoorlijk wat cognitieve vaardigheden om dit goed te beoordelen en bij te houden, en het verdient daarom bij mensen met hersenletsel extra aandacht.

15.8 Conclusie

In dit hoofdstuk is beschreven hoe e-health kan worden ingezet bij de neuropsychologische behandeling van mensen met hersenletsel. Dat kan met speciaal voor de doelgroep ontwikkelde digitale protocollaire behandelingen, maar ook heel laagdrempelig, met eenvoudiger middelen. Gedegen kennis van en ervaring met de behandeling van mensen met hersenletsel blijft een voorwaarde voor goede zorg. Wat dat betreft scharen we ons geheel achter de uitspraak van Jeroen Ruwaard in een interview (Veer 2016): 'Goede e-health-toepassingen zorgen ervoor dat bevroren, evidence based kennis en geprotocolleerde behandelingen heel gemakkelijk kunnen worden aangeboden. Maar er is een goede behandelaar nodig om die kennis ook slim te gebruiken.'

Literatuur

Bertens, D., Kessels, R. P. C., Fiorenzato, E., Boelen, D. H. E., & Fasotti, L. (2015). Do old errors lead to new truths? A randomized controlled trial of errorless goal management training in brain-injured patients. *Journal of the International Neuropsychological Society, 21,* 639–949.

Bertens, D., Sanders, F., Fasotti, C., & Fasotti, L. (2018). *A mobile game for training selective attention in individuals with brain injury*. Czech Republic: Poster session presented at the International Neuropsychological Society in Prague.

CBO (2014). *Zorgmodule zelfmanagement 1.0*. Zie ▶ www.cbo.nl.

Cox, V. C., Schepers, V. P., Ketelaar, M., Heugten, C. M. van, Visser-Meily, J. M. (2018). Evaluating the CARE4Carer blended care intervention for partners of patients with acquired brain injury: Protocol for a randomized controlled trial. *JMIR Research Protocols, 7*(2), e60. ▶ http://www.researchprotocols.org/2018/2/e60, ▶ https://doi.org/10.2196/resprot.9108. PMID: 29453189. PMCID: 5834754.

Delespaul, P., Milo, M., Schalken, F., Boevink, W., & Os, J. van (2016). *Goede GGZ! Nieuwe concepten, aangepaste taal en betere organisatie*. Leusden: Diagnosis Uitgevers.

Feenstra, H. E., Vermeulen, I. E., Murre, J. M., & Schagen, S. B. (2017). Online cognition: Factors facilitating reliable online neuropsychological test results. *The Clinical Neuropsychologist, 31*(1), 59–84.

Frischknecht, E., Berger, T., Stalder-Lüthy, F., Znoj, H., & Hofer, H. (2014). OSCAR – Ein internetbasiertes Unterstützungsprogramm für Angehörige von Menschen mit einer Hirnverletzung: Pilotstudie. *Zeitschrift für Neuropsychologie, 25*(2), 77–88.

Fryer, C. E., Luker, J. A., McDonnell, M. H., & Hillier, S. L. (2016). Self-management programmes for quality of life in people with stroke. *Cochrane Database of Systematic Reviews, 2016*(8), 1–55.

Grady, P. A., & Gough, L.L. (2014). Self-management: A comprehensive approach to management of chronic conditions. *American Journal of Public Health, 104*(8), e25–e31. ▶ https://doi.org/10.2105/ajph.2014.302041.

Heugten, C. van (2017). Novel forms of cognitive rehabilitation. In B. A. Wilson, J. Winegardner, C. M. van Heugten & T. Ownsworth (Eds.), *Neuropsychological rehabilitation: The international handbook* (pp. 425–433). London/New York: Routledge.

Heugten, C. van, Bertens, D., & Spikman, J. (2017). *Richtlijn neuropsychologische revalidatie*. Utrecht: NIP.

ICF (2002). *Nederlandse vertaling van de international classification of functioning, disability and health*. Bilthoven: RIVM.

Idema, K., & Fasotti, L. (2010). Psycho-educatie. In R. Ponds, C. M. van Heugten, L. Fasotti & E. Wekking (Red.), *Neuropsychologische behandeling* (pag. 295–315). Amsterdam: Boom.

Judd, T. (1999). *Neuropsychotherapy and community integration: Brain, illness, emotions, and behavior*. New York: Kluwer Academic/Plenum Publishers.

Kool, L., Timmer, J., & Est, R. van (2014). *Eerlijk advies. De opkomst van de E-coach*. Den Haag: Rathenau Instituut.

Krijgsman, J., & Klein-Wolterink, G. (2012). *Ordening in de wereld in van eHealth*. Den Haag, Nictiz: Whitepaper.

Lenaert, B., Heugten, C. van, & Ponds, R. (2018). De experience sampling methode: Meerwaarde voor diagnostiek en behandeling na hersenletsel. *Tijdschrift voor Neuropsychologie, 13*(1), 25–37.

Lennon, S., et al. (2013). Self-management programmes for people post stroke: A systematic review. *Clinical Rehabilitation, 27*(10), 867–878. ▶ https://doi.org/10.1177/0269215513481045 ▶ https://doi.org/10.2196/resprot.9108 ▶ https://doi.org/10.2105/ajph.2014.302041

MacLeod, C. (2012). Cognitive bias modification procedures in the management of mental disorders. *Current Opinion in Psychiatry, 25*(2), 114–120.

Nederlands Trial Register [Internet] (2018). *NRT12-.identifier NTR7082. A blended eHealth intervention for insomnia following acquired brain injury*. Amsterdam: AMC. Available from: ▶ http://www.trialregister.nl/trialreg/admin/rctview.asp?TC=7082.

Negut, A., Matu, S., Sava, S., & David, D. (2016). Virtual reality measures in neuropsychological assessment: A meta-analytic review. *The Clinical Neuropsychologist, 30*(2), 165–184.

NIP (2003). *Richtlijn neuropsychologisch onderzoek*. Utrecht: NIP.

O'Neill, B., & Findlay, G. (2014). Single case methodology in neurobehavioural rehabilitation: Preliminary findings on biofeedback in the treatment of challenging behaviour. *Neuropsychological Rehabilitation, 24*(3–4), 365–381.

Ossebaard, H., Duivenbode, J. van, & Krijgsman, J. (2017). *Evaluatie van eHealth technologie in de context van beleid*. Diemen/Den Haag: Zorginstituut Nederland, Nictiz.

Ponds, R., Heugten, C. van, Fasotti, L., & Wekking, E. (Red.). (2010). *Neuropsychologische behandeling*. Amsterdam: Boom.

Richtlijn Neuropsychiatrische gevolgen van niet-aangeboren hersenletsel (2017). *Nederlandse Vereniging van Revalidatieartsen (VRA) met ondersteuning van het CBO*. ►https://richtlijnendatabase.nl/richtlijn/neuropsychiatrische_gevolgen_na_nah_bij_volwassenen/zorgkaders_neuropsychiatrische_gevolgen_nah.html.

Schippers, E. I., & Rijn, M. J. van (2014). *Kamerbrief eHealth en zorgverbetering*. Den Haag: Ministerie van Volksgezondheid, Welzijn en Sport.

Schmand, B., Rentergem, J. A. van, Vent, N. de, Murre, J., & Huizenga, H. (2017). Advanced Neuropsychological Diagnostics Infrastructure (ANDI): Voor een scherpere neuropsychologische diagnostiek. *Tijdschrift voor Neuropsychologie, 12*(2), 114–124.

Trappenburg, J., Jonkman, N., Jaarsma, T., Os- Meldorp, H. van, Kort, H., Wit, N. de, et al. (2014). Zelfmanagement bij chronische ziekten. *Huisarts en Wetenschap, 57*(3),120–124.

Veer, G. van der (2016). Jeroen Ruwaard: De behandelaar is verloren geraakt in eHealth. *GZ-Psychologie, 7,* 15–18.

Verheul, F. J. M., Spreij, L. A., Rooij, N. D., Claessen, M. H. G., Visser-Meily, J. M. A., & Nijboer, T. C. W. (2016). Virtual reality als behandeling in de cognitieve revalidatie. *Nederlands Tijdschrift voor Revalidatiegeneeskunde, 2,* 47–53.

Nawoord

Dit boek belicht de rol van de neuropsychologie in de psychotherapie. Vanuit verschillende invalshoeken is gereflecteerd op bepaalde 'breinfeiten', neuropsychologische aspecten en de waarde daarvan voor de psychotherapie. In de hoofdstukken over psychiatrische aandoeningen en NAH-problematiek is gekozen voor de onderwerpen die binnen de huidige hulpverlening het meest aan de orde zijn. We beseffen dat we niet volledig zijn geweest en dat ook niet kunnen zijn. Daartoe bestaan er te veel stoornissen en klinische beelden en zijn niet alle neurowetenschappelijke bevindingen even zeker en duidelijk. Zo hebben we geen aandacht kunnen schenken aan bijvoorbeeld borderlineproblematiek, angststoornissen, de invloed van (psycho)farmaca op de hersenen, multiple sclerose en de ziekte van Parkinson, aandoeningen en problemen die in de dagelijkse praktijk eveneens veel voorkomen.

We hebben vooral de nadruk gelegd op neuropsychologische facetten, omdat wij verwachten dat dit kan leiden tot meer inzicht en overzicht in het kiezen voor de juiste behandeling of verwijzing voor verdere hulp en in die zin ook mislukking van een behandeling kan voorkomen. Een behandeling kan mislukken door onverwachte gebeurtenissen door nadelige reacties van de therapeut op de cliënt (bijv. incorrecte interventies omdat geen rekening gehouden is met neuropsychologische aspecten en gevolgen) (Hill et al. 2017). Goede intervisie en supervisie vanuit neuropsychologische invalshoek kunnen hierbij ondersteunen.

De informatie uit de hoofdstukken kan behandelaren helpen de behandeling beter op de cliënt af te stemmen, doelgerichter te werken en op een constructievere wijze aandacht te besteden aan de therapeutische relatie. Elke cliënt heeft immers recht op een behandeling die op het moment van aanvang als beste geldt, maar ook aansluit bij zijn/haar behoeften en wat nodig is. Een *evidence based practice* kan dus, naast het beschikbare wetenschappelijke onderzoek, voorwaardenscheppend zijn. Vanuit het tweeluik neuropsychologie versus psychotherapie hebben we getracht dit – met de bijdragen van verschillende collega's – te verduidelijken.

Voor de hulpverlener die vaak protocollair of vanuit kwaliteitsstandaarden werkt of moet werken, lijkt het misschien niet relevant, maar juist hier is het belangrijk om kennis te nemen van de bijdrage van de neuropsychologie. Veel hulpverleners vinden het niet belangrijk om stil te staan bij deze relatie, maar kunnen wel vastlopen met de behandeling als die niet aanslaat, wat ten koste gaat van de relatie tussen hulpverlener en cliënt. Dit heeft dan indirecte en directe gevolgen voor de continuïteit van de behandeling en het ontwikkelingsproces van de cliënt. Kennis over de neuropsychologische aspecten die hier mogelijk een belangrijke rol spelen, kan dan veel hulp bieden. In de verschillende hoofdstukken is dat uitvoerig toegelicht.

Als de hulpverlener zich bewust is van de waarde van de neuropsychologie voor de psychotherapie, kan hij/zij zich ook preciezer richten op de therapeutische relatie en minder strikt gefocust blijven op het gekozen behandelingsmodel. Niet dat een model niet essentieel is voor hulpverlening – dat heb je immers wel nodig – maar het model moet wel aansluiten op wat de cliënt nodig heeft en waar hij/zij behoefte aan heeft. Dan ontdek je als hulpverlener sneller dat een behandeling stagneert en wat daarvan de mogelijke (neuropsychologische) oorzaak is. Het gaat in de behandeling van de problemen van de cliënt immers om een proces in het perspectief van de tijd (behandelduur), waarin de cliënt – afhankelijk van diens mogelijkheden – komt tot persoonlijke regie. De basis voor een verdere levenslijn (hoe de cliënt zijn/haar leven gestalte kan geven) wordt concreter, waarbij hanteerbaarheid en haalbaarheid van hulp meer in balans komen om het dagelijks leven zo zelfstandig mogelijk te leven. De neuropsychologie in combinatie met psychotherapie biedt daartoe mogelijkheden en die dragen bij tot een expertgerichte efficiënte benadering waarmee het hele werkveld gebaat is.

Literatuur

Hill, C. E., Spiegel, S. B., Hoffman, M. A., Kivlighan, D. M., Jr., & Gelso, C. J. (2017). Therapist expertise in psychotherapy revisited. *The Counseling Psychologist*, 1–47.

Jo Vandermeulen
Mayke Derix
Annemieke van Dijke

Register

A

aandacht 69, 110
aandachts- en geheugenproblemen 113
aandachtsbias 92
aandachtsdeficiëntie-/hyperactiviteitsstoornis 96
aandachtsfuncties 195
aandachtsproblemen 78
aanpassingsvermogen 108
acceptance and commitment therapy (ACT) 73, 152, 156, 158, 159
ACT. *Zie* acceptance and commitment therapy
ACTH. *Zie* adrenocorticotroop hormoon
actuele zelfbewustzijn 152
ADHD 56, 78
adrenaline 97
adrenocorticotroop hormoon (ACTH) 98
affectieve agnosie 111
affectregulatietheorie 38
aggraveren 109
agitatie 141
alexithymie 111
amygdala 6, 98
angst voor een recidief 175
angststoornissen 55
anhedonie 66
anosognosie 156
aprosodie 138
arousal 131
ASS. *Zie* autismespectrumstoornis
autismespectrumstoornis (ASS) 56

B

beeldvormend onderzoek 67
begeleiding 183
behandelmogelijkheden 204
beknopte eclectische psychotherapie voor PTSS (BEPP) 100
beloningsgevoeligheid 86
beperkte en uitgebreide neurocognitieve stoornis 192
beperkte neurocognitieve stoornis 202
BEPP. *Zie* beknopte eclectische psychotherapie voor PTSS
besef van een zelf 151
bewustzijn 34
biopsychosociaal model van persoonlijkheidsverandering 149
blended care 118
Boven-Onder-dimensie 152
bradyfrenie 59
brainfog 53
brein en zelf 147
Brewins theorie van duale representatie 93

C

CeHRes Roadmap 123
CGT. *Zie* cognitieve gedragstherapie
chronischevermoeidheidssyndroom (CVS) 52
coaching 87
cognitief disfunctioneren 68
cognitief-emotioneel functioneren 70
cognitief-gedragstherapeutische programma's 85
cognitieve-bias-modificatie 221
cognitieve dissonantie 153
cognitieve-functietraining 72
cognitieve gedragstherapie (CGT) 52, 72, 159
cognitieve herstructurering 86
cognitieve stoornissen bij depressie 69
cognitieve veranderingen 149
communicatiestoornissen 149
comorbide depressieve stoornis 205
comorbiditeit 83
compensatiestrategieën 155
concentratie 112
concentratieproblemen 94
contextual inquiry 123
conversieklachten 109
conversiestoornis 109, 111
coping 185
cortical hubs 9
corticale route 98
corticotropin-releasing hormoon (CRH) 98
cortisol 98
CRH. *Zie* corticotropin-releasing hormoon
CVS. *Zie* chronischevermoeidheidssyndroom

D

default mode 68
default mode network 5
defusie 160
degeneratieve hersenziekte 203
'delay aversion'-hypothese 81
dementiediagnostiek 199
dementie(syndroom) 199
denkstijl 73
depressie 55, 66
depressieve stoornis 96
desk research 123
diabetes 196
diabetes mellitus 194
diagnostisch traject 197
disfunctionele coping 170
disfunctionele zelfregulatie 110
dissociatieve lichamelijke (somatoforme) klachten 111
doelgerichte observatie 194
domeinen van neuropsychologie 33
dopamine 97
dorsolaterale prefrontale cortex 6
dorsomediale prefrontale cortex 6
draagkracht 186
dual pathway 81
dwanghuilen 140
dwanglachen 140
dwangmatig 139
dysthymie 66

E

e-health 118, 212
ecological momentary assessment 120
educatie 183
effectgrootte 54
egocentrisme 150
eigen regie voeren 108
EMDR. *Zie* eye movement desensitization and reprocessing
emotieregulatie 108, 150
emotieregulatievaardigheden 86
emoties 37
emotionele veranderingen 150
empathieverlies 149
empathisch vermogen 150
epigenetische factoren 32
epigenetische verandering 8
erfelijkheid 80

evidence based compensatiestrategietrainingen 204
executief functioneren 66, 69, 73, 80, 110, 111
executief systeem 71
executieve functies 16, 95, 139
executieve functiestoornis 73
executieve stoornissen 112, 113, 149
experience-dependent 18
experience-expectant 18
experience sampling methode 217
exposure 100
eye movement desensitization and reprocessing (EMDR) 32, 100, 113

F

farmacotherapie 84
filosofisch gezichtspunt 35
fMRI. Zie functional magnetic resonance imaging
forensische ggz 121
frontale en pariëto-temporale hersengebieden bij depressie 67
frontale functies 70
fronto-limbisch systeem 99
fronto-limbische netwerk 68
frontotemporale dementie 202
functietraining 217
functional magnetic resonance imaging (fMRI) 100
functionele beperkingen 71
fusie 160

G

geconceptualiseerde zelf 152
gedragsregulerende functies 139
gedragsveranderingen 196
geheugen 69, 94, 110
geheugen voor ziekte-gerelateerde informatie 110
geheugennetwerk 110
geheugenstoornissen 149
generaliseren 130
genetische 32
GET. Zie graded exercise training
gevoelige periodes 15
gezin 160
gezinstherapie 87
graded exercise training (GET) 52

H

hechting 8
hechtingsstoornissen 15
hersenaandoening 154, 161
hersenen en depressie 67
hersenletsel 148, 149, 153
hersenschade 155
heteroanamnese 15, 199
hippocampus 6, 98
HPA-as 97
hubs 18
hypnotherapie 113
hypothalamus-hypofyse-bijnier-as 39, 97, 98

I

ICF. Zie International Classification of Functioning, Disability and Health
identiteit 147
identiteitsbesef 153, 161
identiteitsreconstructie 154
identiteitsverandering na hersenletsel 158
identity map 157
imaginaire exposure 102
impending threats 44
impliciet-geheugennetwerk 110
informatieverwerking 149
informatieverwerkingssnelheid 95
inhibitoire disfunctionele zelfregulatie 111
initatieloosheid of vervlakking 140
interactionisme 4
interferentie-effect 94
International Classification of Functioning, Disability and Health (ICF) 212
interpersoonlijk handelen 42
intolerantieklachten 134
intrapersoonlijk gebied 42
invasief trauma 14

K

kernsymptomen van depressie 66
kinesiofobie 110
kwaliteit van zorg 224
kwetsbaarheid 16

L

langetermijngeheugen 72
leerbaarheid 130
lichaamsgeheugen 112
lichaamsrepresentatie 112
lichamelijke veranderingen 149
limbisch systeem 38
limbische gebied 70
linker hemisfeer 67

M

magnetic resonance imaging (MRI) 99
malingeren 109
malingering tests 109
mantelzorger 182, 184–186
materialisme 4
MCI. Zie mild cognitieve impairment
mediale prefrontale cortex (mPFC) 99
mentale flexibiliteit 43, 67
mentale (psychoforme) dissociatieve klachten 111
mentaliseren 33, 67, 71, 113
mentaliserend vermogen 207
mentalized based therapy 73
methaphoric identity mapping 157
methylfenidaat 59
middelengerelateerde stoornissen 96
mild cognitieve impairment (MCI) 192
mindfulness-acceptance based behavioral therapy 73
mindfulness based cognitive therapy 73
mPFC. Zie mediale prefrontale cortex

N

NAH. Zie niet-aangeboren hersenletsel
narratieve analyse 157
narratieve grondstructuur 151
negatieve psychoforme dissociatieve symptomen 111
negatieve somatoforme dissociatieve symptomen 111
neglect 137
neurocogniforme symptomen 111
neurologisch egocentrisme 136, 149
neurologisch gezichtspunt 36
neuronale netwerken 70
neuroplasticiteit 7, 8, 217

neuropsychologie 148
neuropsychologisch diagnostisch onderzoek 109
neuropsychologische diagnostiek 215
neurotransmitters 97
niet-aangeboren hersenletsel (NAH) 18
non-invasief trauma 14
noradrenaline 98
noradrenerg systeem 97, 98

O

omgevingsinvloed 42
onderpresteren 56
onrust 141
ontremming 139
ontwikkelingsneuropsychologisch perspectief 14
oplossingsgerichte therapie 172
ouderschapscursus 87
overprikkeld 134
overtuigingen herkennen 160

P

PACE-trial 52
patroon van denken, doen en gedragen 148
perceptief- actief-executief systeem 42
persevereren 73, 139
persoonlijk ontwikkelingsgebied 42
persoonlijke identiteit 153
persoonlijkheid 147, 148
persoonlijkheid-in-ontwikkeling 37
persoonlijkheidsverandering 148
persoonlijkheidsverandering na hersenletsel 150
phenocopy frontotemporale dementie 202
photovoice 157
plannen en organiseren 72
planning- en organisatievaardigheden 86
positieve psychoforme dissociatieve symptomen 111
positieve psychotherapie 172
positieve somatoforme dissociatieve symptomen 111
post-traumatic growth 166, 171
posterieure cingulate cortex 6

posttraumatische-stressstoornis (PTSS) 55, 92
prefrontale cortex 98
prikkelbaarheid 141
prikkeldosering 135
psycho-educatie 84, 160, 182, 183, 204, 213, 214
psychofysisch parallellisme 4
psychomotorisch functioneren 96
psychomotorische retardatie 69
psychotherapie 154, 155
PTSS. Zie posttraumatische-stressstoornis

R

rACC. Zie rostraal anterieure cingulate volume
rechterhersenhelft 67
reconsolidatie 93
reconstrueren van een nieuw zelf-verhaal 156
regulering van affecties 70
remissie van de depressie 72
responsinhibitie 80, 95
Roos van Leary 152
rostraal anterieure cingulate volume (rACC) 99
rouwreacties 155
rouwtakenmodel van Worden 153
ruminatie 68, 167

S

Samen-Tegen-dimensie 152
seksuele beleven en functioneren 151
serious games 119
serotonine 97
sociaal-cognitief functioneren 70
sociale cognitie 136
sociale omgeving 160
sociale veranderingen 150
somatisch-symptoomstoornissen 108
somatoforme stoornissen 108
sombere stemming 66
spiegelneuronen 15, 40
stakeholders 123
sterkte-zwakteprofiel 81
stimulusgeneralisatie 101
strategietraining 207
stress 112, 113
stress en trauma 44

subcorticale route 98
sympathische bijniermerg-as 98
symptoomvaliditeitstests 56

T

taalproblemen 95
terugvalpreventie 221
TG-CGT. Zie traumagerichte cognitieve gedragstherapie
thalamus 98
Theory of Mind 70, 73
therapeutische relatie 20
tijdsperceptie 81
traumagerichte cognitieve gedragstherapie (TG-CGT) 100
traumatische-stressgerelateerde stoornissen 40

U

uitgebreide neurocognitieve stoornissen 192, 201

V

vaardigheidstraining 217
value specification 123
values 124
veinzen 109
verbale geheugen 94
verbale informatie 96
verhaal van het zelf 151
vermijdingsgedrag 196
verwarring 148
verwerken van emotionele informatie 68
verwerven van een nieuwe identiteit 154
virtual reality (VR) 102, 118, 216, 218
visueel geheugen 94, 96
visuospatiële functies 95
volgehouden aandacht 95
voorlichting 183
VR. Zie virtual reality
vroegkinderlijke stress 17

W

waarden 158
wearables 118

weerstand 194
werkgeheugen 95, 112
window of tolerance 133
witte stof 18

Z

zelf-agnosie 150
zelf als context 152, 156
zelf als inhoud 152, 158
zelf als proces 152
zelfbeeld 146, 148, 149
zelfconcept 153
zelfmanagement 220, 223, 224
zelfregulatie 41, 108, 113
zelf-representatie 155
zelfuitspraken 154
zelfverhaal 147, 149, 152, 153, 158, 160
zelfwaardering 150
ziekte-inzicht 137, 197, 205
ziekte van Alzheimer 201
zorgervaring 186
zorglast 185, 186
zorgstandaard 109

If you have any concerns about our products,
you can contact us on
ProductSafety@springernature.com

In case Publisher is established outside the EU,
the EU authorized representative is:
**Springer Nature Customer Service Center GmbH
Europaplatz 3, 69115 Heidelberg, Germany**

Printed by Libri Plureos GmbH
in Hamburg, Germany